# 싱가포르

윤희상 지음

시공사

## Prologue
## 프롤로그

나의 첫 해외 여행지는 싱가포르였다(정확히는 싱가포르와 방콕이다). 그 뒤로도 몇 번의 출장과 여행을 핑계 삼아 싱가포르에 다녀왔다. 그사이 싱가포르 친구가 생기고, 싱가포르의 유명 관광지보다 뒷골목을 더 자주 찾게 되었다. 어느새 잘 다듬어 놓은 싱가포르의 모습 대신에 사람 냄새 폴폴 나는 사랑스럽고 친근한 싱가포르를 마주하게 되었다.

가만히 따져 보면 싱가포르만큼 재미있는 나라도 없다. 껌을 씹으면 안 되고, 화장실에서 볼일을 보고 물을 내리지 않는 건 '다음 사람에 대한 실례'를 넘어 '불법'으로 간주되다니……. 태형이 여전히 존재하는 것도 워낙 유명한 얘기다. 그래서인지 싱가포르 거리는 매우 깨끗하고 치안도 훌륭한 편이다. 하지만 그것 때문에 처음 싱가포르에 갔을 때는 오히려 긴장하기도 했다. 그런 긴장감이 무장 해제가 된 건 뒷골목에 떨어져 있는 몇 개의 담배꽁초와 리틀 인디아 대로를 무단 횡단하는 이들을 보고 난 후였다. 물론 그런 행위들을 옹호하는 건 아니다. 다만 그 모습에 친근감 비슷한 감정이 느껴졌다고나 할까.

아시아의 다양한 인종이 모여 살고 있는 덕에 싸고 맛있는 동남아시아 음식이 지천이고, 세계적인 기업이 진출해 있는 까닭에 주재원들을 위해 세계화한 근사한 공간도 수두룩하다. 누군가에게는 정 없게 느껴질 '철저하게 계산된 도시 계획' 역시 싱가포르 정도 되면 인정해 줘야 하지 않을까 싶다. 입이 떡 벌어질 정도로 기하학적인 마천루를 가진 건축물은 마치 미래의 도시 같고, '모든 공원을 집 앞 정원까지 연결시키겠다'는 당찬 포부를 반영하듯 방대한 녹지대와 다양한 콘셉트의 테마파크가 곳곳에 조성되어 있으니 말이다.

세계적인 브랜드들이 아시아의 테스트 베드로 삼고 싶어 하고, 유명 세프들이 앞다투어 진출하고 있는 싱가포르. 여기에 외국인들이 운영하는 이국적인 숍과 레스토랑, 유학파 현지인들의 개성 넘치는 부티크 숍 등 소소한 볼거리가 가득한 싱가포르의 매력을 빼놓을 수 없다. 속물적이며 지극히 상업적인 거대한 광고판부터 골목길에서 우연히 발견한 스페셜 티 커피 전문 카페, 그리고 오너의 고집이 느껴지는 작은 갤러리까지, 싱가포르는 그동안 소모적인 일상만 보내 왔던 이들에게 꽤 만족스러운 영감을 불러일으킬 것이다.

긴 시간 동안 기다려 준 시공사 편집팀, 싱가포르에 머무르는 동안 함께 해 준 나의 친구들 미정이, 유나, 세은이, 그리고 싱가포르 가이드 역할을 톡톡히 해 준 프리실라와 조일린, 싱가포르 최신 소식을 발 빠르게 전해 준 전 직장 동료이자 스카이스캐너 싱가포르 지사 마케팅팀 심규섭 님, 유창한 영어 실력과 성실함으로 개정판 통번역을 도와준 SIS의 이소정 양, 부족한 나의 사진 실력을 커버해 줄 멋진 사진들을 제공해 준 〈Wildlife Reserves Singapore〉에 무한한 고마움을 전한다. 끝으로 나의 가족과 윌슨에게 사랑을 보낸다.

▶ 글·사진 **윤희상**

사진을 찍고, 글을 쓰고, 여행을 다니며, 사람을 만난다. 하고 있는 일도 많고, 하고 싶은 일은 더 많고, 하기 싫은 일은 더욱 더 많지만, 여행을 다니며 책을 쓰는 건 계속 하고 싶다. 〈디스 이즈 미국 서부〉 〈가로수길 뒷골목〉 〈아시아나 가이드 도쿄〉를 펴내고, 〈저스트고 동남아시아〉 〈저스트고 도쿄〉 필자로 참여했다.

Email_fyui13@gmail.com

## Contents 목차

프롤로그 2
저스트고 이렇게 보세요 7

## 싱가포르에서 이것만은 꼭!

첫 번째, 쇼핑, 쇼핑 그리고 쇼핑! 12
두 번째, 최고의 맛을 찾아라! 싱가포르 식도락 24
세 번째, 잠 못 이루게 하는 싱가포르의 나이트라이프 36
네 번째, 자꾸만 생각나는 그 한잔 38
다섯 번째, 가족 여행을 책임질 흥미진진한 엔터테인먼트 40
여섯 번째, 세계 일주를 하는 기분이 드는 이국적인 거리 탐방 42
일곱 번째, 싱그러운 초록의 도시, 공원 산책 43
여덟 번째, 메마른 감성을 촉촉하게 적셔 줄 감성 투어 44
아홉 번째, 상상은 현실이 된다! 진화하는 건축물 46
열 번째, 개인의 취향을 존중하는 다양한 호텔 48

## 싱가포르 추천 일정

기본에 충실한 싱가포르
다이제스트 4일 54
가족 여행자를 위한
판타스틱 코스 4일 59
2030 여성을 위한
쇼핑과 미식 코스 3일 63
스톱 오버 여행자를 위한 코스 1일 66

## 싱가포르 여행의 시작

싱가포르 기본 정보 70
싱가포르로 가는 법 78
싱가포르 입국하기 80
싱가포르 출국하기 82
싱가포르 시내 교통 84

# 싱가포르 지역 가이드

## 올드 타운 & 마리나 베이 & 키 92
- COURSE 가족과 함께하는 클래식 싱가포르 96
- 친구 혹은 연인끼리 즐기는 모던 싱가포르 98
- SPECIAL PAGE 박물관 & 미술관 투어 132
- 퍼비스 스트리트 152

## 오차드 로드 158
- COURSE 20~30대에 특화된 쇼핑 코스 162
- 우리 가족 모두 즐거운 쇼핑 코스 164
- PLUS AREA 홀랜드 빌리지 206
- 뎀시 힐 210
- 로체스터 파크 214

## 차이나타운 216
- COURSE 남녀노소 누구나 즐거운
- 클래식 차이나타운 투어 220
- 현지인처럼 즐기는 모던 차이나타운 투어 222
- PLUS AREA 티옹 바루 244
- 캄퐁 바루 & 에버턴 파크 246
- 덕스턴 힐 248

## 리틀 인디아 & 부기스 & 캄퐁 글램 250
- COURSE 부지런한 여행자를 위한
- 구석구석 관광 코스 254
- 이국적인 거리에서 두근두근 미식 & 쇼핑 코스 256
- PLUS AREA 하지 레인 276

## 센토사 278
- 센토사 교통 정보 282
- COURSE 어메이징 아일랜드에서의
- 흥미진진한 오락 코스 286
- PLUS AREA 하버프런트 309

## 동부 지역 314
- COURSE 싱가포리언의 소박한 일상 속으로
- 유유자적 산책 코스 318
- PLUS AREA 열대 우림 사이로 하이킹 즐기기 329

## 중북부 & 서부 지역 330
- 싱가포르 중북부 & 서부 지역으로 가는 방법 333
- SPECIAL PAGE 새롭게 뜨는
- 싱가포리언의 주말 나들이 스폿 348

## 싱가포르 주변 섬 350
- 빈탄 섬 353
- 바탐 섬 361
- 조호르바루 367

## 싱가포르 숙소

싱가포르 대표 호텔 372
부티크 호텔 382
그 외 호텔과 호스텔 385

## 싱가포르 여행 준비

여권과 비자 394
여행자 보험 396
각종 증명서 397
항공권 예약 398
숙소의 선택 400
환전과 여행 경비 402
인천공항 가는 법 404
출국 수속 406
휴대폰으로 인터넷하기 409

찾아보기 410

## 싱가포르 휴대용 지도책

싱가포르 전도 2
싱가포르 중심부 4
올드 타운 6
마리나 베이 & 키 8
오차드 로드 10
차이나타운 12
리틀 인디아 & 부기스 & 캄퐁 글램 14
센토사 16
하버프런트 18
동부 지역 18
빈탄 섬 20
바탐 섬 20
조호르바루 21
싱가포르 MRT 노선도 22

## 저스트고 이렇게 보세요

- 이 책에 실린 모든 정보는 2019년 3월까지 수집한 정보를 기준으로 했으며, 이후 변동될 가능성이 있습니다. 특히 교통편의 운행 일정과 요금, 관광 명소와 상업 시설의 영업 시간 및 입장료, 현지 물가 등은 수시로 변동될 수 있으므로 여행 계획을 세우기 위한 가이드로서 활용하시고, 직접 이용할 교통편은 여행 전 홈페이지를 통해 검색하거나 현지 역이나 정류장 등에서 다시 한번 확인하는 것이 안심할 수 있습니다. 변경된 내용이 있다면 편집부로 연락주시기 바랍니다.
편집부 jey@sigongsa.com

- 이 책에서 소개하고 있는 지명과 상점 이름 등에 표시된 영어 발음은 국립국어원의 외래어표기법을 최대한 따랐습니다.

- 관광 명소, 식당, 상점의 휴무일은 정기휴일, 공휴일을 기준으로 실었습니다. 설날이나 크리스마스 등 명절에는 문을 닫는 경우가 있으므로 주의하시기 바랍니다.

- 지역별 추천 코스를 한눈에 보여줍니다. 최소 8시간에서 최대 10시간까지의 일정을 수록했습니다. 개인의 취향과 스케줄에 따라 일정을 가감해 효율적으로 여행하시면 됩니다.

- 관광 명소, 식당, 카페, 바 등에 소개된 장소의 성격을 나타내는 아이콘을 표시했습니다.

  - 관광 명소
  - 쇼핑
  - 식당
  - 바
  - 카페
  - 추천 마크
  - 아이와 함께 가면 좋은곳

- 레스토랑을 소개한 페이지에 제시된 예산은 1인 식사비 또는 메인 메뉴를 기준으로 했습니다.

- 숙박 시설의 예산은 호텔 금액에 따라 $~$$$$$로 표시했습니다. 실제 숙박료는 홈페이지나 전화 문의를 통해 확인하시기 바랍니다.

- 싱가포르의 통화는 싱가포르 달러(S$)입니다. S$1는 약 840원입니다(2019년 4월 기준). 환율은 수시로 변동되므로 여행 전 확인은 필수입니다.

- 지도에 사용한 기호
  - 관광 명소, 건물
  - 레스토랑
  - 쇼핑
  - 나이트라이프
  - 엔터테인먼트
  - 호텔
  - 관광 안내소
  - 성당
  - 학교
  - 병원
  - 경찰서
  - 우체국
  - 버스 터미널, 정류장
  - 페리 터미널
  - 공항

- 휴대용 지도책 보는 법

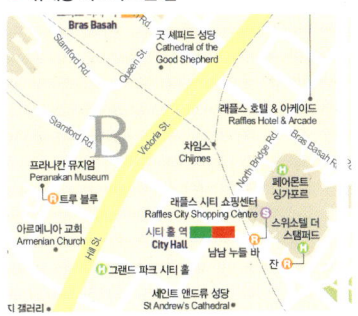

본문 내용 중에 'MAP p.6-B'는 별책부록인 휴대용 지도책 6쪽 B구역에 찾고자 하는 명소가 있습니다.

# Singapore Must Do

## 싱가포르에서 이것만은 꼭!

첫 번째, 쇼핑, 쇼핑 그리고 쇼핑! · 12
두 번째, 최고의 맛을 찾아라! 싱가포르 식도락 · 24
세 번째, 잠 못 이루게 하는 싱가포르의 나이트라이프 · 36
네 번째, 자꾸만 생각나는 그 한잔 · 38
다섯 번째, 가족 여행을 책임질 흥미진진한 엔터테인먼트 · 40
여섯 번째, 세계 일주를 하는 기분이 드는 이국적인 거리 탐방 · 42
일곱 번째, 싱그러운 초록의 도시, 공원 산책 · 43
여덟 번째, 메마른 감성을 촉촉하게 적셔 줄 감성 투어 · 44
아홉 번째, 상상은 현실이 된다! 진화하는 건축물 · 46
열 번째, 개인의 취향을 존중하는 다양한 호텔 · 48

## 첫 번째
# 쇼핑, 쇼핑 그리고 쇼핑!

환율과 물가만을 고려한다면 싱가포르에서의 쇼핑이 흥미롭게 여겨지지 않을 수도 있다. 하지만 싱가포르가 쇼핑의 천국인 이유는 한국에서 볼 수 없는 브랜드가 수두룩하고, 아시아에서 세계의 트렌드를 가장 빠르게 만날 수 있기 때문이다.

### 몰링 트렌드의 원조
### 싱가포르에서의 원스톱 쇼핑

최근 우리나라에서 유행처럼 번지고 있는 몰링. 그 원조는 싱가포르라고 해도 과언이 아니다. 쇼핑과 미식 그리고 각종 즐길 거리까지 원스톱 쇼핑이 가능한 전천후 쇼핑몰이 싱가포르만큼 발달한 곳이 또 있을까.

**Pick!**
숍스 앳 마리나 베이 샌즈 p.110
아이온 오차드 p.166
무스타파 센터 p.261

### 한국에는 없는
### 브랜드와 플래그십 스토어

우리나라에는 아직 들어오지 않았거나 정식 라이센스가 아니어서 비싸게 수입되는 브랜드, 그리고 '아시아 최초'의 플래그십 스토어 등 쇼퍼들의 귀를 솔깃하게 하는 숍들이 기다리고 있다.

**Pick!**
로에베 플래그십 스토어 p.181
빅토리아 시크릿 부티크 스토어
톱숍

**Pick!**
찰스앤키스 p.21
사브리나 고 p.20
콴펜 p.21
한셀 p.20, 177

**Pick!**
Y-3 p.178
톰맨
페라리 스토어

**Pick!**
세포라 p.169
가디언
배스 & 보디 웍스

**Pick!**
티옹 바루의 로드 숍 p.244
하지 레인의 로드 숍 p.276

통통 튀는
**로컬 브랜드**

최근 세계적으로 주목받고 있는 싱가포르 출신 디자이너의 숍부터 싱가포르 태생의 브랜드는 반드시 체크하자. 종류가 다양하고 우리나라에서보다 훨씬 저렴하게 구입할 수 있다.

그루밍족을 위한
**맨스 숍**

쇼핑이 여성들의 전유물이라는 건 싱가포르에서 통하지 않는다. 남성들을 위한 친절한 숍들이 가득하다.

여성들의 놀이터
**뷰티 숍**

화장품 트렌드를 확인할 수 있는 뷰티 셀렉트 숍, 선물용으로도 좋은 보디용품점, 합리적인 가격의 드러그스토어는 뷰티 마니아라면 절대 놓치지 말자.

오너의 감성과 취향이 담긴
**부티크 숍**

최근 기업형 브랜드와는 다른 지향점을 지닌 독립 부티크 숍들이 하나둘씩 생겨나고 있다. 소위 뜨는 골목에 가면 오너의 감성과 취향이 그대로 담긴 숍들을 만날 수 있다.

# shopping master
### 쇼핑 마스터

## 아는 만큼 챙기는 스마트한 쇼핑법

### 1 무엇을 사야 할까?

우선 싱가포르에서 최우선적으로 고려해야 할 쇼핑 목록은 '한국에 없는 브랜드', '한국에서보다 저렴하게 구입할 수 있는 브랜드'다. 쇼핑 고수라면 여기에서 '싱가포르에 특화된 제품'인지를 고려한다. 예를 들면 더운 날씨가 이어지는 싱가포르에는 자외선 차단 제품, 플립플롭, 수영복, 보디 제품 등 여름용품들이 특히 발달해 가짓수와 브랜드가 우리나라보다 훨씬 많다. 다민족 국가인 까닭에 중국, 인도네시아, 베트남 등 아시아 각국의 수공예품과 특산품 역시 우리나라보다 쉽게 구할 수 있다.

#### 이번 기회에 명품 백 하나 장만해 볼까

싱가포르는 면세 구역이다. 게다가 세계 유수의 명품 브랜드를 대부분 섭렵하고 있다고 해도 과언이 아니다. 그러니 평소 눈여겨보고 있었던 명품 브랜드가 있었다면 이번 기회에 마련해 보는 것도 좋겠다. 루이비통 아일랜드 메종, 프라다 플래그십 스토어 등 아시아 최초의 플래그십 스토어를 표방한 매장들이 싱가포르 곳곳에 있으니 주목하자. 규모가 크고 물건의 종류가 훨씬 다양하다. 운이 좋다면 우리나라에는 아직 수입되지 않은 '레어템'을 발견할 수도 있다.

#### 유니크하고 합리적인 가격의 로컬 브랜드

우리가 알고 있는 브랜드 중 싱가포르 출신의 브랜드가 꽤 많다. 가장 대표적인 것이 신발 브랜드인 찰스앤키스와 티 브랜드 TWG. 당연한 이야기겠지만 싱가포르에서는 우리나라에서보다 저렴하게 구입할 수 있다. 아직 우리나라에는 많이 알려지지 않았지만 파지온, 라울, 올드레스드업, 엠포시스, 한셀 등 꽤 괜찮은 로컬 패션 브랜드가 여럿 있으니 잘 살펴보자.

### 드러그스토어에서 찾은 시크릿 뷰티 아이템

뷰티 제품을 비롯해 일상을 좀 더 편리하게 해 주는 편의 제품이 가득한 드러그스토어 역시 놓칠 수 없다. 깜빡 잊고 챙겨 오지 못한 여행용품들을 구입하기에도 좋으니 여러모로 여행자들에게는 고마운 곳이다. 싱가포르의 대표 드러그스토어로 꼽히는 가디언과 왓슨스는 웬만한 쇼핑몰에서 찾아볼 수 있다.

### 여행을 추억할 수 있는 각종 기념품

차이나타운과 부기스, 리틀 인디아 등 유명 관광지에서 어김없이 만날 수 있는 기념품 상점은 소소한 즐거움이 있는 쇼핑 스폿이다. 싱가포르 기념 티셔츠와 멀라이언 열쇠고리 등을 비롯해 아시아 각국에서 들여온 기념품과 각종 수공예품들은 구경하는 것만으로도 즐겁다.

### 슈퍼마켓에서 구입한 레토르트 식품

현지인들의 일상과 식생활을 엿볼 수 있는 슈퍼마켓 역시 매력적인 쇼핑 플레이스다. 자이언트, 콜드 스토리지와 페어 프라이스는 싱가포르에서 쉽게 마주할 수 있는 유명 슈퍼마켓 체인이다. 각종 현지 식료품과 신선한 열대 과일, 레토르트 식품 등을 구입하기 좋다. 콜드 스토리지는 수입 식품과 신선한 과일들이 많은 프리미엄 마트로 통하며, 정부에서 운영하는 페어 프라이스와 자이언트는 좀 더 합리적인 가격의 상품을 만날 수 있으니 참고하다. 락사, 칠리 크랩, 바쿠테, 카야 토스트 등 싱가포르 대표 음식들을 누구나 손쉽게 만들 수 있는 레토르트 제품들은 선물용으로도 좋고, 한국으로 돌아와 싱가포르에 대한 그리움을 달래기에도 좋다.

## 2  언제 사야 할까?

싱가포르에서는 일 년 내내 다양한 세일 이벤트가 열린다. 그중에서도 싱가포르 대세일 기간과 내셔널 데이 기간에는 대대적인 세일 프로그램이 진행된다.

### 싱가포르 대세일 기간을 노려라

싱가포르에서는 일 년 내내 세일이 진행된다고 해도 과언이 아니다. 시즌마다 이벤트가 열리고 세일을 하기 때문이다. 그중에서도 가장 혹할 만한 기간은 바로 '싱가포르 대세일'이라 불리는 그레이트 싱가포르 세일(Great Singapore Sale)이다. 해마다 5월 말~7월 말의 8주 동안 진행된다. 더욱 반가운 소식은 최근 백화점이나 명품 숍 외에도 개인 부티크 숍이나 독립 브랜드숍, 스몰 브랜드숍까지 참여의 폭이 점점 넓어지고 있다는 점이다.

### 세일 기간의 할인 혜택

신상품을 제외한 각종 상품들을 20~70% 할인된 가격으로 만날 수 있다. 할인 외에도 구매 금액에 따라 각종 혜택을 돌려받는 리워드 프로그램이 진행되며 선불 카드와 쇼핑 바우처, 라이브 공연 티켓 등을 증정하기도 한다. 세일 기간에 맞춰 레스토랑, 호텔, 스파 등에서도 일제히 할인 이벤트가 제공된다는 점도 눈여겨볼 만하다. 할인 이벤트 같은 경우는 일찌감치 마감되므로 서두르는 것이 좋다.

**홈페이지** www.greatsingaporesale.com.sg

### 사용한 만큼 돌려받는 소비세(GST)

여행자들은 쇼핑 중 S$100 이상의 물품을 구매했을 때 GST(Good & Service Tax)를 돌려받을 수 있다. 싱가포르 대부분의 식당과 상점, 호텔에서는 총금액의 7%를 소비세, 즉 GST로 부과한다. GST 환급은 싱가포르에서 구입한 물품을 2개월 내에 가지고 나갈 경우 환급 조건에 맞춰 이루어진다. 단, 싱가포르 출국 후 최소 12개월 내에 싱가포르에 돌아오지 않을 예정이어야 한다. 한 가맹점에서 영수증 합산이 S$100(하루 최대 3개 영수증 합계 누적 가능) 이상이어야 하며, 싱가포르에 있는 동안 소비된 물품은 해당되지 않는다.

#### 소비세 환급 절차

❶ 'Global Blue Singapore', 'Premier Tax Free', 'Global Tax Free' 마크가 붙은 상점임을 확인한다.

❷ 물건을 S$100 이상 구매했을 경우 점원에게 GST 환급을 요청하며 여행객임을 밝힐 수 있는 여권을 보여 준다. 이때 여권 사본은 사용할 수 없다.

❸ 결제 후 신용 카드 영수증과 GST 환급 영수증(eTRS 영수증과 택스 인보이스)을 챙겨 둔다.

❹ 출국하는 날 공항에서 'GST REFUND' 표지판을 따라간다. 택스 리펀드 물품에 대한 검사를 받은 후 GST 셀프 키오스크에서 환급을 위한 영수증을 발급받는다. 이때 GST 환급 영수증과 여권이 필요하다. 한국어 서비스가 되고, 도와주는 직원도 있으니 크게 어렵지 않다.

❺ 탑승 수속을 마쳤다면 키오스크에서 출력한 영수증을 챙긴 후 출국장 안으로 들어가 다시 한번 GST 리펀드 카운터를 찾아간다. 그곳에서 키오스크 출력 영수증을 보여 준 후 돈을 돌려받으면 된다. 금액이 클 경우 신용 카드사, 은행 계좌를 통해서도 환급이 가능하다. 이때 수수료는 제외하고 돌려받는다.

### 3 쇼핑에 지불한 소비세는 어떻게 돌려받을까?

싱가포르 국세청에서 운영하는 전자세금환급시스템(eTRS)에 따라 여행자들은 소비세(GST)를 돌려받을 수 있다. 이전까지는 수기로 진행되었지만 2012년부터 전자식으로 통합되면서 환급 절차가 더욱 편리해졌으니 쇼핑 중 반드시 챙기자.

**SPECIAL PAGE**

# 나에게 맞는 사이즈를 찾아라!

쇼핑 전 사이즈 체크는 필수다. 특히 인터내셔널 브랜드가 가득한 싱가포르에서라면 더욱 그렇다.

## 의류 사이즈

| 여성 | XS | S | M | L | XL |
|---|---|---|---|---|---|
| 한국 | 44 | 55 | 66 | 77 | 88 |
|  | 85 | 90 | 95 | 100 | 105 |
| 미국 | 2 | 4 | 6 | 8 | 10 |
| 유럽 | 34 | 36 | 38 | 40 | 42 |
| 영국 | 4 | 6~8 | 10~12 | 14 | 16 |

| 남성 | XS | S | M | L | XL |
|---|---|---|---|---|---|
| 한국 | 85 | 90 | 95 | 100 | 105 |
| 미국 | 14 | 15 | 15.5~16 | 16.5 | 17.5 |
|  | 85~90 | 90~95 | 95~100 | 100~105 | 105~110 |
| 유럽 | 44~46 | 46 | 48 | 50 | 52 |

## 속옷 사이즈

| 여성 | 한국 | 75A | 75B | 75C | 80A | 80B | 80C |
|---|---|---|---|---|---|---|---|
|  | 미국 | 34AA | 34A | 34B | 36AA | 36A | 36B |
|  | 유럽 | 75A | 75B | 75C | 80A | 80B | 80C |

## 신발 사이즈

| 여성 | 한국 | 220 | 225 | 230 | 235 | 240 | 245 | 250 | 255 | 260 | 265 |
|---|---|---|---|---|---|---|---|---|---|---|---|
|  | 미국 | 5 | 5.5 | 6 | 6.5 | 7 | 7.5 | 8 | 8.5 | 9 | 9.5 |
|  | 영국 | 2 | 2.5 | 3 | 3.5 | 4 | 4.5 | 5 | 5.5 | 6 | 6.5 |
|  | 유럽 | 36 | 36.5 | 37 | 37.5 | 38 | 38.5 | 39 | 39.5 | 40 | 40.5 |
| 남성 | 한국 | 245 | 250 | 255 | 260 | 265 | 270 | 275 | 280 | 285 | 290 |
|  | 미국 | 6.5 | 7 | 7.5 | 8 | 8.5 | 9 | 9.5 | 10 | 10.5 | 11 |
|  | 영국 | 6 | 6.5 | 7 | 7.5 | 8 | 8.5 | 9 | 9.5 | 10 | 10.5 |
|  | 유럽 | 40 | 40.5 | 41 | 41.5 | 42 | 42.5 | 43 | 43.5 | 44 | 44.5 |

## 아동복 사이즈

| 월령 | 유럽, 미국 | 아시아 | 신장(cm) | 몸무게(kg) |
|---|---|---|---|---|
| 0~3개월 | 0~3M | 60 | 55 | 3~6 |
| 3~6개월 | 3~6M | 70 | 55~65 | 6~8 |
| 6~9개월 | 6~9M | 70 | 65~70 | 8~9 |
| 9~12개월 | 9~12M | 80 | 70~75 | 9~10 |
| 12~18개월 | 12~18M | 90 | 75~80 | 10~11 |
| 18~24개월 | 18~24M | 100 | 80~85 | 11~12 |
| 2~3세 | 2T | 100 | 85~90 | 12~13 |
| 3~4세 | 3T | 110 | 90~100 | 13~14 |
| 4~5세 | 4T | 120 | 100~105 | 15~17 |
| 5~6세 | 5T | 130 | 105~112 | 17~20 |
| 6~7세 | 6T | 140 | 112~118 | 20~22 |

## 즐거움이 배가되는 쇼핑 공략법

### 1 마음이 잘 맞는 친구와 함께하는 쇼핑

마음이 잘 맞는 친구와의 여행은 언제나 즐겁다. 만약 동성 친구라면 더할 나위 없이 완벽한 쇼핑 메이트가 된다. 무수히 많은 싱가포르 쇼핑 스폿 가운데 연령대별 쇼핑 플레이스를 소개한다.

#### 20대 초반의 쇼퍼

학생이거나 이제 갓 사회에 발을 디딘 사회 초년생이 대부분이므로 체력은 왕성하고, 주머니는 가볍다. 이들에게는 합리적인 가격대의 브랜드가 포진한 몰이 적합하다.

#### 20대 후반~30대 초반 쇼퍼

자신이 좋아하는 것과 싫어하는 것이 분명하고, 남들과 다른 독특한 것을 찾는 감성 쇼퍼가 많다. 로컬 브랜드가 포진한 쇼핑몰 혹은 개성 넘치는 로드숍들을 추천한다.

#### 30대 후반 이상의 쇼퍼

양보다 질을 중요하게 여기며 어느 정도 경제력이 뒷받침되지만 체력을 요하는 쇼핑은 피하고 싶어 한다. 이럴 때에는 쾌적하고 편안하게 쇼핑할 수 있는 오차드 로드의 고급 쇼핑몰들을 추천한다.

**Pick!**
- 선텍 시티 몰 p.155
- 포럼 더 쇼핑몰 p.187
- 탕린 몰 p.203
- 탕스 p.204
- 비보 시티 p.311

**Pick!**
- 니안 시티 p.172
- 파라곤 p.180
- 위스마 아트리아 p.203

**Pick!**
- 플라자 싱가푸라 p.205
- 리틀 인디아 아케이드 p.261
- 부기스 스트리트 p.275

## 2 남녀노소 모두가 만족스러운 가족을 위한 쇼핑

서로 다른 성과 세대로 구성된 가족 여행자들에게 쇼핑은 그리 호락호락하지 않을 것이다. 하지만 싱가포르는 아이와 살기 좋은 나라를 이야기할 때 빠지지 않는 나라답게 가족과의 쇼핑도 즐겁다. 싱가포르에서 아이를 키우며 살고 있는 외국인 주재원들이 많은 까닭에 가족들을 위한 제품들과 브랜드가 많고, 쾌적하고 편안한 시간을 보낼 수 있도록 배려한 쇼핑몰도 많이 발달했다.

### Pick!
오차드 센트럴 p.184
포럼 더 쇼핑몰 p.187

## 3 연인과 알콩달콩 소규모 숍 투어

연인과 동행한 쇼핑의 핵심은 사실 목적 지향적이라기보다 과정 지향적이라 할 수 있다. 그러니 물건들만 잔뜩 쌓여 있는 쇼핑몰보다는 서로 이야기도 나누고 구경하는 즐거움이 있는 시장풍의 쇼핑 스폿이나 소규모 숍들이 모여 있는 쇼핑 플레이스가 적당하다. 서로에게 기념이 될 만한 선물을 구입하며 서로에 대한 애정을 확인하기에도 좋다.

### Pick!
티옹 바루의 로드 숍 p.244
리틀 인디아 아케이드 p.261
부기스 스트리트 p.275
하지 레인 p.276

### TIP 또 다른 쇼핑 찬스! 싱가포르 내셔널 데이 Singapore National Day

싱가포르의 가장 큰 축제이자 이벤트인 내셔널 데이는 우리나라 광복절에 해당하는 싱가포르 독립 기념일이다. 해마다 8월 9일이 되면 싱가포르 전역이 들썩이는데, 대규모 퍼레이드와 눈과 귀를 황홀하게 만드는 문화 공연, 그리고 성대한 불꽃놀이 등이 이어진다. 내셔널 데이를 기점으로 브랜드숍과 마트에서는 특별 세일과 이벤트 기념품 증정 등의 행사를 진행한다. 특히 마트에서는 특별 패키지 상품이나 묶음 상품을 판매하므로 참고한다.

**SPECIAL PAGE**

합리적이고 감각적인
싱가포르 로컬 패션 브랜드

싱가포르는 현재 아시아 패션의 중심지로 나아가기 위한 준비가 한창이다. 싱가포르는 물론 세계인들의 인정을 받은 로컬 패션 브랜드 역시 흥미롭다. 그중 주목 받는 다섯 개의 브랜드를 꼽아 보았다.

## 한셀 Hansel

**케이티 페리도 인정한 브랜드**

싱가포르 출신 디자이너 조 소(Jo Soh)가 론칭한 브랜드로, 절제된 라인과 톡톡 튀는 디테일이 사랑스럽다. 조 소는 런던의 센트럴 세인트 마틴에서 패션과 마케팅을 공부하고 수석으로 졸업한 경력을 갖고 있다. 이후 런던, 뉴욕, 밀라노 등에서 경험을 쌓았으며 스타일리스트와 일러스트레이터로 이름을 알리기도 했다. 다양한 경험을 바탕으로 2003년 호주 패션 위크에서 데뷔했다. 한셀은 팝스타 케이티 페리와 일본 영화배우 구리야마 치아키가 애용하는 브랜드로 알려지면서 더욱 주목을 받기도 했다.

**매장 정보** | 만다린 갤러리 p.176

## 사브리나 고 Sabrina Goh

**끊임없이 진화하는 로컬 디자이너의 숍**

2006년과 2007년, 싱가포르 신진 디자이너 콘테스트 최종 후보에 오르며 이름을 알리기 시작한 사브리나 고. 감각적이면서도 강렬한 실루엣을 보여주는 것이 그녀의 특기다. 2009년 컨템포러리 패션 브랜드를 표방한 엘로힘 바이 사브리나 고(Elohim by Sabrina Goh)를 론칭한 이후 아우디 패션 축제, 망고 패션 어워드 엘 보턴, 엘르 어워드 등에 참가하는 것은 물론 다양한 협업을 통해 전 세계에 이름을 알리며 끊임없이 진화하고 있다. 현재 엘로힘 바이 사브리나 고와 2011년 론칭한 남성 컬렉션 브랜드 '패러슈트(Parachute)' 등을 통해 인상적인 작품들을 선보이고 있다.

**매장 정보** | 다카시마야 p.173 탕스 p.204

# 찰스앤키스 Charles & Keith

### 싱가포르 국민 브랜드

싱가포르의 대표적인 여성 슈즈 & 액세서리 SPA형 브랜드다.
발 빠르고 트렌디한 디자인, 아시아 여성의 체형을 고려한 편안한
착화감과 합리적인 가격을 무기로 큰 인기를 누리고 있다. 이제는
우리나라에서도 매장을 볼 수 있지만 싱가포르에서는 더 많은 제품을
더욱 저렴하게 구입할 수 있다. 자매 브랜드 페드로(Pedro)도
최근 주목을 받고 있다.

**매장 정보** | 숍스 앳 마리나 베이 샌즈 p.110 | 센텍 시티 몰 p.155 |
아이온 오차드 p.166 | 니안 시티 p.172 | 부기스 정크션 p.275 |
비보 시티 p.311

# 콴펜 Kwanpen

### 장인이 만든 악어백 브랜드

아직 우리에게는 잘 알려지지 않았지만 싱가포르의 악어가죽
가공 실력은 세계 최고로 인정받는다. 그리고 그 중심에는
76년이라는 오랜 전통을 지닌 콴펜이라는 브랜드가 있다.
콴펜은 핸드메이드 악어백 전문 브랜드로 최고급 품질의
악어가죽을 공수해 장인들의 손길을 거쳐 완성된다.
그만큼 가격이 비싸지만 소장 가치가 높아 여성들의
로망으로 꼽히고 있다.

**매장 정보** | 숍스 앳 마리나 베이 샌즈 p.110 |
아이온 오차드 p.166

# 파지온 Pazzion

### 합리적인 가격의 수제 구두 브랜드

해외에서 더 많은 사랑을 받고 있는 브랜드다. 우리나라에도 론칭하면서
이름을 알리기도 했다. 명품 수제 구두를 합리적인 가격대에 선보인다는
콘셉트로, 현재 싱가포르를 비롯해 한국, 일본, 태국 등으로 진출하고
있다. 스와로브스키 스톤 슈즈가 시그니처 아이템이다.

**매장 정보** | 위스마 아트리아 p.203 | 부기스 정크션 p.275

## 드러그스토어와 세포라에서 찾은 화장품

### 세포라 4way 버퍼
반짝이는 손톱을 위한 네일 버퍼다. 손톱 끝을 다듬거나 반짝반짝하게 광택을 낼 수 있는 다용도 버퍼는 셀프 매니큐어 마니아들의 필수품이다. S$2~3

### 르네휘테르 포티샤 샴푸
탈모와 두피 건강에 좋다고 알려진 헤어 케어 제품 브랜드 르네휘테르. 그중에서도 탈모로 스트레스 받는 여성들에게 인기 만점인 포티샤 샴푸는 싱가포르 드러그스토어에서 더 저렴하게 구입할 수 있다. S$59.90/500ml

### 빅토리아 시크릿 보디 미스트
속옷 브랜드 빅토리아 시크릿에서 선보이는 보디 미스트. 우리나라에서보다 다양한 상품을 저렴하게 구입할 수 있다. S$12

### 어반 디케이 네이키드 팔레트
백화점 브랜드와 비교했을 때 저렴하면서도 발색력은 뛰어나 뷰티템 공구족에게 인기 만점인 제품. 본래 미국 세포라에만 있었지만 이제 싱가포르 세포라에서도 만날 수 있다. S$83

### 마크 제이콥스 뷰티 립스틱
세포라와 손을 잡고 2013년 메이크업 라인을 론칭한 마크 제이콥스 뷰티. 미국 패션계에 혜성처럼 등장한 마크 제이콥스의 철학과 감각이 뷰티 아이템에도 그대로 담겨 있다. 연필 모양의 립스틱과 입술에 닿으면 시원한 느낌이 드는 립글로스가 인기 아이템이다. S$40

### 프레시 슈거 립 트리트먼트
세포라에서는 프로모션 중인 프레시 제품을 만날 수 있다. 우리나라보다 저렴하고, 세일 기간이나 프로모션을 잘 이용하면 면세점에서보다도 훨씬 싸게 구입할 수 있다. 가장 인기 있는 제품 중 하나는 립 트리트먼트 체리 컬러. S$39

## 주는 사람과 받는 사람 모두 만족할 수 있는 여행 선물

### 싱가포르 티셔츠

기념품 숍에서 쉽게 볼 수 있는 싱가포르 티셔츠. 싱가포르의 아주 엄격한 벌금 제도에서 영감(?)을 받아 제작된 재미있는 벌금 티셔츠와 'I love Singapore' 문구가 적힌 티셔츠가 인기다. S$10 내외

### TWG

싱가포르를 대표하는 차 브랜드. 유명 호텔과 애프터눈 티 카페에서 주로 사용되는 브랜드로, 다양한 종류의 패키지를 갖추고 있어 선물용이나 기념품으로 구입하기에 좋다. 15개 들이 S$25 내외

### 타이거 밤 & 타이거 밤 소프트

만병통치 연고로 통하는 타이거 밤. 동남아시아에서 널리 사용되고 있는 타이거 밤은 사실 싱가포르 회사에서 처음 만든 것이라고 한다. 근육통 및 통증을 완화시키는 데 효과적이며 부드러운 향의 소프트 제품도 있다. S$2/10g

### 달리 치약

태국, 홍콩, 타이완, 싱가포르 등지에서 일명 '미백 치약'으로 통한다. 그린티, 라임민트, 애플민트 등 이름만 들어도 맛있게 느껴지는 다양한 향을 갖추고 있다.
S$21/60g

### 멀라이언 기념품

싱가포르를 상징하는 멀라이언. 그래서인지 기념품숍과 면세점, 마트 등에는 멀라이언을 형상화한 아이템이 무궁무진하다.

### 싱가포르 슬링

싱가포르 슬링의 원조인 래플스 호텔 기프트 숍(p.116), 슈퍼마켓, 면세점 등에서 병에 든 싱가포르 슬링 원액과 음료를 쉽게 구매할 수 있다.

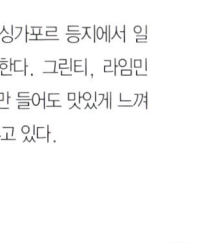

### 히말라야 립밤

히말라야 수분 크림과 함께 인기 아이템으로 꼽힌다. 무게와 크기 그리고 가격까지 저렴해 선물용으로 나눠 주기 좋다. S$1.9

## 두 번째
## 최고의 맛을 찾아라!
## 싱가포르 식도락

다양한 민족이 뒤엉켜 사는 싱가포르에서는 각국의 다양한 정통 요리를 제대로 맛볼 수 있다. 거기에 여러 문화가 융합되어 만들어진 독특한 음식까지 아시아 요리가 총집합한 곳이라고 해도 과언이 아니다. 평소 동남아시아 스타일의 음식을 좋아했다면 싱가포르는 그야말로 미식의 천국이다.

### 싱가포리언의 국민 간식
### 카야 토스트 Kaya Toast

바삭하게 구운 토스트 사이에 싱가포르 전통 잼인 달콤한 카야 잼과 버터를 얹어 내오는 카야 토스트는 커피와 즐기기 좋다. 이제 우리나라에서도 심심치 않게 볼 수 있지만 원조의 맛과는 비교가 되지 않는다.

**Pick!**
야쿤 카야 토스트 p.236
동아 이팅 하우스 p.241
친미친 제과점 p.326

카야 토스트

### 싱가포르 대표 음식
### 칠리 크랩 Chili Crab

싱가포르에 가면 누구나 한 번은 맛본다는 칠리 크랩. 인도와 스리랑카 등지에서 수입한 신선하고 커다란 게를 토마토소스와 달걀, 파 등으로 만든 그레이비소스로 요리한 음식이다. 오동통한 살을 다 발라 먹은 후 남은 소스는 빵을 찍어 먹거나 밥을 비벼 먹는다. 최근 블랙페퍼와 마늘로 요리한 페퍼 크랩도 인기를 얻고 있다.

**Pick!**
점보 시푸드 p.34, p.138
롱 비치 시푸드 레스토랑 p.34
레드 하우스 p.35, p.142
노 사인보드 시푸드 레스토랑 p.35, p.313

칠리 크랩

### 소박하지만 중독성 있는 깊은 맛
### 치킨라이스 Chicken Rice

닭 육수와 생강, 마늘 등을 넣어 지은 밥 위에 보들보들하게 삶은 닭고기를 얹어 내온다. 칠리소스와 간장 등을 곁들이기도 한다. 소박하고 단순하지만 닭고기의 육질, 밥의 맛, 식감과 소스에 따라 평가가 다양하게 갈리므로 싱가포르 미식가들 사이에서는 언제나 뜨거운 이슈의 메뉴다.

**Pick!**
채터박스 p.179
티안티안하이나니즈 치킨라이스 p.235

치킨라이스

### Pick!
무뚜스 커리 p.265
바나나 리프 아폴로 p.265

#### '어두육미'의 진수
**피시 헤드 커리** Fish Head Curry

붉은 도미 머리로 만든 카레의 비주얼이 아찔하다. 머리에 붙은 살이 얼마나 될까 싶지만 막상 젓가락을 대면 큼지막한 살들이 쏙쏙 발라져 양이 꽤 푸짐하다. 걸쭉한 매운탕처럼 느껴지는 매콤한 카레가 우리 입맛에 잘 맞는다.

피시 헤드 커리

### Pick!
328 카통 락사 p.326

#### 호불호가 있는 면 요리
**락사** Laksa

매콤한 그레이비소스 카레와 코코넛 밀크로 맛을 낸 국물에 쌀국수와 어묵, 숙주, 새우, 조개 등을 넣어 내온다. 빨간 국물에 얼큰한 맛을 기대하게 되지만 막상 코코넛 밀크 향이 강하게 나 우리에겐 호불호가 갈린다. 비린 맛에 약하다면 조개를 빼고 주문한다.

락사

### Pick!
송파 바쿠테 p.140

#### 더운 날 최고의 보양식
**바쿠테** Bak Kut Teh

싱가포리언의 인기 보양식. 바쿠는 '돼지갈비', 테는 '차'를 의미한다. 돼지갈비를 중국식 약재, 마늘 등과 함께 뭉근하게 조린 국물 요리로 밥과 함께 먹는다. 돼지갈비가 이렇게 부드럽다는 사실에 놀라게 된다.

바쿠테

### Pick!
왓 유 두 프라타 p.139

#### 싱가포르식 팬케이크
**로티 프라타** Roti Prata

간이 된 밀가루 반죽을 둥글넓적하게 구워 팬케이크처럼 만드는데, 여기에 설탕을 뿌리거나 카레를 곁들여 아침 식사로 즐겨 먹는다. 두리안이나 아이스크림, 초콜릿 등을 곁들이기도 한다. 인도 요리사의 현란한 공중 반죽 솜씨가 보는 재미를 준다.

로티 프라타

### Pick!
후앗후앗 바비큐 & 프라이드 캐럿 케이크

#### 당근 없는 당근 케이크
**프라이드 캐럿 케이크** Fried Carrot Cake

오믈렛처럼 보이는 이 묘한 이름의 음식은 순무와 쌀가루, 새우, 달걀을 볶아 내오는 요리다. 순무의 모양이 당근과 닮았다고 해서 붙여진 이름이라고. 고소한 맛에 자꾸만 손이 간다.

프라이드 캐럿 케이크

### 쫄깃쫄깃한 면발의 진수
**차오궈탸오** Char Kway Teow

커다란 웍에 우리나라 칼국수와 비슷하게 생긴 납작한 쌀국수와 새우, 각종 채소 등을 넣고 재빠르게 볶아 내온다. 쫄깃쫄깃하면서도 짭조름한 맛 그리고 은은한 불향이 어우러져 남녀노소 누구에게나 사랑받고 있다.

**Pick!**
순리 후라이드
호키엔 프론 미

### 바삭한 식감의 새우 요리
**시리얼 프론** Cereal Prawn

곡물을 이용한 튀김옷을 커다란 새우에 묻혀 튀겨 내오는데, 바삭한 튀김옷과 촉촉한 새우가 어우러져 환상의 맛을 뽐낸다. 달콤하면서도 짭조름한 맛은 맥주와도 찰떡궁합을 이룬다.

**Pick!**
대부분의 호커스

### 우리 입맛에 잘 맞는 꼬치 요리
**사테** Satay

우리나라 바비큐 꼬치구이를 생각하면 된다. 닭고기, 소고기, 양고기, 새우 등을 나무 꼬치에 끼워 달콤 짭조름한 양념장에 발라 구워 내온다. 맥주 안주로도 인기가 높다.

**Pick!**
사테 바이 더 베이 p.105
라우 파 삿 사테 스트리트 p.137

### 달콤 짭조름한 싱가포르식 육포
**박콰** Bakkwa

우리나라 육포와 좀 다르다. '박콰'라고 불리는 싱가포르식 육포는 달짝지근하고 부드럽게 씹힌다. 닭고기, 돼지고기, 소고기 등으로 만드는데, 슬라이스드 포크가 대표적이다. 한번 손을 대면 멈출 수 없는 중독성 강한 육포의 맛을 놓치지 말자.

**Pick!**
비첸향 p.227
림치관 p.243

### Pick!
대부분의 호커스

말레이시아식 백반
**나시르막** Nasi Lemak

한접시에 모아 차려진다는 것만 제외하면 딱 우리나라 백반을 떠올리게 한다. 말레이시아에서 온 음식으로 생강, 레몬, 코코넛밀크, 판단 잎 등을 넣어 쪄 낸 삼삼한 쌀밥과 함께 닭고기 요리와 얇게 썬 오이, 바삭하게 튀겨 낸 짭조름한 멸치, 삶은 달걀 등 반찬이 곁들여 나온다. 밥과 반찬이 그리울 때 찾으면 좋겠다.

### Pick!
대부분의 호커스

생선을 넣은 국수 요리
**피시 비훈** Fish Bee Hoon

비훈은 동남아시아에서 즐겨 먹는 국수 요리 중 하나로 우리나라로 치자면 소면 요리라고 생각하면 이해가 쉽다. 피시 비훈은 생선을 넣은 국수 요리로, 시원한 국물 맛이 매력적이다. 가느다란 면발과 깔끔한 맛 때문에 현지인들에게는 아침 식사 메뉴로 인기다.

### Pick!
대부분의 호커스

생선 바비큐 요리
**삼발 스팅레이** Sambal Stingray

가오리에 매콤한 삼발 소스를 얹어 바베큐처럼 구워 내는 생선요리다. 곁들여 나오는 라임을 뿌린 후 '늑맘'이라 불리는 피시소스를 찍어 먹으면 더욱 감칠맛이 난다. 칼칼한 양념과 부드럽게 발라지는 생선살은 밥과 함께 먹기에 좋다.

### Pick!
메이헝유엔 디저트
p.237

싱가포르식 빙수
**아이스 카창** Ice Kachang

색색깔의 시럽이 뿌려진 비주얼이 눈을 사로잡는다. 일종의 빙수로 곱게 간 투명한 얼음 위에 과일 맛 시럽을 듬뿍 뿌려준다. 여기에 취향에 따라 젤리나 팥, 과일 등 다양한 재료를 올린다. 우리나라 빙수와는 다른 투박한 맛과 비주얼이지만, 더위에 지친 몸을 달래기에 좋다.

# Gourmet Master

미식 마스터

## 아는 만큼 즐거운 싱가포르 미식 여행

### 1 어디서 무엇을 먹어야 할까?

아주 오래전부터 싱가포르는 동서 무역의 중심지였으며, 자유 무역 정책을 통해 각국 상인들이 드나들었다. 그런 연유로 싱가포르에서 '로컬 음식'이라고 하는 것은 그 범위가 매우 넓다. 원주민인 말레이계를 비롯해 인구의 상당 부분을 차지하는 중국계, 두 민족이 섞인 프라나칸, 그리고 인도계까지 아우른다. 기업 주재원으로 서양권에서 온 엑스팻들의 거주 비율이 높은 것도 간과할 수 없다. 출처는 정확히 알 수 없지만, 싱가포리언의 80% 정도는 집에서 요리를 하지 않는다고 한다. 이유는 맞벌이를 하는 가정이 많고, 기온이 높아 식자재 보관 등의 문제가 있기 때문인데 그만큼 외식 문화가 발달했다는 얘기다. 여기에 다양한 인종의 문화가 더해졌으니 싱가포르에는 맛있는 것, 먹어 봐야 할 것들이 수두룩하다.

### 싱가포르 스타일의 포장마차, 호커스

싱가포르에서 반드시 들러야 할 곳 중 하나가 호커스(또는 호커스 센터)다. 호커스는 길거리에 있던 노점상들을 '경관 미화'상의 이유로 한곳에 모아 놓은, 일종의 푸드코트와 같은 공간이다.

**Pick!**
마칸수트라 글루턴스 베이 p.136
맥스웰 푸드 센터 p.235

우리나라의 포장마차와 종종 비교되기도 하는데, 철저한 위생 교육과 관리를 통해 안심하고 먹을 수 있는 길거리 음식을 내놓고 있다. 저렴한 가격으로 맛있는 로컬 푸드들을 맛볼 수 있으며 호커스의 죽과 국물 요리들은 싱가포리언들에게 아침 식사로 애용되는 메뉴이기도 하다. 싱가포르의 번화가는 물론 각 지역마다 호커스가 자리하며, 한 호커스에 적게는 10여 개, 많게는 수십 개의 작은 상점(스톨)들이 들어서 있다.

**이곳도 유명해요!**

#### 뉴턴 푸드 센터 Newton Food Centre

싱가포르에서 가장 오래된 호커스 중 하나로, 해산물을 취급하는 상점들이 특히 인기가 많다.

- MAP p.10-B　● 12:00~02:00　● S$10~30

## 싱가포리언의 커피 타임, 코피티암

싱가포르 식문화 중 재미있는 것 중 하나가 바로 코피티암이다. 코피티암은 싱가포르식 카페인데 우리가 알고 있는 카페와는 다르게 싱가포르식 커피인 '코피'를 팔고, 식사가 가능하다. 한국 카페에서는 샐러드나 샌드위치 등 간단한 식사 종류를 판매하지만, 코피티암에서는 파스타와 같은 서양 요리부터 카야 토스트, 락사, 치킨라이스 등 로컬 푸드도 함께 판매한다.

**Pick!**
야쿤 카야 토스트 p.236
동아 이팅 하우스 p.241
친미친 제과점 p.326

### 이곳도 유명해요!

**토스트 박스** Toast Box
코피티암을 좀 더 쾌적하고 현대적으로 즐길 수 있는 체인점이다. 싱가포르 어디에서든 볼 수 있다.

**코피티암** Kopitiam
역이나 주거지 주변에서 흔하게 볼 수 있는 체인점이다. 푸드코트와 카페의 중간 형태로, 꽤 큰 규모의 매장에서는 다양한 종류의 음식과 음료를 취급한다.

## 싱가포르에만 있는 프라나칸 음식점

다양한 문화가 뒤섞인 싱가포르에서 생겨난 고유의 문화, 프라나칸. 현지에서 태어났지만 토박이는 아닌 이들로 중국계, 아랍계, 인도계, 유럽계 등 다양한 프라나칸 공동체가 존재한다. 그들이 즐겨 먹는 음식들을 맛볼 수 있는 유명 식당들이 여럿 있다. 식자재나 양념 등이 우리나라 사람들에게 다소 낯설게 느껴지지만 더욱 풍성한 미식의 세계를 경험할 수 있을 것이다.

**Pick!**
트루 블루 p.140
블루 진저 p.242
킴추쿠에창 p.325
루마 베베 p.328

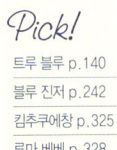

## 세계적인 브랜드 체인 레스토랑

요즘 우리나라에도 세계적인 명성의 체인 브랜드가 속속 생겨나고 있지만, 싱가포르는 우리나라보다 한 발짝 앞서 있다고 생각하면 된다. 최근 외식 업계에서 크게 주목받고 있는 중국 훠궈 체인점 하이디라오, 세계에서 가장 싼 미슐랭 스타 레스토랑으로 꼽히는 팀호완은 아직 우리나라에 없으니 들러 볼 만하다.

**Pick!**
하이디라오 p.144
딘타이펑 p.182
팀호완 p.194
브루네티 p.195

## 스타 셰프의 레스토랑

싱가포르는 스타 셰프들의 각축장이라고 해도 과언이 아니다. 미슐랭 스타 셰프부터 TV 요리 경연 대회 출신 스타 셰프까지, 지금 세계에서 가장 핫한 셰프들은 아시아 진출의 첫 출발지로 싱가포르를 선택하고 있다. 독설가로 유명한 고든 램지의 레스토랑 '브레드 스트리트(Bread Street)'도 입점했다.

> **Pick!**
> 울프강 퍽의 컷 p.113

### 이곳도 유명해요!

#### 제이미스 이탤리언 Jamie's Italian

우리나라에도 팬층을 형성하고 있는 영국 최고의 스타 셰프인 제이미 올리버가 런던에서 활동 중인 제나로 콘탈도와 함께 문을 연 이탈리언 레스토랑이다. '홈메이드', '유기농'을 콘셉트로 한 제이미식 이탈리아 요리를 맛볼 수 있다. 오차드 로드 포럼 더 쇼핑몰(p.187)과 하버프런트 비보시티(p.311)에 자리한다.

- **오차드 로드** 11:30~22:00, 금·토요일 11:30~23:00
  **하버프런트** 12:00~21:00, 금요일 12:00~22:00, 토요일 11:00~22:00, 일요일 11:00~21:00
- S$15~30
- www.jamieoliver.com/italian/singapore

#### 오스테리아 모차 Osteria Mozza

미국 요리 경연 프로그램 〈아이언 셰프〉로 이름을 알린 마리오 바탈리의 이탈리언 퀴진이다. LA에 본점이 있으며, 싱가포르 지점은 마리나 베이 샌즈(p.106)에 있다.

- 6688-8868
- 17:00~23:00, 토·일요일 12:00~14:30, 17:00~23:00
- 식사 S$25~30, 테이스팅 메뉴 S$98
- http://singapore.osteriamozza.com

## 푸짐하고 만족스러운 뷔페

관광 도시인 만큼 싱가포르에는 정말 많은 호텔들이 있다. 그러다 보니 뷔페도 발달되어 유명 호텔에는 저마다 자신들의 정체성을 담은 뷔페들을 선보인다. 푸짐하게, 배 터지게 먹고 싶은 날, 한번 찾아가 보자.

> **Pick!**
> 티핀 룸 p.117
> 제이드 p.148

### 이곳도 유명해요!

#### 키세키 Kiseki

가성비 좋은 뷔페를 찾는다면 오차드 센트럴(p.184)에 자리한 일본식 해산물 뷔페 레스토랑 키세키를 추천한다. 점심 뷔페의 가격은 S$22.80. 비교적 저렴한 가격에 다양한 해산물 요리는 물론 회, 초밥, 꼬치구이, 튀김 등을 시간 제한 없이 맛볼 수 있다. 선도 좋은 연어회가 인기가 좋은 편이며, 저녁과 주말에 자주 선보이는 게 역시 베스트 메뉴다. 디저트 종류도 꽤 충실하게 갖추고 있다.

- 6736-1216
- 11:30~15:00, 18:00~22:00
- S$22.80~39.80
- http://kisekirestaurant.com.sg

## 우아한 오후 시간을 보내기 좋은 애프터눈 티 카페

싱가포르는 과거 영국 식민지였던 까닭에 음식 문화에서 영국의 흔적을 쉽게 발견할 수 있다. 그중에서도 애프터눈 티 문화가 특히 그렇다. 풀러턴, 만다린 오리엔탈, 샹그릴라, 리츠칼턴 밀레니아 등 싱가포르 유명 호텔을 비롯해 크고 작은 카페에서 애프터눈 티 세트를 제공한다. 3단 트레이에 앙증맞은 핑거 푸드와 디저트를 담아 내오는 정통파부터 한 끼 식사를 해결할 수 있을 정도의 많은 뷔페 음식을 선보이는 퓨전파까지 다양하다.

*Pick!*
TWG p.112
티핀 룸 p.117
액시스 바 & 라운지 p.141
코트야드 p.148
아티스티크 티 라운지 p.178
하우스 p.213

### 이곳도 유명해요!

#### 로즈 베란다 The Rose Veranda

샹그릴라 호텔(p.379) 타워 윙에 자리하고 있다. 164종의 티가 준비되어 있으며 대부분 TWG 브랜드를 사용한다. 티 뷔페 음식이 꽤 푸짐한 편이다.

- 6213-4486
- 11:30~17:00, 토·일요일 11:30~14:00, 15:00~17:30
- S$56, 토·일요일 S$65

#### 치훌리 라운지 Chihuly Lounge

리츠칼턴 밀레니아 호텔(p.376)에 자리하고 있다. 주중에는 8가지 코스로 이뤄진 애프터눈 티를, 주말에는 애프터눈 티 뷔페를 이용할 수 있다.

- 6337-8888
- 09:30~01:00
- S$49~58

#### 브라스리 레 사뵈르 Brasserie Les Saveurs

세인트 레지스 호텔(p.377)에서 만나볼 수 있는 애프터눈 티. 3단 트레이에 담겨 나오는 애프터눈 티 세트와 스몰 뷔페가 함께 운영된다.

- 6506-6860
- 06:30~22:00
- S$49~59

## 완벽한 정찬을 즐기는 파인 다이닝

제대로 된 정찬을 즐길 수 있는 레스토랑을 두고 파인 다이닝이라고 한다. 미식의 나라 싱가포르에는 유명 파인 다이닝이 많이 포진되어 있다. 한 끼 식사로 지불하기에는 꽤 부담스러운 가격이지만 셰프의 손맛과 감각이 어우러진 음식, 세련된 분위기 그리고 숙련된 스태프들의 극진한 서비스 등 잊지 못할 미식의 세계를 만끽할 수 있으니 한 번쯤 경험해 볼 만하다. 보통 식사 시간이 3시간 정도 걸리니, 저녁 일정은 여유를 두고 잡는 것이 좋다.

**Pick!**
와쿠 긴 p.114
잔 p.147
가리발디 p.152
군터스 p.153
레자미 p.199

## 2 방문하기 전에 체크하면 좋은 팁들

### 식당 예약하기

싱가포르 레스토랑은 예약이 보편화되어 있다. 외식 문화가 발달하여 조금 인기 있는 곳에 가려면 대기 시간이 있는 데다 좋은 자리를 확보하기 위해서다. 만약 코스 요리를 제대로 즐기기 위해 파인 다이닝을 방문할 예정이라면 예약은 필수다. 하지만 여행객들이 현지 식당에 전화를 걸어 예약하는 일은 쉬운 일이 아니다. 다행히 점보 시푸드와 같이 규모 있고 인기 많은 레스토랑은 온라인으로 예약을 할 수 있다. 몇 번의 클릭만으로 원하는 지점과 시간으로 예약이 가능하다. 또한 싱가포르 레스토랑 예약 사이트 초프(Chope)에서도 손쉽게 예약할 수 있다. A~Z까지 레스토랑 리스트를 한눈에 볼 수 있고, 예약을 하면 컨펌 메일을 보내 준다. 원하는 레스토랑을 찾는 것도 가능하다. 앱으로도 나왔으니 출발하기 전 다운로드해 두는 것도 좋겠다.

## 초프(Chope)에서 식당 예약하기

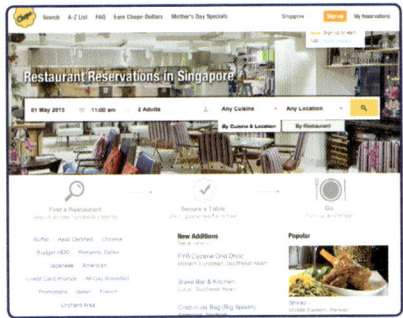

❶ 홈페이지(www.chope.co/singapore-restaurants) 또는 앱을 방문한다.

❷ 특정 레스토랑을 찾는다면 A~Z 리스트 카테고리를 확인한다. 범위를 설정해 원하는 레스토랑을 찾을 수도 있다.

❸ 원하는 레스토랑을 클릭하면 예약 페이지와 함께 레스토랑에 대한 정보가 나온다.

❹ 인원수와 날짜, 시간을 정하고 'BOOK NOW'를 클릭한다.

❺ 회원 가입이 되어 있지 않다면 비회원으로 예약하기(Continue without Signing Up)를 클릭한다.

❻ 예약자 이름과 이메일 주소, 휴대전화 번호, 그리고 요청 사항 등을 입력한 후 'Confirm'을 누른다.

❼ 비회원으로 예약했을 경우에는 컨펌 ID(Confirmation ID, 추후에 예약을 변경하거나 취소할 때 필요)를 확인한다. 취소와 변경은 메일로 온 확인서에서 클릭 한 번으로 해결할 수 있다.

### 드레스 코드

일부 호텔의 고급 레스토랑이나 파인 다이닝의 경우 드레스 코드를 요구한다. 그렇지 않다 해도 격식 있는 레스토랑을 방문할 때는 챙겨 입는 것이 좋다. 그렇다고 정장을 차려입을 필요는 없다. 끈이 없는 슬리퍼나 플립플롭, 짧은 반바지 차림은 피하고 여자의 경우 원피스, 남자라면 칼라가 있는 티셔츠와 가벼운 재킷을 입으면 된다. 바와 클럽 대부분에서는 드레스 코드를 요한다. 보통 '스마트 캐주얼'을 규정으로 삼는데, 이는 단정한 캐주얼 복장으로 이해하면 된다.

### 팁

대부분의 레스토랑은 지불 금액에 세금과 봉사료가 붙어 있어 서양식 문화가 광범위하게 자리 잡은 싱가포르지만 공식적인 팁 문화는 없다.

### 테이블 세팅 비용

싱가포르 식당에 가면 테이블 위에 땅콩, 물티슈, 생수 등이 세팅되어 있는 경우가 있는데 주문하지 않았다고 해서 무료로 제공되는 것이 아니다. S$1~2 차지가 붙는 경우가 있으니 원하지 않으면 치워 달라고 한다. 식사를 하는 중 차를 마시겠냐고 묻는 경우도 있는데, 이 역시 유료로 제공되는 것이니 참고한다. 식당에서의 이런 비용들이 아깝다면 물티슈를 따로 챙겨 가는 것도 좋겠다.

### TIP 싱가포르 푸드 페스티벌 Singapore Food Festival

1994년에 시작된 싱가포르 최대의 음식 축제다. 최근 아시아 요리가 세계적으로 각광을 받으면서 싱가포르 푸드 페스티벌 역시 크게 주목받고 있다. 해마다 새로운 테마 아래 세계 요리사 대회와 시식회, 전시회, 공연 등이 10일 내내 펼쳐진다. 보통 7월 중순에 열린다.

## SPECIAL PAGE

### 각기 다른 개성을 뽐내는 칠리 크랩 4대 천왕

싱가포르에서 반드시 먹어야 할 음식 중 첫손가락에 꼽히는 건 단연 칠리 크랩이다. 그래서인지 싱가포르에는 칠리 크랩 전문점이 상당히 많고, 각기 다른 분위기와 맛으로 오랫동안 사랑받고 있다. 칠리 크랩을 어디서 어떻게 먹어야 할지 고민이라면 아래 소개하는 4곳에 주목하자.

### 점보 시푸드 리버사이드
Jumbo Seafood Restaurant Riverside

**가장 대중적인 맛의 칠리 크랩 전문점**

싱가포르의 대표적인 칠리 크랩 전문점이자 여행자들에게 가장 인기 있는 체인이다. 서양인들도 부담 없이 먹기 좋은, 가장 대중적이면서도 무난한 향신료를 사용한 칠리 크랩을 맛볼 수 있다. 훌륭한 전망을 갖고 있는 클라크 키 지점(p.138)과 이스트 코스트 시푸드 센터 지점(p.324)은 언제나 많은 사람들로 북적이니 방문하기 전에 예약하는 것이 좋다.

홈페이지 www.jumboseafood.com.sg

### 롱 비치 시푸드 레스토랑
Long Beach Seafood Restaurant

**페퍼 크랩을 처음으로 선보인 곳**

점보 시푸드와 더불어 오랜 기간 사랑을 받고 있는 시푸드 레스토랑이다. 다른 곳에 비해 매콤한 맛이 강한 편이며, 잘 튀겨 내오는 번의 맛이 괜찮은 편이다. 최근 칠리 크랩에 이어 페퍼 크랩에 대한 관심이 높아지고 있는데, 롱 비치 시푸드 레스토랑은 이 페퍼 크랩을 처음 선보인 레스토랑으로 유명세를 치르고 있다. 그래서인지 이곳에서는 페퍼 크랩의 인기가 칠리 크랩과 맞먹는다. 뎀시 힐(p.210)과 이스트 코스트 시푸드 센터(p.324)에 매장이 있다.

홈페이지 www.longbeachseafood.com.sg

## 레드 하우스
### Red House

**젊은 사람들에게 주목받고 있는 칠리 크랩 전문점**

다른 곳에 비해 인지도는 조금 낮은 편이지만, 입맛 까다로운 젊은 사람들을 중심으로 주목받고 있다. 아직 여행자들보다는 현지인들에게 더 인기가 있다. 매콤하고 짭조름한 맛보다는 부드럽고 달콤한 맛이 강하며 뒷맛이 깔끔한 것이 특징이다. 칠리 크랩 외에 페퍼 크랩과 부드러운 커스터드 소스를 곁들인 타이거 프론 또는 랍스터가 인기다. 로버트슨 키 지점(p.142)을 포함해 2개의 매장이 있다.

**홈페이지** www.redhouseseafood.com

## 노 사인보드 시푸드 레스토랑
### No Signboard Seafood Restaurant

**현지인들이 좋아하는 크랩 맛**

1970년대 간판도 없이 허름한 식당으로 출발해 지금은 싱가포르 대표 식당으로 자리매김하고 있다는 히스토리만으로도 흥미를 자아내는 곳이다. 다른 곳보다 매콤한 맛이 강하고 소스가 진한 편이다. 게이랑 본점을 포함해 비보 시티(p.311), 클라크 키의 센트럴 몰, 에스플러네이드 등 4곳에 지점이 있다. 옛 분위기를 고수하는 본점을 제외한 다른 매장은 세련되고 현대적인 느낌이다.

**홈페이지** www.nosignboardseafood.com

### 칠리 크랩 주문하기 & 예산 정하기

크랩은 기본적으로 kg 단위로 주문하여, 싯가로 계산된다. 미니멈은 1kg. 칠리 크랩을 주문할 때는 칠리소스와 무척 잘 어울리는 번을 잊지 말고 주문하자. 빵이 싫다면 달걀볶음밥도 괜찮다. 소스에 비벼먹는 밥맛이 꿀맛이다. 2명일 경우 크랩 1kg과 번 2개 정도면 적당하며, 3명이라면 2인 기준에 볶음밥을 추가하는 것이 좋다. 최근 크랩 가격이 꽤 오른 것을 감안하면 1인당 S$50~60이면 여유 있게 먹을 수 있을 것이다. 음식과 함께 준비되는 레몬물은 손을 닦는 용이며, 물티슈는 별도로 계산된다.

## 세 번째
## 잠 못 이루게 하는 싱가포르의 나이트라이프

싱가포르는 규율이 엄격한 나라로 알려져 있지만, 그렇다고 해서 일찍 잠들라는 얘기는 아니다. 싱가포르에는 일찍 잠들기에는 너무나 아쉬운 화려한 밤이 펼쳐진다. 낮보다 아름다운 싱가포르의 밤을 놓치지 말자.

### 야경을 보며 칵테일 한잔
### 루프톱 바

시원한 바람이 불어오는 루프톱 바, 통유리 창으로 둘러싸인 고층 빌딩 바에서 신선한 칵테일이나 시원한 맥주를 마시며 황홀한 야경을 감상해 보는 건 어떨까.

**Pick!**
세라비 p.114
레벨 33 p.150
랜턴 p.151
원 앨티튜드 p.149

### 나만의 시크릿 플레이스
### 스피키지 바

미국 금주령 시대에 등장한 비밀스러운 스피키지 바를 콘셉트로 한 바들이 요즘 대세다. 감각적인 분위기 속에서 제대로 된 칵테일과 다양한 술을 즐길 수 있다.

**Pick!**
28 홍콩 스트리트 p.142
호스 마우스 p.189
스터디와 라이브러리 p.242

### 세계적인 DJ들의 음악
**클럽**

흥 많은 클러버라면 싱가포르에서의 클러빙을 놓칠 수 없다. 세계적인 DJ들의 라인업으로 중무장한 클럽에서 잊지 못할 추억을 만들어 보자.

Pick!
주크 p.150

### 아이도 즐길 수 있는 나이트라이프
**나이트 사파리**

건전하게 싱가포르의 나이트라이프를 즐기고 싶다면 나이트 사파리(p.340)를 추천한다. 트램을 타고 야행성 동물들을 구경하러 다니는 재미가 꽤 짜릿하다.

### 레이저 쇼 보며 야경 감상
**야간 어트랙션**

샌즈 스카이파크(p.107) 혹은 싱가포르 플라이어 (p.121)에 오르거나 강을 따라 보트(p.157)를 타며 야경을 즐겨 보자. 레이저를 이용한 스펙트라(p.107) 시간에 맞춘다면 더욱 좋겠다.

## 네 번째
## 자꾸만 생각나는
## 그 한잔

싱가포르에서만큼은 스타벅스 커피를 잠시 내려놓아도 될 것 같다. 아메리카노 말고도 마셔 볼 만한 음료가 많기 때문이다. 달콤한 싱가포르식 커피부터 로맨틱한 칵테일 싱가포르 슬링까지 더위에 지친 몸을 깨워 줄 싱가포르의 중독성 있는 음료들을 소개한다.

### 개성 있는 칵테일
### 싱가포르 슬링

간혹 영화 속에도 등장하는 로맨틱한 빛깔의 칵테일. 싱가포르의 아름다운 저녁노을을 표현한 것으로 지금은 바텐더에 따라 다양한 레시피가 존재한다. 원조는 싱가포르 래플스 호텔의 롱 바(p.118). 롱 바 외에도 유명 바에서 쉽게 찾아볼 수 있다.

### 연유를 넣어 달달한 커피
### 코피

커피에 연유를 넣어 달콤한 맛을 강조한 싱가포르식 커피를 '코피(Kopi)'라고 한다. 보통 카야 토스트와 단짝을 이루는 코피는 빈티지한 포르셀라인 잔에 담겨 나오는데, 달짝지근하고 진한 코피 한 모금은 더위에 지친 이들에게 피로 회복제나 다름없다.

### 우리나라보다 훨씬 다양한
### 버블티

우리나라에 공차 열풍이 불면서 익숙해진 버블티. 차를 베리에이션한 음료에 쫀득쫀득한 타피오카를 넣은 음료다. 싱가포르에서는 훨씬 다양한 브랜드의 버블티를 만날 수 있다. 공차(Gong Cha), 코이(Koi), 이치 어 컵(Each a Cup) 등이 유명하다.

갈증 해소에 탁월한
### 코코넛 주스와 사탕수수 주스

더운 날 갈증 해소에 즉각적으로 도움을 주는 음료는 단연 코코넛과 사탕수수 주스. 코코넛은 즙을 음료로 마시고, 열매 안쪽 과육은 숟가락으로 긁어 먹어도 맛있다. 사탕수수 열매를 찐 뒤 즉석에서 즙을 짜내는 사탕수수 주스 역시 더위에 지쳤을 때 마시면 좋다.

하루의 마무리
### 타이거 맥주

제일 맛있는 맥주는 그 나라에서 맛보는 현지 맥주다. 싱가포리언들이 가장 선호해 국민 맥주로 통하는 타이거 골드 메달(Tiger Gold Medal)은 맛은 가볍지만 톡 쏘는 청량감이 매력적이다. 더운 한낮에 땀을 식히며 마시기에 좋고, 저녁 식사에 반주처럼 곁들이기 좋다.

**MORE** 그래도 커피가 마시고 싶다면?

다국적 브랜드 체인점도 좋지만 싱가포르에서 가장 대중적인 커피 체인점으로 향해 보자. TCC와 올드 타운 화이트 커피에서는 커피는 물론 식사까지 해결할 수 있다.

#### TCC

싱가포르 로컬 브랜드 카페다. 사이펀 커피부터 아이리시 커피, 버터스카치 카푸치노 등 온갖 종류의 커피 메뉴가 있다. 수프, 샐러드, 샌드위치, 버거, 연어 스테이크 등의 서양식 식사 메뉴를 함께 선보이는 까닭에 젊은 여성들에게 특히 인기다.

#### 올드 타운 화이트 커피 Old Town White Coffee

말레이시아에서 온 커피 체인점이다. 말레이시아식 인스턴트커피 외에 각종 커피와 음료를 선보인다. 카야 토스트를 비롯해 쌀국수와 락사, 나시르막 등 동남아식 식사 메뉴를 제공하는 것이 특징이다. 이곳에서 출시한 인스턴트커피는 지인들을 위한 선물용으로 좋다.

## 다섯 번째
## 가족 여행을 책임질
## 흥미진진한 엔터테인먼트

싱가포르는 가족 여행자들에게 가장 인기 있는 목적지 중 하나로, 남녀노소 누구나 즐거워할 만한 엔터테인먼트 요소가 가득하다. 세계적인 테마파크에서 어트랙션을 즐기거나 각국에서 온 희귀 동물들과 함께하는 시간을 가져 보자.

### 섬 하나가 거대한 놀이공원
### 센토사

유니버설 스튜디오가 있는 리조트 월드 센토사를 중심으로 각종 어트랙션이 곳곳에 자리한다. 지드래곤이 다녀가 화제가 되었던 메가집도 바로 여기 센토사에 있다.

### 거대한 대관람차
### 싱가포르 플라이어

거대한 대관람차 싱가포르 플라이어를 타면 싱가포르 시내가 발아래에 펼쳐진다. 대관람차의 지름은 무려 150m로, 높이로 치면 42층 건물과 맞먹는다.

### 동물들과의 교감
### 주롱 새 공원과 동물원

그저 그런 동물원이라는 생각은 금물이다. 철창 없는 동물원 '싱가포르 동물원(p.334)', 온갖 진귀한 새를 구경할 수 있는 '주롱 새 공원(p.344)', 세계의 강과 그 생태 환경을 재현한 '리버 사파리(p.338)'는 가족들에게 잊지 못할 시간을 선물한다.

### 나도 영화 속 주인공
**유니버설 스튜디오**

센토사 내에 자리한 유니버설 스튜디오에서 영화 속 주인공이 되어 신나게 어트랙션을 즐겨 보자.

### 오감 만족 에듀테인먼트
**사이언스 센터 싱가포르**

세계 10대 과학 전시관 가운데 하나로 꼽히는 사이언스 센터 싱가포르. 그동안 딱딱하게만 여겨졌던 과학을 오감 체험을 통해 쉽게 이해할 수 있다.

### 이동하는 번거로움이 없는
**1일 투어 프로그램**

어린아이들과 대중교통을 이용하는 것이 번거롭게 느껴진다면 1일 투어 프로그램에 참가한다. 2층 버스, 수륙 양용차, 보트 등을 타고 싱가포르 유명 관광지를 한 번에 돌아볼 수 있다.

**TIP 입장권은 온라인으로 구입**

동물원과 테마파크의 입장권은 되도록 온라인으로 미리 예매하자. 현장에 가서 줄을 설 필요가 없는 것은 물론, 일찍 예약하는 이들에게 할인 혜택이 주어지는 경우도 있다.

## 여섯 번째
## 세계 일주를 하는 기분이 드는 이국적인 거리 탐방

싱가포르는 작은 뉴욕과 같다고 누군가 그랬다. 다양한 문화를 바탕으로 여러 인종이 모여 사는 싱가포르를 거닐고 있으면 마치 세계 일주를 하는 기분이다. 저마다 고유한 삶의 방식을 고수하며 살아가는 모습을 구경하는 일은 매우 흥미롭다.

### 언제 들러도 활기차고 시끌벅적한
### 차이나타운 p.216

거미줄처럼 얽힌 골목길에는 중국풍 기념품을 파는 곳이 즐비하고, 중국 음식을 비롯해 태국, 인도네시아, 인도, 베트남 음식을 저렴하게 내놓는 식당이 가득하다.

### 사랑스러운 네덜란드 마을
### 홀랜드 빌리지 p.206

서양인들의 라이프스타일에 맞춘 각종 퍼브와 라이브 바, 레스토랑이 발달한 곳. 저녁이 되면 노천 테이블이 늘어서는 유흥의 거리와 제대로 된 이탈리아 요리를 맛볼 수 있는 미식의 거리가 이어진다.

### 헤나 문신하고 인도 음식 맛보기
### 리틀 인디아 p.250

MRT 리틀 인디아 역을 빠져나오면 바로 인도로 순간 이동을 한 느낌이다. 이국적인 패턴의 헤나 문신과 바나나 잎에 담겨 나오는 인도 음식을 맛보자.

### 물담배 카페와 히잡을 두른 사람들
### 캄퐁 글램과 아랍 스트리트 p.268

황금색 돔의 거대한 모스크, 히잡을 두른 사람들, 중동 음식 전문점, 물담배 카페가 늘어서 있어 또 다른 이국적인 모습을 선사한다.

## 일곱 번째
## 싱그러운 초록의 도시, 공원 산책

현대적이고 화려한 마천루를 갖고 있는 싱가포르, 그런데 싱가포르는 정원의 도시이기도 하다. 1990년부터 지금까지 200km 구간에 공원을 연결한 싱가포르 정부는 이 공원을 앞으로 집 앞까지 연결하겠다는 계획이다. 마음의 위안을 찾아 줄 싱가포르의 아름다운 정원을 거닐어 보자.

### 거대한 열대 우림 숲
**싱가포르 식물원** p.190

일 년 내내 따뜻한 날씨 덕에 울울창창한 열대 식물과 나무들이 광대한 부지를 가득 채우고 있다. 우리나라에서는 보기 힘든 거대한 열대 나무들이 수두룩하다.

### 언덕 위 아기자기한 공원
**포트 캐닝 파크** p.124

싱가포르에서 보기 드문 언덕. 40만여 km²나 되는 방대한 열대 우림 공원은 현지인들의 훌륭한 산책로가 되어 준다.

### 바다를 따라 조성된
**해변 공원**

동부 지역 최대의 해변 공원 이스트 코스트 파크 (p.322), 생태 학습 시설을 갖추고 있는 파시르 리스 파크(p.322), 바다 위로 떠오르는 비행기를 볼 수 있는 창이 비치 파크(p.323)가 들어서 있다.

### 손때가 묻지 않은 청정의 섬
**풀라우 우빈** p.329

풀라우 우빈은 싱가포르 동쪽 끝에 자리한 부메랑 모양의 작은 섬이다. 사람의 손이 거의 닿지 않은 열대 우림 사이로 난 길을 따라 자전거 하이킹을 즐기기에 좋다.

여덟 번째
# 메마른 감성을 촉촉하게 적셔 줄 감성 투어

고도화된 도시, 싱가포르. 하지만 그 이면을 자세히 들여다보면 우리의 감성을 건드리는 다양한 공간이 존재한다. 자신만의 세계관이 뚜렷한 신진 작가들의 작품이 걸린 갤러리는 물론 거대한 상업 광고판이 즐비한 쇼핑몰까지 우리에게 영감을 주는 곳들은 다양하다.

### 인터랙티브한 소통이 가능한
### 박물관

학습적이고 딱딱한 박물관이 아닌 시청각 자료와 체험 프로그램을 통해 인터랙티브하게 소통하는 싱가포르의 박물관은 아이들은 물론 어른들에게도 흥미로운 시간을 선사해 준다.

**Pick!**
싱가포르 국립 박물관 p.133
프라나칸 뮤지엄 p.133
사이언스 센터 싱가포르 p.347

### 현대 미술의 흐름이 궁금하다면
### 미술관과 갤러리

예술에 대한 싱가포르의 관심은 무척이나 높다. 동남아 현대 미술에 관해 이미 최고의 컬렉션을 갖춘 것은 물론이고 아시아 미술에도 그 영향력이 미치고 있다.

**Pick!**
아트사이언스 뮤지엄 p.108
내셔널 갤러리 싱가포르 p.131
싱가포르 아트 뮤지엄 p.132
길먼 배럭스 p.348

Pick!
레드 닷 디자인
뮤지엄 p.232

Pick!
래플스 호텔
p.145
치임스 p.120
부티크 호텔
스칼릿 p.384

라이프스타일을 업그레이드 시켜 줄
**디자인 갤러리 & 숍**

보는 것만으로 감성을 충전하고 영감도 팍팍 얻을 수 있는 디자인 갤러리, 그리고 자신의 안목과 라이프스타일을 한층 높여 줄 디자인 숍 역시 빼놓을 수 없다.

과거와 현재의 감각적인 조화
**헤리티지 플레이스**

역사적으로 큰 가치를 품고 있는 헤리티지. 싱가포리언의 탁월한 능력 중 하나는 옛것을 버리기보다 다듬고 근사한 공간으로 완성시킨다는 것이다.

아홉 번째
# 상상은 현실이 된다! 진화하는 건축물

싱가포르는 도시 전체가 거대한 건축 박물관이라고 해도 과언이 아니다. 인간의 상상력과 기술의 한계는 어디까지인지 한 번쯤 생각하게 만드는 싱가포르의 근사하면서도 독특한 건축물을 보고 있으면 마치 미래 도시 어딘가에 서 있는 기분이 든다.

### 초현실적인 미래의 정원
**가든스 바이 더 베이**

영화 〈아바타〉를 떠올리게 하는 초현실적인 풍경의 정원이다. 그중 거대한 콘크리트 나무 '슈퍼트리'는 싱가포르의 마천루를 완전히 바꾸어 놓았다. 싱가포르 최고의 랜드마크로 급부상 중이니 꼭 한번 가보자.

### 거대한 두리안을 닮은
**에스플러네이드**

거대한 두리안을 반으로 뚝 갈라 바닥에 엎어 놓은 것 같기도 하고, 기대한 파리의 눈을 형상화한 것처럼 보이기도 한다. 싱가포르에서 가장 유니크하다고 자부할 수 있는 이 건물은 2002년 오픈 당시 논란을 일으키기도 했다.

### 연꽃 모양의 하얀 건물
**아트사이언스 뮤지엄**

아트사이언스 뮤지엄은 연꽃 혹은 오므린 손가락 모양을 닮았다. 각 손가락마다 전시 공간이 마련되어 있는데, 손톱 부분에 해당하는 위쪽은 자연광이 스며들어 근사한 조명이 되기도 한다.

### 현대판 피사의 사탑
**마리나 베이 샌즈**

싱가포르의 아이콘인 마리나 베이 샌즈. 최대 52도가 기울어진 57층 건물 3개동 위에 보트 모양의 길쭉한 상층부가 얹혀 있는 모습이 놀랍기만 하다.

### 플로팅 아일랜드
**루이비통 아일랜드 메종**

마리나 베이 샌즈의 부속 건물이다. 강 위에 떠 있는 눈부신 크리스털 퍼빌리언의 아름다운 외관은 설립과 동시에 세간의 주목을 받았다.

## 열 번째
## 개인의 취향을 존중하는 다양한 호텔

최신식 시설을 갖춘 호텔, 역사적인 건축물을 개조해 만든 우아한 호텔, 세계적인 명성의 체인 호텔, 그리고 배낭여행자를 위한 저렴한 호스텔까지. 경제적인 여건과 취향에 따라 고를 수 있는 호텔들이 기다리고 있다.

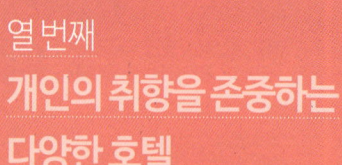

### 헤리티지 호텔

오랜 역사와 수많은 히스토리를 품고 있는 헤리티지 호텔. 앤티크하고 우아한 분위기와 고유의 서비스를 제공하는 헤리티지 호텔에서의 하룻밤은 잊지 못할 시간을 선사할 것이다.

### 세계적인 체인 호텔

세계적으로 이름난 체인 호텔은 일단 믿을 만하다. 세계인이 인정한 숙련된 서비스를 받으며 편안하게 머무를 수 있다.

**Pick!**
- 래플스 싱가포르 p.375
- 풀러턴 호텔 p.378
- 굿우드 파크 호텔 p.378

**Pick!**
- 그랜드 하얏트 싱가포르 p.372
- 만다린 오리엔탈 p.373
- 리츠칼턴 밀레니아 싱가포르 p.376

### 부티크 호텔

**Pick!**
호텔 포트 캐닝 p.380
스튜디오 M 호텔 p.382

차이나타운과 리틀 인디아를 중심으로 부티크 호텔이 많이 들어서 있다. 오너의 개성이 드러난 부티크 호텔은 친구 또는 연인과 함께라면 더욱 좋다.

### 리조트

**Pick!**
실로소 비치 리조트 p.381
샹그릴라 호텔 p.379

도심 속 파라다이스를 콘셉트로 한 호텔 리조트는 아이를 동반한 여행자들에게 적합하다. 야외 수영장에서 아이들과 즐거운 시간을 보낼 수 있다.

### 레지던스

**Pick!**
프레이저 스위트 싱가포르 p.380

아담한 주방 시설과 세탁 서비스 등을 제공하는 레지던스는 장기 여행자, 아이를 동반한 가족 여행자, 대가족 또는 단체 여행자들에게 적합한 숙박 시설이다.

### 호스텔

**Pick!**
쿼터스 호스텔 p.389
5 풋웨이 인 프로젝트 보트 키 p.390
헤리티지 호스텔 p.390

'싼 게 비지떡'이라는 말이 들어맞지 않는 감각적이고 세련된 호스텔들이 싱가포르에 속속 등장하고 있다. 다양한 국적의 친구들을 사귀는 건 보너스!

# Course Master

싱가포르 추천 일정

기본에 충실한 싱가포르 다이제스트 4일 • 54
가족 여행자를 위한 판타스틱 코스 4일 • 59
2030 여성을 위한 쇼핑과 미식 코스 3일 • 63
스톱 오버 여행자를 위한 코스 1일 • 66

# Course Master

## 싱가포르 한눈에 보기

### 중북부 지역
### Central & North Area
싱가포르 3대 동물원으로 불리는 싱가포르 동물원, 나이트 사파리, 리버 사파리가 모여 있다. 시내버스 또는 동물원 직행 셔틀버스를 타고 이동할 수 있다.

### 서부 지역
### West Area
싱가포르 대표 관광지로 꼽히는 주롱 새 공원이 자리한다. 주롱 새 공원 가까운 곳에 사이언스 센터도 있어 아이를 동반한 가족 여행자들이 특히 많이 찾는다.

### 오차드 로드
### Orchard Road
우리나라 명동과 비교되는 곳이다. 동서를 가로지르는 3km의 도로 양옆으로 최신식 쇼핑몰과 백화점들이 빼곡하게 들어서 있다. 쇼핑과 미식을 한 번에 해결할 수 있어 20~30대 여성들에게 전폭적인 지지를 얻고 있다.

### 하버프런트
### HarbourFront
센토사로 향하는 케이블카와 모노레일이 출발하는 센토사의 관문이다. 대형 크루즈 선박장과 거대한 쇼핑몰 비보 시티가 자리한다.

### 차이나타운 Chinatown
싱가포르에는 각 민족을 대표하는 거리들이 여럿 있는데, 그중 가장 규모가 크고 번화한 곳이다. 싱가포르 강 남서부에 위치하고 있으며 최근 이 주변 지역이 '핫한' 동네로 떠오르면서 점점 그 범위가 넓어지고 있다. 클럽 스트리트, 티옹 바루, 케옹 사이크 로드 등이 대표적이다.

### 리틀 인디아 Little India
오차드 로드에서 이스타나를 끼고 동쪽에 자리하고 있다. 남인도에서 이주해 온 사람들에 의해 조성된 곳으로, 이국적인 분위기가 물씬한 인도풍 잡화점과 레스토랑들이 모여 있다. 번듯하고 깔끔한 싱가포르가 지루해질 때쯤 찾으면 좋은, 자유분방한 매력이 돋보이는 동네다.

### 동부 지역 East Area
싱가포르 동쪽에 자리한다. 규모가 꽤 크고, 관광지가 띄엄띄엄 위치한 까닭에 체력과 시간을 요하는 곳이기도 하다. 대신 다른 지역에 비해 평화롭고 한적한 시간을 보낼 수 있다. 바다를 따라 조성된 해변 공원은 싱가포리언은 물론 여행자들에게도 좋은 휴식처가 되어준다.

### 부기스 Bugis
이슬람교도 주거 지역으로 조성된 곳으로 리틀 인디아와 면해 있다. 황금빛 돔의 모스크를 중심으로 중저가 쇼핑몰과 아랍풍 거리가 이어진다. 리틀 인디아와는 또 다른 매력의 이국적인 거리를 만날 수 있다. 최근 유니크한 상점이 들어선 거리, 하지 레인이 인기를 얻고 있다.

### 올드 타운 Old Town
영국 식민지 시절의 흔적이 남아 있는 올드 타운은 싱가포르에서 가장 오래된 풍경을 지닌 곳으로 꼽힌다. 이국적이면서도 고풍스러운 건물을 중심으로 박물관과 미술관, 대표 관광지들이 들어서 있다.

### 마리나 베이 Marina Bay
만을 중심으로 싱가포르에서 최첨단의 마천루가 펼쳐지는 지역이다. 싱가포르 대표 관광지 멀라이언 파크부터 랜드마크인 마리나 베이 샌즈, 가든스 바이 더 베이 등 싱가포르 하면 딱 떠오르는 스폿 상당수가 이 지역에 있다.

### 센토사 Sentosa
싱가포르에서 남쪽으로 500m 떨어진 곳에 자리한 작은 섬이다. 세계적인 테마파크인 유니버셜 스튜디오를 비롯해 각종 어트랙션이 섬 구석구석을 채우고 있다. 동남아 휴양지를 연상시키는 아기자기한 해변이 조성되어 있는 것도 매력적이다.

### 키 Quay
마리나 베이와 이어지는 싱가포르 강 주변 지역을 일컫는다. 흔히 '리버사이드'로도 통한다. 시끌벅적한 유흥지 클라크 키, 쿨한 바와 레스토랑이 들어서고 있는 보트 키, 현지인들이 즐겨 찾는 지역이자 부촌으로 꼽히는 로버트슨 키로 나뉜다.

# 기본에 충실한 싱가포르 다이제스트 4일

싱가포르 여행이 처음이거나 싱가포르의 팔색조 같은 매력을 느끼고 싶은 이들을 위한 4일 기본 코스. 최첨단의 싱가포르와 다양한 민족이 어우러져 만들어 낸 유니크한 골목길 어느 것 하나도 놓치지 않는 일정이다.

## 1 DAY

**❶ MRT 베이프런트 역 하차**

↓ 바로 연결

**❷ 마리나 베이 샌즈**
3개의 건물이 이어진 싱가포르의 랜드마크 마리나 베이 샌즈에서 쇼핑을 즐기자.

↓ 바로 연결

**❸ 마리나 베이 샌즈에서 점심 식사**
마리나 베이 샌즈 안이나 인근에서 점심 식사를 해결한다.

↓ 도보 5분

**❹ 가든스 바이 더 베이**
싱가포르에서 가장 '핫한' 관광지로 떠오른 거대한 정원에서 슈퍼트리를 감상한다.

↓ 도보 5분

**❺ MRT 베이프런트 역 승차**

↓ MRT 17분

**❻ MRT 클라크 키 역 하차**

↓ 도보 4분

**❼ 클라크 키에서 저녁 식사**
싱가포르 강변에서 저녁 식사를 한다.

↓ 도보 3분

**❽ 싱가포르 강 리버 크루즈**
리버 크루즈에 탑승해 싱가포르 야경을 구경하는 것으로 하루를 마무리한다.

### plus TIP

**마리나 베이 샌즈에서 점심 식사 해결하기**
마리나 베이 샌즈에는 푸드코트부터 스타 셰프의 레스토랑까지 다양한 메뉴가 갖추어져 있어 취향에 따라 선택의 폭이 넓다. 우아하게 점심 식사를 즐기고 싶다면 싱가포르를 대표하는 브랜드인 TWG(p.112)에서 운영하는 카페의 애프터눈 티를 추천한다. 마리나 베이 샌즈에서 조금 벗어나도 먹을거리는 많다. 가든스 바이 더 베이(p.100)로 이동 후 점심을 먹고 관광을 하는 것도 좋다.

**도착한 첫날은 무리한 일정 피하기**
도착한 첫날이니 앞으로 남은 3일을 더욱 즐겁고 쾌적하게 보내기 위해 무리한 일정은 피하도록 한다.

## 2DAY

**❶ MRT 파러 파크 역 하차**

↓ 도보 1분

**❷ 스리 스리니바사 페루말 사원**
리틀 인디아의 대표 사원 중 하나인 스리 스리니바사 페루말 사원에서 현지인들의 종교 생활을 엿본다.

↓ 도보 7분

**❸ 무스타파 센터**
24시간 문을 여는 인도풍 대형 마트. 방대한 물건들을 저렴한 가격에 만날 수 있다.

↓ 도보 10분

**❹ 리틀 인디아 아케이드**
아기자기한 소품을 구경하고 헤나 문신을 체험할 수 있다.

↓ 도보 5분

**❺ 리틀 인디아에서 점심 식사**

↓ 도보 2분

**❻ MRT 리틀 인디아 역 승차**

↓ MRT 15분

**❼ MRT 오차드 역 하차**

↓ 도보 1분

**❽ 오차드 로드**
자신의 취향에 맞는 쇼핑몰을 골라 쇼핑을 즐기고, 오차드 로드 명물인 아이스크림 샌드위치를 맛보자.

↓ 도보 5분

**❾ MRT 오차드 역 승차**

↓ MRT 18분

**❿ MRT 차이나타운 역 하차**

↓ 도보 1분

### plus TIP

**리틀 인디아에서 점심 식사 해결하기**
인도인들이 모여 사는 동네이니만큼 제대로 된 인도 요리 전문점을 만날 수 있다. 싱가포르 인도 요리의 양대 산맥으로 꼽히는 바나나 리프 아폴로(p.265)와 무투스 커리(p.265)가 리틀 인디아에 자리한다. 보다 현대적인 인도 요리를 먹고 싶다면 머스터드(p.265)를 추천한다.

**차이나타운에서 간식 먹기**
잠시 쉬어 가며 출출한 배를 달래기 좋은 곳으로 차이나타운 푸드 스트리트(p.240), '미향원'으로 더 잘 알려진 메이헝유엔 디저트(p.237)를 추천한다. 카야 토스트로 유명한 야쿤 카야 토스트(p.236) 본점과 현지인들이 특히 사랑하는 코피티암 동아 이팅 하우스(p.241)도 차이나타운에 있다. 림치관(p.243)과 비첸향(p.227)에서 싱가포르식 육포 박콰를 맛보는 것도 잊지 말자.

### ⑪ 차이나타운
빈티지하고 운치 있는 숍 하우스 상점을 구경하고, 싱가포르식 육포를 맛본다.

↓ 도보 3분

### ⑫ 스리 마리아만 사원
차이나타운 한복판에 자리한 스리 마리아만 사원의 고푸람을 배경으로 기념사진을 촬영한다.

↓ 도보 2분

### ⑬ 스미스 스트리트
차이나타운 푸드 스트리트 또는 로컬 카페에서 간식을 먹는다.

↓ 도보 2분

### ⑭ 불아사 용화원
불아사 용화원에서 현대식 사원의 화려함을 엿본다.

↓ 도보 2분

### ⑮ 차이나타운에서 저녁 식사

↓ 도보 10분

### ⑯ 클럽 스트리트 또는 케옹 사이크 로드
최근 뜨고 있는 거리 '클럽 스트리트', '케옹 사이크 로드'에서 하루를 마무리하자.

**차이나타운에서 저녁 식사 해결하기**
로컬 음식을 먹고 싶다면 호커스인 맥스웰 푸드 센터(p.235)나 새롭게 단장한 차이나타운 푸드 스트리트(p.240)에서 해결한다. 중국요리가 먹고 싶다면 징후아 레스토랑(p.238), 저렴한 가격에 다양한 딤섬을 즐기고 싶다면 얌차(p.237)를 추천한다.

**클럽 스트리트 또는 케옹 사이크 로드에서 하루를 마무리 하자**
싱가포르 차이나타운이 특히 매력적인 이유는 개성 넘치는 골목들이 형성되어 있기 때문이다. 그중에서도 클럽 스트리트와 케옹 사이크 로드에는 힙한 바들이 여럿 있어 저녁 식사 후 잠시 들르기 좋다. 영국식 비스트로와 칵테일을 즐길 수 있는 스터디(p.242), 갤러리에 와 있는 듯한 포테이토 헤드 포크(p.241)를 추천한다.

# 3DAY

**❶ 센토사 익스프레스 리조트 월드 역 하차**

↓ 도보 2분

**❷ 유니버설 스튜디오**
영화 속 장면을 배경으로 신나는 어트랙션을 즐길 수 있는 유니버설 스튜디오에서 잊지 못할 시간을 보낸다.

↓ 도보 2분

**❸ 센토사 익스프레스 리조트 월드 역 승차**

↓ 센토사 익스프레스 5분

**❹ 센토사 익스프레스 비치 역 환승**

↓ 비치 트램 10분

**❺ 실로소 포인트 하차**

↓ 도보 1분

**❻ 실로소 비치에서의 점심 식사**
센토사에 조성된 3개의 해변 중 가장 많은 사람이 찾는 실로소 비치에서 점심 식사를 해결한다.

↓ 바로 연결

**❼ 실로소 비치 산책하기**
식사 후 해변가를 따라 산책한다.

↓ 비치 트램 & 센토사 익스프레스 20분

**❽ MRT 하버프런트 역 하차**

↓ 바로 연결

**❾ 비보 시티**
싱가포르에서 손꼽히는 대형 쇼핑몰 비보 시티에서 쇼핑을 즐긴다.

↓ 바로 연결

**❿ MRT 하버프런트 역 승차**

↓ MRT 15분

**⓫ MRT 래플스 플레이스 역 하차**

↓ 도보 6분

**⓬ 라우 파 삿 사테 스트리트**
해 질 무렵 들어서는 사테 포장마차에서 저녁을 먹으며 맥주 한잔!

↓ 도보 8분

**⓭ 멀라이언 파크**
화려한 조명을 입은 멀라이언상을 배경으로 기념사진 촬영을 한다.

**plus TIP**

**실로소 비치에서 점심 식사 해결하기**
실로소 비치 주변에 레스토랑이 여럿 있다. 해변가 옆 피자 가게로 유명한 트라피자(p.306)에서 화덕 피자를 맛보자. 평소 서핑에 관심이 많은 이라면 웨이브 하우스 센토사(p.308), 친구끼리 해변가에서 여유로운 시간을 보내며 식사까지 하고 싶다면 코스티스(p.308)를 추천한다.

## 4 DAY

**❶ MRT 시티 홀 역 하차**

↓ 도보 2분

**❷ 세인트 앤드류 성당**
도심 한가운데 우아한 고딕 양식의 세인트 앤드류 성당을 방문한다.

↓ 도보 10분

**❸ 싱가포르 국립 박물관 또는 싱가포르 아트 뮤지엄**
아이와 함께라면 싱가포르 국립 박물관, 컨템퍼러리 아트에 관심이 많다면 싱가포르 아트 뮤지엄을 추천한다.

↓ 도보 7분

**❹ 차임스에서 점심 식사**
수도원을 개조한 다이닝 스폿 차임스에서 마음에 드는 레스토랑을 골라 점심을 먹는다.

↓ 도보 6분

**❺ 래플스 호텔 & 아케이드**
고풍스러운 외관이 인상적인 래플스 호텔을 구경하고 아케이드에서 쇼핑을 즐긴다.

↓ 바로 연결

**❻ 래플스 호텔의 롱 바**
싱가포르 슬링의 원조 롱 바에서 싱가포르 슬링을 마신다.

↓ 도보 10분

**❼ 에스플러네이드**
두리안을 엎어 놓은 듯한 모양의 에스플러네이드를 구경한다.

↓ 도보 2분

**❽ 저녁 식사**

### plus TIP
**올드 타운과 마리나 베이에서 저녁 식사 해결하기**
호커스에서 로컬 푸드로 푸짐하고 저렴하게 저녁 식사를 하고 싶다면 마칸수트라 글루턴스 베이(p.136), 레스토랑에서 제대로 된 식사를 하고 싶다면 퍼비스 스트리트(p.152)를 일정에 넣어 보자. 퍼비스 스트리트에는 파인 다이닝, 프렌치 레스토랑, 태국 레스토랑 등 다양한 종류의 식당들이 늘어서 있다.

# 가족 여행자를 위한 판타스틱 코스 4일

## 1 DAY

**❶ MRT 베이프런트 역 하차**

↓ 바로 연결

**❷ 마리나 베이 샌즈**
마리나 베이 샌즈를 구경하고, 숍스 앳 마리나 베이 샌즈에서 쇼핑을 한다.

↓ 바로 연결

**❸ 마리나 베이 샌즈에서 점심 식사**

↓ 도보 5분

**❹ 가든스 바이 더 베이**
가든스 바이 더 베이의 플라워 돔과 클라우드 포레스트를 방문한다.

↓ 도보 5분

**❺ MRT 베이프런트 역 승차**

↓ MRT 5분

**❻ MRT 에스플러네이드 역 하차**

↓ 도보 5분

**❼ 마칸수트라 글루턴스 베이에서의 저녁 식사**
마칸수트라 글루턴스 베이에서 레이저 쇼를 감상하며 저녁 식사를 한다.

**plus TIP**

**마리나 베이 샌즈에서 점심 식사 해결하기**
마리나 베이 샌즈에는 푸드코트부터 파인 다이닝까지 수십 개의 레스토랑이 들어서 있다. 싱가포르의 다양한 음식을 한눈에 보고 싶다면, 푸드코트 라사푸라 마스터스(p.112)를 선택하자. 반가운 한식 메뉴도 만나볼 수 있다.

# 2DAY

**❶ MRT 브라스 바사 역 승차**

↓ 도보 3분

**❷ 싱가포르 국립 박물관**
인터랙티브한 요소를 적극 활용한 흥미로운 박물관을 체험한다.

↓ 도보 4분

**❸ 싱가포르 아트 뮤지엄**
아시아 신진 작가들의 컨템퍼러리 예술 작품을 감상한다.

↓ 도보 9분

**❹ 올드 타운에서 점심 식사**

↓ 도보 3분

**❺ 민트 장난감 박물관**
40개국에서 공수해 온 빈티지 장난감을 구경한다.

↓ 도보 6분

**❻ MRT 시티 홀 역 승차**

↓ MRT 10분

**❼ MRT 오차드 역 하차**

↓ 도보 6분

**❽ 오차드 로드 쇼핑몰**
부모와 아이를 위한 브랜드숍을 두루 갖춘 포럼 더 쇼핑몰에서 쇼핑을 즐긴다.

↓ 도보 9분

**❾ SAEx 탑승**
오차드 로드 DFS로 이동해 동물원행 셔틀버스 SAEx에 탑승한다.

↓ SAEx 1시간

**❿ 나이트 사파리에 도착해 저녁 식사**

↓ 바로 연결

**⓫ 나이트 사파리**
트램을 타고 야행성 동물을 구경한다.

**plus TIP**

**올드 타운에서 점심 식사 해결하기**
아이들과 더욱 쾌적한 분위기에서 식사를 즐기고 싶다면 래플스 호텔의 레스토랑을 이용한다. 딤섬 전문 레스토랑인 로열 차이나(p.117), 카레 뷔페를 즐길 수 있는 티핀 룸(p.117)이 있다.

# 3DAY

**❶ 센토사 익스프레스 리조트 월드 역 하차**

↓ 도보 2분

**❷ 유니버설 스튜디오**
영화 속 장면을 배경으로 신나는 어트랙션을 즐길 수 있는 유니버설 스튜디오에서 흥미진진한 시간을 보낸다.

↓ 도보 2분

**❸ 유니버설 스튜디오 근처에서 점심 식사**

↓ 도보 5~10분

**❹ 센토사 익스프레스 리조트 월드 역 승차**

↓ 센토사 익스프레스 5분

**❺ 센토사 익스프레스 비치 역 하차**

↓ 도보 2분

**❻ 메리브라운에서 저녁 식사**

↓ 도보 7분

**❼ 윙스 오브 타임**
세계 최대의 워터 스크린을 만날 수 있는 센토사 최고의 레이저 쇼를 감상한다.

**❶ 호텔 부대시설 즐기며 휴식하기**

↓ MRT로 이동

**❷ MRT 유노스 역 하차**

↓ 도보 10분

**❸ 카통 전통 지구**
프라나칸 문화가 남아 있는 아름다운 골목길인 카통 전통 지구를 산책한다.

↓ 도보 10분

**❹ 이스트 코스트에서 늦은 점심 식사**

↓ 택시 10분

**❺ 이스트 코스트 파크**
바다를 끼고 조성된 공원에서 '힐링 타임'을 즐긴다.

↓ 도보 10분

**❻ 이스트 코스트 시푸드 센터에서 저녁 식사**

**이스트 코스트에서 점심 식사 해결하기**
간단한 식사를 원한다면 오랫동안 사랑받고 있는 코피티암인 친미친 제과점(p.326)에서 카야 토스트를 먹어 보자. 프랑스에서 인정한 베이커리, 아티장 블랑제리 코(p.327)도 괜찮다. 프라나칸 음식은 킴추쿠에창(p.325)을 추천한다.

**이스트 코스트 시푸드 센터에서 저녁 식사 해결하기**
이스트 코스트 파크에는 바다를 바라보며 칠리 크랩과 각종 해산물을 즐길 수 있는 레스토랑이 들어선 시푸드 센터가 자리한다. 시내 유명 칠리 크랩 레스토랑들 대부분이 이곳에 입점해 있다고 해도 과언이 아닌데, 노 사인보드와 레드 하우스는 문을 닫았으니 참고한다.

**이스트 코스트 대신 차이나타운으로 가기**
오후 일정을 이스트 코스트 대신 차이나타운으로 채워도 괜찮다. 프라나칸 문화에 대해 흥미가 있고 번잡한 곳을 피해 여유롭게 다니고 싶다면 이스트 코스트를, 중국 문화 특유의 활기를 경험하고 싶다면 차이나타운을 추천한다. 이스트 코스트는 범위가 큰 편이니 택시를 적절하게 이용해야 한다.

# 2030 여성을 위한 쇼핑과 미식 코스 3일

## 1 DAY

**① MRT 베이프런트 역 하차**

↓ 바로 연결

**② 마리나 베이 샌즈**
싱가포르의 랜드마크인 마리나 베이 샌즈를 둘러보고, 숍스 앳 마리나 베이 샌즈에서 쇼핑을 한다.

↓ 바로 연결

**③ 마리나 베이 샌즈에서 점심 식사**

↓ 도보 5분

**④ 가든스 바이 더 베이**
초현실적인 인공 가든, 가든스 바이 더 베이에서 콘크리트로 된 슈퍼트리를 구경한다.

↓ 도보 5분

**⑤ MRT 베이프런트 역 승차**

↓ MRT 17분

**⑥ MRT 클라크 키 역 하차**

↓ 도보 4분

**⑦ 클라크 키에서 저녁 식사**

plus TIP

**마리나 베이 샌즈에서 점심 식사 해결하기**
친구와 함께 미식의 세계를 경험하고 싶다면 마리나 베이 샌즈에 자리한 스타 셰프 레스토랑을 찾아가자. 호주 출신의 스타 셰프인 볼프강 퍽의 컷(p.113), 일본 출신으로 세계적인 성공을 거둔 데쓰야 와쿠다의 와쿠 긴(p.114) 등이 있다. 식사를 끝낸 뒤 여유가 있다면 티 카페 TWG(p.112)에서 향긋한 차로 입가심하자. 더욱 만족스러운 미식의 시간을 보낼 수 있을 것이다.

**클라크 키에서 저녁 식사 해결하기**
싱가포르 칠리 크랩 경험이 없다면 클라크 키의 점보 시푸드 리버사이드(p.138)를 추천한다. '관광지스러운' 느낌을 피하고 싶다면 조금 더 걸어가 로버트슨 키에 자리한 레드 하우스(p.142)를 찾는다. 칠리 크랩이 싫다면 클라크 키에 있는 멕시칸 레스토랑 카페 이구아나(p.143)도 좋다. 식사 후 옆에 위치한 브루웍스(p.144)에서 크래프트 맥주를 마시며 하루를 마무리하자.

# 2DAY

**❶ MRT 오차드 역 하차**

↓ 도보 1분

**❷ 오차드 로드**
오차드 로드에 있는 쇼핑몰에서 쇼핑을 즐긴다.

↓ 도보 5분

**❸ 오차드 로드에서 점심 식사**

↓ 도보 3분

**❹ MRT 도비 고트 역 승차**

↓ MRT 6분

**❺ MRT 차이나타운 역 하차**

↓ 도보 1분

**❻ 파고다 스트리트**
차이나타운의 메인 거리라 할 수 있는 파고다 스트리트를 구경한다.

↓ 바로 연결

**❼ 림치관 또는 비첸향**
육포계의 양대 산맥으로 통하는 림치관과 비첸향에서 싱가포르식 육포인 박콰를 맛본다.

↓ 도보 3분

**❽ 스미스 스트리트**
차이나타운의 수많은 골목 중 '미식의 거리'로 꼽히는 스미스 스트리트에서 간식을 먹는다.

↓ 도보 5분

**❾ 클럽 스트리트**
어스킨 로드, 안 시앙 로드, 클럽 스트리트에서 개성 있는 숍 하우스를 구경한다.

↓ 택시 8분

**❿ 티옹 바루 도착**

↓ 바로 연결

**⓫ 티옹 바루에서 저녁 식사**
티옹 바루의 핫한 레스토랑에서 저녁 식사를 한다.

↓ 택시 8분

**⓬ 케옹 사이크 로드**
스터디에서 칵테일을 마신다.

plus TIP

**오차드 로드에서 점심 식사 해결하기**
미식 코스인 만큼 메뉴 선정에 신중할 것이다. 저렴한 레스토랑을 찾는다면 '세상에서 가장 저렴한 미슐랭 스타 레스토랑'으로 꼽히는 딤섬 전문점 팀호완(p.194), 최고의 식사를 경험하고 싶다면 늘 아시아 레스토랑 최상위에 랭크되는 이기스(p.193)를 추천한다.

**디옹 바루에서 서녁 식사 해결하기**
티옹 바루에는 힙한 카페와 레스토랑이 여럿 있다. 그중 오픈 도어 폴리시(p.245)는 젊은 싱가포리언과 외국인들이 특히 좋아하는 레스토랑으로 꼽힌다. 간단하게 저녁을 해결하고 싶다면 티옹 바루 베이커리(p.244)도 괜찮은 선택이다.

# 3DAY

**① MRT 파러 파크 역 하차**

↓ 도보 2분

**② 무스타파 센터**
없는 게 없는 24시간 대형 쇼핑몰 무스타파에서 쇼핑을 즐긴다.

↓ 도보 10분

**③ 리틀 인디아 아케이드**
리틀 인디아 아케이드에서 인도풍 소품을 구경하고, 헤나 문신을 체험한다.

↓ 도보 5분

**④ 리틀 인디아에서 점심 식사**
제대로 된 인도 음식을 즐겨 보자.

↓ 도보 2분

**⑤ MRT 리틀 인디아 역 승차**

↓ MRT 20분

**⑥ MRT 부기스 역 하차**

↓ 도보 2분

**⑦ 부기스 스트리트**
우리나라 남대문 시장과 비교되는 부기스 스트리트에서 기념품을 구입한다.

↓ 도보 10분

**⑧ 하지 레인**
독특한 숍들이 들어서 있는 개성 만점 골목길인 하지 레인에서 쇼핑을 한다.

↓ 도보 1분

**⑨ 캄퐁 글램**
아랍의 정취가 물씬한 술탄 모스크와 부소라 스트리트를 구경한다.

↓ 도보 6분

**⑩ MRT 부기스 역 승차**

↓ MRT 10분

**⑪ MRT 래플스 플레이스 역 하차**

↓ 도보 6분

**⑫ 라우 파 삿 사테 스트리트에서 저녁 식사**

↓ 도보 8분

**⑬ 야경을 감상하며 칵테일 한잔**
전망 좋은 바에서 근사한 야경을 즐긴다.

**plus TIP**

**싱가포르 야경을 즐기는 방법**
저녁 식사 후 근사한 야경을 감상할 수 있는 바에서 칵테일을 마시며 여행을 마무리하자. 풀러턴 호텔의 랜턴(p.151), 원 앨티튜드(p.149), 레벨 33(p.150)은 전망 좋은 바로 유명하다.

## 스톱 오버 여행자를 위한 코스 1일

하루 정도 자유 시간을 갖게 된 비즈니스 여행자, 혹은 다른 나라로의 여행 중 잠시 들르게 된 여행자를 위한 1일 핵심 코스이다. 짧은 시간 동안 싱가포르에서 가장 알차게 보낼 수 있는 방법이기도 하다.

### 1 DAY

**❶ MRT 오차드 역 하차**

↓ 도보 1분

**❷ 오차드 로드 쇼핑몰**
오차드 로드에 들어선 대형 쇼핑몰에서 마음껏 쇼핑을 즐겨 보자.

↓ 도보 5분

**❸ 오차드 로드에서 점심 식사**
식당을 찾아 길을 헤맬 필요가 없다. 오차드 로드의 유명 쇼핑몰에는 싱가포르 대표 맛집들이 들어서 있다.

↓ 도보 1분

**❹ MRT 오차드 역 승차**

↓ MRT 14분

**❺ MRT 래플스 플레이스 역 하차**

↓ 도보 5분

**❻ 멀라이언 파크에서 기념사진 촬영하기**
멀라이언 상 앞에서의 사진 촬영은 필수!

↓ 도보 5분

**❼ MRT 래플스 플레이스 역 승차**

↓ MRT 14분

**❽ MRT 베이프런트 역 하차**

↓ 바로 연결

### ❾ 마리나 베이 샌즈
싱가포르의 랜드마크로 통하는 복합 공간인 마리나 베이 샌즈. 옥상에 자리한 스카이 파크에 오르면 마리나 베이를 비롯한 싱가포르 시내가 발아래로 펼쳐진다.

↓ 도보 5분

### ❿ 가든스 바이 더 베이
마리나 베이 샌즈와 연결된 라이온 브리지에 서서 거대한 정원 '가든스 바이 더 베이'를 구경한다.

↓ 도보 3분

### ⓫ MRT 베이프런트 역 승차

↓ MRT 17분

### ⓬ MRT 클라크 키 역 하차

↓ 도보 4분

### ⓭ 클라크 키에서 저녁 식사
싱가포르 강의 야경을 감상하며 노천 레스토랑에서 저녁 식사를 하자.

**오차드 로드에서 점심 식사 해결하기**
싱가포르에는 제대로 된 딤섬집이 많은 편이다. 그중 아이온 오차드의 딘타이펑(p.182)을 추천한다. 여자 친구들과 함께라면 와일드 허니(p.179), 가족들과 함께라면 채터박스(p.179)를 추천한다. 연인끼리라면 아티스틱 티 라운지(p.178)도 괜찮은 선택이다.

**클라크 키에서 저녁 식사 해결하기**
클라크 키는 싱가포르 강을 따라 노천 레스토랑과 퍼브가 줄지어 있다. 메뉴도 서양식부터 로컬 푸드까지 다양하다. 하지만 단 한 번의 저녁 식사를 해야 한다면 단연 점보 시푸드 리버사이드(p.138)를 추천한다. 강을 바라보며 싱가포르 대표 요리로 꼽히는 칠리 크랩을 맛볼 수 있다.

**시간이 없다면 스카이 파크에서 바로 클라크 키로 이동하기**
시간이 없다면 라이온 브리지 방문은 제외한다. 스카이 파크에 오르면 가든스 바이 더 베이도 멀리서나마 볼 수 있으니 아쉬움을 달랠 수 있다.

# Start to Travel

싱가포르 여행의 시작

싱가포르 기본 정보 • 70
싱가포르로 가는 법 • 78
싱가포르 입국하기 • 80
싱가포르 출국하기 • 82
싱가포르 시내 교통 • 84

# 싱가포르 기본 정보

싱가포르를 여행하는 데 필요한 정보를 미리 살펴보고 기억해두면 더욱 알차고 편안한 여행을 즐길 수 있을 것이다.

### 국명

정식 명칭은 싱가포르 공화국(Republic of Singapore)이다. 13세기 수마트라를 중심으로 발전한 스리비자야 왕국의 왕자가 현재 싱가포르에 표류했을 때 사자를 목격하고, 산스크리트어로 '사자의 도시'라는 뜻의 '싱가푸라(Singapura)'라고 명명한 것에서 유래되었다.

### 국기

붉은 색은 '평등과 우호', 백색은 '수수와 미덕'을 상징한다. 좌측 상단에 그려진 초승달은 나라의 발전을 의미하고, 그 옆으로 새겨진 5개의 별은 각각 자유·평화·진보·정의·평등을 나타낸다.

### 면적

면적은 약 697km²에 이른다. 서울시의 약 1.18배 정도이다.

### 언어

영어를 공용어로 사용하고 있다. 다양한 민족이 어우러져 살고 있는 까닭에 영어 외에 말레이어, 중국어(베이징어), 타밀어가 쓰인다. 아주 오래된 식당 등을 제외하고는 거의 영어로 의사소통이 가능하다.

### 정치 체제

공화제를 채택하고 있다. 국가의 원수는 대통령이고 6년의 임기를 원칙으로 한다. 국민에 의해 직선제로 선출된다. 실질적인 최고 권력자는 행정부의 수반인 총리다. 초대 총리는 2015년 3월에 세상을 떠난 리콴유이며, 현재는 그의 아들 리셴룽이 맡고 있다.

### 지형과 지리

북위 1도 9분, 동경 104도, 적도 바로 아래 위치한다. 말레이 반도 남쪽 끝 조호르 해를 사이에 두고 마주하고 있는데, 싱가포르 섬과 63개의 작은 섬으로 이루어져 있다. 가까이에 북쪽으로 말레이시아, 남쪽으로 인도네시아가 자리한다. 나라 전체가 하나의 도시로 구성된다. 낮은 구릉성 지형으로, 최고 표고가 176m밖에 되지 않는다.

### 인구

2019년 기준 약 586만 8,104명으로, 세계 113위를 기록한다. 우리나라의 10분의 1 수준이다. 인종 비율은 중국계가 75%로 대다수를 차지하고 있으며, 말레이계 14%, 인도계 9%, 기타 2% 정도다.

### 종교

원주민인 말레이 민족과 중국, 인도, 인도네시아, 파키스탄, 중동 등에서 온 이민자들에 의해 형성된 다민족 국가다. 그러다 보니 종교도 다양하다.

불교와 도교가 전 국민의 51% 정도를 차지하고 있으며, 그 외에 이슬람교와 기독교, 힌두교 등의 순이다.

## 기후

전형적인 열대 해양성 기후다. 덥고 습도가 높으며 일일 평균 기온은 26~27℃, 한낮 평균 온도는 31℃ 정도이다. 연평균 최고 기온은 31.4℃, 연평균 최저 기온은 24.7℃ 정도. 계절의 변화는 거의 없으며 5~8월 건기, 11~3월 우기로 나뉜다. 건기에 가장 덥고, 가끔 스콜이 지나간다. 우기에는 거의 매일 여러 차례 짧은 시간 동안 비가 내리며, 간혹 하루 종일 내리는 경우도 있다. 대체적으로 더운 날씨가 지속되므로 여름옷을 챙겨 가야 하며, 건물 안에는 에어컨 시설이 잘 갖춰져 있으니 얇은 긴소매 옷도 챙겨 가는 것이 좋다.

〈연평균 기온〉

〈강수일과 강수량〉

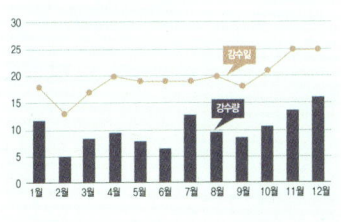

## 시차

우리나라보다 1시간 느리다. 우리나라가 오전 10시일 때 싱가포르는 오전 9시이다.

## 한국과의 비행 거리

우리나라에서 6시간~6시간 30분 정도 걸린다.

## 비자

유효 기간이 6개월 이상인 여권 소지자가 90일 이내 관광 목적으로 체류할 예정이라면 싱가포르 입국 시 별도의 비자가 필요하지 않다.

## 전압

220~240V. 구멍이 3개 있는 플러그를 사용한다. 한국에서 가져간 전자제품을 그대로 사용할 수 없으므로 멀티플러그를 준비해야 한다.

## 영업시간

주요 관공서와 오피스의 근무 시간은 보통 평일 09:00~17:00이며 은행은 평일 09:30~15:30이다. 여행자들이 주로 찾게 되는 상점이나 레스토랑은 일부 명절 휴무를 제외하고는 쉬는 날이 거의 없으며 보통 영업시간은 10:00~22:00이다.

## 우체국

싱가포르 우체국을 흔히 '싱포스트(SingPost)'라 부른다. 최근 싱가포르 내 전자 상거래 급증에 대비한 대규모 물류 센터를 구축하면서 더욱 주목을 받았으며, 단순한 우편물 취급에서 벗어나 금융과 물류 등의 다양한 서비스를 제공하고 있다. 여행자들이 대체로 우체국에서 이용하는 서비스는 택배다. 일반 서류나 작은 소포일 경우 S$2.70 정도의 비용이 들며, 대략 4~6일 소요된다. 1~2일 내로 배송되는 급행은 S$50 정도. 송장 발행과 추적이 가능한 등기로 보내고 싶다면 'Registration Mail'로 보내야 한다. 우편과 택배에 관한 자세한 비용은 홈페이지(www.singpost.com.sg)에서 확인할 수 있다.

### 현지에서 여행 정보 수집하기

의사소통에 문제가 없다면 현지에서 여행 정보를 수집하는 일은 그리 어렵지 않다. 공항과 호텔, 게스트하우스, 쇼핑몰 등에서 싱가포르의 이벤트와 레스토랑 등을 소개하는 영문 정보지를 쉽게 찾아볼 수 있다.

### 식수와 화장실

싱가포르의 수돗물은 다른 동남아시아에 비해 수질이 좋은 편이며 생수는 국내외 브랜드 상품을 어디서든 쉽게 찾아볼 수 있다. 공중화장실 역시 깨끗하다. 호텔과 쇼핑센터 화장실은 물론 상점과 레스토랑의 화장실도 대체적으로 쾌적한 편이다. 다만 일부 호커스의 화장실은 유료로 이용해야 하는 경우가 있다. 또 싱가포르에서는 화장실에서 볼일을 본 후 물을 내리지 않으면 벌금을 물리니 반드시 물을 내리고 뒤처리를 깨끗이 한다.

### 통화

싱가포르 화폐 단위는 싱가포르 달러(S$)와 싱가포르 센트(S¢)가 있다.

### 지폐

지폐는 S$2, S$5, S$10, S$50, S$100, S$1,000, S$10,000의 7종이 있으며 싱가포르 초대 대통령의 초상화가 그려져 있다. 디자인이 같으므로 크기와 색깔로 구분해야 한다.

### 주화

현재 통용되는 주화는 5가지로 S¢5, S¢10, S¢20, S¢50, S$1가 있다. 멀라이언과 항구,

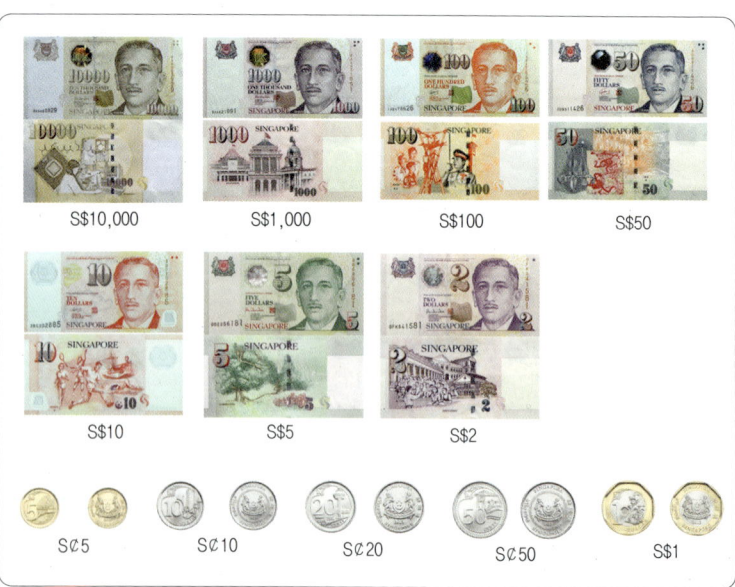

S$10,000 | S$1,000 | S$100 | S$50
S$10 | S$5 | S$2
S¢5 | S¢10 | S¢20 | S¢50 | S$1

창이국제공항, 에스플러네이드 등 싱가포르 랜드마크가 새겨져 있다. S$1= S¢100이다.

## 환전

창이국제공항, 은행, 호텔, 시내 환전소 등에서 환전이 가능하며 시내 환전소는 번화가와 쇼핑몰에서 쉽게 찾을 수 있다. 호텔은 24시간 환전이 가능하지만 환율이 좋지 않은 편이다. 고액일수록 흥정이 가능해 유리할 수 있다.

## 신용 카드와 체크 카드

싱가포르는 우리나라만큼 신용 카드 사용이 일반적이다. 많은 현금을 들고 다니는 것이 불안하다면 신용 카드와 체크 카드를 적절하게 이용하는 것이 방법이다. 게다가 신용 카드의 경우 호텔에서 보증금으로 대신할 수 있다. 일부 상점에서는 비밀번호(PIN Code)를 요구하기도 하니 미리 알아 두고, 결제를 할 때에는 항상 그 자리에서 지켜보도록 한다. 출발하기 전 신용 카드 해외 한도액이 얼마에 설정되어 있는지 확인한 후 자신의 예산에 맞게 조정하는 것도 잊지 말자.

## 전화

한국 국가 번호는 82, 싱가포르 국가 번호는 65번이다. 싱가포르의 지역 번호는 따로 없다.

### 싱가포르에서 우리나라로 전화걸 때

**001+82+2+전화번호**

국제 전화 식별 번호 | 한국 국가 번호 | 앞자리 0을 제외한 지역 번호

### 우리나라에서 싱가포르로 전화걸 때

**001+65+전화번호**

국제 전화 식별 번호 | 싱가포르 국가 번호

### 스마트폰

이제 스마트폰은 여행의 필수품이 되었다. 단순히 통화를 할 수 있는 전화 기능을 넘어 지도로 사용되고, 여행 정보를 검색할 수도 있다. 하지만 해외 여행지에서 잘못 사용하면 '요금 폭탄'을 맞게 된다. 스마트폰을 알뜰하게 이용하기 위해서는 로밍 데이터 요금제를 사용하거나 선불 유심 칩을 구입하는 방법이 있다. 로밍과 데이터 요금제에 대한 자세한 사항은 p.409를 참고한다. 만약 현지에서 데이터를 사용하지 않고 전화와 문자 메시지만 사용할 예정이라면 데이터 로밍 차단을 신청하면 된다.

### 심 카드 / 프리페이드 카드
### SIM Card / Prepaid Card

현지 통신사의 심 카드를 구입해 본인 스마트폰에 넣어 사용하는 방식이다. '프리페이드 카드'라고도 한다. 유심 칩 구매로 이루어지는 선불 방식이며, 데이터 로밍 요금보다 훨씬 저렴하다는 장점이 있다. 하지만 내 번호가 아닌 새로운 번호를 부여받아 사용하게 된다.

### 통신사 선정하기

심 카드를 사용하려면 우선 통신사를 선정한다. 싱텔(Sing Tel)과 스타 허브(Star Hub)가 대표적이다. 구형 스마트폰부터 신형 스마트폰까지 사용할

수 있도록 심 크기가 다양하게 준비되어 있다.

**싱 텔**
구입처 : 시내의 싱 텔 리테일 숍, 우체국, 창이국제공항, 편의점 치어스와 세븐일레븐 등
홈페이지 : www.singtel.com

**스타 허브**
구입처 : 시내의 스타 허브 리테일 숍, 우체국, 창이국제공항, 편의점 치어스와 세븐일레븐 등
홈페이지 : www.starhub.com

## 요금

요금은 자신의 데이터 소모 패턴에 맞게 구매하면 된다. 여행자를 위한 투어리스트 팩, 자주 사용하는 SNS 앱을 기준으로 한 플랜 등 다양한 요금제가 준비되어 있다. 메신저와 검색 위주로 사용한다면 5일 동안 1GB 정도면 충분하다. 구매 이후 충전도 가능하다. 유심 칩에는 기본적으로 유효 기간이 있으며 보통 구매일로부터 90일 이내다. 플랜에 따라 요금제는 천차만별. S$7~50 정도로 예상하면 된다.

**싱 텔 투어리스트** 심 카드 S$15 / S$30
**스타 허브 투어리스트** 심 카드 S$32 / S$50

## 사용 방법

심 카드를 구입 후 안내된 번호로 전화를 걸면 자동으로 메시지가 온다. 메시지 절차대로 따르면 등록이 완료된다. 본래 내장되어 있던 심 카드는 한국으로 돌아와 사용해야 하므로 잃어버리지 않도록 주의한다.

### 팁 문화

서양식 문화가 광범위하게 자리 잡은 싱가포르지만 대부분의 레스토랑과 호텔의 경우 지불 금액에 세금과 봉사료가 붙어 있는 까닭인지 공식적인 팁 문화는 없다. 공항에서는 팁을 받지 않고, 택시를 타도 잔돈까지 제대로 다 돌려받는다. 호텔에 묵는 여행자라면 짐을 날라 주는 포터에게 팁을 건네는 경우가 있다. 성의 표시로 최소 지폐 단위인 S$2 정도 주면 적당하다.

### 치안

싱가포르는 세계에서 치안이 가장 잘 발달한 나라로 꼽힌다. 이 때문에 여자 혼자 여행하기 좋은 곳으로 언제나 빠지지 않는다. 싱가포르가 치안이 잘 되어 있는 까닭은 엄격한 법 집행이 큰 몫을 차지한다. '벌금의 나라'라는 별칭이 붙었을 정도로 싱가포르의 법은 엄격한데, 이는 외국인에게도 예외가 아니다. 공공 기물을 파손했다는 죄목으로 미국인 소년에게 태형을 내리거나, 마약을 소지한 호주인을 사형시켰다는 일화는 워낙 유명하다.

### 트러블 대책

**여권을 분실했을 때**
가까운 경찰서로 가서 도난 신고(Stolen Article Report) 또는 분실 신고(Lost Article Report)를 한다. 이름과 국적, 여권 번호 등을 말하고 폴리스 리포트(Police Report)를 발급받아야 한다. 발급받은 폴리스 리포트와 여권 사진, 신분증(주민증, 면허증 등)을 지참하고 싱가포르 주재 대한민국 대사관(p.75)을 방문한다. 대사관 영사과에서 분실 신고서와 여행 증명서 신청서를 작성하면 임시로 여권을 대신할 수 있는 여행 증명서를 발급받을 수 있다.
전화 : 경찰서 999

**교통사고가 났을 때**
사고가 나면 바로 경찰에 연락한다. 부상 정도가 심하다면 구급차도 함께 부른다. 여행자 보험에 가입했다면 보험회사에 전화를 걸어 상황을 설명한 후 침착하게 대응 지시에 따르도록 한다.
전화 : 경찰서 999 / 구급차와 소방서 995

## 몸이 아플 때

병원으로 가지 못할 정도로 아프다면 구급차를 부른다. 구급차를 부르면 인근 지역의 공립 병원으로 이송해 준다. 응급 상황이 아니라면 병원을 찾아가도록 한다. 병원은 크게 가정 클리닉(Family Clinic)과 전문 클리닉(Specialist Clinic)이 있다. 가정 클리닉은 우리나라 동네 병원 정도로 생각하면 된다. 감기나 배탈과 같은 가벼운 질병을 치료한다. 피부과, 정형외과 등 특정 부위의 진료가 필요하다면 전문 클리닉을 찾으면 된다. 가정 클리닉의 경우 적정 진료비를 S$30 정도로 책정하고 있으며, 진료 외 서비스에 대한 추가 요금이 붙을 수 있다. 방문 전 전화 예약을 하는 것이 좋다.

**전화 : 구급차와 소방서 995**

## 싱가포르 긴급 전화

여행 중 긴급 상황이 발생하여 도움을 청해야 한다면 아래 목록을 참고하자.

**싱가포르 긴급 전화**
- 경찰 999
- 구급차 995  • 소방서 995
- 항공편 안내 1800-542-4422

**주싱가포르 대한민국 대사관**
- 주소 : 47 Scotts Rd. Goldbell Tower Singapore 228233
- 전화 : 6256-1188
- 운영 시간 : 월~금요일 09:00~12:30, 14:00~17:00
- 홈페이지 : http://sgp.mofa.go.kr

**의료 서비스 전화**
- 창이 종합병원(국립) 6788-8833
- 래플스 병원(사립) 6311-1111
- 싱가포르 종합병원(국립) 6222-3322

**신용 카드 분실 신고**
- BC카드 82-2-330-5701
- KB카드 82-2-6300-7300
- 삼성카드 82-2-2000-8100

## 주요 공휴일

**1월 1일** 신정 New Year's Day
**1월 31일~2월 1일** 구정 Chinese New Year
**4월 18일** 성금요일 Good Friday
**5월 1일** 노동절 Labor Day
**5월 13일** 석가탄신일 Vesak
**7월 28일** 이슬람 라마단 기념일 Hari Raya Puasa
**8월 9일** 싱가포르 독립 기념일 National Day Celebrations
**10월 5일** 이슬람교 명절 Hari Raya Haji
**10월 22일** 힌두교 명절 Deepavali
**12월 25일** 크리스마스 Christmas

## 싱가포르 여행 중 유용한 앱

싱가포르 여행자들을 위한 스마트폰 애플리케이션을 소개한다. 잘 활용하면 여행이 더욱 쉽고 즐거워진다. 여행 전반에 관한 애플리케이션은 다음과 같다.

**초프 Chope(아이폰 / 안드로이드폰, 무료)**
싱가포르 레스토랑 예약 앱이다. 원하는 날짜와 시간대, 인원수를 입력하면 예약할 수 있다. 지역과 레스토랑 종류를 선택하면 추천해 주므로 어디를 가야 할지 모를 때도 유용하다.

**싱가포르 MRT LRT 오프라인 프리
Singapore MRT LRT Offline Free
(아이폰 / 안드로이드폰, 무료)**
특별한 기능은 없어도 노선도를 스마트폰으로 확인할 수 있다는 점에서 유용하다. 출발역과 도착역을 입력하면 소요 시간과 역의 수를 알려 주는 등 간단한 검색 기능을 탑재하고 있다.

**고데어 gothere
(아이폰 / 안드로이드폰, 무료~ S$2.99)**
길 찾기 안내 앱이다. 출발지와 목적지를 입력하면 자동차, 버스, 지하철, 택시 등 다양한 교통편의 길 안내를 확인할 수 있다. 비용과 시간, 요금 등 상세한 정보를 제공한다. 고데어와 비슷한 기능을 하는 싱가포르 맵스(Singapore Maps) 앱도 있다.

# 축제와 이벤트

### 1월

**타이푸삼** Thaipusam
힌두교도들이 자신의 죄를 씻고 감사를 비는 의식을 치르는 힌두교 축제다.

**싱가포르 아트 위크** Singapore Art Week
싱가포르 국내에서뿐만 아니라 전 세계인들의 이목을 집중시키는 아트 페스티벌로 성장하고 있는 행사로, 브라스 바사(Bras Basah), 뎀시 힐(Dempsey Hill), 길먼 배럭스(Gillman Barracks) 등 주요 문화 예술 지구에서 다양한 예술 행사가 진행된다.

### 2월

**음력 설 축제**
Chinese New Year Celebrations
중국의 설 기간으로, 우리나라 구정과 같은 명절이다. 차이나타운에서는 15일 동안 전등 축제, 불꽃놀이 등 다양한 이벤트가 진행된다.

**칭게이 퍼레이드** Chingay Parade
싱가포르 내 다양한 민족들의 고유하고 독특한 문화를 살펴볼 수 있는 다문화 거리 축제로 중국 설 기간 무렵에 열린다. 싱가포르 최대 거리 축제 중 하나로 꼽히며 사자춤과 용춤 등 다양한 거리 공연을 볼 수 있다.

### 4월

**세계 미식 축제** World Gourmet Summit
미슐랭 스타 요리사들은 물론 세계 유명 요리사들이 모여 자신의 기량을 마음껏 뽐내는 자리다. 와인을 중심으로 그에 어울리는 특별한 요리들을 선보이니 와인 애호가라면 주목할 것.

### 5월

**그레이트 싱가포르 세일**
Great Singapore Sale
여행자들이 가장 사랑하는 이벤트 중 하나다. 7월 말까지 이어지며 이 기간에 방문하면 더욱 저렴한 비용으로 쇼핑을 즐길 수 있다.

**아시아 패션 익스체인지**
Asia Fashion Exchange
전 세계 유명 패션 디자이너와 업계 관계자가 한자리에 모이는 프리미엄 패션 축제로, 세계 트렌드는 물론 주목할 만한 신진 작가들을 확인할 수 있는 기회다.

### 7월

#### 싱가포르 음식 축제
Singapore Food Festival

세계 각국의 다양한 요리를 맛볼 수 있는 음식 축제로, 7월 한 달간 열린다.

### 8월

#### 싱가포르 독립 기념일
National Day Celebrations

1965년 말레이시아 연방으로부터의 독립을 기념하는 행사다. 이 기간에는 화려한 불꽃놀이가 펼쳐지고, 상점에서는 특별 세일이 진행된다.

### 9월

#### 중추절 Mid-Autumn Festival

우리나라 추석과 같은 중국의 대표 명절이다. 중추절 기간 동안 차이나타운에는 거대한 제등 행렬이 이어지고, 중국 전통 과자 월병을 비롯한 각종 먹을거리가 준비된다.

#### F1 싱가포르 그랑프리
F1 Singapore Grand Prix

남성 여행자 또는 가족 단위 여행객들에게 특히 인기다. 싱가포르 '포뮬러 원'은 세계 유일의 야간 레이싱 경기를 진행한다는 점과 마리나 베이 일대의 도로들이 서킷이 되는 것이 특징이다. 이 기간 동안 서킷 주변의 호텔 객실은 만실이 된다.

#### 하리 라야 하지
Hari Raya Haji

전 세계 이슬람교도들의 행사다. 예언자 아브라함이 신의 뜻에 따라 아들을 제물로 바친 것을 기리는 축제로 '희생의 축제'라고도 불린다. 축제가 열리는 3일 동안 수천 명의 순례자들이 성지에 모여 의식을 거행한다.

### 10월

#### 디파발리 Deepavali

힌두교도들에게는 우리나라 설날과 같은 최대 명절로 꼽힌다. 디파는 '빛'을 의미하며 '빛의 축제'라고도 불린다. 축제 기간 동안 등불을 켜고 향을 피우며 기도하는 시간을 갖는다.

### 12월

#### 마리나 베이 싱가포르 카운트다운
Marina Bay Singapore Countdown

싱가포르 강에 2만여 개에 달하는 소원의 구를 띄우며 소원을 비는 행사가 펼쳐진다. 12월 31일 23:55에 시작하는 새해 카운트다운과 카운트다운 직후 펼쳐지는 불꽃 쇼가 하이라이트다.

# 싱가포르로 가는 법

여행은 비행기 티켓을 예약한 순간부터 시작된다. 싱가포르에 도착하기 전 알아 두면 좋을 과정들을 살펴보자. 우리나라에서 싱가포르까지는 비행기를 타고 간다.

## 싱가포르로 가는 비행편

현재 우리나라 인천국제공항과 싱가포르 창이국제공항을 연결하는 직항편이 매일 운항 중이다. 대한항공, 아시아나항공, 싱가포르항공이 대표적이다. 비행시간은 6시간~6시간 30분 정도. 항공권 예약에 관한 자세한 내용은 p.398을 참고한다.

## 인천국제공항에서 출국

최소 비행기 출발 2시간 전에 공항에 도착하는 것이 좋다. 3층 출국장의 해당 항공사 카운터에서 체크인을 한 후 짐을 부친다. 필요에 따라 출국층에 마련된 여행자 보험과 로밍, 환전 카운터에 들른 후 출국 게이트로 향한다. 출국 게이트를 통과하기 위해서는 여권과 체크인 시 받은 보딩 패스가 필요하다. 보안 검색과 출국 수속을 마친 후에는 면세 구역으로 들어간다. 비행기 출발 30분 전까지 탑승 게이트에 도착해야 하는데 외국 국적의 항공기를 이용하는 경우에는 열차를 타고 탑승동으로 이동해야 하니 좀 더 여유 있게 출발한다. 2018년에 제2여객터미널이 새롭게 문을 열었으니, 미리 이용할 터미널을 확인하고 가자.

 **싱가포르 항공편 예약 사이트**

**대한항공** kr.koreanair.com
**아시아나항공** www.flyasiana.com
**싱가포르항공** www.singaporeair.com
**스쿠트항공** www.flyscoot.com
**투어캐빈** www.tourcabin.com
**익스피디아** www.expedia.co.kr
**탑항공** www.toptravel.co.kr
**온라인투어** www.onlinetour.co.kr

 **기내 반입 가능 & 금지 물품**

2014년부터 항공기 내 반입 물품에 변화가 생겼다. 위험도가 낮은 생활용품에 대한 기준은 완화되고, 고위험 물품에 대한 제한은 더욱 엄격해졌다.

**기내 반입 허용 물품**
휴대용 일반 소형 배터리, 금속제 포크와 젓가락, 숟가락, 와인용 코르크 따개, 손톱깎이, 손톱 정리용 가위, 바느질용 바늘, 등산 장비, 의료용 목발과 지팡이, 라이터 등

**기내 반입 금지 물품**
송곳, 전동 드릴, 가위류 등 날카롭거나 위험을 가할 수 있는 공구, 접이식 칼, 스위스 군용 칼(맥가이버 칼), 총기 모양 라이터, 스프레이 페인트, 살충제 등

### 비행기에서 무엇을 할까

6시간이 넘는 비행 시간 동안 할 수 있는 일을 찾아보자. 시간을 때우기 가장 좋은 방법은 VOD로 영화를 감상하는 일이다. 운이 좋으면 현재 개봉 중인 영화 혹은 개봉 예정 중인 영화도 볼 수 있다.

조금 더 알차게 시간을 보내고 싶다면 싱가포르에 대한 정보를 알아보자. 도착해서 시내로 혹은 호텔로 가는 법을 확인하거나 싱가포르에서 가 봐야 할 곳들에 대한 정보를 미리 확인하는 것이 좋다. 그밖에 출입국 카드를 미리 작성해 두면 편리하다. 일부 항공기에서는 개인 좌석에 USB 충전기도 있다.

### 출입국 카드 작성법

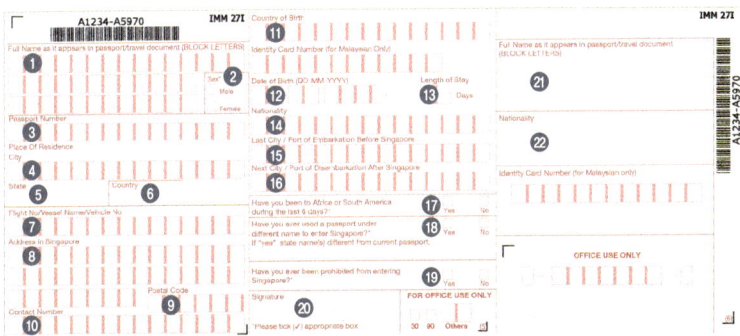

❶ 여권에 기재된 영문 이름
❷ 성별 체크. 남성은 M, 여성은 F
❸ 여권 번호
❹ 거주지 중 시·군·구에 해당하는 주소
❺ 거주지 중 특별시·광역시·도에 해당하는 주소
❻ 거주하는 국가, 한국이라면 KOREA
❼ 탑승 비행기 편명
❽ 싱가포르 숙소의 주소 또는 호텔명
❾ 싱가포르 숙소의 우편번호
❿ 싱가포르 숙소의 연락처
⓫ 출생국가

⓬ 생년월일. 일·월·연도순으로 기재
⓭ 체류 예정 일수
⓮ 국적. 한국인이면 KOREA
⓯ 출발 도시. 인천국제공항을 이용했다면 INCHEON이라 기재
⓰ 다음 예정지. 인천에서 왕복일 경우 INCHEON이라 기재
⓱ 최근 6일 이내에 아프리카나 남미에 간 적이 있습니까?
⓲ 전에 다른 이름의 여권으로 싱가포르에 입국한 적이 있습니까?
⓳ 지금까지 싱가포르 입국을 거부당한 적이 있습니까?
⓴ 여권에 기재된 것과 동일한 자필 서명
㉑ 여권에 기재된 영문 이름
㉒ 국적. 한국인이면 KOREA

# 싱가포르 입국하기

짧지 않은 비행을 마친 후 드디어 싱가포르 창이국제공항에 도착했다. 안내판에 걸린 이국의 언어, 피부로 느껴지는 낯선 기온과 습도가 떠나왔음을 실감 나게 한다. 낯설지만 기분 좋은 이 감정을 놓치지 않도록 다음의 사항을 잘 알아 두어 입국 과정을 무사히 마치도록 하자.

## 입국 심사

인천국제공항에서 출발한 비행기는 창이국제공항에 도착한다. 창이국제공항은 3개의 터미널로 구성된 꽤 큰 규모의 공항이다. 항공사에 따라 도착 터미널은 다르지만, 도착층은 2층이다. 입국 심사대(Immigration)는 통로를 따라 연결된 에스컬레이터를 타고 1층으로 내려가면 만날 수 있다. 외국인(Foreigner) 심사대에 줄을 선 후 본인 차례가 되면 심사대 직원에게 여권과 기내에서 작성한 출입국 카드를 건넨다. 심사대 직원은 여권에 체재 허가 도장을 찍은 후 출입국 카드에서 입국 카드를 떼어 내고 출국 카드와 함께 돌려준다.

## 수하물 찾기

입국 심사대를 빠져나와 배기지 클레임(Baggage Claim) 안내판을 따라가면 된다. 가는 길에 보이는 커다란 전광판에서 자신이 타고 온 항공편명을 확인하면 어느 벨트에서 짐을 찾아야 하는지 알 수 있다.

### 짐이 사라졌다면?

아무리 기다려도 짐이 나오지 않는다면 출발 시 짐을 부쳤을 때 받은 태그를 가지고 배기지 클레임 카운터를 찾는다. 직원에게 태그를 보여 준 후 이름과 싱가포르에서 머무르는 숙소와 연락처, 가방의 특징 등을 알린다. 공항 쪽에서는 짐을 찾는 즉시 머물고 있는 숙소로 보내 준다. 인천~싱가포르 구간 직항을 이용했다면 짐을 분실하는 경우는 매우 드물다.

## 세관 통과

짐을 찾은 후 입국 과정의 마지막 절차인 세관(Customs) 카운터로 이동한다. 외국에서 싱가포르로 반입 가능한 면세 범위를 초과하는 경우 세관에 신고를 해야 한다. 신고할 물품이 없는 경우 녹색 면세용(Nothing To Declare), 신고할 물품이 있는 경우 적색 과세용(Goods To Declare) 카운터를 지나면 된다. 세관 카운터를 통과할 때는 여권이 필요하다. 세관을 통과한 후 입국장 밖으로 나오면 시내로 가는 교통편을 이용할 수 있다.

### 입국자를 위한 면세점

싱가포르 창이국제공항에는 우리나라에서는 볼 수 없는 입국자용 면세점이 있다. 입국 심사를 마치고 수하물 찾는 곳으로 가는 길에 만날 수 있다. 짐이 늘어나면 여행이 불편해지므로, 여행 중 필요한 아이템 위주로 구입하는 것이 좋다. 세관을 통과하면 이용할 수 없다.

## 공항에서 시내로 이동하기

싱가포르뿐 아니라 아시아 허브 역할을 톡톡히 하는 창이국제공항은 싱가포르 도심에서 동쪽으로 25km 정도 떨어진 곳에 자리한다. 공항에서 시내로 이동하는 교통수단은 공항 셔틀버스, MRT, 버스, 택시 등이 있다. 시내로 가는 교통편은 각 터미널 입국장에 있는 그라운드 트랜스포트 데스크(Ground Transport Desk, 24시간 운영)에서 상세한 설명을 들을 수 있다.

### 편리하고 안전한
### 공항 셔틀버스 Airport Shuttle Bus

창이국제공항에서 시내 호텔까지 연결하는 공항 셔틀버스다. 그라운드 트랜스포트 데스크에서 별도의 예약 없이 바로 티켓을 구입할 수 있다. 메인 데스크는 터미널 3에 자리한다. 단점이라면 시내 호텔 대부분에 정차하므로 시간이 오래 걸릴 수 있다는 것. 요금은 성인 S$9, 어린이 S$6다.

**전화 1 터미널** 6543-1985
 **2 터미널** 6546-1646
 **3 터미널** 6241-3818

### 빠르고 합리적인
### 지하철 MRT

우리나라 지하철과 같은 교통수단으로, 여행자들이 가장 많이 이용하는 교통편이기도 하다. 터미널 2와 연결되어 있으며 공항에서 '트레인 투 시티(Train To City)'라고 쓰인 표지판을 따라 에스컬레이터를 타고 내려가면 탑승구를 바로 찾을 수 있다. 시내로 가려면 우선 타나 메라 역까지 이동한 후 갈아타야 한다. 숙소가 부기스, 라벤더, 시티 홀, 래플스 플레이스, 탄종 파가 역 주변이라면 타나 메라에서 한 번에 갈 수 있다. 시티 홀 역까지 40분 정도 소요되며 요금은 S$2 안팎이다.

### 저렴한 비용에 이동이 가능한
### 시내버스 Public Bus

각 터미널 지하층에 버스 정류장이 있다. 36번 버스가 시내를 연결하며 시내까지는 약 1시간 걸린다. 선텍 시티, 팬 퍼시픽 호텔, 에스플러네이드, 오차드 로드, 래플스 호텔 등을 지난다. 운행 시간은 06:00~23:00. 버스 시스템은 잘되어 있지만 안내 방송이 없어 처음 도착한 여행자들에게는 불편할 수도 있다. 현금 또는 이지 링크 카드를 이용할 수 있는데 거스름돈을 주지 않으니 미리 잔돈을 준비해야 한다. 요금은 S$2.

### 동행자가 있는 경우 유용한
### 택시 Taxi

동행자가 3명 이상이거나 짐이 많다면, 혹은 대중교통수단이 끊긴 늦은 시각에 공항에 도착한 경우 매우 유용한 교통수단이 된다. 공항에서 시내까지 30여 분 소요되며 요금은 S$20~40 안팎이다. 미터기 요금 외에 공항 도로 이용료(S$3~5), 심야 할증 등의 가산금이 적용될 수 있다. 신용 카드 결제도 가능하다.

# 싱가포르 출국하기

싱가포르에서의 즐거운 추억을 뒤로하고 이제는 한국으로 돌아가야 할 시간이다. 짐을 꾸리고 호텔을 나와 한국으로 가는 비행기를 타기까지 거쳐야 할 일련의 과정들을 미리 알아 두자.

## 짐 꾸리기

부칠 짐과 기내에 가지고 들어갈 짐을 구분해서 가방을 꾸린다. 부칠 짐에 넣어서는 안 되는 물품은 여권과 티켓, 세금 환급에 필요한 서류다. 싱가포르에서 불어난 짐이 너무 많아 들고 가기 힘들다면 택배로 보내는 것도 방법이다. 백화점과 일부 상점에서는 구입한 상품을 바로 한국으로 보내 주는 곳도 있다. 이때 세관 통과를 위해 세관 신고서와 송장 등에 '별송품(Unaccompanied Baggage)'으로 표시하고 수취인은 반드시 본인으로 한다.

## 호텔 체크아웃

특별한 일이 없다면 체크아웃은 5분 내로 끝나는 경우가 대부분이다. 비행기 탑승 시간 2시간 전에는 공항에 도착할 수 있도록 체크아웃 시간을 정하도록 한다. 만약 늦은 시각 비행기라면 체크아웃을 한 후 짐은 호텔에 맡겨 두고 호텔 주변을 관광하는 것도 괜찮다.

## 시내에서 공항으로 이동하기

싱가포르에서의 여행을 마쳤다면 아쉬운 마음을 뒤로하고 다시 공항으로 이동해야 할 시간이다. 한 번 경험이 있는 코스라 크게 어려움은 없을 것이다.

### 공항 셔틀버스

싱가포르 입국 시 그라운드 트랜스포트 데스크에서 돌아갈 때의 차편을 함께 예약한다. 그렇지 않으면 출발 최소 2시간 전에 데스크에 전화를 걸어 예약하도록 한다. 어렵게 느껴진다면 호텔 측에 문의를 하는 것도 방법이다.

**전화** 6241-3818

### MRT

창이국제공항에서부터 도심과 북부 지역을 연결하는 다운타운 라인(DT)이 개통되었다. 창이국제공항 역에서 차이나타운, 마리나 베이 샌즈 방향으로 갈 때는 다운타운 라인을, 시티홀과 부기스 방향으로 갈 때는 이스트웨스트 라인(EW)을 이용하면 된다.

### 택시

시내에서 공항까지 대략 30분 소요된다. 숙소 인근 택시 정류장에서 탑승하거나 호텔에 문의해 택시를 부를 수 있다. 요금은 시간대와 거리에 따라 S$20~40 안팎이다.

## 창이국제공항에서 출국

우선 체크인을 하도록 하자. 출발층(Departure Hall)으로 가서 이용할 항공사의 카운터를 찾아 여권과 항공권을 제시한 후 짐을 부친다. 수하물 티켓과 비행기 탑승권인 보딩 패스를 받으면 체크인 완료. 탑승 게이트 번호와 탑승 시간 확인하는 것을 잊지 말자. 여권과 출국 카드(입국 시 작성했던 출입국 카드의 나머지 반), 보딩 패스를 출국 심사 카운터에 제출하면 여권에 출국 도장을 찍어 준다. 최소 출발 30분 전까지는 보딩 패스에 적힌 탑승 게이트에 도착한다. 최근 터미널4(대한항공, 케세이퍼시픽 등 9개 항공사 이용)를 개항한 창이국제공항은 규모가 꽤 큰 편이므로, 여유 있게 움직이

는 것이 좋다. 한 상점에서 S$100이상 쇼핑한 경우 GST(소비세 7%)를 돌려받는 택스 리펀드 제도가 있다. 공항에서 환급받을 수 있으며 자세한 내용은 p.16를 참고한다.

### 🏷️ TIP 창이국제공항에서 못다 한 여행 즐기기

싱가포르를 떠나는 일이 아쉽다면 공항에서 그 마음을 달래 보자. 창이국제공항은 인천국제공항과 더불어 세계적인 공항을 얘기할 때 늘 첫손가락에 꼽히는 곳으로, 그만큼 즐길 거리와 편의 시설을 잘 갖추고 있다. 비행기 탑승까지 시간이 남았다면 다음 시설을 염두에 두자.

**가족 탑승객을 위한 놀이 시설**
창이국제공항의 편의실과 엔터테인먼트 시설은 꽤 훌륭한 편이다. 영화관(Movie Theatre, 환승 구역)이 있으며, 놀이 기구를 갖춘 어린이 놀이방(Children's Playground, 환승 구역)도 있다. 4층 높이의 미끄럼틀을 타고 내려오는 슬라이드(Singapore's Tallest Slide, 터미널 3)는 매체를 통해 큰 이슈가 되기도 했다. 남녀노소 누구나 즐길 수 있는 오락실(Zone X, 터미널 3의 지하 2층)도 자리한다.

**쇼핑 해결사, 면세점**
시간이 모자라 놓치고 온 쇼핑 목록이 있다면 면세점에서 해결하자. 창이국제공항 면세점에는 세계적인 명품 브랜드는 물론 대표적인 싱가포르 브랜드가 두루 갖추어져 있다. 싱가포르 로컬 브랜드의 경우 운이 좋으면 훨씬 저렴한 가격에 구입할 수도 있다. 싱가포르 대표 마트인 콜드 스토리지와 페어 프라이스, 싱가포르 국민 간식인 육포를 파는 비첸향과 전통 디저트 전문점인 벵가완 솔로, 여성들에게 특히 인기인 빅토리아 시크릿과 무지, 싱가포르 대표 브랜드인 TWG와 찰스앤키스가 입점해 있다.

# 싱가포르 시내 교통

싱가포르는 교통수단이 잘 발달되어 있다. 그중에서도 주요 지역과 유명 관광지를 연결하는 MRT는 우리나라 지하철과 비슷한 시내 교통수단으로 여행자에게 매우 유용하다.

## MRT

싱가포리언의 발이 되어 주는 MRT는 싱가포르 구석구석을 연결한다. 'Mass Rapid Transit'의 약자로, 시내에서는 지하로, 교외에서는 고가를 달리는 전차다. 키 90cm 이하의 어린이는 무료로 탑승이 가능하다. 초아 추 캉 역과 셍캉 역, 풍골 역에는 신흥 주택가를 도는 경전철 LRT가 있다.

부스에서 구입할 수 있다. 여행 기간이 짧은 경우에 추천한다.

### 스탠더드 티켓 발급 방법

❶ 자동 발매기에서 'Buy Standard Ticket' 클릭
❷ 목적지 클릭
❸ 인원수 클릭
❹ 요금 투입
❺ 보증금 환불은 'Return Deposit'을 클릭

### 티켓의 종류

### 스탠더드 티켓 Standard Ticket

MRT를 탑승할 수 있는 1회용 일반 티켓이다. 탑승할 때마다 한 장씩 구입하는 방식이며 목적지에 따라 요금이 달라진다. 요금에는 보증금 S$1가 포함되어 있는데 도착역에 내려 돌려받을 수 있다. 구매한 날로부터 30일 이내 6번까지 탑승 가능하며 역내 티켓 오피스와 패신저 서비스

### 이지 링크 카드 EZ Link Card

싱가포르의 교통 카드. MRT와 택시, 센토사 모노레일 등 시내 주요 교통편을 이용할 수 있는 것은 물론 제휴 카페와 편의점 등에서도 사용 가능하다. 티켓 오피스에서 S$12에 구입할 수 있는데 S$5는 보증금, 최초 충전 요금은 S$7다. 카드에 남은 금액이 S$3 이하면 사용할 수 없으니 금액을 확인한 후 필요에 따라 충전(Reload, Top-up)한다. 충전 금액은 최소 S$10이다. 다 사용한 이지 링크

카드를 티켓 오피스에 반납하면 남은 금액을 돌려 받을 수 있다. 단, 보증금은 돌려주지 않으며 한번 반납한 카드는 재사용이 불가하다.

### 이지 링크 카드 충전 방법

① 'Add Value' 클릭
② 이지 링크 카드 올려 두기
③ 충전 금액 투입
④ 카드 올려놓는 곳에 초록색 불이 반짝거리면 충전 완료

## 싱가포르 투어리스트 패스
### Singapore Tourist Pass

정해진 기간 동안 MRT를 이용할 일이 많다면 매우 유용한 티켓이다. 1/2/3일권이 있으며, 정해진 기간 내에 MRT와 버스를 마음껏 타고 내릴 수 있다. MRT 일부 역에서 구입과 환불이 가능하며 5일 이내에 카드를 반납하면 보증금 S$10를 환급받을 수 있다. 원데이 펀비 버스 투어(1Day FunVee Bus Tour)와 원데이 버블 제트 라이드(1Day Bubble Jet Ride)가 포함된 싱가포르 투어리스트 패스 플러스(Singapore Tourist Pass Plus)도 있다. 일반 투어리스트 패스와 요금은 동일하지만 보증금은 환급받을 수 없다. 요금은 1일권 S$20, 2일권 S$26, 3일권 S$30.

### 싱가포르 투어리스트 패스 구입처

오차드 역, 차이나타운 역, 시티 홀 역, 래플스 플레이스 역, 앙 모 키오 역, 부기스 역, 라벤더 역, 베이프런트 역, 창이 에어포트 역, 하버프런트 역, 파러 파크 역, 서머싯 역, 우드랜즈 역, 주롱 이스트 역

## 택시 Taxi

시간이 곧 돈인 바쁜 여행자라면 택시를 적절하게 이용하도록 한다. 러시아워를 제외하고는 시간과 체력을 단축해 줄 수 있는 고마운 수단이니 말이다. 싱가포르 택시는 우리나라와 비교해 촘촘한 시스템을 갖추고 있다. 우리와 마찬가지로 모든 택시는 미터기를 사용하지만 차종에 따라 요금이 다르고, 승하차 지역 및 러시아워 혹은 심야 등 시간대에 따라 할증이 붙는다. 가장 큰 차이점은 전용 정류장에서만 택시에 탑승할 수 있다는 것. 따라서 택시를 타기 위해 정류장까지 이동해야 하고, 줄을 서서 기다려야 한다. 출퇴근 시간에는 택시 잡기가 어려워 콜택시를 부르는 경우가 많은데 이때 예약 비용이 발생된다. 현금, 신용 카드, 이지 링크, 넷츠 등으로 결제가 가능하며, 택시 회사에 따라 다를 수 있으므로 탑승 시 확인하도록 한다.

### 요금 체계

**기본요금** S$3~3.40(리무진 택시 또는 크라이슬러 택시의 경우 S$3.90~S$5)
**시간대별 추가 요금** 월~금요일 06:00~09:30 미터 요금의 25% / 월~일요일 및 공휴일 18:00~24:00 미터 요금의 25% / 00:00~05:59 미터 요금의 50%

* 이외 도심 지역, 센토사, 공항 등 지역별로 추가 요금이 발생할 수 있다.

### TIP 교통혼잡관리시스템 ERP

'일렉트로닉 로드 프라이싱(Electronic Road Pricing)'의 약자로, 시내에서 도로 통행 요금을 징수하는 전자 시스템이다. 쉽게 얘기하면 차량이 많이 몰리는 시간이나 장소에 따라 별도의 통행료를 부과하는 교통혼잡관리시스템이다. 택시가 ERP를 통과할 경우 요금에 ERP 통행료가 추가된다.

### 버스 Bus

싱가포르 버스 시스템은 잘 갖춰져 있는 편이다. 다만 여행자들이 이용할 경우 매우 불편한 점이 있으니 바로 안내 방송이 없다는 것이다. 따라서 초행길이 대부분일 여행자들에게는 늘 긴장하며 이용하게 되는 교통편이기도 하다. 하지만 어느 정도 길이 눈에 익고 조금만 주의해서 본다면 유용한 교통수단이 된다. 요령이라면 버스 정류장에 비치된 상세 노선도와 지도를 확인하는 것이다. 노선별로 첫차와 막차, 배차 간격, 요금이 기재되어 있으며 노선도의 하얀색 동그라미는 MRT 환승지를 의미한다. 거스름돈을 주지 않으니 잔돈을 미리 준비하도록 한다. 대부분 에어컨이 설치되어 있으며 긴 노선에는 2층 버스가 운행되기도 한다. 요금은 S$0.77부터.

**홈페이지** www.sbstransit.com.sg

### 케이블카 Cable Car

싱가포르 항구와 센토사, 마운트 페이버를 연결하는 교통수단이다. 하지만 세계적인 규모의 항구로 꼽히는 싱가포르 항구의 전경과 센토사를 한눈에 내려다볼 수 있는 엔터테인먼트 요소로도 훌륭하다. 빠르거나 저렴하지는 않지만 눈이 호강하는 대중 교통수단이 될 것이다. 종종 만화 캐릭터를 이용한 이벤트도 마련하고 있으니 아이들과 함께라면 좋은 추억이 될 것이다. 요금은 왕복 S$29, 편도 S$19.

**운행 시간** 08:45~22:00(티켓 판매 ~21:15)
**티켓 카운터** 마운트 페이버(109 Mount Faber Rd., Faber Peak), 하버프론트 타워 2(3 Harbourfront Pl., HarbourFront Tower 2), 센토사 임비아 룩아웃(Sentosa Imbiah Lookout)
**홈페이지** www.singaporecablecar.com.sg

## 홉온 홉오프 버스 Hop-on Hop-off Bus

일정 시간 동안 마음대로 타고 내릴 수 있는 버스를 홉온 홉오프 버스라고 한다. 대중 교통수단보다는 관광의 목적으로 이용하는 경우가 대부분이다. 싱가포르에서 머물 시간이 많지 않지만 좀 더 많은 걸 보고 싶다면, 혹은 아이들과 함께인 경우 추천할 만하다. 또는 여행 첫날 이용하면 싱가포르를 어느 정도 파악하는 데 도움이 될 것이다.

### 시티 사이트시잉 싱가포르
**City Sightseeing Singapore**

싱가포르 도심 구석구석을 연결하는 시내 투어 버스로, '히포 버스'로 통한다. 24시간 혹은 48시간 동안 자유롭게 타고 내릴 수 있으며 원하는 노선으로 환승도 가능하다. 각 좌석마다 오디오 가이드가 비치되어 있으며 이어폰도 무료로 나눠 준다. 한국어도 제공된다.

**전화** 6338-6877
**운행 시간** 08:30~19:30
**요금** 1일권 S$39, 2일권 S$49
**홈페이지** www.ducktours.com.sg

**티켓 구입** 온라인을 통해 예약하거나 현지 티켓 카운터, 또는 버스에 탑승해서 구입할 수 있다. 온라인을 통해 예약했다면 이티켓을 버스 탑승 후 운전사에게 보여 주거나 현지 티켓 카운터에 보여 주면 탑승권을 받을 수 있다. 현지 티켓 카운터는 선텍 시티, 싱가포르 플라이어의 DUCK & HIPPO 카운터, 창이국제공항 도착층, 클라크 키 후터스 옆에 있다.

## 여행자들이 주로 이용하는 주요 노선

### 옐로 시티 루트 Yellow City Route (동서 방향)

**노선 정보**
정류장 수 : 43곳
배차 간격 : 12~15분

주요 정류장 : 선텍 시티 몰, 싱가포르 플라이어, 마리나 베이 샌즈, 풀러턴 호텔, 아시아 문명 박물관, 싱가포르 식물원, 오차드 로드, 도비 고트, 싱가포르 아트 뮤지엄, 래플스 시티 쇼핑센터

### 레드 헤리티지 루트 Red Heritage Route (남북 방향)

**노선 정보**
정류장 수 : 23곳
배차 간격 : 20~25분

주요 정류장 : 선텍 시티 몰, 리틀 인디아, 캄퐁 글램, 래플스 호텔, 보트 키, 차이나타운, 마리나 베이 샌즈

### 오리지널 투어 The Original Tour

**노선 정보**
정류장 수 : 21곳
배차 간격 : 20~30분

주요 정류장 : 싱가포르 플라이어, 에스플러네이드, 멀라이언 파크, 클라크 키, 로버트슨 키, 오차드 로드, 리틀 인디아, 래플스 시티 쇼핑센터

## 시아 홉온 버스 SIA Hop-on Bus

싱가포르 플라이어에서 시작해서 20곳을 정차하는 홉온 홉오프 버스다. 싱가포르항공 이용객들에게는 할인 요금을 적용해 주는 까닭에 싱가포르항공 여행자들이 주로 이용한다. 히포 버스와 같은 회사에서 운영한다.

**전화** 6338-6877
**운행 시간** 08:30~18:00
**요금** 성인 S$39, 어린이 S$29, 싱가포르항공 이용객 S$8
**홈페이지** www.siahopon.com

 티켓 카운터는 선텍 시티 몰, 싱가포르 플라이어의 DUCK & HIPPO 카운터, 창이국제공항 도착층, 클라크 키 후터스 옆에 있다.

 정류장 수 : 21곳
배차 간격 : 20분
주요 정류장 : 싱가포르 플라이어, 에스플러네이드, 보트 키, 차이나타운, 클라크 키, 싱가포르 식물원, 오차드 로드, 리틀 인디아, 래플스 호텔

## 덕 투어 Duck Tour

영화 속에서나 봤을 법한 수륙 양용차를 타고 투어를 즐기는 프로그램이다. 오리 모양의 버스를 타고 출발한 뒤 바다로 직행하여 싱가포르 주요 관광지를 둘러보고 돌아오는 일정이다. 영어를 사용하는 가이드가 함께한다. 차내에 한국어로 된 오디오 가이드가 있으며, 이어폰도 나눠 준다. 땅과 바다에서 달리는 수륙 양용차에 대한 기대감과 바다에서 바라보는 싱가포르 풍경의 흥미로움이 교차한다.

**전화** 6338-6877
**운행 시간** 10:00~18:00
**요금** S$43
**홈페이지** www.ducktours.com.sg

 온라인을 통해 예매하거나 선텍 시티, 싱가포르 플라이어의 DUCK & HIPPO 카운터, 창이국제공항 도착층, 클라크 키 후터스 옆 카운터 등에서 구입할 수 있다.

배차 간격 : 60분
소요 시간 : 60분
주요 정류장 : 부의 분수, 싱가포르 플라이어, 에스플러네이드, 멀라이언 파크, 세인트 앤드류 성당

## 리버 크루즈 River Cruise

싱가포르 강을 따라 짐을 나르던 범보트가 여행자들의 로맨틱한 일정을 책임지는 크루즈로 변모했다. 싱가포르 강 주변의 주요 관광지를 둘러보는데, 강 위에서 바라보는 거대한 마리나 베이 샌즈와 고풍스러운 풀러턴 호텔의 모습이 색다르게 느껴진다. 화려한 조명으로 옷을 갈아입은 저녁 무렵에 이용하면 더욱 황홀한 풍경을 감상할 수 있다.

**전화** 6336-6111
**운행 시간** 09:30~21:00
**요금** S$25
**홈페이지** www.rivercruise.com.sg

 싱가포르 강 선착장
J4, J5, J7~12

 정류장 수 : 13곳
배차 간격 : 15분

소요 시간 : 40분
주요 정류장 : 로버트슨 키, 클라크 키, 보트 키, 풀러턴 호텔, 멀라이언 파크, 에스플러네이드, 마리나 베이

## 리버 택시 River Taxi

싱가포르 강에는 관광이 아닌 이동 수단으로 리버 택시가 있다. 강바람을 가르며 달리는 보트는 꽤 신난다. 이지 링크 소지자는 할인된 가격으로 결제가 가능한데 하나의 카드로 여러 명이 결제할 수 없으니 참고한다. 현금으로 요금을 지불할 경우 거의 배가 넘는 요금을 지불해야 하니 이지 링크 카드를 구비하는 것이 좋다.

**전화** 6336-6111
**운행 시간** 월~금요일 08:00~10:00, 17:00~19:00
**요금** 편도 S$5(이지 링크 & Nets Flash Pay)
**홈페이지** www.rivercruise.com.sg

 **현지 여행사를 통해 티켓을 구입하면 조금 더 저렴하다**

현지 여행사 혹은 게스트하우스 등에서 각종 관광지 입장료를 저렴하게 판매하기도 한다. 우리나라 사람들에게 특히 유명한 곳은 차이나타운 피플스 파크 3층에 있는 시 휠 트래블(Sea Wheel Travel). 센토사 아쿠아리움, 유니버설 스튜디오, 싱가포르 플라이어, 리버 크루즈, 히포 버스, 나이트 사파리 등의 티켓을 최대 30% 할인된 가격에 구입할 수 있다. 도착한 첫날 들러 관광지 입장권을 미리 사 두는 것도 좋겠다.

# Singapore Local Guide

싱가포르 지역 가이드

올드 타운 & 마리나 베이 & 키 • 92
오차드 로드 • 158
차이나타운 • 216
리틀 인디아 & 부기스 & 캄퐁 글램 • 250
센토사 • 278
동부 지역 • 314
중북부 & 서부 지역 • 330
싱가포르 주변 섬 • 350

# 올드 타운 & 마리나 베이 & 키

## Old Town & Marina Bay & Quay

싱가포르에서 가장 오래된 풍경을 지닌 올드 타운과 싱가포르에서 가장 최첨단의 마천루를 가진 마리나 베이 & 키. 이 두 지역은 가까이에 위치하고 있지만 서로 너무나 다른 풍경을 지니고 있는 까닭에 여행자들에게는 언제나 흥미로운 목적지로 꼽힌다. '싱가포르' 하면 딱 떠오르는 풍경들이 대다수 이곳에 몰려 있으니, 싱가포르에서 단 하루의 시간이 주어진다면 주저 없이 이곳으로 향해야 한다. 아이들을 동반한 가족 여행이라면 올드 타운에, 연인 혹은 친구들과 로맨틱한 시간을 갖고 싶다면 마리나 베이 & 키 지역에 많은 시간을 할애할 것을 추천한다.

# 올드 타운 & 마리나 베이 & 키 한눈에 보기

지도 위에 MRT 역 출구와 연결되는 주요 랜드마크를 표시해 찾아가고자 하는 목적지를 빠르게 확인할 수 있다.

## MRT 브라스 바사 역
**MRT Bras Basah**

- **A번 출구** : 굿 셰퍼드 성당
- **C번 출구** : 싱가포르 국립 박물관
- **E번 출구** : 싱가포르 아트 뮤지엄

## MRT 클라크 키 역
**MRT Clarke Quay**

- **B번 출구** : 클라크 키, 모하메드 술탄 로드, 클라크 키 센트럴
- **E번 출구** : 클라크 키, 지맥스 리버스 번지 & 지엑스파이브 익스트림 스윙

### 관광의 기술
싱가포르에서 둘러볼 관광지가 가장 많은 곳이 바로 올드 타운, 마리나 베이 & 키다. 싱가포르의 오래된 유적지와 흥미로운 역사가 담긴 박물관은 주로 올드 타운 쪽에 모여 있으며, 세계인들의 이목을 집중시켰던 최첨단의 주요 건축물들은 마리나 베이 인근에 산재되어 있다. 좀 더 편리하게 시내를 돌아보려면 이곳에서 출발하는 싱가포르 투어 프로그램을 이용하는 것도 방법이다.

### 쇼핑의 기술
브랜드 위주의 쇼핑은 단연 마리나 베이 샌즈의 더 숍스 앳 마리나 베이 샌즈가 독보적이다. 싱가포르 유명 브랜드가 대다수 이곳에 입주하고 있기 때문. 원하는 브랜드가 분명하고, 한적한 쇼핑을 원한다면 래플스 호텔 & 아케이드도 좋다. 래플스 시티 쇼핑센터는 식료품 쇼핑 목적지로 추천할 만하다.

### 미식의 기술
싱가포르의 다른 지역과 마찬가지로 쇼핑몰에 유명 레스토랑이 입점해 있다. 쇼핑몰에서의 식사를 원하지 않는다면 올드 타운 지역을 찾아가자. 시아 & 퍼비스 스트리트를 중심으로 싱가포르에서 내로라하는 레스토랑이 속속 들어서 있다. 현지인들 사이에서 뉴쾌한 식사를 계획한다면 마칸수트라 글루턴스 베이나 니주 파잇 페스티벌 마켓과 같은 호커스를 적극 이용할 것.

싱가포르 강

클라크 키 역
**Clarke Quay**

차이나타운 역
**Chinatown**

텔록 에이어 역
**Telok Ayer**

## MRT 에스플러네이드 역
**MRT Esplanade**

**D번 출구** : 에스플러네이드
**F번 출구** : 래플스 호텔 & 아케이드, 퍼비스 스트리트
**H번 출구** : 선텍 시티 몰

## MRT 프롬나드 역
**MRT Promenade**

**A번 출구** : 싱가포르 플라이어, 밀레니아 워크, 헬릭스교

시티 홀 역
**City Hall**

ⓗ 래플스 호텔 & 아케이드
ⓢ 래플스 시티 쇼핑센터

에스플러네이드 역
**Esplanade**

프롬나드 역
**Promenade**

## MRT 시티 홀 역
**MRT City Hall**

**A번 출구** : 포트 캐닝 파크, 전쟁 기념 공원, 래플스 시티 쇼핑센터, 마리나 스퀘어
**B번 출구** : 래플스 호텔 & 아케이드, 차임스, 세인트 앤드류 성당, 아르메니아 교회, 아츠 하우스, 래플스 랜딩 사이트, 빅토리아 시어터 & 빅토리아 콘서트홀, 프라나칸 뮤지엄, 민트 장난감 박물관, 싱가포르 우표 박물관, 중앙 소방서 · 시빌 디펜스 헤리티지 갤러리
**C번 출구** : 아시아 문명 박물관

## MRT 래플스 플레이스 역
**MRT Raffles Place**

**G번 출구** : 보트 키
**H번 출구** : 풀러턴 호텔, 멀라이언 파크, 래플스 플레이스, 아시아 문명 박물관

플레이스 역
**les Place**

## MRT 다운타운 역
**MRT Downtown**

**E번 출구** : 아시아 스퀘어

베이프런트 역 • 마리나 베이 샌즈
**Bayfront**

## MRT 베이프런트 역
**MRT Bayfront**

**B번 출구** : 가든스 바이 더 베이
**C번 출구** : 마리나 베이 샌즈

다운타운 역
**Downtown**

**BEST COURSE**

# 가족과 함께하는
# 클래식 싱가포르

**11:00**
싱가포르 역사와
문화 한눈에
살펴보기 p.133
도보 12분 또는 택시 3분

싱가포르 국립 박물관
②

브라스 바사 역
**Bras Basah**

**10:10**
오감을 통해 프라나칸
문화 이해하기 p.133
도보 5분

프라나칸 뮤지엄
①

시티
**City**

**10:00**
B번 출구에서 도보 5분

포트 캐닝 파크
**Fort Canning Park**

프라나칸 뮤지엄

싱가포르 강

**15:00**
낯설면서도 친숙한
아시아 문화
경험하기 p.134
도보 17분 또는 택시 6분

클라크 키 역
**Clarke Quay**

아시아 문명 박물관
⑤

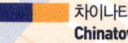
차이나타운 역
**Chinatown**

래플스 플레이스
**Raffles Place**

텔록 에이어 역
**Telok Ayer**

멀라이언 파크

다운타운 역
**Downtown**

**BEST COURSE**

# 친구 혹은 연인끼리 즐기는
# 모던 싱가포르

싱가포르 아트 뮤지엄
⑤

브라스 바사 역
Bras Basah

시티 홀 역
City Hall

포트 캐닝 파크
Fort Canning Park

세인트 앤드류 성
⑥

지맥스 리버스 번지 &
지엑스파이브 익스트림 스윙

**17:00**
짜릿하고 스릴있는
어트랙션 만끽하기
**p.126**
도보 5분

⑦

싱가포르 강

⑧ 점보 시푸드

클라크 키 역
Clarke Quay

**18:00**
강변을 바라보며
칠리 크랩 맛보기 **p.138**
MRT + 도보 15분

차이나타운 역
Chinatown

텔록 에이어 역
Telok Ayer

나눈다 역
Down

레벨 33

© Gardens by the Ba

## 가든스 바이 더 베이
**Gardens by the Bay**

**MAP** p.9-H

**찾아가기** MRT 베이프런트(Bayfront) 역 B번 출구에서 지하 통로로 바로 연결. 마리나 베이 샌즈 컨벤션 센터 4층 라이온 브리지와 연결

**주소** 18 Marina Gardens Dr.

**전화** 6420-6848

**운영** 05:00~02:00, 스카이웨이와 실내 정원 09:00~21:00

**요금** 클라우드 포레스트 & 플라워 돔 통합권 S$28, 스카이웨이 S$5

**홈페이지** www.gardensbythebay.com.sg

클라우드 포레스트 p.101
플라워 돔 p.102
슈퍼트리 그로브 p.102
가든 랩소디 p.103
OCBC 스카이웨이 p.104
플래닛 p.104
폴렌 p.105
사테 바이 더 베이 p.105

### 영화 속에서나 볼 법한 미래의 정원

향후 몇 년간 어느 공원을 가든, 어떤 유명한 정원을 방문하든 이보다 더 인상적인 풍경을 만날 수 없을 것이다. '초현실적인 미래의 정원'이라 불리는 가든스 바이 더 베이는 수평적인 형태의 여느 공원과 달리 수직적인 공간이다. 그렇다고 면적이 좁다는 얘기는 결코 아니다. 면적이 총 101ha에 달하는 방대한 정원에서는 겸손한 부분을 전혀 찾아볼 수 없다. 플라워 돔, 클라우드 포레스트 2개의 실내 정원과 1개의 야외 공원으로 나뉘는데, 세상에서 희귀하다고 여겨지는 나무들은 다 들여놓았고, '세상에 없는 나무'는 직접 만들었다. '세상에 없는 나무'라는 건 가든스 바이 더 베이에서만 볼 수 있는 거대한 콘크리트 나무 '슈퍼트리'를 말한다. 푸른 나무들에 둘러싸인 식물원처럼 아늑한 공간이라기보다 화려한 볼거리와 체험거리가 많은 엔터테인먼트적인 요소가 두드러지는 곳이다. 2018년 북미 정상회담 당시 김정은 위원장이 관광을 위해 찾으며 더욱 유명해졌다.

 **얇은 긴소매 옷을 챙길 것**

실내 정원의 식물들이 자라기 좋은 최적의 온도를 유지하기 위해 완벽한 에어컨디셔닝 시스템이 갖추어져 있다. 따라서 실내 온도가 다소 낮은 편이다. 실내 정원, 그중에서도 클라우드 포레스트를 방문할 계획이라면 얇은 긴소매 옷을 따로 챙겨 가는 것이 좋다.

## 클라우드 포레스트
### Cloud Forest

**웅장하고 신비한 인공 자연의 세계**

가든스 바이 더 베이에 조성된 2개의 실내 정원 중 하나다. 또 다른 실내 정원인 플라워 돔이 온화한 식물원의 느낌이라면, 클라우드 포레스트는 폭포와 산 등 웅장한 자연의 테마로 구성된 다이내믹한 공간이다. '클라우드 마운틴'이라 불리는 인공산을 중심으로 볼거리가 이어지는데, 입구에서 가장 먼저 마주하는 것은 클라우드 마운틴에서 떨어지는 35m 낙차의 폭포다. 클라우드 포레스트를 효율적으로 둘러보기 위해서는 우선 엘리베이터를 타고 최상층인 6층으로 이동한 후 2개의 산책로를 통해 내려오면 된다. 특히 저녁에 방문한다면 돔 유리창 너머로 마리나 베이 샌즈의 환상적인 야경을 볼 수 있다.

> **TIP 하루 종일 내 마음대로 드나든다**
>
> 플라워 돔과 클라우드 포레스트를 구경하려면 통합권을 구입해야 한다. 비용이 저렴하지는 않지만 하루 중 언제라도 드나들 수 있다는 걸 감안하면 아깝지 않을 것이다. 관람 중에 밖으로 나올 경우 도장을 찍어 주어 재출입이 가능하다. 통합권을 구입해 가든스 바이 더 베이에서 하루 종일 소풍을 즐겨도 좋겠다.

## 플라워 돔
## Flower Dome

### 세상의 아름다운 꽃들은 여기 다 모였다

아름다운 유리돔으로 된 실내 정원이다. 우아하면서도 힘차게 뻗은 곡선형 유리 돔은 무려 42개 모양의 유리 3,322장으로 덮여 있다. 돔 자체가 거대한 퍼즐과 같은 셈이다. 내부에는 기이한 모습의 선인장과 바오바브나무를 비롯해 캘리포니아, 지중해, 남미, 남아프리카, 호주 등 대륙별로 조성된 가든을 만날 수 있다. 플라워 돔의 하이라이트는 중앙 광장에 조성된 거대한 플라워 필드다. 수백 종에 이르는 꽃들을 촘촘히 식재한 풍경이 압권이다.

**플라워 돔과 클라우드 포레스트**
**운영** 09:00~21:00
**요금** 클라우드 포레스트 & 플라워 돔 통합권 성인 S$28, 어린이 S$15

## 슈퍼트리 그로브
## Supertree Grove

© Gardens by the Bay

### 영화 〈아바타〉를 연상시키는 거대한 인공 나무숲

가든스 바이 더 베이에서 가장 '미래 지향적인' 느낌을 자아내는 구역이다. 타잔처럼 나무 사이를 옮겨 다니거나, 커다란 나무 위에 집을 짓는다거나 하는 상상이 가능할 것 같은 공간이랄까. 공원 내에 거대한 콘크리트 나무인 슈퍼트리 18개가 있는데, 그중 12개가 모여 있는 이곳을 슈퍼트리 그로브라 이른다. 콘크리트 나무라고 하지만 그 콘크리트를 감싸고 있는 것은 20종, 16만 2,900여 포기의 식물이라는 점이 경이롭게 느껴진다. 건물 16층 높이에 이르는 나무 꼭대기에는 식사를 할 수 있는 레스토랑이 있고, 나무 사이에는 구름다리가 놓여 있어 공중 산책을 즐기기에 좋다.

**운영** 05:00~02:00

## 가든 랩소디
**Garden Rhapsody** 📷

© Gardens by the Bay

**거대한 슈퍼트리의 환상적인 라이트 쇼**

슈퍼트리 그로브의 하이라이트는 라이트 쇼 '가든 랩소디'다. 어둠이 내려앉은 저녁, 거대한 나무들은 다채로운 컬러의 조명으로 옷을 갈아입기 시작하는데, 어디선가 우주선이 출몰할 것 같은 비현실적인 규모와 화려함에 입이 떡 벌어진다. 만약 가든스 바이 더 베이에서 머무를 시간이 별로 없거나 실내 정원에 지출하는 비용이 부담스럽다면 가든 랩소디만 봐도 좋겠다. 가까운 자리에서 좀 더 여유롭게 라이트 쇼를 감상하고 싶다면 슈퍼트리 꼭대기에 자리한 레스토랑 인도친으로 가자. 쇼가 시작되는 시간에 맞춰 찾는 사람이 많으니 미리 예약하는 것이 좋다. 쇼는 매일 저녁 19:45, 20:45에 시작한다.

**인도친 IndoChine**
**전화** 6694-8489
**영업** 10:00~01:00, 금·토요일 10:00~02:00
**예산** S$30~50

## OCBC 스카이웨이
**OCBC Skyway**

### 슈퍼트리 사이로 난 구름다리

위에서 바라본 가든스 바이 더 베이의 풍경이 궁금하다면 OCBC 스카이웨이에 오르자. 슈퍼트리를 공중에서 연결하는 128m의 긴 산책로로, 이름은 가든스 바이 더 베이에 가장 많은 투자를 한 금융전문회사 OCBC에서 따왔다. 이곳에 오르면 아래에서 바라볼 때와는 또 다른 풍경을 마주할 수 있으며, 상당히 높게 느껴지는 탓에 의외의 긴장감을 불러일으킨다.

**운영** 09:00~21:00
**요금** 성인 S$8, 어린이 S$5

## 플래닛
**Planet**

### 공중에 떠 있는 자이언트 베이비

아주 커다란 사내아이 조각상이 공원 위에 떠 있는 모습이 그저 신기하기만 하다. 자세히 들여다보면 손등 하나만 바닥에 살짝 붙어 있을 뿐이다. 이 조각상은 최근 가장 주목받는 영국의 컨템퍼러리 아티스트 마크 퀸이 자신의 아들을 모델로 해 만든 〈플래닛〉이라는 작품이다. 벌거벗은 청동 아기상의 길이는 무려 9.2m에 이르며, 작품가는 200만 파운드를 호가하는 것으로 전해진다. 시시각각 달라지는 분위기가 묘하게 느껴진다.

---

**TIP 더운 한낮에는 셔틀버스를 이용하자**

가든스 바이 더 베이는 해 질 무렵에 방문하는 것이 좋다. 그리 덥지 않아 다니기 좋고, 낮의 풍경과 야경까지 한 번에 구경할 수 있기 때문이다. 가든스 바이 더 베이는 걸어서 둘러보는 게 가장 좋지만, 체력적으로 힘들다면 셔틀버스를 이용하자. 입구에서 식물원까지 운행하며, 가는 길에 자이언트 베이비 '플래닛'을 만날 수 있다.

**운행** 09:00~21:00 **요금** 왕복 S$3

## 폴렌
## Pollen

**싱그러운 꽃의 정원에서 즐기는**
**미슐랭 스타 셰프의 솜씨**

미슐랭 스타 셰프 제이슨 애서턴이 운영하는 플라워 돔 내의 레스토랑이다. 식물과 꽃을 활용한 인테리어가 돋보이는 이곳은 지중해식 유럽 요리를 주로 다룬다. 음식 맛도 뛰어나지만, 숲속 한가운데서 식사를 하는 듯한 분위기가 좋다. 폴렌으로 가는 길은 2가지가 있다. 플라워 돔에서 연결되는 입구를 따라가면 애프터눈 티를 즐기는 카페로, 싱가포르 플라이어가 보이는 강변 쪽 입구로 들어가면 레스토랑으로 연결된다. 레스토랑에는 꽃을 가득 실은 카트가 다니는데, 신선한 허브를 즉석에서 차로 우려내 주는 서비스를 제공한다. 레스토랑 이용객들은 식사 후 키친 투어를 할 수 있으며 플라워 돔을 무료로 둘러볼 수 있다.

**주소** Flower Dome **전화** 6604-9988
**영업** 레스토랑 런치 12:00~14:30, 디너 18:00~22:00, 화요일 09:30~21:00 / 카페 09:30~21:00
**예산** 레스토랑 런치 S$38~70, 디너 S$70~200 / 카페 S$12~55
**홈페이지** www.pollen.com.sg

## 사테 바이 더 베이
## Satay by the Bay

**가든스 바이 더 베이 끝자락에 자리한**
**야외 호커스**

플라워 돔과 클라우드 포레스트를 지나 가든스 바이 더 베이 끝에 자리한 야외 호커스. 야외 200석, 실내 650석 정도의 꽤 큰 규모를 자랑한다. 다른 호커스에 비해 가격이 저렴한 편은 아니지만, 가든스 바이 더 베이 내 다른 레스토랑과 비교하면 부담스럽지 않게 이용할 수 있어 찾는 이들이 많다. 여기에 마리나 베이 전망이 펼쳐지는 주변 경치를 감안한다면 매우 만족스러운 수준이라 할 수 있다. 칠리 크랩, 볶음밥, 인도 음식 등 여러 메뉴를 갖추고 있지만 가장 인기 있는 건 역시 꼬치구이 '사테'다. 해 질 무렵 강에서 불어오는 바람과 고소한 사테 그리고 시원한 맥주 한 잔을 즐기며 기분 좋게 하루를 마무리할 수 있는 곳이다. 음료를 파는 상점과 스팀보트 뷔페를 취급하는 상점도 있다.

**주소** #01-19, 18 Marina Gardens Dr.
**전화** 6538-9956
**영업** 음료 24시간, 음식 11:00~22:00
**예산** S$10~20

## 마리나 베이 샌즈
**Marina Bay Sands**

**MAP** p.9-G

**찾아가기** MRT 베이프런트(Bayfront) 역 C번 출구에서 바로 연결

**주소** 10 Bayfront Ave.

**전화** 6688-8868

**홈페이지** www.marinabaysands.com

샌즈 스카이파크 p.107
인피니티 수영장 p.108
아트사이언스 뮤지엄 p.108
카지노 p.109
헬릭스교 p.109
숍스 앳 마리나 베이 샌즈 p.110
루이비통 아일랜드 메종 p.111
TWG p.112
라사푸라 마스터스 p.112
컷 p.113
와쿠 긴 p.114
세라비 p.114

### 싱가포르 최고의 스폿이라는 수식어가 아깝지 않은 곳

'싱가포르' 하면 단연 떠오르는 곳은 바로 마리나 베이 샌즈가 아닐까 싶다. 최적의 위치는 물론이거니와 최고의 전망을 자랑하는 수영장을 갖춘 호텔을 비롯해 세계 유명 브랜드가 집결해 있는 쇼핑몰, 언제나 화려한 카지노, 미식가들을 위한 파인 다이닝과 유명 프랜차이즈 레스토랑까지 없는 게 없다. 마음만 먹으면 2박 3일 동안 마리나 베이 샌즈에서 한 발자국도 나가지 않고 싱가포르 일정을 해결할 수 있을 정도다. 많고 많은 시설 중 최고를 꼽으라면 당연히 인피니티 수영장. 마치 도심 속 공중에 떠 있는 풍경처럼 보이는 인피니티 수영장은 마리나 베이 샌즈의 마스코트다. 수영장은 아쉽게도 투숙객만 이용할 수 있으나, 주변의 전망대와 레스토랑은 외부 사람들도 이용할 수 있다. 이 높은 건물 꼭대기에 서면 마음이 절로 뿌듯해지는데, 세계적인 건축가 모세 사프디의 감각과 우리나라 쌍용건설의 첨단 기술이 이루어 낸 합작품이기 때문이다.

 **현대판 피사의 사탑 '마리나 베이 샌즈'**

마리나 베이 샌즈의 희귀적인 건물 구조는 색다른 이색의 풍경을 선사한다. 최대 52도 기울어진 57층 건물 3개 동 위에 보트 모양의 길쭉한 상층부가 얹혀 있어 이를 두고 '현대판 피사의 사탑'이라 부르기도 한다.

## 샌즈 스카이파크
### Sands Skypark

**탁 트인 시야가 환상적인 최고의 전망대**

마리나 베이 샌즈 타워 3동을 연결한 상층부의 배 모양에 조성된 공중 정원이다. 싱가포르 시내를 조망할 수 있는 전망대, 싱가포르 최고의 아이콘인 인피니티 수영장, 인기 스카이 바 중 하나인 세라비가 이곳에 있다. 지상 1층에서 초고속 엘리베이터를 타고 이동하는 데 걸리는 시간은 고작 30초. 전망대에 들어서면 360도 파노라마 뷰가 시원스레 펼쳐지는데, 발아래 펼쳐지는 마리나 베이 샌즈와 가든스 바이 더 베이의 풍경은 그야말로 환상적이다. 입장권은 아트사이언스 뮤지엄 로비, 타워 3 지하 1층 스카이파크 티케팅 카운터 등에서 구입할 수 있다.

**주소** #57, Tower 3
**전화** 6688-8826
**운영** 09:30~22:00, 금~일요일 09:30~23:00
**요금** 성인 S$23, 어린이 S$17

 **더욱 화려해진 레이저 쇼 스펙트라 Spectra**

마리나 베이 샌즈 앞 이벤트 플라자에서 매일 밤 펼쳐졌던 레이저 쇼 '원더 풀 쇼'가 새롭게 단장해 '스펙트라'라는 이름으로 돌아왔다. 이전보다 화려해진 비주얼 아트를 보기 위해 이곳을 찾는 이들의 발길이 이어지고 있다. 요금은 무료이며, 15분씩 진행된다.

**공연 시간** 월~목·일요일 20:00, 21:00, 금·토요일 20:00, 21:00, 22:00

## 인피니티 수영장
### Infinity Pool

### 공중 정원에 조성된 야외 수영장

사진을 보면 누구나 알아볼 만큼 싱가포르를 대표하는 아이콘으로, 마리나 베이 샌즈 명성의 8할은 이 수영장 때문이라고 해도 과언이 아니다. 샌즈 스카이파크의 절반 가까이 차지하며, 그 길이는 무려 150m에 이른다. 지상 57층, 200m 높이에 자리해 세계에서 가장 높은 곳에 조성된 수영장이라는 타이틀을 얻었다. 수영장에 몸을 담그고 있으면 탁 트인 전망 너머로 싱가포르 마천루가 한눈에 이어지는데 심지어 난간의 경계가 드러나 있지 않아 한쪽 면이 낭떠러지처럼 보인다. 호텔 투숙객만 이용 가능하다는 점이 아쉽다.

**주소** #57 Tower ?
**운영** 06:00~23:00

## 아트사이언스 뮤지엄
### ArtScience Museum

### 과학과 디자인이 만난 아트 뮤지엄

이 건물은 연꽃에서 영감을 받았다고 하는데, 마치 손가락 같아 보이기도 한다. 각 손가락마다 갤러리 전시 공간이 마련되어 있으며, 손톱 부분에 해당하는 위쪽  으로 자연광이 스며들어 조명 역할을 한다. 이곳에서는 창의력이 어떻게 예술과 과학에 적용되는지를 보여 준다. 상설 전시로만 따진다면 규모가 아깝게 느껴지지만 '앤디 워홀전', '해리포터전', '드림웍스 애니메이션 전시회' 등 세계적인 수준의 기획전이 수시로 열린다. 방문 전에 전시 내용을 확인하고 가자.

**주소** 6 Bayfront Ave.
**전화** 6688-8826
**운영** 10:00~19:00
**요금** 상설전시 무료, 특별전은 전시에 따라 다름

## 카지노
## Casino

### 마리나 베이 샌즈에서 만난 라스베이거스

택시에 올라 마리나 베이 샌즈로 가 달라고 하면 상당수의 기사는 "카지노?"라고 묻는다. 그만큼 외국인들이 많이 찾는 곳이라는 얘기다. 마리나 베이 샌즈 전체 면적의 3%를 차지하고 있는 이 거대한 공간에는 350여 개 테이블 게임과 2,300개가 넘는 슬롯머신, 35개의 프라이빗 게임 룸이 갖추어져 있다. 미국 라스베이거스 카지노 재벌로 꼽히는 '샌즈 그룹'에서 투자한 만큼 서비스의 질에 대해서는 의심의 여지가 없다.

**전화** 6688-8868 **영업** 24시간

 **외국인은 입장료가 공짜**

외국인이라면 무료로 입장할 수 있다. 단, 21세 미만은 입장 불가이므로 국적과 나이를 증명할 수 있는 여권을 꼭 챙겨 가도록 한다. 내국인은 24시간 기준 S$100를 내야 한다. 카지노에 입장할 때는 일명 '스마트 캐주얼'이라는 드레스코드를 지켜야 한다. 핫팬츠와 민소매, 플립플롭, 슬리퍼 차림으로 입장불가하므로 참고한다.

## 헬릭스교
## The Helix Bridge

### 가장 긴 보행자 전용 다리

도심과 마리나 베이 샌즈를 잇는 헬릭스교는 싱가포르에서 가장 긴 보행자 전용 다리. '유전자'를 콘셉트로 한 미래 지향적인 디자인으로, 서로 엮인 이중 나선이 멋진 곡선을 만들어 낸다. 해가 진 후에는 조명이 켜져 더욱 화려해진다. 다리 입구에 서면 마리나 베이 샌즈와 마리나 베이의 전경이 한눈에 들어오는데, 멋진 야경을 담기 위해 저녁이 되면 카메라를 들고 오는 사람들로 붐빈다.

**찾아가기** MRT 프롬나드(Promenade) 역 A번 출구에서 도보 7분

## 숍스 앳 마리나 베이 샌즈
### The Shoppes at Marina Bay Sands

### 트렌드에 가장 민감한 쇼핑몰

지하 2층부터 지상 1층까지 3개 층에 걸쳐 3,000여 개의 매장을 갖추고 있다. 보테가 베네타, 입생로랑, 샤넬, 에르메스, 지미 추와 같은 명품 브랜드부터 찰스앤키스 시그니처 라벨, 빅토리아 시크릿 등 합리적인 가격을 제시하는 매장들이 성냥갑처럼 쌓여 있으니 쇼핑 마니아들에게 천국이 따로 없다. 외벽이 유리로 되어 있는데, 은은한 자연 채광이 실내로 스며들어 멋스럽다. 십인십색의 입맛을 만족시킬 만한 각종 레스토랑도 입점해 있다.

**전화** 6688-8868
**영업** 10:30~23:00, 금·토요일·공휴일 전날 10:30~23:30(상점에 따라 다름)

### 쇼핑 후 유유자적 나무배 타기

쇼핑몰에는 베네치아 수로를 그대로 옮겨 놓은 듯한 인공 수로가 조성되어 있고, 그 수로를 따라 실제 사람을 태우는 배가 운행한다. 배는 베네치아의 곤돌라 대신 호키엔 삼판에 뿌리를 두는 게 특징이다. 삼판을 타고 수로를 가르며 편안하고 이색적인 시간을 보낼 수 있다. 요금은 1인당 S$10이며, 티켓은 지하 2층 리테일 컨시어지에서 구입할 수 있다.
**운영** 11:30~21:00 금·토요일·공휴일 전날 11:00~22:00

### 루이비통 아일랜드 메종
**Louis Vuitton Island Maison**

**플로팅 아일랜드에 자리한 플래그십 스토어**

땅덩어리가 좁은 싱가포르에서 단독 매장 건물은 꽤나 보기 드문 일이다. 그러다 보니 마리나 베이 샌즈의 부속 건물인 크리스털 퍼빌리언을 사용하고 있는 루이비통의 위상이 얼마나 대단한지 알 수 있다. 이곳은 패션뿐 아니라 예술과 문화 그리고 상업적인 요소가 고루 녹아든 동남아시아 최초의 메종 콘셉트 스토어다. 여행, 디자인, 예술, 문화가 혼합된 이 공간은 여느 미술관 못지않게 흥미롭다. 브랜드의 호불호를 떠나 들러 볼 만한 가치가 충분하다.

**주소** Crystal Pavilion North
**전화** 6788-3888
**영업** 10:30~23:00

## TWG
### TWG

**1837년부터 프리미엄 홍차를 만들기 시작한 싱가포르 티 브랜드**

TWG는 매년 전 세계의 다원을 돌며 그해 생산된 최고급 찻잎만 수집한다. 그렇게 수집한 찻잎은 수백 종에 달하며, 차를 우려내 만든 각종 디저트와 음식을 통해 차 문화의 정수를 제공한다. 마리나 베이 샌즈에는 2곳의 매장이 있는데, TWG 티 가든은 빅토리아풍 인테리어가 우아하면서도 고풍스럽다. 차를 주문하면 뜨거운 물로 주전자를 데운 후 순면 주머니를 사용해 차를 우리고, 보온 덮개를 씌운 전용 주전자에 찻물만 담아 내온다. 마카롱과 아이스크림도 맛볼 수 있으며 주말에는 브런치 메뉴도 선보인다.

**주소** #B2-65/68A, Canal Level, The Shoppes at Marina Bay Sands
**전화** 6565-1837
**영업** 10:00~22:30, 금·토요일과 공휴일 전날 10:00~24:00
**예산** 차와 디저트 S$10~30, 식사 S$20~30, 주말 브런치 S$40~60
**홈페이지** www.twgtea.com

## 라사푸라 마스터스
### Rasapura Master's

**아시아 음식이 총집결한 푸드코트**

싱가포르에서 맛볼 수 있는 맛있는 음식들을 엄선해 골라놓은 아시안 푸드코트. 싱가포르를 비롯해 말레이시아, 필리핀, 태국, 일본, 베트남, 중국 등 우리가 알고 있는 아시아 각국 요리들을 맛볼 수 있다. 한국음식도 만날 수 있어 더욱 반갑다. 그러나 일반적인 푸드코트라고 말하기에는 서운하다. 이곳은 단순히 메뉴 구색만 맞춘 것이 아니라 각 나라에서 인정받은 유명 맛집이나 프랜차이즈 위주로 구성되어 있어 신뢰도가 높은 편이다. 지하 2층 스케이트장 옆에 자리하고 있다.

**주소** #B2-50, Canal Level The Shoppes at Marina Bay Sands
**전화** 6506-0161
**영업** 24시간
**예산** S$7.90~22
**홈페이지** www.rasapura.com.sg

## 컷
## CUT

### 스타 셰프 울프강 퍽의 스테이크 하우스

미국에서 20여 개의 레스토랑을 운영 중인 오스트리아 출신 스타 셰프 울프강 퍽이 운영하는 스테이크 하우스다. 미쉐린 가이드 원스타 레스토랑으로도 유명하다. 오픈 당시 울프강 퍽만의 비법으로 완성한 스테이크를 아시아에 처음으로 선보여 크게 화제가 되었다. 메뉴판을 자세히 들여다보면 재료에 대한 정보를 금방 알아낼 수 있는데, 이는 품질에 대한 자신이 없다면 불가능한 일이다. 역시 가장 인기 있는 메뉴는 컷만의 방식으로 조리된 정통 스테이크다. 요리에 사용되는 식재료는 'U.S.A.D Prime Illinois, Rangers Vally', '곡물을 먹인 호주 앵거스' 등 어느 목장에서 자랐는지, 사료는 무엇을 먹였는지 적혀 있어 더욱 신뢰가 간다. 시금치 달걀 요리인 크림 스피니치 위드 프라이드 에그는 사이드 디시로 인기다. 질 좋은 스테이크를 즐긴 후에는 한쪽에 마련된 바&라운지로 이동해 칵테일도 즐길 수 있다. 한 눈에 담기는 탁 트인 싱가포르 전경은 덤이다. 가격이 꽤 비싼 편이지만 세련된 서비스와 잊지못

할 미식의 시간을 경험하고 싶다면 추천할 만하다. 최근에는 세계적으로 주목받고 있는 친환경 식물성 고기를 사용한 스테이크, 임파서블 슬라이더(S$18)를 선보이기도 하며, 앞으로의 미식 트렌드가 궁금한 이들에게 흥미로운 곳으로 자리잡았다.

**주소** #B1-71, Galleria Level, The Shoppes at Marina Bay Sands
**전화** 6688-8517
**영업** 레스토랑 17:30~22:00, 금·토요일 17:30~23:00, 바 & 라운지 17:30~24:00
**예산** S$100~300

 **TPO(Time, Place, Occasion)에 맞는 복장 갖추기**

클럽이나 라운지, 일부 고급 레스토랑에서는 옷차림에 신경 써야 한다. 슬리퍼, 러닝셔츠, 탱크톱, 반바지 차림은 피한다. 근사한 곳에 갈 것을 대비해 휴대하기 좋은 원피스와 약간의 힐이 있는 구두를 챙겨 가도록 하자.

## 와쿠 긴
## Waku Ghin

**싱가포르에서 가장 핫한 데판야키 레스토랑**

일본 출신의 호주 스타 셰프 데쓰야 와쿠다가 오픈한 레스토랑. 데판야키를 메인으로 하는 유러피언 재패니즈 퀴진을 선보이며 '산펠레그리노 2013년 아시아 레스토랑' 14위에 이름을 올렸다. 매일 다른 '오늘의 메뉴'를 즐길 수 있는데 캐비아, 보탄 슈림프, 성게, 와규, 전복 등 최고의 제철 식자재를 이용한다. 자리에 앉으면 셰프가 그날 들어온 신선한 재료를 보여주며, 특별히 좋아하는 재료를 이야기하면 그에 맞는 코스를 짜주기도 한다. 와쿠 긴 핸드메이드 칵테일도 주목할 만하다.

**주소** #L2-01, Atrium 2, The Shoppes at Marina Bay Sands **전화** 6688-8507
**영업** 17:30~22:30, 금요일 12:00~14:00 17:30~22:30, 바 17:30~늦은 시간
**예산** S$400~500

 **매일 2회의 디너 타임**
와쿠 긴은 크게 메인 다이닝 홀, 바 라운지, 데판야키 룸, 디저트 테이블 등 4곳으로 나뉘며 코스에 따라 다이닝 룸을 옮겨 다니기도 한다. 규모는 넓지만 한 타임에 25명으로 제한하는 것이 특징이다. 매일 18:00와 20:00, 2회의 디너 타임이 준비되며, 예약은 필수다.

## 세라비
## CÉ LA VI

**싱가포르 최고의 뷰를 지닌 라운지**

마리나 베이의 야경을 구경하면서 나이트라이프를 동시에 즐길 수 있는 바 겸 라운지다. 사람들은 테라스 테이블 주변에 삼삼오오 모여 칵테일이나 위스키를 마시며 야경을 감상한다. 클럽이지만 조명이 화려하거나 춤을 추는 분위기라기보다는 가볍게 술 한잔하며 흥을 느낄 수 있는 곳이다. 마리나 베이 샌즈 호텔의 전망대에 오르는 것은 별도의 요금을 내야 하지만 세라비에 올라가는 것은 무료라는 점이 매력적이다.

**주소** #L57-01, North Sky Park
**전화** 6508-2188
**영업** 바 12:00~늦은 시간, 클럽 라운지 12:00~늦은 시간 (토·일요일 11:00~ )
**예산** S$20~50
**홈페이지** www.sg.celavi.com

## 래플스 호텔 & 아케이드

**Raffles Hotel & Arcade**

**MAP** p.6-B

**찾아가기** MRT 시티 홀(City Hall) 역 B번 출구에서 North Bridge Rd. 따라 도보 4분 / MRT 에스플러네이드(Esplanade) 역 F번 출구에서 Beach Rd. 따라 도보 3분

**주소** 1 Beach Rd.

**전화** 6337-1886

**홈페이지** www.raffles.com/singapore

래플스 호텔 쇼핑 아케이드 p.116
래플스 호텔 기프트 숍 p.116
티핀 룸 p.117
로열 차이나 p.117
써니 힐스 p.118
롱 바 p.118

### 새롭게 단장 중인 헤리티지 호텔

높은 건물들 사이에 위풍당당하게 자리한 래플스 호텔. '죽기 전에 꼭 봐야 할 세계 역사 유적 1001'에 등재된 곳으로, 오랫동안 우아함과 고급스러움의 대명사로 군림했다. 방갈로를 개조한 10개의 방으로 시작한 이 호텔은 훌륭한 서비스와 음식, 싱가포르 슬링이라는 칵테일로 빠르게 명성을 얻었다. 콜로니얼 양식의 하얀 건물은 다른 건물과 확연히 다른 모습을 보여 주는데, 단순한 숙박 시설을 넘어 싱가포르의 역사를 간직하고 있다. 1887년 오픈 이후 찰리 채플린부터 우리나라 배우 이민호까지, 이곳을 다녀간 유명 인사는 수없이 많다. 영국 작가 서머싯 몸은 이곳에서의 생활을 그의 작품에 반영했다.

래플스 호텔은 다소 낡고 오래된 객실과 공간을 손보기 위해 꽤 긴 시간동안 리노베이션을 진행했고, 2019년 중반쯤 다시 문을 열 계획이다. 보다 쾌적하고 새로운 모습의 래플스 호텔을 만나볼 수 있게 되는 것. 공사 기간 중 방문하는 여행자들을 위해 싱가포르 슬링의 원조 '롱바'와 기념품을 구입할 수 있는 '기프트 숍'은 인근(3 Seah St.)에서 팝업 스토어로 운영되니 참고한다.

## 래플스 호텔 쇼핑 아케이드
### Raffles Hotel Shopping Arcade

**작지만 알짜배기만 모아 놓은 쇼핑 아케이드**

호텔 부속 쇼핑 아케이드로, 몰의 규모는 작지만 입점되어 있는 매장과 클래식한 분위기가 근사한 곳이다. 오랫동안 사랑받아 온 럭셔리 주얼리 브랜드 '티파니', 태국에서 온 고급 실크 전문 브랜드 '짐 톰슨', 세계적인 명품 카메라 브랜드 '라이카', 오리엔탈 무드가 매력적인 로컬 브랜드 '라이 첸', 유서깊은 호텔의 스토리가 담겨 있는 기념품을 만날 수 있는 '래플스 호텔 기프트 숍' 등 다른 곳에서는 쉽게 볼 수 없는 유니크하고 실속있는 매장이 들어서 있다. 레스토랑 리스트에 심혈을 기울여 미식도 한번에 해결할 수 있다. 싱가포르 대표 칵테일은 싱가포르 슬링의 원조인 '롱 바'도 이곳에 위치한다.

**전화** 6337-1886

## 래플스 호텔 기프트 숍
### Raffles Hotel Gift Shop

**선물용으로 좋은 기념품들이 가득**

래플스 호텔 쇼핑 아케이드에 방문했다면 반드시 들러야 할 곳이다. 구색 맞추기에 급급한 여느 호텔 기념품 숍과 달리 매력적인 아이템들이 가득하다. 호텔의 정체성이 담긴 아이템은 물론 실생활에 두루 사용하고 싶은 클래식하면서도 앤티크한 물건들이 가득하다. 그 중에서도 패브릭을 이용한 가방과 쿠션 커버는 평소 집안 꾸미기에 관심 있다면 반가울 만하다. 이 외에도 카야 잼, 하우스 초콜릿, 싱가포르 대표 칵테일이자 가장 먼저 이 호텔에서 선보인 싱가포르 슬링의 믹스, 래플스 호텔 시그니처 티 세트는 지인들의 선물용으로 훌륭하다.

**주소** #01-01/03, Raffles Hotel Arcade
**전화** 6337-1886
**영업** 09:00~20:00

## 티핀 룸
### Tiffin Room

**뷔페 런치부터 영국식 애프터눈 티까지**

우아한 분위기 속에서 뷔페와 영국식 애프터눈 티를 즐길 수 있다. 뷔페에서는 북부 인도식 카레를 메인으로 하는데, 고급 향신료를 사용한 제대로 된 카레를 맛볼 수 있는 것은 물론 각종 디저트도 제공된다. 여행자들에게는 애프터눈 티도 인기다. 샌드위치와 케이크, 디저트로 구성된 3단 트레이와 함께 커피 또는 티가 제공된다. 간단한 핑거 푸드와 과일 뷔페도 마련되어 있다. 방문 전에 예약을 하고 가는 것이 좋다.

**주소** G/F Raffles Hotel
**전화** 6412-1816
**영업** 조식 06:30~10:30, 런치 12:00~14:00, 디너 19:00~22:00, 애프터눈 티 15:00~17:30
**예산** 뷔페 런치 S$60, 뷔페 디너 S$75, 애프터눈 티 S$62

## 로열 차이나
### Royal China

**영국에서 온 딤섬 레스토랑**

런던에서 최고로 손꼽히는 딤섬 전문점의 싱가포르 지점이다. 홀은 꽤 넓지만 인기가 많은 탓에 식사 시간이면 금세 자리가 차니 예약을 해야 한다. 고기와 새우는 물론 차슈, 달걀, 커스터드 크림 등을 활용한 다양한 메뉴가 있다. 시그니처 메뉴인 베이크드 바비큐드 포크 번은 바삭한 크러스트와 고소하고 짭조름한 차슈 맛이 좋다. 우리에게 베이징 덕으로 알려진 페킹 덕도 인기다.

**주소** #03-09 Raffles Hotel
**전화** 6338-3363
**영업** 런치 11:30~15:00(일요일 11:00~14:00), 디너 18:00~22:30
**예산** S$30~40

### TIP 유명인들이 머물렀던 방

래플스 호텔은 서머싯 몸, 찰리 채플린 등 유명인들과의 인연이 깊다. 그들이 머물렀던 방은 현재 그들의 이름을 새긴 문패를 내걸고 투숙객들을 맞이하고 있다. 그중에서 단연 눈에 띄는 건 서머싯 몸 스위트다. 우리에게는 〈달과 6펜스〉로 잘 알려진 영국 소설가 겸 극작가 서머싯 몸이 머물렀던 방이다. 그는 이곳에서의 생활을 자신의 문학 작품에 여러 차례 반영했다. 객실에는 그의 소설책이 놓여 있어 그를 추억하는 이들에게 큰 사랑을 받고 있다.

## 서니 힐스
## Sunny Hills

**타이완식 파인애플 케이크를 만날 수 있는 곳**

래플스 호텔 숍 중에서 가장 인상적인 곳을 꼽으라면 주저 않고 이곳을 말하겠다. 타이완의 파인애플 케이크(펑리쑤)를 전문으로 하는데, 100% 파인애플 과육을 사용한 필링과 유기농 무항생제 달걀을 사용한 크러스트의 조화가 환상적이다. 서니 힐스에서는 방문한 모든 사람들에게 파인애플 케이크 1개와 우롱차를 무료로 제공한다. 커다란 테이블과 소품들로 장식된 실내 분위기와 직원들의 서비스는 마치 정갈하고 감각적인 주인의 집에 초대받은 느낌이다.

**주소** #03-05, Raffles Hotel Arcade
**전화** 8522-9605  **예산** 10개 S$25
**영업** 11:00~21:00
**홈페이지** www.sunnyhills.com.sg

## 롱 바
## Long Bar

**싱가포르 슬링 칵테일이 처음 탄생한 곳**

칵테일에 관해 문외한인 사람이더라도 한 번쯤 이름을 들어 봤을 싱가포르 슬링을 처음 선보인 곳. 1900년대 영화 속 한 장면 같은 고풍스러운 실내에는 꽃무늬가 그려진 오리엔탈풍 부채들이 천장에 달려 있다. 앤티크한 조명 아래에서 마시는 싱가포르 슬링은 더욱 특별하게 느껴진다. 바 이름의 유래가 된 긴 바가 늘어서 있고, 바닥에는 손님이 버린, 롱 바의 상징이 된 땅콩 껍질이 수북하다. 쓰레기 버리는 것에 엄격한 싱가포르에서 유일하게 허락된 쓰레기 투기 장소인 셈이다.

**주소** #02 Raffles Hotel
**전화** 6412-1816
**영업** 11:00~23:00
**예산** 싱가포르 슬링 S$28~30

---

**잠깐 상식! 서머싯 몸이 극찬한 칵테일 '싱가포르 슬링'**

싱가포르 슬링은 진의 깊은 향과 체리 브랜디의 달콤함이 어우러진 칵테일로, 1915년 래플스 호텔의 바텐더였던 니암 통 분에 의해 탄생했다. 영국 작가 서머싯 몸은 싱가포르의 석양을 닮은 이 칵테일을 맛본 후 '동양의 신비'라며 극찬했다. 롱 바에서 원조 싱가포르 슬링의 맛을 음미해 보자.

## 에스플러네이드 Esplanade

**두리안을 닮은 복합 문화 공간**

높고 화려한 것만이 멋진 건물을 구성하는 필수 요소가 아님을 당당하게 보여 주는 복합 문화 공간이다. 그 외관은 거대한 두리안을 반으로 뚝 갈라 바닥에 엎어 놓은 것 같기도 하고, 거대한 파리의 눈을 형상화한 것처럼 보이기도 한다. 싱가포르에서 가장 유니크하다고 자부하는 이 건물은 2002년 오픈 당시 논란을 일으키기도 했으나 지금은 싱가포르 건축물을 얘기할 때 빠지지 않고 등장할 정도로 인정을 받고 있다. 콘서트홀과 공연장을 포함해 갤러리, 스튜디오, 쇼핑몰, 식당가, 도서관이 들어서 있으며, 곳곳에 설치된 작품들을 구경하는 재미가 쏠쏠하다. 사실 여행자가 공연을 관람하기 위해 이곳을 찾는 일은 거의 드물고, 건물과 건물 주변에 매력적인 스폿들이 많아 연계해 찾는 경우가 대부분이다. 야외에는 아웃도어 시어터가 마련되어 있는데, 운이 좋으면 무료 공연을 관람할 수도 있다. 마리나 베이의 싱가포르 강 주변을 조망하기 좋은 루프톱 테라스도 인기다.

MAP p.9-C **찾아가기** MRT 에스플러네이드(Esplanade) 역 D번 출구에서 도보 5분
**주소** 1 Esplanade Dr. **전화** 6828-8377
**운영** 11:00~22:00(상점에 따라 다름)
**홈페이지** www.esplanade.com

## 차임스 CHIJMES

**오래된 수도원이 우아한 다이닝 스폿으로 변신**

차임스를 보면 싱가포르 사람들이 유산을 활용하는 탁월한 능력에 감탄하게 된다. 과거 성당과 수도원으로 쓰였던 오래된 건물을 개조해 레스토랑과 바가 들어선 운치 있는 다이닝 공간으로 완성시킨 차임스는 싱가포르 올드 타운 최고의 다이닝 스폿 중 하나다. 차임스의 진가는 저녁에 발휘된다. 성당 뒤쪽 야외 공간과 지하 중정에 있는 노천 레스토랑들이 하나둘 문을 여는데, 마치 유럽의 어느 광장에 온 듯한 느낌이다. 가격이나 맛보다는, 가볍게 한잔하며 분위기를 즐기는 데 중점을 둔다면 훨씬 즐거운 시간을 보낼 수 있다. 멕시코, 호주, 지중해 등 다양한 나라의 요리를 맛볼 수 있으며, 병맥주는 S$10, 칵테일은 S$15 정도에 해결할 수 있다.

MAP p.6-B 찾아가기 MRT 시티 홀(City Hall) 역 B번 출구에서 도보 3분 주소 30 Victoria St.
전화 6337-7810 운영 11:00~23:00(상점에 따라 다름)
홈페이지 chijmes.com.sg

## 싱가포르 플라이어 Singapore Flyer

### 런던 아이를 뛰어넘은 거대한 대관람차

싱가포르에 워낙 화제가 되는 스폿들이 많아지다 보니 어느새 클래식한 어트랙션이 되어 버린 느낌이다. 하지만 여전히 싱가포르의 화려한 스카이라인에서 일정 부분을 담당하며 여행자들의 사랑을 꾸준히 받고 있다. 규모 면에서도 일단 남부러울 것 없을 정도. 오픈 당시 세계 최대 높이를 자랑하던 런던의 대관람차 '런던 아이'를 훌쩍 넘으며 화제가 되기도 했다. 165m 높이의 세계 최대 전망대 휠과 버스 1대 크기의 캡슐 28개로 구성된 대관람차에 오르면 인근 마리나 베이 스카이라인과 센토사는 물론, 저 멀리 말레이시아와 인도네시아까지 바라보인다. 고층 빌딩으로 무장한 도시를 발아래 둔 짜릿한 기분은 직접 올라 본 사람만이 알 것이다.

**MAP** p.7-H **찾아가기** MRT 프롬나드(Promenade) 역 A번 출구에서 Raffles Ave. 따라 도보 10분 **주소** 30 Raffles Ave. **전화** 6333-3311 **운영** 08:30~22:30 **요금** S$33 **홈페이지** www.singaporeflyer.com

## 멀라이언 파크 Merlion Park

### 싱가포르에 왔다면 이곳에서의 기념촬영은 필수

싱가포르에 아무리 날고 기는 유명 건축가들의 건물과 관광지가 들어선다고 하더라도 여행자들이 가장 먼저 찾는 곳 중 하나가 바로 멀라이언 파크다. 그만큼 멀라이언 파크는 싱가포르의 상징적인 존재다. 화려한 스카이라인을 배경으로 우렁차게 물을 내뿜는 멀라이언상 앞에서 사진을 찍지 않았다면 누구도 싱가포르에 다녀왔다고 얘기하지 못할 것이다. 멀라이언상 주변에 조성된 공원에서 산책을 즐겨도 좋고, 풀러턴 호텔과 래플스 플레이스 등 인근 관광지와 연계해 움직여도 좋다.

**MAP** p.7-G **찾아가기** MRT 래플스 플레이스(Raffles Place) 역 H번 출구에서 도보 5분 **주소** One Fullerton **운영** 24시간

 **싱가포르의 영원한 아이콘, 멀라이언**

멀라이언은 상반신은 사자, 하반신은 물고기 모양을 한 상상 속의 동물이다. 멀라이언 파크에 있는 멀라이언상의 높이는 8m 정도로, 센토사에 있는 멀라이언상보다 작다. 그래서 이곳의 멀라이언상을 '엄마 멀라이언상', 센토사에 있는 것을 '아빠 멀라이언상'이라고 부른다. 엄마 멀라이언상 뒤에 작은 사이즈의 아기 멀라이언상도 있다.

# 세인트 앤드류 성당 St. Andrew's Cathedral

## 하얀 빛깔의 아름다운 성당

하얀색 외관과 웅장한 파사드는 이 근처를 지나는 사람들에게 궁금증을 자아내기 충분하다. 어둠이 내려앉은 후 조명이 더해진 밤의 모습은 더욱 그렇다. 도심 한가운데 우아한 자태를 뽐내고 있는 고딕 양식의 건축물은 영국 국교회 세인트 앤드류 성당이다. 이곳의 역사는 1823년 스탬퍼드 래플스 경이 지금의 이 자리를 성당 부지로 선정한 것에서 시작되었고, 싱가포르 최초의 건축가로 꼽히는 콜먼에 의해 완성되었다. 1973년에는 건축사적 의미를 인정받아 국가 기념물로 지정되었다. 몇 번의 증축이 이뤄지고 있는데, 가장 최근에 지어진 것은 커시드럴 뉴 생크추어리다. 지하 두 개의 층을 활용해 지은 세련되고 우아한 모습이 성당과 묘하게 어우러진다.

**MAP** p.6-B **찾아가기** MRT 시티 홀(City Hall) 역 B번 출구에서 Stamford Rd. 따라 도보 2분
**주소** 11 St. Andrew's Rd. **전화** 6337-6104
**운영** 07:00~18:00 **홈페이지** cathedral.org.sg

### TIP 해 지기 직전, 아름다운 빛깔의 스테인드글라스

고딕 양식의 건물은 구조적인 특성상 스테인드글라스가 발달한 경우가 많은데, 세인트 앤드류 성당도 예외는 아니다. 성당의 아치형 입구를 지나 정면으로 보이는 3개의 스테인드글라스는 스탬퍼드 래플스 경을 비롯해 싱가포르 역사의 한 획을 그은 인물들을 기리고 있다. 해 지기 직전 빛을 받아 반짝거리는 스테인드글라스는 특히 압권이다.

# 풀러턴 호텔 싱가포르 The Fullerton Hotel Singapore

## 석조 다리와 조화를 이루는 우아한 호텔

싱가포르 강변에 위치한 도리스식 기둥과 팔라디오풍 건물, 그 앞에 놓인 석조 다리가 어우러진 그림 같은 풍경은 풀러턴 호텔을 싱가포르 최고의 호텔 중 하나로 만들었다. 호텔 경력으로만 따진다면 래플스 호텔에 못 미치지만 건물의 역사를 놓고 보자면 오히려 래플스 호텔을 앞서기도 한다. 1928년 그리스 신전에서 영감을 받아 지은 건물이 처음부터 호텔로 쓰인 것은 아니었다. 우체국으로 꽤 오랫동안 사용되었고, 지리적 이점 덕에 금융과 무역 업무를 담당하는 상공회의소로도 이용되었다. 호텔로 운영되기 시작한 것은 1997년부터인 비교적 최근이다. 건물과 다리가 어우러진 풍경이 아름다워 웨딩 촬영지로도 인기가 많다. 부속 건물로는 현대적 건물인 원 풀러턴과 풀러턴 베이 호텔이 있다.

**MAP** p.8-B **찾아가기** MRT 래플스 플레이스(Raffles Place) 역 H번 출구에서 도보 3분
**주소** 1 Fullerton Square **전화** 6733-8388 **홈페이지** www.fullertonhotel.com

### 기념 촬영하기 좋은 석조 다리, 카베나교 & 앤더슨교

헬릭스교와 대조적인 모습이 인상적인 두 다리. 헬릭스교가 화려함으로 무장했다면 카베나교(Cavenagh Bridge)와 앤더슨교(Anderson Bridge)는 우아하고 고풍스러운 매력을 지니고 있다. 1868년 건설되었을 당시의 모습을 그대로 간직하고 있는 도보 전용 다리인 카베나교는 길이가 약 50m에 불과하지만 다리 위에서 바라보는 풍경이 무척 아름답다. 바로 옆에 자리한 앤더슨교는 자동차 도로다.

**MAP** p.8-B

## 포트 캐닝 파크 Fort Canning Park

### 현지인들이 사랑하는 산책로

쇼핑몰이나 MRT의 계단 아니면 오르내리는 일이 거의 없는 싱가포르에서는 보기가 힘든 언덕이다. 그런 까닭에 아주 오래전부터 말레이 술탄국의 요새, 영국 동인도 회사의 주요 거점 등 군사·정치적인 목적으로 이용되었다. 지금은 일반인들에게 공개되어, 40만여 km²나 되는 방대한 열대 우림 공원은 현지인들의 훌륭한 산책로로 사랑받고, 숲길을 따라 걷다 보면 옛 시절을 짐작하게 하는 포트 게이트, 고딕 게이트, 배틀 박스 등을 만날 수 있다.

**MAP** p.6-A  **찾아가기** MRT 시티 홀(City Hall) 역 A번 출구에서 도보 10분
**주소** 51 Canning Rise  **전화** 1800-471-7300
**홈페이지** www.nparks.gov.sg

## 래플스 플레이스 Raffles Place

### 화이트칼라들의 서식지

MRT 래플스 플레이스 역에서 빠져나오면 차이나타운 일부 지역까지 좁은 길이 이어지는데, 이 길을 따라 높은 빌딩들이 빽빽하게 들어서 있다. '도심 속 빌딩 숲'이라는 말을 실감하게 만드는 풍경이다. 풀러턴 호텔 뒤편으로 조성된 이곳은 싱가포르 금융 최고 중심지로 알려져 있으며, 마리나 베이의 화려한 마천루를 담당한다. 중심 업무 지구라 하여 흔히 'CBD(Central Business District)'라 부른다. 건물들 대부분은 UOB, 차이나뱅크, 스탠다드차타드, HSBC, OCBC 등 세계에서 내로라하는 은행들이 차지하고 있다.

**MAP** p.8-F
**찾아가기** MRT 래플스 플레이스(Raffles Place) 역 A~J번 출구에서 바로 연결

## 아르메니아 교회 Armenian Church

### '싱가포르 건축의 아버지' 콜먼의 걸작

1835년에 지어진, 싱가포르에서 가장 오래된 교회. 기능적인 면과 미적인 면 모두 뛰어나 '싱가포르 건축의 아버지'라 불리는 콜먼의 걸작으로 통한다. 걸작이라고는 하지만 정통 아르메니아 교회의 건축물을 기반으로 군더더기 없이 장식된 소박한 모습이 인상적이다. 정원 돌길을 따라 짧은 산책을 즐기다 보면 도리스식 기둥의 흰색 현관이 나온다.

**MAP** p.6-B  **찾아가기** MRT 시티 홀(City Hall) 역 B번 출구에서 도보 4분  **주소** 60 Hill St.
**운영** 09:00~18:00  **홈페이지** www.armeniansinasia.org

# 클라크 키 Clarke Quay

### 이국적인 낭만이 가득한 강변 다이닝 스폿

우리나라에 한강시민공원이 있다면 싱가포르에는 키가 있다. 싱가포르 강을 따라 크게 3개의 키가 조성되어 있는데, 그중 클라크 키는 싱가포르에서 가장 유명한 번화가이자 강변 다이닝 스폿이다. 세련되거나 트렌디한 느낌은 없지만 여행지에서의 이국적인 낭만을 즐기기에는 더없이 훌륭하다. 강변을 따라 늘어선 상점에는 다국적 인종이 모여 흥미진진한 여행자의 밤을 만들어 간다. 알록달록한 건물들과 대형 지붕은 클라크 키의 트레이드 마크. 해 질 무렵이면 강변은 더욱 낭만적인 모습으로 변모하는데, 맥주를 한잔하거나 싱가포르 대표 음식인 칠리 크랩을 먹기에 좋다.

**MAP** p.6-E **찾아가기** MRT 클라크 키(Clarke Quay) 역 B·E번 출구에서 바로 연결 **주소** 3 River Valley Rd. **전화** 6337-3292 **홈페이지** www.clarkequay.com.sg

 **싱가포르 강을 따라 늘어선 3개의 키**

래플스 플레이스 인근의 풀러턴 호텔을 기준으로 싱가포르 강을 따라 3km에 걸쳐 보트 키(p.127), 클라크 키, 로버트슨 키(p.127)가 차례로 늘어서 있다. 보트 키는 현지인들을 위한 소박한 분위기의 식당이 대부분인데, 최근에는 인근 비즈니스맨을 위한 근사한 바와 레스토랑이 속속 생겨나고 있다. 클라크 키는 가장 인기 있는 구역으로, 여행자들이 많이 찾는다. 로버트슨 키는 트렌디하고 감각적인 젊은이들이 주로 찾는다.

# 지맥스 리버스 번지 & 지엑스파이브 익스트림 스윙
## G-MAX Reverse Bungy & GX-5 Extreme Swing

**놀이기구 마니아라면 주목! 싱가포르의 아찔한 풍경이 펼쳐지는 곳**

클라크 키 강변에서 들리는 비명 소리를 따라가다 보면 좌우로 움직이는 지엑스파이브 익스트림 스윙과 시속 200km로 최고 60m까지 올라가는 지맥스 리버스 번지를 만날 수 있다. 지맥스 리버스 번지는 순간적으로 하늘로 솟아오르는 것도 모자라 2개의 줄에 매달려 공중을 날아다니는 경험을 하게 되는데, 보는 것만으로도 아찔하다. 하지만 싱가포르의 아름다운 풍경을 감상하며 오르내리는 재미를 만끽할 수 있으며, 특히 밤에는 야경을 감상할 수 있어 더욱 인기 있다. 키 120cm 이하 어린이는 탑승할 수 없다.

**MAP** p.6-E  **주소** 3 River Valley Rd. Clarke Quay  **찾아가기** MRT 클라크 키(Clarke Quay) 역 E번 출구에서 도보 2분  **전화** 6338-1766  **운영** 14:00~심야  **요금** S$45  **홈페이지** www.gmax.com.sg

### TIP 클라크 키의 인기 스폿 미리 알아 두기

강변을 따라 칠리 크랩으로 유명한 점보 시푸드 리버사이드(Jumbo Seafood Riverside, p.138)가 있으며 맥주가 맛있는 브류웍스(Brewerkz, p.144), 마르가리타와 나쵸, 프리다 칼로의 그림이 있는 카페 이구아나(Cafe Iguana, p.143), 맥주와 치킨이 있는 후터스(Hooters) 등도 유명하다. 골목 안쪽으로 자리한 하이랜더 바(Highlander Bar)도 오랫동안 사랑받고 있다.

## 보트 키 Boat Quay

**여행자보다는 현지인들이 많이 찾는 강변 다이닝 스폿**

싱가포르 강 초입의 풀러턴 호텔 바로 옆으로 펼쳐지는 강변 다이닝 스폿이다. 빨간 지붕을 얹은 낮은 건물 아래에는 간단하게 식사를 하거나 술 마시기 좋은 집들이 밀집되어 있다. 클라크 키보다 한산하고 래플스 플레이스와 가까워 직장인들이 퇴근길에 한잔하기 위해 많이 찾는 곳이다.

**MAP** p.6-F **찾아가기** MRT 래플스 플레이스(Raffles Place) 역 G번 출구에서 강변 쪽으로 도보 5분

## 로버트슨 키 Robertson Quay

**감각적인 강변 스폿을 찾는다면 이곳으로**

싱가포르 부촌 지역으로 트렌디한 바, 레스토랑, 갤러리 등이 많이 들어서고 있다. 여행자들에게 아직 인지도는 덜하지만 현지인과 싱가포르 거주 외국인들에게는 명성이 자자하다. 좀 더 쾌적하고 여유로운 분위기를 찾는 이들에게 제격이다. 싱가포르 대표 클럽인 주크(p.150)가 인근에 있어 가기 전 잠시 들르기 좋다.

**MAP** p.8-A **찾아가기** 클라크 키에서 강을 따라 도보 15분

### TIP 로버트슨 키의 인기 스폿 미리 알아 두기

와인 커넥션(Wine Connection, p.146), 로랑 카페 & 초콜릿 바(Laurent's Café & Chocolate Bar, p.146), 벨라 피자(Bella Pizza), 오스트리안 퍼브인 부메랑 비스트로 & 바(Boomarang Bistro & Bar), 유러피언 스타일의 델리 레스토랑 에피큐리어스(Epicurious), 칠리 크랩 전문점 레드 하우스(Red House, p.142) 등이 유명하다.

## 모하메드 술탄 로드 Mohamed Sultan Road

**젊은이들이 즐겨 찾는 시끌벅적한 골목길**

로버트슨 키에서 가까운 길로 라운지 바, 선술집, 시가 바, 테라스 레스토랑 등이 밀집되어 있다. 일본인이 운영하는 스시집 치쿠와 테이(Chikuwa Tei), 팬시한 공간에서 샐러드와 버거 등을 맛볼 수 있는 스페이드 퍼블릭 하우스(Spathe Public House) 등이 추천할 만하다. 가게들이 수시로 바뀐다는 걸 알아 두자.

**MAP** p.6-A **찾아가기** 클라크 키에서 강을 따라 도보 15분

# 아츠 하우스 The Arts House

### 싱가포르 사람들의 예술 공동체

싱가포르 예술 공동체 중 가장 사랑받는 곳 중 하나다. 1827년 스코틀랜드인의 개인 저택으로 콜먼에 의해 지어진 이후 법원과 국회 의사당으로 사용되었다. 건물 내부는 아트워크와 갤러리, 각종 공연과 컨퍼런스가 열리는 강당, 2015년 세상을 떠난 리콴유 전 싱가포르 총리가 사용했던 회의실 등으로 구성되어 있다. 여행자 입장에서 참여할 만한 프로그램이 많은 것은 아니지만, 근사한 레스토랑과 카페가 입점되어 있으니 함께 둘러보면 좋겠다. 잘 가꿔진 예쁜 공간에서 싱가포르의 과거를 확인하는 일도 즐겁다.

**MAP** p.6-F
**찾아가기** MRT 시티 홀(City Hall) 역 B번 출구에서 North Bridge Rd. 따라 도보 8분 **주소** 1 Old Parliament Lane **전화** 6332-6900 **운영** 10:00~22:00 **홈페이지** www.theartshouse.sg

# 래플스 랜딩 사이트 Raffles Landing Site

### 싱가포르 사람들이 가장 존경하는 래플스 경

싱가포르에서 가장 많이 접하는 단어 중 하나가 '래플스'다. 주요 기관과 공공장소에 '래플스'라는 이름을 붙인 것은 물론이고, '래플스'라는 이름이 붙은 곳은 대부분 '고급스러운 곳'을 의미한다. 그만큼 래플스 경에 대한 싱가포르인들의 신뢰와 존경은 대단하다. 래플스 경은 지금의 싱가포르의 초석을 다진 인물로, 래플스 랜딩 사이트는 1819년 1월 29일, 래플스 경이 영국 동인도 회사 대리인 자격으로 이곳에 상륙한 것을 기념하는 장소다. 고층 빌딩과 싱가포르 강을 배경으로 호기롭게 팔짱을 끼고 있는 전신상이 의미심상해 보인다. 일부러 찾을 정도는 아니고 보트 키를 걷다 보면 만날 수 있다.

**MAP** p.6-F **찾아가기** MRT 시티 홀(City Hall) 역 B번 출구에서 North Bridge Rd. 따라 도보 11분

# 빅토리아 시어터 & 빅토리아 콘서트홀
## Victoria Theatre & Victoria Concert Hall

### 19세기 건축물의 공연장

에스플러네이드와 더불어 싱가포르 대표 공연장으로 꼽힌다. 19세기에 지어진 근사한 건축물로, 지금은 공연장으로 사용되고 있다. 리노베이션을 통해 더 깔끔한 모습으로 사람들을 맞이하고 있다. 54m 높이의 하얀색 시계탑을 중심으로 빅토리아 시어터(Victoria Theatre)와 빅토리아 콘서트홀(Victoria Concert Hall)이 들어서 있으며, 이곳에서 수준 높은 공연들이 열린다. 건물 앞 정원에는 래플스 경의 검은 동상과 분수대가 있다.

**MAP** p.6-F  **찾아가기** 아츠 하우스 왼쪽에 위치  **주소** 9 Empress Place  **전화** 6908-8810  **홈페이지** www.vtvch.com

# 굿 셰퍼드 성당 Cathedral of the Good Shepherd

### 우리나라와 인연이 깊은 로마 가톨릭 성당

겉모습보다는 역사적으로 들여다볼 만한 가치가 있는 성당이다. 1847년에 건축했으며 싱가포르에서 가장 오래된 로마 가톨릭 성당이자 싱가포르 국가 기념물로 지정된 곳이다. 우리나라와의 인연이 특히 깊은데 '굿 셰퍼드'라는 이름은 우리나라에서 순교한 조제프 앵베르 신부에 의해 붙여진 것이다. 성당 내부에는 간결한 의자와 연분홍빛 프레임 안에 놓인 작은 십자가가 있는데 주변의 그림과 어우러져 빈티지한 느낌을 자아낸다.

**MAP** p.6-B  **찾아가기** MRT 브라스 바사(Bras Basah) 역 A번 출구에서 도보 1분  **주소** A Queen St.  **전화** 6337-2036

 **싱가포르에서 한국어 미사가 열리는 곳**

조제프 앵베르 신부의 유언에 따라 지금도 굿 셰퍼드 성당에서는 한국어 미사가 진행된다. 한국어 미사는 매주 수요일 10:00, 매주 일요일 12:00(넷째 주 일요일 제외)에 진행된다.

## 전쟁 기념 공원
### War Memorial Park

**전쟁 없는 평화로운 세상을 염원하다**

제2차 세계대전 당시 일본군의 점령으로 싱가포르는 수만 명의 무고한 시민이 학살당하는 일을 겪었다. 정부는 희생자들을 기리기 위해 전쟁 기념 공원을 설립하고 60여 m에 달하는 위령탑을 세웠다. 다민족 국가를 상징하는 4개의 탑이 하나로 모아져 하늘로 곧게 뻗어 있다. 현지인들은 그 모습이 젓가락을 닮았다 하여 '찹스틱 메모리얼'이라 부르기도 한다. MRT 시티 홀 역과 올드 타운 주변을 둘러보다 보면 한 번은 마주하게 될 것이다.

**MAP** p.7-C **찾아가기** MRT 시티 홀(City Hall) 역 A번 출구에서 도보 2분
**주소** Bras Basah Rd. & Beach Rd.

---

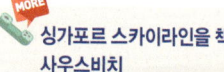
**싱가포르 스카이라인을 책임질 사우스비치**

래플스 호텔 옆 블록 전체를 차지하고 있는 거대한 복합단지로, 현재 싱가포르에서 가장 핫한 랜드마크 중 하나로 꼽힌다. 싱가포르 최대 부동산 개발업체와 말레이시아 부동산 개발업체가 공동 개발하고, 6억 7150만 달러의 투자 금액이 투입되었다는 점이 알려지면서 각종 미디어의 스포트라이트를 받기도 했다. 각각 34층과 45층의 복합 빌딩 2개 동으로 이뤄져 있는데, 단지 내에는 오피스 타워와 몰 그리고 JW 메리어트 호텔이 들어서 있다. 아름다운 파도 모양의 캐노피 아래로 옥외 물이 형성되어 있는 모습이 특히 인상적이다.

**MAP** p.7-C
**찾아가기** MRT 에스플러네이드(Esplanade) 역에서 바로 연결
**주소** 30 Beach Rd.
**홈페이지** thesouthbeach.com.sg

## 내셔널 갤러리 싱가포르 National Gallery Singapore

**동남아시아 최고의 아트 허브를 꿈꾼다**

2015년 11월 개관한 이후 동남아시아 최고의 갤러리로 우뚝 섰다. 싱가포르 도심 파당의 시청 & 구 대법원(City Haa & Old Supreme Court) 건물을 개조해 만들었다. 영국 식민지 시절 1929년과 1939년에 각각 지어진 이 건물을 국립 미술관으로 바꾼 것이다. 미술관 관객들에게 제공되는 의자는 시청과 대법원에서 쓰

던 것을 본뜨거나 변형해서 만들었고, 법원 도서관 책장에는 화집을 꽂아두고, 증인석과 판사석 그리고 피고인석을 그대로 둔 법정의 벽에 그림을 걸어두는 등 시공간을 초월한 점이 무척 흥미롭다. 게다가 세계에서 동남아시아 현대 미술품을 가장 많이 소장했다고 하니 방문할 만한 가치는 충분하다. 중국 1세대 현대화가로 꼽히는 우관중의 그림을 볼 수 있는 우관중 전시실이 하이라이트이며, 싱가포르 스타 셰프의 프라나칸 레스토랑 '내셔널 키친', 싱가포르의 아름다운 전망을 볼 수 있는 카페 겸 바 '스모크 앤 미러스' 등이 입점해 있다.

**MAP** p.7-F **찾아가기** MRT 시티 홀(City Hall) 역 B번 출구에서 도보 5분 **주소** 1 St. Andrew's Rd.
**전화** 6271-7000 **운영** 10:00~19:00, 금·토요일과 공휴일 전날 10:00~22:00 **요금** $20
**홈페이지** www.nationalgallery.sg

## 아기자기한 감성 충만!
## 박물관 & 미술관 투어

별다른 기대 없이 싱가포르의 박물관과 미술관을 찾는 이라면 의외로 너무나 아기자기한 볼거리와 감성 충만한 콘셉트를 보면서 싱가포르 사람들의 탁월한 감각에 반하게 될 것이다. 아이와 함께하면 더욱 좋고, 어른들도 유익하고 즐거운 시간을 보낼 수 있는 박물관과 미술관을 소개한다.

### 싱가포르 아트 뮤지엄
**Singapore Art Museum(SAM)**

**아시아 컨템퍼러리 아트를 위주로 한 현대 미술관**

아시아의 '핫 이슈'가 되는 컨템퍼러리 아트가 궁금하다면 이곳을 추천한다. 예술에 대한 싱가포르의 관심은 무척이나 높은데, 동남아시아 현대 미술에 관해 최고의 컬렉션을 갖춘 것은 물론이고, 아시아 미술에도 그 영향력이 미치고 있다. 그 중심인 싱가포르 아트 뮤지엄에서는 회화를 비롯해 조소, 설치 미술 등 젊은 아티스트들의 창의적인 작품을 만날 수 있다. 미술관은 3층으로 이루어져 있으며, 싱가포르는 물론 우리나라를 포함한 아시아 출신 유명 아티스트들의 작품 7,000여 점을 보유하고 있다. 양쪽이 완벽하게 대칭을 이루는 건물 또한 볼거리. 이 건물은 19세기에 미션 스쿨로 사용되기도 했다.

**MAP** p.6-B **찾아가기** MRT 브라스 바사(Bras Basah) 역 E번 출구에서 도보 1분 **주소** 71 Bras Basah Rd. **전화** 6589-9580 **운영** 10:00~19:00, 금요일 10:00~21:00 **요금** S$20
**홈페이지** www.singaporeartmuseum.sg

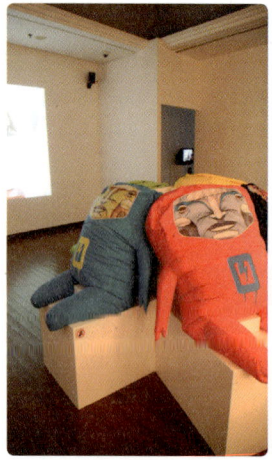
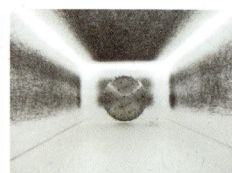

## 싱가포르 국립 박물관
### National Museum of Singapore

**싱가포르의 과거와 현재를 오감으로 체험**

'국립 박물관'이라는 이름에서 연상되는 '딱딱함'과 싱가포르에서 가장 오래된 건물이라는 명성에서 오는 '묵직함'을 예상했다면 그 예상은 보기 좋게 빗나갈 것이다. 싱가포르 국립 박물관은 단순히 보는 박물관에서 벗어나 터치스크린 디스플레이와 화려한 영상 등 상호활동적인 요소를 적극 활용해 흥미진진한 오감을 체험할 수 있는 곳이다. 전시실은 크게 히스토리 갤러리와 리빙 갤러리로 나뉜다. 히스토리 갤러리는 역사를 기반으로 한 미술, 음식, 패션, 영화, 사진 등을 다루는데 보여 주는 방식에서 '재미'와 '디테일' 모두 놓치지 않으려고 노력한 흔적이 엿보인다. 11점의 국보를 비롯해 13세기까지 거슬러 올라가는 전시품에서 싱가포르의 자부심이 느껴진다. 여행 중 궁금했던 싱가포르의 음식과 생활 방식 등은 리빙 갤러리에서 확인할 수 있다. 1층 로비에는 반얀트리 뮤지엄 숍이 있다.

**MAP** p.6-A  **찾아가기** MRT 브라스 바사(Bras Basah) 역 C번 출구에서 Bras Basah Rd. 따라 도보 3분
**주소** 93 Stamford Rd.  **전화** 6332-3659
**운영** 10:00~19:00  **요금** S$25
**홈페이지** www.nationalmuseum.sg

## 프라나칸 뮤지엄
### Peranakan Museum

**감각적인 프라나칸 문화를 만나다**

싱가포르 여행 중 많이 접하게 되는 것 중 하나가 '프라나칸'인데 '도대체 프라나칸이 뭐지?'라는 궁금증을 가장 확실하게 해결해 줄 수 있는 곳이 바로 프라나칸 뮤지엄이다. 총 10개의 전시관과 2개의 기획 전시장으로 나뉘어 있는데 싱가포르 국립 박물관처럼 상호활동적인 방식을 동원한 것은 물론 프라나칸 특유의 컬러풀한 감각까지 더했다. 화려한 색의 식기와 섬세한 비즈 공예, 우아한 자수 전시품들은 여자라면 누구나 한 번쯤 탐낼 만큼 아름답다. 복잡하게 얽힌 싱가포르 문화 속에서 프라나칸이 갖는 의미를 조금이나마 이해하는 시간을 보낼 수 있을 것이다. 싱가포르의 문화에 대해 좀 더 깊이 알고 싶은 여행자라면 필히 들러야 할 곳.

**MAP** p.6-B  **찾아가기** MRT 시티 홀(City Hall) 역 B번 출구에서 Stamford Rd. 따라 도보 5분 / MRT 브라스 바사(Bras Basah) 역 B번 출구에서 Queen St. 따라 도보 5분
**주소** 39 Armenian St.  **전화** 6332-7591
**운영** 10:00~19:00, 금요일 10:00~21:00
**요금** 성인 S$13
**홈페이지** www.peranakanmuseum.org.sg

## 아시아 문명 박물관
Asian Civilisations Museum

### 아시아 문화 허브로서의 야심찬 프로젝트

아시아 문화와 문명이 총망라된 공간으로, 싱가포르 국립 박물관보다 전시 규모나 콘텐츠 면에서 앞선다. 4개 층에 마련된 11개 전시관에서는 싱가포르 이민과 무역의 역사를 조명하고, 우리나라를 비롯해 동남아시아, 중국, 인도, 아랍 등 범아시아 문화를 다룬다. 히잡이나 사리 등 전통 의상을 입은 부모들이 모국의 전시관 앞에서 아이들과 기념 촬영을 하거나 이것저것 설명해 주기도 하는 풍경이 이색적이다. 한국어 가이드 투어는 매월 첫째 주 수요일 오전 11:30에 진행된다.

**MAP** p.6-F **찾아가기** MRT 시티 홀(City Hall)역 C번 출구에서 St. Andrew's Rd. 따라 도보 10분 / MRT 래플스 플레이스(Raffles Place)역 H번 출구에서 카베나교를 건너 도보 9분 **주소** 1 Empress Place **전화** 6332-7798 **운영** 10:00~19:00, 금요일 10:00~21:00 **요금** S$20 **홈페이지** www.acm.org.sg

## 민트 장난감 박물관
Mint Museum of Toys

### 빈티지 장난감을 모아 놓은 곳

미키 마우스, 베티 붑, 배트맨, 뽀빠이 등 우리에게도 친숙한 캐릭터부터 40여 개국에서 수집한 빈티지한 장난감들을 한눈에 볼 수 있는 장난감 박물관이다. 5층 건물에 빼곡히 전시된 모든 전시품은 오너의 개인 소장품인데 규모가 크지 않아 한두 시간이면 찬찬히 다 둘러볼 수 있다. 컬렉션의 수준은 훌륭하지만 재현된 방식이 단순하게 보여 주기 식이라 평소 장난감에 관심이 많은 이가 아니라면 조금 시시한 공간으로 여겨질 수도 있다.

**MAP** p.7-C **찾아가기** MRT 시티 홀(City Hall)역 B번 출구에서 North Bridge Rd. 따라 도보 6분 **주소** 26 Seah St. **전화** 6339-0660 **운영** 09:30~18:30 **요금** 성인 S$15, 어린이(2~12세) S$7.50 **홈페이지** www.emint.com

### 잠깐 상식! 장난감만 봐도 세계 산업의 흐름이 보인다

민트 장난감 박물관을 구경하다 보면 시간의 흐름에 따라 장난감의 소재가 달라지는 걸 알 수 있다. 70년대 이전만 하더라도 얇은 도금판 같은 핀 플레이트, 나무, 옷감 등 전통적인 소재로 만들어진 특색 있는 장난감이 많았다. 그러나 플라스틱 기술이 발전함에 따라 미국 장난감 회사가 크게 성장했고, 소규모 장난감 공장은 급감하여 비슷한 소재의 장난감이 많아지게 되었다.

## sam at 8Q

**sam at 8Q**

**체험하고 즐기는 아티스트들의 플랫폼**

싱가포르 아트 뮤지엄 뒤편에 자리한 별관으로, 아티스트를 위한 플랫폼과 같은 역할을 하는 곳이다. 미술관의 기본인 전시 프로그램을 비롯해 멀티 교육, 미술 동향 등 공공 프로그램을 제공함으로써 활발한 문화 활동의 장을 마련하고 있다. 아티스트들의 아이디어를 직접 체험할 수 있는 프로그램이 많아 아이들에게 유익하다. 싱가포르 아트 뮤지엄 티켓으로 입장이 가능하다.

**MAP** p.6-B
**찾아가기** MRT 브라스 바사(Bras Basah) 역에서 도보 2분
**주소** 8 Queen St. **전화** 6589-9550
**운영** 10:00~19:00, 금요일 10:00~21:00 **휴무** 토·일요일

## 싱가포르 우표 박물관

**Singapore Philatelic Museum**

**아날로그한 감성 충전이 필요할 땐 이곳으로**

100년이 넘는 유서 깊은 건물 안에는 1800년대 식민지 시절부터 수집된 우표, 그중에서도 역사적으로 가치 있는 것들만 전시되어 있다. 정성 들여 전시된 전 세계의 우표들과 아이들이 좋아할 만한 캐릭터 우표 전시 코너가 흥미롭다. 로비 한쪽에는 버려진 편지 봉투에서 오려 낸, 소인 찍힌 우표가 바구니에 잔뜩 쌓여 있는데, 세계 각국에서 날아온 우표들을 보면 그 종류와 디자인에 놀라고 만다. 기념품으로 구입하기 좋고, 고르는 재미도 쏠쏠하다.

**MAP** p.6-B **찾아가기** MRT 시티 홀(City Hall) 역 B번 출구에서 North Bridge Rd.와 Coleman St. 따라 도보 5분
**주소** 23-B Coleman St. **전화** 6337-3888
**운영** 10:00~19:00 **요금** 성인 S$8, 어린이 S$6
**홈페이지** www.spm.org.sg

## 중앙 소방서 · 시빌 디펜스 헤리티지 갤러리

**Central Fire Station & Civil Defence Heritage Gallery**

중앙 소방서는 싱가포르에서 가장 오래된 소방서다. 붉은 벽돌로 쌓아 올린 고풍스러운 건물과 소방서를 상징하는 빨간색이 어우러진 건물 자체가 볼거리다. 소방서 한쪽에는 시빌 디펜스 헤리티지 갤러리가 있어 일반인에게 공개되고 있다. 화재, 인명 구조 등에 대한 자료와 과거의 소방 시스템을 살펴볼 수 있으며, 앤티크한 매력의 옛 소방차가 특히 인상적이다. 중앙 소방서는 매주 토요일 09:00~11:00에 한시적으로 개방해 방문자 프로그램 '오픈 하우스'를 진행한다.

**MAP** p.6-B **찾아가기** MRT 시티 홀(City Hall) 역 B번 출구에서 Stamford Rd.와 Hill St. 따라 도보 7분
**주소** 62 Hill St. **전화** 6332-2996 **운영** 10:00~17:00 **휴무** 월요일 **요금** 무료

# RESTAURANT
추천 ★ 레스토랑

## 마칸수트라 글루턴스 베이
### Makansutra Gluttons Bay

**마리나 베이 옆에 자리한 가장 낭만적인 호커스**

단기 여행자가 딱 한 군데의 로컬 푸드 레스토랑을 가야 한다면 이곳을 강력 추천한다. 마칸수트라 글루턴스 베이는 싱가포르의 포장마차 겸 푸드코트 개념인 호커스다. 호커스는 현지인들이 간단하게 한 끼를 해결하기 위해 찾는 곳이 대부분이라 분위기와 시설 면에서는 썩 좋다고 할 수 없다. 하지만 마칸수트라 글루턴스 베이는 마리나 베이 바로 옆에 위치한 까닭에 주변 풍경이 좋고, 시설도 세련됐다. 게다가 메뉴 수가 많은 것은 아니지만 싱가포르에서 가장 인기 있는 메뉴만을 쏙쏙 골라 놓았기 때문에 무엇을 주문하더라도 만족스럽다. 마리나 베이 샌즈 야경이나 레이저 쇼 관람 후 이곳에 들러 식사를 하는 게 좋겠다.

**MAP** p.9-C  **찾아가기** MRT 에스플러네이드(Esplanade) 역 D번 출구에서 도보 5분  **주소** #01-15, Esplanade Mall, 8 Raffles Ave, 1 Esplanade Dr.  **전화** 6336-7025  **영업** 17:00~02:00, 일요일 16:00~01:00  **예산** S$5~20  **홈페이지** www.makansutra.com

### TIP 추천 메뉴

**차오궈탸오 Char Kway Teow**
중국식 면 요리로 우리나라에서 쉽게 볼 수 없어 더욱 반갑다. 넓적한 쌀국수를 사용하며 각종 채소와 달걀, 해산물, 치킨 등에 간장 소스를 넣고 빠르게 볶아 낸다. 고소한 불향이 나는 것이 특징이다. 쫄깃한 면발과 달짝지근한 양념 맛 때문에 자꾸만 젓가락이 간다. 가격 S$4/6/8

**시리얼 프론 Cereal Prawn**
부드러운 새우에 각종 곡물을 입혀 튀겨 내오는데, 그 궁합이 환상적이다. 통통하게 살이 오른 새우와 바삭하게 튀긴 시리얼의 식감이 절묘하다. 현지인들에게 인기 있는 메뉴. 가격 S$15/25/30

**바비큐 치킨 윙 Barbecue Chicken Wing**
먹음직스럽게 생긴 닭 날개에 양념을 고루 발라 롤링 핀에 끼워 즉석에서 구워 내오는데 맥주와 환상의 궁합을 이룬다. 우리나라 양념 치킨 맛과 비슷한데, 기름기는 쏙 빼고 고소한 육즙은 그대로 살린 것이 비법이다. 가격 S$1.30/1개

## 라우 파 삿 사테 스트리트
### Lau Pa Sat Satay Street

**해가 지면 시작되는 사테 포장마차 골목**

해가 질 무렵 호커스인 라우 파 삿 페스티벌 마켓 옆 도로에는 노란 전구가 불을 밝히기 시작하고, 사테 포장마차가 하나둘씩 문을 연다. 그리고 어느새 도로를 꽉 메운 왁자지껄한 사테 스트리트가 펼쳐진다. 사테는 말레이시아 음식으로 돼지고기, 소고기, 양고기, 새우 등을 이용한 일종의 꼬치 요리다. 가늘다란 꼬치에 재료를 꽂은 후 달콤 짭조름한 양념을 발라 즉석에서 구워 내오는데, 우리 입맛에 잘 맞는다. 꼬치 하나당 가격은 대략 S$1 정도로 일반 레스토랑보다 훨씬 저렴하며, 꼬치 26개 정도가 나오는 모둠 꼬치와 타이거 맥주를 곁들이면 여자 2~3명이 먹을 수 있다. 테이블에 앉으면 맥주를 파는 사람이 따로 와 주문을 받는다. 맥주는 한 잔에 S$5 정도. 상점 중 7, 8번 상점이 우리나라 매체에 소개되면서 한국인의 방문이 높은 편이다. 한국어 메뉴도 준비되어 있다. 물티슈는 판매 상품이므로 미리 챙겨가면 유용하다.

**MAP** p.8-F  **찾아가기** MRT 래플스 플레이스(Raffles Place) 역 1번 출구에서 Robinson Rd. 따라 도보 6분
**주소** 18 Raffles Quay  **영업** 19:00~03:00, 토·일요일 19:00~01:00  **예산** 모둠 꼬치(26pcs) S$26

### 추천 메뉴

**닭고기 사테 Chicken Satay**
세계인의 영양 간식으로 통하는 닭고기를 사용한 담백한 꼬치 요리니 말이 필요 없다. 가격 S$0.6

**새우 사테 Prawn Satay**
가격은 조금 세지만 절대 포기할 수 없는 것이 바로 새우 사테다. 고소하고 짭조름한 새우는 맥주 안주로 제격이다. 가격 S$2

**양고기 사테 Mutton Satay** 
특유의 맛과 향 때문에 양고기를 망설이는 사람도 도전해 볼 만하다. 신선한 양고기에 양념을 했기 때문에 부담 없이 맛볼 수 있다. 기름지면서도 고소한 맛에 자꾸 손이 간다. 가격 S$0.6

# 점보 시푸드 리버사이드 Jumbo Seafood Riverside

**싱가포르에서 반드시 먹어야 할 칠리 크랩 맛집**

여행자들이 가장 많이 찾는 싱가포르 넘버원 메뉴는 역시 칠리 크랩이다. 넓적한 팬에 튼실한 크랩과 먹음직스러운 소스가 흥건하게 담겨 나오는데, 그 비주얼만으로도 군침이 돈다. 칠리 크랩의 핵심은 소스다. 토마토와 칠리 소스를 이용한 매콤 달콤한 소스는 크랩과 잘 어울릴 뿐더러 빵에 찍어 먹어도 좋고 밥에 비벼 먹어도 맛있는 만능 소스다. 메인 요리를 먹은 후 밥을 비벼 먹는 우리의 식습관과 어느 정도 맥이 통한다고 할까. 클라크 키에 위치한 점보 시푸드 리버사이드 지점은 지리적인 이점과 강이 보이는 전망 때문에 여행자들이 많이 찾는 곳이니, 예약은 필수다. 칠리 크랩은 싯가로 계산된다.

**MAP** p.8-A **찾아가기** MRT 클라크 키(Clarke Quay) 역 G번 출구에서 도보 4분
**주소** #01-01/02, Riverside Point, 30 Merchant Rd. **전화** 6532-3435 **영업** 12:00~15:00, 18:00~24:00
**예산** S$80~100 **홈페이지** www.jumboseafood.com.sg

## TIP ① 인터넷으로 점보 시푸드 예약하기

남 먹는 걸 쳐다보며 시간 낭비하고 싶지 않다면 예약은 필수다. 1주일 전에는 예약하는 것이 좋으며, 원하는 시간이 있다면 최소 2주 전에 해야 한다.

1. 홈페이지를 방문한다.
2. 원하는 지점을 클릭한다.
3. 이름, 이메일 주소, 방문하는 사람의 수와 날짜 등을 체크한다(예약이 다 찬 시간대는 표시되지 않는다).
4. 그 밖에 필요한 메시지를 적고 'confirm'을 클릭한다.

## ② 칠리 크랩을 더욱 맛있게 먹는 방법

칠리 크랩은 그 자체로 맛있지만, 먹고 남은 소스를 잘 활용하는 것이 중요하다. 사이드 메뉴로 볶음밥(S$12~18)이나 가볍게 튀긴 프라이드 미니 번(S$0.7)을 시켜 칠쭉한 소스에 비벼 먹거나 찍어 먹으면 더욱 맛있게 칠리 크랩을 즐길 수 있다.

# 푸드 리퍼블릭 Food Republic

## 다양한 메뉴를 저렴한 가격에 즐길 수 있는 푸드코트

푸드 리퍼블릭은 싱가포르 대형 쇼핑몰을 다니다가 한 번쯤은 마주치게 될 만큼 대중화되고 인기 있는 푸드코트 체인이다. 하지만 우리가 흔히 생각하듯 '한 끼 때우기 좋은' 푸드코트가 아니다. 로컬 음식뿐 아니라 인도, 중국, 일본 등 수십 가지에 달하는 세계의 음식을 제대로 맛볼 수 있다. 쇼핑 후 지친 몸을 이끌고 맛집을 찾아 여기저기 돌아다니기 귀찮다면 푸드 리퍼블릭만큼 좋은 해결책이 없을 것이다. 메뉴 또한 다양해 일행과 메뉴를 정하느라 쓸데없이 힘을 뺄 일도 없다. 각 지점마다 조금씩 인테리어 테마가 다른데, 선텍 시티 몰 지하에 자리한 푸드 리퍼블릭은 규모가 크고 '화이트 가든'을 테마로 꾸민 인테리어와 분위기가 깔끔하다.

**MAP** p.7-D **찾아가기** MRT 에스플러네이드(Esplanade) 역 A번 출구에서 바로 연결
**주소** #B1, Suntec City, 3 Temasek Blvd. **전화** 6276-0521
**영업** 10:00~22:00, 금·토요일과 공휴일 전날 10:00~22:30 **예산** S$6~20 **홈페이지** www.foodrepublic.com.sg

### TIP 추천 메뉴

#### 왓 유 두 프라타 What You Do Prata

인도 요리사의 현란한 반죽 솜씨를 볼 수 있는 프라타 전문점이다. 주문 즉시 만들어 주는 방식이다. 밀가루 반죽을 얇게 펴서 평평하고 커다란 팬에 구워 내오는데, 크레이프의 인도 버전이랄까. 레시피는 무척 심플하지만 함께 내주는 매콤한 카레 소스에 찍어 먹으면 맛있다. 기호에 따라 소금, 후추를 뿌려 먹으며 달걀, 치즈, 양파, 햄 등 토핑을 추가할 수도 있다. 가격 S$2~5

#### 푸린 용 토푸 Fu Lin Yong Tofu

진열대에 놓인 채소와 고기, 어묵류의 재료 중 마음에 드는 것을 골라 그릇에 담아 건네면 육수에 살짝 익혀 내어 준다. 일종의 완성된 '샤부샤부 한 그릇' 정도로 생각하면 된다. 맑고 개운한 국물 한 모금이면 속이 확 풀리는 느낌이다. 가격 S$4.8~5.8

#### APA 로작 APA Rojak

40년 된 고유의 레시피로 큰 사랑을 받고 있는 로작 전문점이다. 로작은 싱가포르와 주변 국가에서 주로 먹는 음식이다. 우리에게는 조금 낯설게 느껴지는데, 과일과 채소 등을 달콤한 향신료 소스에 버무린 일종의 샐러드라고 생각하면 된다. 다양한 재료가 뒤섞인 비주얼과 복잡 미묘한 맛 때문인지 싱가포르의 다양한 인종과 문화를 표현할 때 '로작(Rojak)'이라고도 한다. 가격 S$5~6

## 트루 블루 True Blue

**중국과 말레이시아 음식을 기반으로 한 프라나칸 레스토랑**

프라나칸 뮤지엄 바로 옆에 위치한다. 컬러감이 돋보이는 식기와 앤티크한 가구, 독특한 건물 구조가 갤러리인지 식당인지 모를 매력적인 분위기이다. 여기서 꼭 먹어 봐야 할 요리는 프라나칸 대표 요리인 아얌 부아 켈루악(Ayam Buah Keluak)이다. 닭고기와 강황, 인도네시안 블랙 너트를 넣고 브라운 그레이비 소스로 요리한 이 음식은 우리나라 닭볶음탕과 생김새가 비슷하다. 주로 밥을 곁들이는데 칼칼하면서도 새콤한 맛이 색달라서 단순히 '맛있다'라고 하기에는 조금 이국적으로 느껴진다. 익숙하지 않은 메뉴가 많아 무엇을 먹어야 할지 모르겠다면 런치 세트를 주문할 것. 테이블 서비스로 나오는 대추차와 새우 칩은 유료다.

**MAP** p.6-B **찾아가기** MRT 시티 홀(City Hall) 역 B번 출구에서 Stamford Rd.와 Armenian St. 따라 도보 6분 **주소** 47/49 Armenian St. **전화** 6440-0449 **영업** 11:30~14:30, 17:30~21:30 **예산** S$30~40 **홈페이지** www.truebluecuisine.com

## 송파 바쿠테 Songfa Bak Kut Teh

**싱가포르 사람들의 1등 보양식**

클라크 키 강변에 자리한 송파 바쿠테는 언제나 사람들로 가득 찬 유명 바쿠테 전문 레스토랑이다. 바쿠테는 우리나라 갈비탕과 비슷한 요리로, 싱가포르 사람들의 인기 보양식이다. 바쿠는 '돼지갈비', 테는 '차'를 뜻하는데 돼지갈비를 중국식 약재와 마늘, 각종 허브와 함께 오랫동안 뭉근하게 끓여 육질이 부드러운 것이 특징이다. 진하고 칼칼한 국물이 인상적이며 향이 강한 편이라 약간의 호불호가 있다. 2가지 사이즈가 준비되어 있는데 작은 사이즈는 갈비 3쪽, 큰 사이즈는 갈비 5쪽이 나오며 S$0.6를 추가하면 밥을 주문할 수 있다. 테이블에 놓여 있는 물티슈는 유료다.

**MAP** p.8-B **찾아가기** MRT 클라크 키(Clarke Quay) 역 E번 출구에서 New Bridge Rd. 따라 도보 1분 **주소** #01-01, 11 New Bridge Rd. **전화** 6533-6128 **영업** 09:00~21:15 **휴무** 월요일 **예산** S$6~10 **홈페이지** www.songfa.com.sg

**'육골차'로 불리는 바쿠테**

바쿠테는 맛도 맛이지만 건강에 좋다고 해서 '육골차'라고 불린다. 싱가포르 사람들은 아침 식사로 바쿠테를 즐겨 먹는데, 꽤 든든하다. 식사 후에는 밀크티로 마무리하자. 달콤 쌉싸래한 밀크티가 입안을 개운하게 한다.

# 액시스 바 & 라운지 Axis Bar & Lounge

**조용하고 우아하게 즐기는 애프터눈 티**

조용한 분위기에서 우아하게 애프터눈 티를 즐기고 싶다면 액시스 바 & 라운지가 괜찮다. 액시스 바 & 라운지는 향긋한 차와 티 푸드를 즐기면서 마리나 베이의 근사한 전망을 한눈에 담을 수 있는 곳이다. 아쉬운 점이라면 요즘 싱가포르에서 인기 있는 뷔페식 애프터눈 티는 아니기 때문에 함께 곁들이는 음식의 가짓수와 양이 다소 제한적이라는 것. 하지만 음식 하나하나에 정성이 가득 담긴 티푸드를 만나볼 수 있는 점은 매력적이다. 평소 차를 즐기는 이라면 반길 만한 마리아주 프레르와 TWG의 제품을 취급하고 있으며, 3단 트레이 외 몇 가지 간식거리가 함께 제공된다. 제철 재료를 이용한 티 푸드는 시즌에 따라 메뉴가 달라진다. 혹시 낮 시간에 방문하지 못했다면 저녁 시간에 들러도 좋다. 세계 각국에서 선별한 와인과 맥주 그리고 칵테일을 싱가포르의 야경과 함께 즐길 수 있다. 만다린 오리엔탈 호텔에 자리한다.

**MAP** p.7-G **찾아가기** MRT 에스플러네이드 (Esplanade) 역 B번 출구에서 Raffles Blvd. 따라 도보 5분 **주소** Mandarin Oriental, 5 Raffles Ave. **전화** 6885-3500 **영업** 11:00~24:00, 금·토요일 11:00~01:00, 티 타임 15:00~17:00(토·일요일과 공휴일은 12:30~14:30에도 영업) **예산** S$30~35

## 레드 하우스 Red House

### 현지 젊은이들이 주로 찾는 칠리 크랩 전문점

칠리 크랩 전문점은 외국인들이 특히 많이 찾는 곳이다 보니 시끌벅적한 것이 사실이다. 레드 하우스는 현지 젊은이들이 여행자들을 피해 좀 더 쾌적하고 여유로운 분위기에서 맛있는 식사를 원할 때 찾는 칠리 크랩 전문점이다. 싱가포르에서 가장 힙한 곳으로 주목받고 있는 로버트슨 키에 위치한다는 점도 인기 요인이다. 주문 방식이나 메뉴는 점보 시푸드(p.138)와 비슷하며 테라스 테이블과 시원한 실내 테이블이 준비되어 있다.

**MAP** p.8-A **찾아가기** MRT 차이나타운(Chinatown) 역 D번 출구에서 도보 11분 / MRT 클라크 키(Clarke Quay) 역에서 강을 따라 도보 15분 **주소** #01-14, The Quayside, 60 Robertson Quay **전화** 6735-7666
**영업** 15:00~22:30, 토·일요일과 공휴일 11:00~22:30
**예산** S$60~115 **홈페이지** www.redhouseseafood.com

## 28 홍콩 스트리트 28 Hongkong Street

### 힙스터들의 아지트로 유명한 스피키지 바

'세계 베스트 바 50'에서 열 번째에 이름을 올릴 정도로 명성이 자자한 바다. 스피키지 바는 미국 금주법 시대에 생겨난 히든 바를 콘셉트로 한 곳을 일컫는데, 최근 싱가포르에는 근사한 스피키지 바가 속속 생겨나고 있다. 그중 대표 격인 28 홍콩 스트리트는 신경 쓰지 않으면 그냥 지나칠 만한 평범한 외관을 갖고 있다. 안으로 들어서면 화려하기보다 은근한 멋이 깃들어 있는 홀이 나오는데, 편안하면서도 아늑하게 느껴진다. 25여 가지의 칵테일이 준비되어 있으며 가격은 비싼 편이지만, 마셔볼 만한 가치는 충분하다.

**MAP** p.8-B **찾아가기** MRT 클라크 키(Clarke Quay) 역 E번 출구에서 건너편 블록으로 도보 5분
**주소** 28 Hongkong St. **전화** 6533-2001 **영업** 18:00~02:00, 금·토요일 18:00~03:00
**휴무** 일요일 **예산** S$20~40

## 63셀시우스 63Celsius

### 직장인들에게 인기 만점인 만능 바

인근 직장인들의 열렬한 지지를 얻고 있는 곳이다. 본래 '타파스 바'로 명명되어 있으나 제공되는 요리와 서비스를 보면 무국적, 무경계 레스토랑이다. 아침에는 따뜻하고 맛있는 커피와 담백한 빵을, 저녁에는 각종 요리와 술을 제공하니 만능 카페 겸 레스토랑이자 바인 셈이다. 감각적이면서도 위화감이 들지 않는 근사한 인테리어와 두루두루 맛있는 음식, 부담 없는 마실 거리 덕에 사람들의 발길이 끊이지 않는다. 지중해식 샐러드, 파스타, 두툼한 패티와 신선한 치즈가 들어간 버거 등 무엇을 주문해도 만족스럽다.

**MAP** p.8-F **주소** #01-03, Asia Square Tower 2 **전화** 6100-6363
**영업** 월~금요일 18:00~22:00 **휴무** 토·일요일, 공휴일 **예산** S$20~40 **홈페이지** www.63celsius.com

## 카페 이구아나 Cafe Iguana

### 클라크 키의 인기 멕시코 레스토랑

친구들과 함께 강변 분위기를 만끽하면서 부담 없이 술과 음식을 즐길 수 있는 곳을 찾는다면 카페 이구아나로 가자. 카페 이구아나는 클라크 키 강변에 자리한 멕시칸 레스토랑으로 오랫동안 사랑받고 있는 곳이다. 독특하면서도 캐주얼한 분위기와 이국적인 음식이 조화를 이루며 조명이 어두워 술 마시기에도 적당한 분위기. 클라크 키 아이콘인 컬러풀한 지붕을 연상시키는 색색의 의자는 카페 이구아나의 마스코트다.

**MAP** p.8-A **찾아가기** MRT 클라크 키(Clarke Quay) 역 G번 출구에서 Merchant Rd. 따라 도보 4분 **주소** #01-03, Riverside Point, 30 Merchant Rd. **전화** 6236-1275
**영업** 16:00~24:00, 금요일·공휴일 전날 16:00~01:00, 토요일 12:00~01:00, 일요일 12:00~24:00 **예산** S$30~40
**홈페이지** www.cafeiguana.com

## 브루웍스 Brewerkz

### 저렴하게 낮술을 즐길 수 있는 크래프트 퍼브

브루웍스에서 제조한 맥주는 시간대별로 맥주 가격이 다르다. 낮이 저녁보다 조금 싼 편이니, 낮술을 즐기기 좋은 크래프트 퍼브라 할 수 있겠다. 우리나라와 마찬가지로 싱가포르에서도 직접 맥주를 제조하는 크래프트 퍼브가 인기를 끌고 있는데, 브루웍스는 그들의 원조 격이다. 1997년에 오픈한 이후 클라크 키를 찾는 이들의 맥주에 대한 욕구를 완벽하게 해소하고 있다. 12가지의 브루웍스 전용 맥주를 맛볼 수 있으며 뒤로 양조하는 공간이 보인다. 세계 각국의 병맥주도 취급한다.

**MAP** p.8-A **찾아가기** MRT 클라크 키(Clarke Quay) 역 G번 출구에서 Merchant Rd. 따라 도보 4분
**주소** #01-05/06, Riverside Point, 30 Merchant Rd. **전화** 6438-7438 **영업** 12:00~24:00, 금·토요일과 공휴일 전날 12:00~01:00 **예산** S$13~20 **홈페이지** www.brewerkz.com

## 하이디라오 핫 폿 Hai Di Lao Hot Pot

### 디테일한 서비스가 돋보이는 중국식 샤부샤부 전문점

중국 요식업계의 신화로 통하는 샤부샤부 레스토랑 하이디라오가 싱가포르에 진출했다. 하이디라오는 '훠궈'라고 불리는 중국식 샤부샤부 전문점이다. 고기, 해산물, 두부, 감자, 채소 등 신선한 재료를 육수에 살짝 담가 익혀 먹는 방식이다. 차이점이 있다면 육수를 고소한 탕, 매콤한 마라탕 등 취향에 따라 고를 수 있다는 것이다. 홀 한쪽에는 과일과 각종 소스들이 준비되어 있는데, 셀프서비스이므로 취향대로 가져다 먹으면 된다. 하이디라오의 가장 큰 매력은 디테일한 서비스에 있다. 앞치마는 물론 휴대폰을 넣는 비닐과 머리끈, 심지어 안경 닦는 수건까지 준비되어 있으며, 기다리는 동안 지루하지 않도록 매니큐어 서비스 등 각종 편의 서비스를 제공한다.

**MAP** p.8-A **찾아가기** MRT 클라크 키(Clarke Quay) 역 G번 출구에서 River Valley Rd. 따라 도보 5분
**주소** #L02-04, 3D Building, River Valley Rd. **전화** 6337-8627 **영업** 10:30~06:00 **예산** S$30~50
**홈페이지** www.haidilao.com/sg

## 남남 누들 바 NamNam Noodle Bar

**샌드위치와 쌀국수로 베트남식 아침 식사를**

미식가들 혹은 맛집 블로거들 사이에서 이름난 래플스 시티 쇼핑센터 지하 1층에서 최근 가장 눈에 띄는 곳은 단연 남남 누들 바다. 이곳에서 반드시 먹어 봐야 할 메뉴는 쌀국수로, 소고기 쌀국수가 가장 맛있다. 쌀국수 말고도 꼭 시켜야 하는 것은 바로 반미다. 반미는 베트남식 샌드위치인데 두툼한 바게트 빵 사이에 고기와 채소가 아낌없이 들어가 있다. 반미 한 입과 쌀국수 한 젓가락에 기분이 흡족해지는데 이는 베트남

사람들의 인기 아침 식사 메뉴이기도 하다. 조미료를 많이 사용하지 않아 국물 맛은 담백한 편이고, 고수의 풍미가 많이 느껴진다. 오전 8시에서 10시 사이에 가면 베트남식 커피와 함께 제공되는 반미 세트(S$7.50) 혹은 쌀국수 세트(S$8.50)를 저렴한 가격에 즐길 수 있다.

**MAP** p.6-B **찾아가기** MRT 시티 홀(City Hall) 역 A번 출구에서 바로 연결
**주소** #B1-46/47, Raffles City Shopping Centre, 252 North Bridge Rd. **전화** 6336-0500
**영업** 08:00~21:30 **예산** S$5~19 **홈페이지** www.namnamnoodlebar.com.sg

**TIP 향신료 냄새가 싫다면 "코리앤더(고수)는 빼 주세요!"**
호불호가 극명하게 갈리는 동남아시아 대표 향신료인 고수(Coriander). 누군가에게는 입맛을 다시게 만드는 향신료이지만, 누군가에게는 입맛을 뚝 떨어뜨리게 하는 재료다. 베트남 요리 상당수에는 이 고수가 들어가니, 원하지 않는다면 주문 전 확인한 후 "Without Coriander(위드아웃 코리앤더)"라고 말한다.

# 로랑 카페 & 초콜릿 바 Laurent's Café & Chocolate Bar

## 프랑스 가정집 분위기의 리얼 초콜릿 카페

프랑스에서 공부한 오너가 2006년에 오픈한 초콜릿 카페. 프렌치 요리들도 훌륭하지만 이곳의 하이라이트는 역시 초콜릿을 이용한 디저트. 퓨어와 블랙 포레스트 2가지 종류가 있는 초콜릿 케이크와 초콜릿 케이크에 생크림과 아이스크림이 곁들여 나오는 라바, 봉긋 솟아오른 모습이 무척 사랑스러운 초콜릿 수플레 등이 인기다.

**MAP** p.8-A  **찾아가기** 클라크 키(Clarke Quay)에서 강을 따라 도보 15분
**주소** 80 Mohamed Sultan Rd. #01-11  **전화** 6235-9007
**영업** 월요일 18:00~23:00, 화~목요일 13:00~24:00, 금·토요일 13:00~01:00, 일요일 13:00~23:00
**예산** S$15~50  **홈페이지** www.laurentbernard.com.sg

# 와인 커넥션 Wine Connection

## 훌륭한 와인 리스트와 합리적인 가격

와인을 판매하는 매장과 레스토랑을 여럿 보유하고 있는데, 로버트슨 키 지점이 가장 크고 근사하다. 스태프들의 서비스, 충분히 만족스러운 와인 리스트에 가격도 합리적인 편이다. 웬만한 와인은 S$40 정도에 즐길 수 있으며 구매만 할 경우에는 더 저렴하다. 와인과 함께 즐기기 좋은 다양한 종류의 타파스도 취급하고 있으며, 스테이크가 상대적으로 저렴하고 맛도 좋아 인기다.

**MAP** p.8-A
**찾아가기** 클라크 키(Clarke Quay)에서 강을 따라 도보 15분
**주소** #01-19/20, Robertson Walk, 11 Unity St.
**전화** 6235-5466
**영업** 11:30~01:00, 금·토요일 11:30~02:00, 일요일 11:30~23:00
**예산** S$30~40  **홈페이지** www.wineconnection.com.sg

## 잔 JAAN

**아시아 베스트 프렌치 레스토랑**

10개 남짓한 테이블에 규모는 다소 작지만 다이닝 홀 천장을 수놓은 화려한 무라노 크리스털과 샹들리에, 스위소텔 더 스탬퍼드 호텔 70층에서 바라보는 황홀한 뷰, 보는 것만으로도 행복해지는 환상적인 플레이팅까지 모든 것이 완벽한 프렌치 퀴진을 만날 수 있다. '2019 아시아 베스트 레스토랑 50'에서 32위를 차지한 파인 다이닝 레스토랑답게 메뉴 가격은 조금 센 편이다. 그나마 가격대가 낮은 런치 코스를 공략해 보자.

**MAP** p.6-B **찾아가기** MRT 시티 홀(City Hall) 역 A번 출구에서 도보 1분 **주소** Level 70, Swissôtel The Stamford, 2 Stamford Rd. **전화** 6837-3322 **영업** 12:00~14:30, 19:00~22:30 **휴무** 일요일과 공휴일 **예산** 런치 S$78~368, 디너 S$220~498 **홈페이지** www.jaan.com.sg

## 코트야드 The Courtyard

**TWG 차와 함께 즐기는 애프터눈 티**

기본 세트가 있고, 와인이나 칵테일까지 마실 수 있는 애프터눈 티 세트도 있다. 블랙티와 그린티, 허브티 등 다양한 종류의 차가 구비되어 있으며 TWG 제품을 사용한다. 3단 트레이에는 10~15가지 정도의 티 푸드가 담겨 나오며, 따뜻한 스콘은 맛이 훌륭하다. 차와 티 푸드는 리필이 가능하다. 주말에는 애프터눈 티 뷔페를 운영한다.

**MAP** p.8-B
**주소** G/F Fullerton Hotel
**전화** 6877-8911
**영업** 08:30~24:00, 애프터눈 티 월~금요일 15:00~18:00, 토·일요일과 공휴일 14:00~16:00, 16:30~18:00
**예산** S$49

## 제이드 Jade

**호텔 레스토랑에서 무제한으로 딤섬 먹기**

차이니스 레스토랑이지만 주말 점심에는 딤섬 뷔페 레스토랑으로 운영된다. 이곳에서는 각종 중국요리와 딤섬을 무제한으로 먹을 수 있는 딤섬 뷔페에 주목하자. 진열된 음식을 가져다 먹는 시스템이 아니라 스태프에게 주문하는 방식이다. 한 종류의 차가 제공되며 디저트 중에서는 망고 사고(Mango Sago)를 추천한다. 주말에는 예약 필수.

**MAP** p.8-B  **주소** G/F Fullerton Hotel  **전화** 6877-8188
**영업** 11:30~14:30, 18:30~22:30, 주말 딤섬 뷔페 11:30~14:30, 18:30~22:30  **예산** 주말 딤섬 뷔페 S$48

## 원 앨티튜드 1-Altitude

### 싱가포르에서 가장 높은 옥상 바

싱가포르를 대표하는 야경 좋은 라운지 바다. 래플스 플레이스 63층에 있으며, 싱가포르에서 가장 높은 루프톱 바 중 하나로 꼽힌다. 전망을 내세우는 다른 바와 비교해 전망의 각도가 넓다는 것이 장점이다. 1층에는 칵테일 바와 작은 스테이지가 있고, 계단을 따라 올라간 2층에는 야경이 한눈에 보이는 루프톱 바가 나온다. 통유리로 된 난간 너머로 싱가포르의 휘황찬란한 풍경  이 360도 파노라마로 펼쳐진다. 마리나 베이 샌즈의 스펙트라를 가장 잘 볼 수 있는 곳으로 이름난 곳이기도 하니 시간 맞춰 가 보자. 62층에는 레스토랑 스텔라(Stellar), 61층에는 클럽 알티메이트(Altimate)가 있다.

**MAP** p.8-F  **찾아가기** MRT 래플스 플레이스(Raffles Place) 역 G번 출구에서 도보 1분
**주소** #61-01, 1 Raffles Place  **전화** 6438-0410
**영업** 월~화·목요일 18:00~02:00, 수·금~토요일 18:00~04:00  **예산** S$30~50  **홈페이지** www.1-altitude.com

## 레벨 33  Level 33

### 시내 복판에 자리 잡은 전망 좋은 수제 맥주 퍼브

최첨단 양조 기계를 사용해 맥주를 직접 만들어 파는 크래프트 퍼브다. 독특하고 신선한 맥주들은 입소문이 나면서 인근 직장인들에게 큰 인기를 얻고 있으며, 싱가포르 시내의 멋진 풍경도 한눈에 바라볼 수 있다. 레벨 33에서 직접 주조하는 맥주는 총 5가지로, 어떤 맛인지 궁금하다면 5가지 샘플 맥주가 나오는 비어 테이스팅 패들(Beer Tasting Paddle)을 주문하자. 맥주가 별로라면 클래식 진 앤드 토닉을 추천한다. 헨드릭스 진과 슈웹스 토닉 워터가 서빙되는데, 개인의 취향에 따라 직접 혼합해 마신다. 음식은 피시 앤드 칩스와 돼지고기 요리가 괜찮다.

**MAP** p.9-G  **찾아가기** MRT 래플스 플레이스(Raffles Place) 역 E번 출구에서 바로 연결 / MRT 다운타운(Downtown) 역 C번 출구에서 바로 연결 **주소** #33-01, Marina Bay Financial Centre Tower, 8 Marina Blvd. **전화** 6834-3133  **영업** 월~수요일 11:30~24:00, 목·금요일 11:30~02:00, 토요일·공휴일 전날 11:30~02:00, 일요일 11:30~24:00  **예산** S$30~40  **홈페이지** www.level33.com.sg

## 주크  Zouk

### 세계 3대 클럽에서 즐기는 짜릿한 밤

1991년에 오픈한 클럽이라고 해서 올드한 감성이거나 트렌드에 뒤처진 채로 명맥만 유지할 거라 단정 짓는 건 절대 금물. 주크는 지금도 여전히 주말 밤이 되면 입구 앞에 번쩍이는 차들과 많은 사람들로 인산인해를 이루고, 세계적인 클럽을 거론할 때 늘 빠지지 않는 곳이다. 규모가 워낙 커서 총 5개의 구역으로 나누어 운영하고 있으며, 조명이나 인테리어도 웅장한 편이다. 가볍게 한잔하며 우아한 시간을 보낼 수 있는 와인 바, 뜨거운 주말 밤을 위한 벨벳 언더그라운드, 힙합과 R&B 음악이 주로 나오는 퓨처 등이 인기다. 클라크 키 역에서 택시로 10분 거리(요금 S$8~9).

**MAP** p.8-A  **찾아가기** MRT 서머싯(Somerset) 역 A번 출구에서 Killiney Rd. 따라 도보 20분  **주소** 17 Jiak Kim St.  **전화** 6738-2988  **영업** 수요일 22:00~03:00, 목요일 22:00~02:00, 금요일 22:00~04:00, 토요일 22:00~03:45  **휴무** 일~화요일  **예산** 남성 S$33, 여성 S$28(이벤트나 DJ에 따라 다름)  **홈페이지** www.zoukclub.com

> **MORE** 해변에서 즐기는 뮤직 페스티벌, 주크 아웃 Zouk Out
>
> 주크 아웃은 주크가 지난 2000년부터 개최해온 야외 댄스 뮤직 페스티벌이다. 센토사 섬의 실로소 비치(Siloso Beach)가 주 무대로 일렉트로닉, 트렌스, 하우스, 테크노, 힙합, 팝 등 다양한 종류의 음악을 선보인다. 세계적인 DJ들의 참여로 해가 갈수록 해외 클럽 마니아들의 방문이 찾아지고 있으며, 해외원정 축제도 기획하고 있다.

## 오르고 Orgo

**믹솔로지스트의 참신한 칵테일을 만나는 루프톱 바**

에스플러네이드 옥상에 자리한 바. 에스플러네이드가 주변 건물에 비해 낮다고 해서 루프 테라스가 별로일 거라는 짐작은 관두자. 에스플러네이드의 오돌토돌한 외관을 가장 가까이에서 볼 수 있는 것은 물론 마리나 베이와 마리나 베이 샌즈 호텔 전경이 파노라마로 펼쳐지는 최적의 위치에 있다. 오르고의 가장 큰 매력 중 하나는 노천 바임에도 불구하고 비가 내릴 때를 대비해 룸이 준비되어 있다는 점이다. 사방이 유리로 되어 있기 때문에 비가 오더라도 전망을 감상하는 데에는 문제가 없다. 믹솔로지스트가 천연 재료를 사용해 만든 칵테일을 마시며 야경을 구경하기에 좋다.

**MAP** p.7-G **주소** #04-01, 1 Esplande Dr. **전화** 6336-9366
**영업** 18:00~01:00, 목·금요일 18:00~02:00, 해피 아워 18:00~20:00 **예산** S$20~40 **홈페이지** www.orgo.sg

## 랜턴 Lantern

**싱가포르에서 손꼽히는 유명 루프톱 바**

풀러턴 호텔의 별관인 풀러턴 베이 호텔 옥상에 자리하고 있다. 다른 곳에 비해 조용하고 여유로운 분위기의 루프톱 바로, 마리나 베이 샌즈의 전경이 펼쳐져 조망이 탁월하다. 와인과 수십 가지의 칵테일 외에 식사 메뉴도 준비되어 있다. 간단하게 야경을 즐기며 시간을 보낼 생각이라면 랜턴에서만 맛볼 수 있는 시그니처 칵테일을 주문해 보자.

**MAP** p.8-B **주소** The Fullerton Bay Hotel, 80 Collyer Quay **전화** 6597-5299
**영업** 08:00~01:00, 금·토요일·공휴일 08:00~ 02:00 **예산** S$15~25

## 좁은 골목길을 따라 늘어선 보석 같은 맛집
# 퍼비스 스트리트 Purvis St.

싱가포르의 미식이 쇼핑몰 혹은 호텔에만 몰려 있다는 생각은 버려야 한다. 규모가 크지 않지만 보석 같은 레스토랑이 퍼비스 스트리트의 좁은 골목길을 따라 오밀조밀 몰려 있다. 카페부터 파인 다이닝까지 선택의 폭도 무척 넓다.

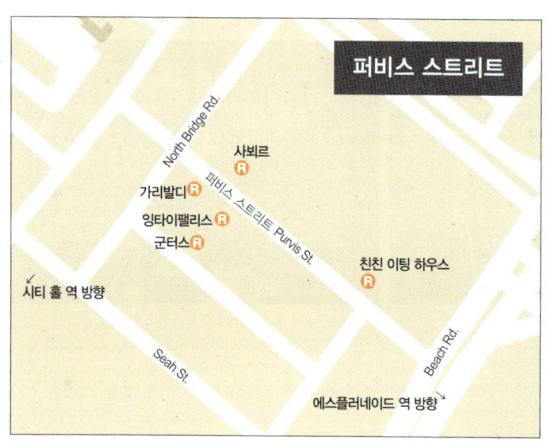

## 가리발디
### Garibaldi

**와인이 무한 제공되는 주말 브런치**

퍼비스 스트리트에서 이탤리언 파인 다이닝을 즐길 수 있는 곳으로 싱가포르의 베스트 레스토랑을 꼽을 때 심심치 않게 등장한다. 파인 다이닝 레스토랑답게 가격은 꽤 비싼 편이다. 좀 더 합리적인 가격으로 즐기고 싶다면 3가지 코스로 구성된 평일 런치 세트나 음료 또는 와인 등이 무한 제공되는 주말 브런치 타임을 이용해 보자.

MAP p.7 ❶ 찾아가기 MRT 에스플러네이드(Esplanade) 역 F번 출구에서 Beach Rd.와 Purvis St. 따라 도보 4분 주소 #01-02, 36 Purvis St. 전화 6837-1468 영업 12:00~14:30, 18:30~20:30 예산 런치 세트 약 S$40, 주말 브런치 S$98~188 홈페이지 www.garibaldi.com.sg

## 군터스
### Gunther's

**문턱이 낮은 미슐랭 레스토랑**

편안한 느낌의 프렌치 요리를 선보이므로 프랑스 요리 경험이 없는 이들에게 특히 추천한다. 다른 프렌치 다이닝에 비해 덜 부담스럽게 이용할 수 있으며, 2가지 코스 요리와 디저트로 구성된 런치 세트는 좀 더 저렴하게 맛볼 수 있다.

**MAP** p.7-C  **찾아가기** MRT 에스플래네이드(Esplanade) 역 F번 출구에서 Beach Rd.와 Purvis St. 따라 도보 4분  **주소** #01-03, 36 Purvis St.  **전화** 6338-8955  **영업** 12:00~14:30, 18:30~22:00, 토요일 18:30~22:00  **휴무** 일요일  **예산** 세트 메뉴 S$40  **홈페이지** www.gunthers.com.sg

## 잉타이 팰리스
### Yhingthai Palace

**현지인들이 사랑하는 태국 레스토랑**

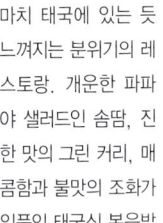

마치 태국에 있는 듯 느껴지는 분위기의 레스토랑. 개운한 파파야 샐러드인 솜땀, 진한 맛의 그린 커리, 매콤함과 불맛의 조화가 일품인 태국식 볶음밥 카오팟 프라 파오가 특히 맛있다. 식사 후에는 찹쌀과 코코넛 밀크가 함께 나오는 두리안 디저트를 추천한다.

**MAP** p.7-C  **찾아가기** MRT 에스플래네이드(Esplanade) 역 F번 출구에서 Beach Rd.와 Purvis St. 따라 도보 4분  **주소** #01-04, 36 Purvis St.  **전화** 6337-1161  **영업** 11:30~14:00, 18:00~22:00  **예산** S$15~20  **홈페이지** www.yhingthai.com.sg

## 사뵈르
### Saveur

**착한 가격의 캐주얼 프렌치 레스토랑**

프렌치 레스토랑은 최근에는 일요일 브런치 뷔페를 선보이고 있다. 건새우가 올라간 짭조름한 칠리 오일의 사뵈르 파스타, 잘 구운 오리 다리가 매시드 포테이토와 함께 나오는 덕 콩피가 대표 메뉴다.

**MAP** p.7-C  **찾아가기** MRT 에스플래네이드(Esplanade) 역 F번 출구에서 Beach Rd.와 Purvis St. 따라 도보 5분  **주소** #01-04, 5 Purvis St.  **전화** 6333-3121  **영업** 12:00~22:00  **예산** 런치 스페셜 S$19, 디너코스 S$29.90  **홈페이지** www.saveur.sg

## 친친 이팅 하우스
### Chin Chin Eating House

**푸짐하고 저렴한 로컬 음식점**

현지인들이 주로 찾는 허름한 로컬 식당이다. 분위기와 서비스 모두 기대에 못 미치겠지만 맛과 양, 가격만큼은 매우 만족스러운 곳이다. 해산물 볶음밥과 치킨라이스 등이 괜찮다.

**MAP** p.7-C  **찾아가기** MRT 에스플러네이드(Esplanade) 역 F번 출구에서 Beach Rd.와 Purvis St. 따라 도보 4분  **주소** #01-01, 19 Purvis St.  **전화** 6337-4640  **영업** 11:00~21:00  **예산** S$10~15

# SHOPPING

## 래플스 시티 쇼핑센터
### Raffles City Shopping Centre

**식료품 쇼핑이 하이라이트**

MRT 시티 홀 역, 스위소텔 더 스탬퍼드 호텔과 연결되는 쇼핑몰이다. 20~30대 초반을 겨냥한 브랜드 리스트도 충실하지만 래플스 시티 쇼핑센터의 하이라이트는 뭐니 뭐니 해도 지하 푸드코트와 슈퍼마켓이다. 여행할 때 그 나라의 슈퍼마켓 구경하는 것을 좋아한다면 적극 추천한다. 유명 체인 레스토랑과 디저트 카페는 물론 세계 각국에서 온 식료품들을 만날 수 있다. 드러그스토어와 인테리어 소품 전문점도 들어서 있어 지인들의 선물을 구입하기에도 좋다.

**MAP** p.6-B **찾아가기** MRT 시티 홀(City Hall) 역 A번 출구에서 바로 연결
**주소** 252 North Bridge Rd. **전화** 6318-0238 **영업** 10:00~22:00 **홈페이지** www.rafflescity.com.sg

## 밀레니아 워크 Millenia Walk

**유니크한 작은 상점들이 모여 있는 몰**

싱가포르 대형 쇼핑몰과 비교하자면 규모 면에서는 시시하게 느껴질 수 있다. 하지만 유니크하고 개성 있는 숍들이 오밀조밀 모여 있어 새로운 브랜드나 디자인 제품을 구입하려는 이들에게는 매우 만족스러운 곳이다. 근사한 빈티지 의류 아이템을 쏙쏙 골라 놓은 데자뷔 빈티지(Déjà Vu Vintage), 감성 라이프 스타일 숍을 표방하는 리던던트 숍(The Redundant Shop), 홋카이도에서 온 빵집 풀먼 베이커리(Pullman Bakery), 한국인이 좋아하는 분식을 판매하는 하우스 오브 김밥(House of Gimbap) 등 실속 있는 숍과 먹을거리들이 모여 있다.

**MAP** p.7-C **찾아가기** MRT 프롬나드(Promenade) 역 A번 출구에서 Temasek Ave.와 Raffles Blvd. 따라 도보 5분
**주소** 9 Raffles Blvd. **전화** 6883-1122 **영업** 10:00~22:00
**홈페이지** www.milleniawalk.com

## 선텍 시티 몰 Suntec City Mall

**로컬 패션 잡화가 주를 이루는 대규모 쇼핑몰**

5개 빌딩에 걸쳐 있는 대규모 쇼핑몰로, 넓이가 무려 축구장 7배에 달한다고 하니 싱가포르에서 가장 규모가 큰 쇼핑몰로 꼽힐 만하다. 300여 개의 숍과 100여 개의 레스토랑이 L자 구조를 따라 입점해 있다. 아시아 로컬 패션 잡화와 중저가 브랜드 위주로 입점해 있으며, 특히 대규모 드러그스토어 가디언과 가족 단위 방문객들에게 사랑을 받고 있는 토이저러스 매장이 인기다. 몰 중앙에 있는 거대한 '부의 분수'는 기념사진을 찍기에 좋으니 놓치지 말 것. 덕 투어(p.157) 안내 데스크가 이곳에 있다.

**MAP** p.7-D **찾아가기** MRT 에스플러네이드(Esplanade) 역 A번 출구에서 바로 연결 **주소** 3 Temasek Blvd. **전화** 6266-1502
**영업** 10:00~22:00 **홈페이지** www.sunteccity.com.sg

**선텍 시티 몰 중앙에 있는 부의 분수 Fountain of Wealth**

선텍 시티 몰은 이른바 풍수지리에 입각해 세워졌는데, 몰을 구성하는 5개 빌딩은 손가락을 나타내며 손바닥에 해당하는 구역에 거대한 부의 분수가 있다. 지름 66m나 되는 링 모양의 구조물에서 13.8m 아래로 폭포처럼 물이 쏟아지는 모습이 꽤 인상적이다. 부의 분수를 중심으로 지하에는 식당들이 늘어서 있다.

## 클라크 키 센트럴 Clarke Quay Central

### 클라크 키에 갈 때 들르기 좋은 몰

싱가포르 강변에 위치한 쇼핑몰로, 150여 개의 상점이 들어서 있다. 로컬 브랜드와 빈티지 숍, 컨템퍼러리 아이템까지 두루 갖춘 스카이룸(SKYroom)이 볼만하다. 클라크 키에서 마땅한 레스토랑을 발견하지 못했을 때 찾아도 좋겠다. 25곳의 레스토랑이 있는데 해산물 뷔페, 샤부샤부, 로컬 음식 등 종류가 다양하다.

**MAP** p.8-B **찾아가기** MRT 클라크 키(Clarke Quay) 역 B·E·F번 출구에서 바로 연결 **주소** 6 Eu Tong Sen St. **전화** 6532-9922
**영업** 숍 11:00~22:00, 레스토랑 11:00~23:00
**홈페이지** www.clarkequaycentral.com.sg

## 마리나 스퀘어 Marina Square

### 최고의 접근성을 자랑하는 대형 쇼핑몰

마리나 베이의 주요 호텔과 쇼핑센터를 모두 연결하고 있는 큰 규모의 쇼핑몰로, 일부러 찾아가지 않아도 한 번쯤은 들르게 되는 곳이다. MRT 에스플러네이드 역과도 이어져 있으며 그 연결 구간에는 마리나 링크 몰이 입점해 있다. 무지, 자라, 찰스앤키스, 마시모 두티 등 300여 곳의 상점이 입점해 있다.

**MAP** p.9-C **찾아가기** MRT 에스플러네이드(Esplanade) 역 B번 출구에서 바로 연결 / MRT 시티 홀(City Hall) 역 A번 출구에서 시티 링크 몰을 통해 도보 15분 **주소** 6 Raffles Blvd.
**전화** 6339-8787 **영업** 10:00~22:00
**홈페이지** www.marinasquare.com.sg

### 갤러리 푸드코트 The Gallerie Food Court

마리나 스퀘어에서 간단하게 식사를 할 계획이라면 4층의 푸드코트를 이용하자. 보통의 푸드코트보다 깔끔하고, 인테리어에 신경 쓴 흔적이 역력하다. 현지 음식과 중식, 인도식, 일식, 한식 등 아시아 음식 위주로 구성된 것이 특징이다.

# 싱가포르 투어 프로그램

시간적 여유가 없거나 아이를 동반해 대중교통을 이용하기가 힘들다면 싱가포르 주요 명소를 한 번에 둘러볼 수 있는 현지 투어 프로그램을 이용해 보자. 관광지를 일일이 찾아다니는 번거로움과 시간을 절약할 수 있는 것은 물론 특별한 추억을 만들 수 있을 것이다.

## 리버 크루즈
### River Cruise

클라크 키에 갔다면 싱가포르 강을 오가는 크루즈를 경험해 보자. 싱가포르 리버 크루즈와 리버 익스플로러 싱가포르 2곳에서 운영하고 있는데 노선은 거의 동일하지만 승선장이 다르다. 가격이 저렴한 편이고, 홍등이 달린 운치 있는 배 안에서 싱가포르 풍경을 편안하게 감상할 수 있어 여행자뿐 아니라 싱가포르 커플들의 데이트 코스로도 인기다. 언제 타도 좋지만, 싱가포르의 로맨틱한 야경을 감상할 수 있는 밤 시간을 추천한다. 두 회사 모두 크루즈 프로그램과 택시 프로그램을 운영한다. 크루즈 프로그램은 싱가포르 강을 따라 유람하는 것이고, 택시 프로그램은 각 보트 정거장에서 타고 내리는 교통수단의 성격을 띠고 있다. 크루즈 프로그램은 대략 40분 정도 소요된다.

**싱가포르 리버 크루즈** Singapore River Cruise
**전화** 6336-6111 **운행** 09:00~23:00 **요금** 크루즈 S$25 **홈페이지** www.rivercruise.com.sg

**리버 익스플로러 싱가포르** River Explorer Singapore
**전화** 6339-6833 **운행** 09:00~23:00 **요금** 크루즈 S$25 **홈페이지** www.riverexplorer.sg

## 버스 투어
### Bus Tour

보는 것만으로도 설레는 빨간색 2층 버스를 타고 싱가포르 주요 명소를 둘러볼 수 있다. 천장이 없는 2층 좌석에 앉으면 걸어 다닐 때와는 전혀 다른 시선으로 싱가포르를 들여다볼 수 있다. 게다가 싱가포르의 필수 관광지와 몰 위주로 정차하므로 시간은 없지만 싱가포르 주요 명소를 다 둘러보고 싶은 여행자, 혹은 시간 여유가 없는 스톱오버 여행자들에게 매우 유용한 프로그램이다. 티켓을 구입하면 하루 동안 원하는 곳에서 타고 내리는 것이 가능하며, 버스 배차 간격도 20분 정도로 짧은 편이다.
**운행** 09:30~22:30 **요금** S$39
**홈페이지** www.ducktours.com.sg/hippo.php

## 덕 투어
### Duck Tour

제2차 세계대전 때 사용했던 수륙 양용 자동차를 개조해 오리를 형상화한 것으로, 만화에서나 볼 법한 자동차를 타는 것만으로 흥미롭다. 선텍 시티 몰에서 출발하여 싱가포르 강으로 이동한 다음 강을 따라 싱가포르 주요 명소를 관람하며 1시간 동안 투어가 이어진다. 사실 투어의 실속 면에서는 어디서든 타고 내리는 것이 가능한 리버 크루즈와 버스 투어가 더 낫지만 독특한 탈 것을 좋아하는 사람에게는 특별한 경험이 될 것이다. 가이드가 동행하며, 자리마다 안내 방송이 나오니 이어폰을 챙겨 가면 좋다. 홈페이지나 선텍 시티 몰 내에 있는 덕 투어 안내소에서 예매할 수 있다.
**운행** 10:00~18:00 **요금** S$43
**홈페이지** www.DUCKTOURS.com.sg/duck.php

# 오차드 로드
## Orchard Road

싱가포르 여행의 주된 목적이 쇼핑이라면 오차드 로드는 가장 먼저, 그리고 몇 번씩 들르게 되는 곳이다. 체계화된 몰로 구성된 건물이 대부분이라 한낮에도 더위를 피해 쇼핑을 즐기기 좋고, 쇼핑과 찰떡궁합인 레스토랑과 카페 등의 리스트 업도 훌륭하다. 최근 가격 경쟁력이 약해져 쇼핑의 매력이 덜하다고 하지만 세일 기간을 노린다면 여전히 가격적인 매력은 유효하다. 그리고 사실 싱가포르 쇼핑의 가장 큰 미덕은 우리나라에서 접할 수 없는 브랜드와 아이템들이 총망라된 패션 브랜드계의 코스모폴리탄이라는 점이다. 그동안 모니터 앞에서 침침한 눈을 비벼 가며 광클릭을 해온 해외 직구 구매자들과 유럽과 미국 등을 여행하며 알게 된 브랜드가 한국에 들어오기만을 오매불망 기다리는 패셔니스타들에게 오차드 로드는 무척 만족스러운 지역이다. 남성과 아이들을 위한 아이템 구성도 충실하니 그야말로 남녀노소 누구에게나 사랑받는 곳이다.

# 오차드 로드 한눈에 보기

지도 위에 MRT 역 출구와 연결되는 주요 랜드마크를 표시해 찾아가고자 하는 목적지를 빠르게 확인할 수 있다.

## KNOWHOW

### 관광의 기술
쇼핑만으로는 2% 부족하다면 오차드 로드를 돌아보기 전에 이곳에서 5km 거리에 있는 싱가포르 식물원에 들른다. 단, 쇼핑을 위한 체력을 비축해 둬야 하므로 택시로 이동할 것을 고려해 보자.

### 쇼핑의 기술
겉으로는 비슷비슷해 보이지만 각 몰마다 추구하는 콘셉트가 있다. 개인의 취향에 맞는 몰을 몇 개 고른 후 집중적으로 둘러보는 것이 가장 효과적이다.

### 미식의 기술
쇼핑몰에는 싱가포르에서 내로라하는 레스토랑들이 입점해 있어 쇼핑과 미식을 한 번에 즐길 수 있다. 쇼핑 후 분위기 좋은 곳에서 여유롭게 식사를 하고 싶다면 오차드 로드에서 조금 떨어진 뎀시 힐(p.210)과 홀랜드 빌리지(p.206), 로체스터 파크(p.214)를 추천한다.

### MRT 오차드 역
**MRT Orchard**

**A번 출구** : 파라곤, DFS 갤러리아 스코츠워크, 탕스, 럭키 플라자
**C번 출구** : 만다린 갤러리
**E번 출구** : 아이온 오차드, 니안 시티, 포럼 더 쇼핑몰, 위스마 아트리아, 탕린 몰, 쇼 하우스, 힐록 플레이스, 리앗 타워스

S 포럼 더 쇼핑몰
H 그랜드

← 싱가포르 식물원, 뎀시 힐, 홀랜드 빌리지, 로체스터 파크 방향

오차드 역 Orchard

### MRT 서머싯 역
**Somerset**

B번 출구 : 오차드 센트럴, 프라나칸 플레이스, 에메랄드 힐, 313 앳 서머셋, 히렌 숍스, 싱가포르 비지터 센터

### MRT 도비 고트 역
**Dhoby Ghaut**

A번 출구 : 캐세이
C번 출구 : 대통령 관저와 이스타나 파크
D번 출구 : 플라자 싱가푸라

**BEST COURSE**

## 20~30대에 특화된
## 쇼핑 코스

**10:00**
MRT 버태닉 가든스 역
A번 출구에서 도보 1분

버태닉 가든스 역
Botanic Gardens

**10:10**
열대나무 숲속에서
힐링 타임 p.190
택시 5분(체력 안배를 위해
택시 이용)

① 싱가포르 식물원

싱가포르 식물원

**15:30**
오차드 로드의 랜드마크
아이온 오차드
구석구석 구경하기 p.166
도보 6분

아이온 오차드  ⑤  오차드 역
Orchard

니안 시티

**14:00**
오랫동안 현지인들의 사랑을
받고 있는 니안 시티에서의
알짜배기 쇼핑 타임 p.172
도보 5분

만다린 갤러리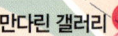

만다린 갤러리

**12:00**
세련된 브랜드가 가득한
만다린 갤러리에서
라이프스타일
업그레이드하기 p.176
만다린 갤러리 내 이동

파라곤

에메랄드 힐

**17:00**
쾌적한 공간에서
여유로운 쇼핑 즐기기
**p.180**
도보 1분

**9** 에메랄드 힐

**18:00**
아베크롬비 & 피치
플래그십 스토어에서
신상 확인하기 **p.202**
도보 7분

**20:00**
운치 있는 저녁 시간
보내며 하루 마무리
하기 **p.192**

**7** 아베크롬비 & 피치

오차드 로드 Orchard Rd.

**3** 와일드 허니

**19:00**
합리적인 브랜드와 로컬 브랜드
한눈에 살펴보기 **p.184**
도보 3분

**8** 오차드 센트럴

서머싯 역
Somerset

**13:00**
눈과 입이 호강하는 건강한
브런치 즐기기 **p.179**
도보 4분

도비 고트 역
Dhoby Ghaut

오차드 센트럴

**BEST COURSE**

# 우리 가족 모두 즐거운
# 쇼핑 코스

포럼 더 쇼핑몰

**16:30**
키즈 브랜드와 다양한 부대시설이 한 곳에 있는 포럼 더 쇼핑몰에서 멋쟁이 가족으로 변신한 후 식사하기 **p.187**
도보 6분

포럼 더 쇼핑몰

탕린 몰 ⑦

**20:00**
싱가포르 엄마들이 애정하는 몰에서 마지막 쇼핑 즐기기 **p.203**

오차드 역
Orchard
아이온 스카이 ⑤

**15:00**
싱가포르 시내가 발밑에! 아이온 스카이에서 오차드 로드 조망하기 **p.167**
도보 11분

탕린 몰

이스타나 파크

파라곤

프라나칸 플레이스

**14:00**
파라곤에서 우리나라에서
구하기 힘든 식료품
구입하기 **p.180**
도보 6분

**11:30**
예쁜 프라나칸식 건물
앞에서 이국적인
기념사진 촬영하기 **p.191**
도보 4분

❹ 파라곤

❸ 채터박스

오차드 로드 Orchard Rd.

❷ 프라나칸 플레이스

**10:10**
대통령 관저 앞 정원에서
왕가의 산책 즐기기 **p.191**
도보 18분 또는 택시 8분

**12:30**
깔끔하고 쾌적한
공간에서
로컬식으로 점심
해결하기 **p.179**
도보 3분

서머싯 역
Somerset

❶ 이스타나 파크

**10:00**
MRT 도비 고트 역
C번 출구에서 도보 1분

도비 고트 역
Dhoby Ghaut

오차드 로드 **165**

# 아이온 오차드
## ION Orchard

**MAP** p.10-F
**찾아가기** MRT 오차드(Orchard) 역 E번 출구에서 바로 연결
**주소** 2 Orchard Turn
**전화** 6238-8228
**영업** 10:00~22:00
**홈페이지** www.ionorchard.com

오페라 갤러리 p.167
펜할리곤스 p.168
사만다 타바사 p.169
세포라 p.169
다이소 p.169
콴첸 p.170
코스 p.170
브레드 소사이어티 p.171

### 오차드 로드의 랜드마크 쇼핑몰

만약 오차드 로드에서 딱 한 곳의 쇼핑몰밖에 갈 수 없는 상황이라면 아이온 오차드에 가야 한다. 물결치는 듯한 곡선의 외관이 멀리서도 눈에 띄는 이곳은 문을 열자마자 오차드 로드의 랜드마크이자 잇 플레이스로 급부상했다. 총 8개 층에 싱가포르에서 가장 잘나가는 330여 곳의 유명 브랜드숍과 인기 레스토랑, 갤러리, 스카이 바 등이 들어서 있다. 상당수의 브랜드들이 싱가포르에 진출할 때 가장 먼저 매장을 오픈하는 곳으로 아이온 오차드를 선호한다. 그만큼 이곳은 쇼핑 명소인 오차드 로드에서도 상징적인 존재라 할 수 있다. 오차드 역과 바로 연결되는 편리한 접근성도 인기 요인 중 하나다. 이름만 들으면 누구나 알 만한 명품 브랜드는 물론이고 세계 각국의 트렌디한 브랜드들이 입점해 있다.

## 오페라 갤러리
### Opera Gallery

**쇼핑 중에 만나는 세계 유명 화가의 작품들**

아이온 오차드에서는 쇼핑만 두둑하게 챙길 수 있는 것이 아니다. 4층에 자리한 오페라 갤러리에 가면 촉촉한 감성까지 가득 채울 수 있다. 오페라 갤러리에는 샤갈과 미로 등 미술에 관해 잘 모르더라도 한 번쯤은 들어 봤을 세계적인 화가들의 미술품 100여 점이 전시되어 있다. 친근한 전시 방법과 작품 때문에 미술에 별다른 지식이 없는 이들에게도 흥미롭게 다가온다. 오페라 갤러리는 세계 50대 화상인 질 디앙에 의해 1994년 싱가포르에 처음 오픈했고 서울, 런던, 파리, 뉴욕, 홍콩 등에 차례로 개관했다. 무료로 입장이 가능하다.

**주소** #04-15
**전화** 6735-2618
**영업** 11:00~20:00, 토·일요일 10:00~20:00
**홈페이지** www.operagallery.com

### MORE
### 휘황찬란한 오차드 로드가 내 발밑에!
### 아이온 스카이 Ion Sky

쇼핑 후 해 질 무렵이라면 56층의 아이온 스카이로 올라가자. 통유리 창 너머로 오차드 로드뿐 아니라 싱가포르의 야경을 360도 파노라마로 감상할 수 있다. 조명이 더해진 휘황찬란한 오차드 로드가 발밑에 펼쳐지는 기분이 매우 짜릿하다. 한 번에 100명씩만 올라갈 수 있으며, 라운지 바인 스카이 바와 레스토랑인 솔트 그릴이 있다.

**주소** #56 **전화** 6835-8750 **영업** 10:00~22:00 **요금** 무료

## 펜할리곤스
### Penhaligon's

**나만의 향을 찾아보자**

런던에서 온 니치 퍼퓸 브랜드. 최근에는 대량 생산되는 일반 브랜드 향수보다 '아는 사람은 아는 유니크한 향수가 각광받는 추세여서 더욱 눈길이 간다. 게다가 앤티크한 매장 분위기까지 매력적이니 여성이라면 쉽게 지나치기 힘든 곳이다. 금보다 비싸다는 재스민 등 꽃을 특유의 블렌딩으로 완성시킨, 작품과도 같은 향기를 맡다 보면 보통 50ml당 S$200라는 다소 비싼 가격에도 불구하고 소비 욕구가 마구 샘솟는다. 영국 왕실로부터 왕실 문장 사용 권한(Royal Warrant)을 부여받은 곳이니 품질은 믿을 수 있겠다.

**주소** #03-16 **전화** 6634-1040
**영업** 10:00~22:00

**니치 퍼퓸 Niche Perfume이란?**

펜할리곤스는 세계 3대 니치 퍼퓸 브랜드 중 하나로 꼽힌다. 니치 퍼퓸은 다수보다는 소수의 고객을 지향하며 조향사의 특징이 고스란히 드러나는 프리미엄 향수다. 최근 우리나라에서도 니치 퍼퓸에 대한 관심이 높아지면서 높은 가격에도 불구하고 찾는 이들이 점점 늘어가고 있다.

## 사만다 타바사
## Samantha Thavasa

### 할리우드 '잇 백'으로 주목받은 소녀 감성 브랜드

할리우드 스타의 '잇 백'으로 주목받으며 이름을 알리기 시작한 일본 브랜드. 리본과 인형, 레이스 등 아기자기한 디테일과 소녀 감성이 드러나는 것이 특징이며 가방과 지갑 등 패션 액세서리가 주를 이룬다. 디테일과 소재가 매우 여성스러우면서도 일본 특유의 유니크함으로 승부한 디자인이 세계적인 인기를 얻고 있다.

**주소** #B1-32
**전화** 6634-2880
**영업** 10:00~22:00

## 세포라
## Sephora

### 뷰티 마니아들의 성지

유명 브랜드의 화장품을 한곳에 모아 놓은 코즈메틱 편집 숍이다. 아직 우리나라에는 들어오지 않은 터라 코즈메틱 마니아들 사이에서는 반드시 들러야 하는 곳으로 통한다. 눈치 보지 않고 마음껏 샘플을 이용할 수 있어 여성들에게는 놀이터나 다름없다. 다카시마야 백화점(p.173)에도 있지만 규모는 이곳이 더 크다.

**주소** #B2-09
**전화** 6341-9017
**영업** 10:00~22:00

## 다이소
## DAISO

### '천 원 숍'의 놀라운 진화

우리에게 '천 원 숍' 정도로만 여겨지는 다이소가 아이온 오차드와 만나 이렇게 달라질 수 있다니 놀라울 따름이다. '천 원 숍'이라는 콘셉트의 다이소는 우리나라에서도 쉽게 찾아볼 수 있지만 아이온 오차드의 다이소는 분위기와 제품이 확연히 다르다. S$2 정도에 톡톡 튀는 아이디어 상품을 만날 수 있

으며 세련된 디스플레이와 인테리어 역시 흥미로워 구경하는 재미가 있다.

**주소** #B4-47
**전화** 6634-7801
**영업** 10:00~22:00

## 콴펜
### KWANPEN

**에르메스와 어깨를 나란히 하는 세계적인 로컬 악어 백 브랜드**

특유의 패턴과 광택으로 무장한 악어 백은 언제나 여성들의 로망 아이템으로 꼽힌다. 콴펜은 악어 백으로 명망 높은 싱가포르 로컬 브랜드로, 세계적인 브랜드 '에르메스와 어깨를 나란히 한다. 콴펜은 악어가죽 중에서도 가장 아름답다는 바다악어의 가죽을 이용해 장인이 손수 만든 가방이 특히 유명하다. 80년 넘는 세월 동안 가죽 구입부터 애프터서비스까지 모두 직접 관리해 온 것이 특징이다. 그러다 보니 가격대는 입이 떡 벌어질 수준. 가죽의 질감은 그대로 살리되 감각적인 디자인을 가미한 콴펜의 제품은 보는 것만으로도 눈이 호강하는 기분을 느낄 수 있다. 반지갑이나 명함 지갑, 키홀더 등은 그나마 저렴하게 구입할 수 있으니 악어가죽 액세서리를 장만하려 했다면 이번 기회를 노려 보는 것도 괜찮겠다.

**주소** #03-17
**전화** 6238-0223
**영업** 10:00~22:00

## 코스
### COS

**패션 피플들이 열광하는 H&M의 프리미엄 브랜드**

스웨덴 태생의 H&M에서 야심차게 선보이는 프리미엄 브랜드로, 컬렉션 오브 스타일(Collection of Style)의 약자다. 2007년 런던에 첫 플래그십 스토어를 오픈했다. 이후 독일, 이탈리아, 홍콩 등 유럽과 아시아에 진출하면서 패션 리더들에게 큰 사랑을 받았다. H&M에 비해 가격은 2배 정도 비싸지만 품질 수준을 상당히 높였고, 요즘 대세인 시크하고 미니멀한 디자인을 주로 선보이는 것이 특징이다. 싱가포르의 코스는 우리나라보다 빨리 진출한 덕에 좀 더 안정적인 쇼핑 시스템을 갖추고 있으며, 우리나라에는 입고가 안 된 제품들도 만날 수 있다.

**주소** #03-23/23A
**전화** 6238-8933
**영업** 10:30~22:00

### 브레드 소사이어티
**Bread Society**

#### 리얼 재패니즈 베이커리

싱가포르 국민 빵집으로 통하는 브레드 토크에서 운영하는 프리미엄 베이커리. 일본인 셰프 아츠시 무라타의 진두지휘 하에 제대로 된 일본식 베이커리를 맛볼 수 있어 빵 마니아들에게는 매우 반가운 곳이다. 그리 크지 않은 매장 내의 쇼케이스에는 빵들이 고르게 진열되어 있는데, 가장 먼저 맛봐야 할 것은 단연 대니시 페이스트리다. 버터 향이 풍부한 페이스트리 위에 딸기와 블루베리 등의 생과일을 올린 것으로, 한 입 베어 물면 왜 인기 메뉴인지 단박에 이해가 된다. 무엇보다 입안을 텁텁하게 하지 않는 달콤한 맛이 이곳 대니시 페이스트리의 가장 큰 장점. 역 출구와 가까워 바쁜 싱가포르 직장인들 아침 식사를 책임지고 있다.

**주소** #B4-08/09
**전화** 6509-4434
**영업** 09:00~22:00, 금·토요일 09:00~22:30
**예산** S$3.5
**홈페이지** www.breadsociety.com.sg

## 니안 시티
### Ngee Ann City

**투박한 외관에 감춰진 내공 있는 라인업**

화강암과 대리석으로 된 외관은 최근 개장하거나 리노베이션을 마친 쇼핑몰에 비해 다소 따분해 보여 지나치기 쉽다. 하지만 니안 시티는 실제 구매력이 있는 30~40대 쇼핑객들에게 꾸준하게 사랑받고 있는 알짜배기 쇼핑몰이다. 무엇보다 몰 안을 채우고 있는 매장들의 면면이 무척 화려하다. 오차드 로드에서 유일한 샤넬, 유니크한 슈즈와 액세서리로 가득한 크리스찬 루부탱, 영국 로열 패밀리이자 패셔니스타인 케이트 미들턴이 즐겨 신는 스튜어트 와이츠먼 등 하이 브랜드 매장이 입점해 있는 것은 물론, 일본 대형 백화점 다카시마야와 동남아시아 최대 규모 서점 중 하나인 기노쿠니야가 들어서 있는 등 구성도 훌륭하다. 두 동으로 이뤄진 몰은 꽤 큰 규모인데, 1993년 오픈 당시 동남아시아에서 가장 큰 쇼핑몰로 이슈가 되기도 했다.

- **MAP** p.11-G
- **찾아가기** MRT 오차드(Orchard) 역 E번 출구에서 도보 3분
- **주소** 391 Orchard Rd.
- **전화** 6506-0460
- **영업** 10:00~21:30
- **홈페이지** www.ngeeanncity.com.sg

- 다카시마야 p.173
- 라뒤레 p.173
- 상하이 탕 p.174
- 온 페더 p.174
- 페더 레드 p.174
- 돈카치 p.175
- 폴 p.175

## 다카시마야
## Takashimaya

**섬세한 서비스가 돋보이는 오사카 출신의 대형 백화점**

일본 오사카에 본사를 둔 백화점 체인이다. 일본 내에서도 하이엔드 쇼핑의 진수를 경험할 수 있다는 도쿄의 긴자에서도 최고급 백화점으로 손꼽힐 정도니 수준을 짐작할 만하다. 특히 고객의 요구 사항을 파악하는 능력이 뛰어난 다카시마야는 일본 특유의 섬세한 서비스와 품질을 제공하여 싱가포르 쇼퍼들의 마음을 사로잡고 있다. 더불어 세계적인 유명 브랜드가 입점해 있으니 구석구석 둘러보려면 꽤 많은 시간이 필요할 것이다. 그중에서 특히 눈길을 끄는 건 일본 유명 과자점들이다. 싱가포르에서만 구입할 수 있는 스페셜 에디션 패키지는 선물용으로 좋다. 식품관 주변에는 홍차 숍들이 즐비해 홍차 마니아들 사이에서는 반드시 들러야 할 필수 코스로 꼽힌다.

**주소** Tower A, Takashimaya
**전화** 6506-0458
**영업** 10:00~21:30
**홈페이지** www.takashimaya.com.sg

## 라뒤레
## Ladurée

**프랑스에서 온 사랑스러운 마카롱 숍**

마카롱에 대해 '도대체 그 비싼 가격을 주고 왜 사 먹는지 모르겠다'고 투덜거리는 이가 있다면 반드시 데려가야 할 곳이다. 라뒤레는 피에르 에르메와 더불어 알 만한 사람은 다 아는 프랑스 제일의 마카롱 브랜드다. 매끈한 코크 아래 설탕의 단맛이 아닌 레몬과 산딸기 등 천연 재료를 아낌없이 사용해 만든 샌딩 크림의 맛이 진하고 달콤하게 느껴진다. 피에르 에르메가 부드러운 식감으로 승부를 건다면, 라뒤레는 바삭함과 쫀득한 식감의 조화를 자랑한다. 마카롱뿐 아니라 초콜릿, 잼, 홍차, 향초와 키링 등 라뒤레의 정체성을 한껏 품은 사랑스러운 아이템 덕에 이곳에 오면 언제나 눈이 호강한다. 은은한 민트 컬러의 시그니처 포장 박스 외에도 예쁘고 앙증맞은 패키지들이 가득해 지인들의 선물용으로 구입하기에도 좋다. 쇼핑을 즐기다가 기분전환 겸 방문해보자.

**주소** #02-09
**전화** 6884-7361
**영업** 10:00~21:30

## 상하이 탕
## Shanghai Tang

**탕웨이도 즐겨 입는 의류 브랜드**

영화에서 배우 장만위와 탕웨이가 입고 나오면서 유명해진 중국의 명품 브랜드. 영화 속에 종종 등장하는 치파오와 일상에서 입을 수 있는 캐시미어 아이템이 유명하며, 앤티크하고 동양적인 컬러가 뚜렷한 편이다. 의류 외에 강렬한 컬러와 절제된 디자인이 인상적인 소품과 액세서리도 젊은 층에게 인기 있다. 패키지가 예뻐 선물로 구입하기에도 좋다.

**주소** #03-06/07
**전화** 6737-3537
**영업** 10:00~21:30

## 온 페더
## On Pedder

**'신상'에 민감하다면 이곳을 주목**

신발과 가방, 액세서리를 전문으로 취급하는 플래그십 편집 숍이다. 싱가포르를 찾은 빅토리아 베컴이 방문한 매장으로 이슈가 되기도 했다. 클래식한 브랜드보다는 필립림, 알렉산더 맥퀸, 발렌시아가, 릭 오웬 등 젊은 층에게 어필하는 브랜드의 유니크한 제품들을 모아 두어 평소 '신상'과 '트렌드'를 고집하는 20~30대 쇼핑객들에게 특히 반가운 곳이다.

**주소** #02-12P/Q
**전화** 6835-1307
**영업** 10:00~21:30

## 페더 레드
## Pedder Red

**주소** #03-04
**전화** 6735-5735
**영업** 10:00~21:30

**트렌디하고 합리적인 가격의 신발이 가득**

온 페더에서 운영하는 신발 브랜드다. 온 페더가 고가의 명품을 취급하는 곳이라면, 페더 레드는 그동안의 노하우와 감각을 축약해 완성한 고유 브랜드로 트렌디하면서도 합리적인 가격의 신발을 선보인다. 로컬 브랜드인 찰스앤키스와 종종 비교되는데, 찰스앤키스가 베이식하고 클래식한 디자인을 바탕으로 한다면, 페더 레드는 고유의 유니크한 디테일과 디자인을 가미한 것이 특징이다. 가격대도 10만~20만 원대로 합리적인 편이다.

## 돈키치
## Tonkichi

### 바삭하고 두툼한 일본식 돈가스

두툼한 고기에 튀김옷을 입혀 바삭하게 튀겨 내오는 일본식 돈가스 전문점이다. 돈가스의 양이 적어 보여 실망스럽게 느껴지는데, 고기가 꽤 두툼해서 다 먹고 나면 은근히 배가 부르다. 가격이 높은 편이지만 현지 음식이 지겹게 느껴질 때 찾으면 좋다. 특히 풀풀 날리는 동남아시아 쌀 대신 차진 쌀밥이 그립다면 강력 추천한다. 일본에서 가져온 쌀을 사용하는데, 고슬고슬하게 갓 지은 밥은 그 자체만으로도 고소하고 단맛이 난다. 시그니처 메뉴인 히레 가스 세트와 신선한 흑돼지 고기로 만든 구로부타 가타 로스 세트가 인기다.

**주소** #04-24, Takashimaya
**전화** 6735-7522
**영업** 11:00~15:00, 17:00~22:00, 금~일요일 11:00~22:00
**예산** S$17~30

## 폴
## PAUL

### 120년 전통의 프렌치 베이커리

120년의 오랜 역사를 자랑하는 프랑스의 유명 베이커리 카페로, 유럽에서는 이미 맛으로 정평이 나 있다. 프랑스 정통 빵을 비롯해 파티시에의 세심함이 느껴지는 디저트와 간단한 프렌치 요리를 선보인다. 홀의 규모는 크지 않지만 프랑스 특유의 분위기가 담긴 소품들과 인테리어가 인상적이다. 폴의 마스코트라 할 수 있는 스태프들의 하얀 앞치마와 빵 모자도 눈에 들어온다. 100% 유기농 밀을 사용하고 버터와 소금을 최대한 줄인 건강한 베이커리를 비롯해 신선한 치즈, 프랑스 스타일의 다양한 커피를 만날 수 있다. 우리나라의 여의도에도 매장이 있다.

**주소** #03-16/16A/17
**전화** 6836-1914
**영업** 09:00~21:30, 금·토요일 09:00~22:30
**예산** S$6~20

## 만다린 갤러리
### Mandarin Gallery

**MAP** p.11-G
**찾아가기** MRT 오차드(Orchard) 역 C번 출구에서 도보 7분 / MRT 서머싯(Somerset) 역 B번 출구에서 도보 5분
**주소** 333A Orchard Rd.
**전화** 6831-6363
**영업** 11:00~22:00
**홈페이지** www.mandaringallery.com.sg

한셀 p.177
아토미 p.177
Y-3 p.178
아티스틱 티 라운지 p.178
와일드 허니 p.170
채터박스 p.179

### 젊은 감각의 하이엔드 라이프스타일을 만나다

평소 집안을 꾸미거나 소품 문구류에 관심이 많다면 들려야 할 곳이다. 만다린 갤러리는 오차드 로드에 있는 몰 중에서 가장 확실한 콘셉트를 갖고 문을 연 곳이다. 하이엔드 라이프스타일을 추구하는 20~40대를 타깃으로 한 숍들은 오차드 로드에 신선한 자극을 주기도 했다. 요지 야마모토와 아디다스가 론칭한 Y-3, 일본 미니멀리즘의 진수를 엿볼 수 있는 패션 & 라이프스타일 숍 아토미, 멀버리의 아시아 첫 플래그십 스토어 등이 포진해 있다. 식료품 전문점 존스 더 그로서와 카메라 유저들의 로망으로 꼽히는 라이카 등 라이프스타일 전반에 관한 숍 역시 충실하다는 점도 매력적이다. 다른 쇼핑몰보다 조금 늦게 문을 여니 참고한다.

## 한셀
### Hansel

**위트 넘치는 싱가포르 컨템퍼러리 브랜드**

크리에이티브한 직업을 가졌거나 외국계 회사에서 일을 하는 20~30대 여성들에게 많은 관심을 받고 있는 브랜드다. 싱가포르 톱 5에 드는 디자이너 중 한 명으로 꼽히는 조 소(Jo Soh)가 2003년에 론칭한 이후 꾸준한 사랑을 받고 있다. 간결하면서도 여성스러운 실루엣을 바탕으로 매 시즌마다 위트 있는 디테일을 더해 내추럴하면서도 남들과는 확실하게 다른 룩을 보여 준다.

**주소** #02-14
**전화** 6337-0992
**영업** 11:00~21:00

## 아토미
### Atomi

**일본 특유의 개성이 느껴지는 라이프스타일 숍**

평소 소품 숍이나 라이프스타일 숍에 관심 많은 이들이라면 놓쳐서는 안 될 곳이다. 원목 선반을 이용해 심플하면서도 따뜻한 분위기를 풍기는 아토미는 일본 디자이너들의 작품을 모아 놓은 편집숍이다. 가구(atomixfurnicture)와 라이프스타일(atomixlifestyle)의 두 가지 섹션으로 구성된 매장에는 패브릭 제품과 소품을 비롯해 의류, 가구 등 우리 생활에 필요한 모든 것들을 취급하고 있다. 화려한 디테일이 있는 것은 아니지만 디자이너들의 독창성이 돋보이는 아이템들이 절로 미소 짓게 만든다. 제품과 작가들의 지명도에 따라 가격의 폭이 넓은 편이다.

**주소** #04-26/27
**전화** 6887-4138
**영업** 11:00~20:00

## Y-3
### Y-3

**요지 야마모토와 아디다스가 만났을 때**

일본을 대표하는 패션 디자이너 요지 야마모토와 글로벌 스포츠 브랜드 아디다스가 손을 잡고 탄생시킨 럭셔리 스포티 브랜드다. 스포티 브랜드라고 해서 운동복만을 떠올리는 건 구시대적인 발상이다. 대표적인 포스트모더니즘 디자이너로 꼽히는 요지 야마모토의 단순하면서도 독창적인 디자인은 운동복과 캐주얼 의상 그리고 포멀한 의상 등 어디에도 잘 어울린다. '정장과 운동화'가 대세인 믹스 매치 스타일링 시대에 남들과 차별화된 포인트를 줄 수 있는 신발과 가방 등 다양한 제품을 만날 수 있다.

**주소** #01-05
**전화** 6838-0292
**영업** 11:00~21:00

## 아티스티크 티 라운지
### Arteastiq Tea Lounge

**예술을 사랑하는 이들의 사랑스러운 티룸**

상당히 많은 차 종류와 심플한 브런치 메뉴를 보유하고 있는 아티스티크 티 라운지는 지금 만다린 갤러리에서 가장 주목받고 있는 곳이다. 밝고 따뜻한 인테리어는 쇼핑하다가 쉬어 가기 딱 좋은 분위기다. 브런치 메뉴도 맛있지만 아이스크림을 올린 아이스티를 추천한다. 달콤한 아이스크림과 씁싸래한 차의 조화가 환상적인데 따로 먹어도 맛있고, 아이스크림이 녹아 들어간 맛도 좋다. 라운지 한구석에는 시간당 돈을 지불하고 그림을 그릴 수 있는 공간이 있다. 캔버스와 물감 외에 무료 음료 쿠폰을 제공한다.

**주소** #04-14/15
**전화** 6235-8370
**영업** 11:00~22:00, 토·일요일 10:00~22:00
**예산** 차 S$13~18, 브런치 및 디너 S$17.12~35.31
**홈페이지** www.arteastiq.com

## 와일드 허니
## Wild Honey

### 건강하고 맛있는 브런치 레스토랑

20~30대 여성들이 딱 좋아할 만한 건강하고 맛있는 브런치 메뉴를 선보이는 레스토랑이다. 나무톤의 세련된 인테리어와 감각적인 플레이팅으로 오픈 이후 꾸준하게 사랑받고 있는 맛집이다. '튀니지언', '아이 러브 뉴욕, 이탤리언' 등 재료에 따라 붙여진 메뉴 이름들도 하나같이 사랑스럽다. 음식의 양이나 모양이 푸짐하거나 화려한 건 아니지만 주방장의 배려와 섬세함이 느껴진다. 조금 푸짐하게 먹고 싶다면 식빵과 소시지, 베이컨, 달걀 등의 메뉴로 구성된 잉글리시 브렉퍼스트를 선택하자. 구운 망고가 들어간 프렌치토스트도 추천한다.

**주소** #03-01
**전화** 6235-3900
**영업** 09:00~21:00, 금·토요일과 공휴일 전날 09:00~22:00
**예산** S$23~35
**홈페이지** www.wildhoney.com.sg

## 채터박스
## Chatterbox

### 로컬 푸드를 세련되게 즐길 수 있는 곳

싱가포르 대표 로컬 푸드를 아름다운 경치와 함께 즐길 수 있는 레스토랑이다. 만다린 갤러리와 연결된 만다린 오차드 호텔에 위치한다. 스카이라운지와 현지 레스토랑의 장점만을 쏙쏙 담아낸 채터박스의 스테디셀링 메뉴는 단연 치킨라이스다. 잘 삶은 뽀얀 닭고기를 간간하게 지은 밥과 함께 내오는데, 제공되는 소스를 곁들이면 더욱 감칠맛 난다. 로컬 레스토랑보다 비싸지만 그만큼 양이 푸짐하고 재료의 질이 훌륭하다. 치킨라이스 외에 랍스터 락사, 로작 등의 메뉴도 인기다.

**주소** #5, Mandarin Orchard Singapore
**전화** 6831-6288
**영업** 11:00~01:00, 금·토요일과 공휴일 전날 10:00~02:00
**예산** S$17~33
**홈페이지** www.chatterbox.com.sg

## 파라곤
### Paragon

MAP p.11-G
찾아가기 MRT 오차드(Orchard) 역 A번 출구에서 도보 5분
주소 290 Orchard Rd.
전화 6738-5535
영업 10:00~22:00
홈페이지 www.paragon.com.sg

로에베 p.181
플래닛 트래블러 p.181
BCBG 막스 아즈리아 p.182
딘타이펑 p.182
심바시 소바 p.183
임페리얼 트레저 슈퍼 페킹 덕 p.183

### 명품 브랜드 구매가 목적이라면 이곳으로!

니안 시티와 더불어 오차드 로드의 알짜배기 쇼핑몰로 꼽히는 곳이다. 프라다, 에르메네질도 제냐, 발렌시아가, 발렉스트라 등 주로 명품 브랜드가 입점해 있어 방문 연령층이 다소 높은 편이며 북적이지 않는다. 평소 사람 많은 곳을 꺼리거나 명품 브랜드 위주로 쇼핑할 계획인 사람들에게 추천할 만하다. 즉 이것저것 구경하는 재미보다는 원하는 브랜드를 찾아보거나 그동안 벼르고 별렀던 명품을 구매하려는 이들에게 유용하다. 또 다른 쇼핑몰에 비해 차분한 편이라 찬찬히 상담하며 구경하기에도 좋다. 오차드 로드 중앙에 위치하고 있으며, 명품 브랜드 위주로 구성된 몰답게 분위기는 세련되고 고급스러운 느낌이 강하다. 지하 1층 파라곤 마켓 플레이스도 볼만한데, 각종 향신료와 식품을 구입할 수 있다. 딘타이펑, 심바시 소바, 베이커진 등 싱가포르 유명 레스토랑이 들어서 있어 식사하기에도 좋다.

## 로에베
### Loewe

**로에베 플래그십 스토어**

도쿄와 밀라노에서 성공적인 론칭을 이어나간 로에베가 싱가포르에 상륙했다. 스페인 명품브랜드로 명성이 자자한 로에베의 플래그십 스토어로, 오픈 때마다 이슈를 몰고 왔던 로에베 크리에이티브 디렉터인 조너선 앤더슨이 싱가포르 지점 론칭에도 역시 참여했다. 그의 창의적인 손길이 닿은 매장은 마치 거대한 작품과도 같다. 퍼즐백, 티 파우치, 엘리펀트 동전 지갑 등 인기 리미티드 에디션은 물론 각종 가죽 소재의 제품과 로에베만의 정체성이 잘 녹아들어간 제품들을 선보인다. 패션의 메카와도 같은 스페인의 최신 트렌드를 쇼핑할 수 있으며 매장과 디스플레이 등을 둘러보는 것만으로도 눈을 즐겁게 한다.

**주소** #01-11/12
**전화** 6235-4489
**영업** 10:00~21:30

## 플래닛 트래블러
### The Planet Traveller

**여행을 테마로 한 라이프스타일 숍**

여행에 대한 모든 것을 만나 볼 수 있는 라이프스타일 숍이다. 평소 여행에 대해 관심이 많은 사람이면 한 번쯤 들러 구경할 만하다. 우리가 미처 생각지도 못한 실용적인 아이디어 상품을 발견하면 소비 욕구가 절로 샘솟는다. 여행 필수 액세서리인 가방을 비롯해 여행 정보 책자, 지구본, 세안 도구, 노트북 파우치에 아웃도어 및 비즈니스 아이템까지 '여행'에 관한 모든 것을 망라하고 있다고 해도 과언이 아니다.

**주소** #04-15/17
**전화** 6732-5172
**영업** 10:30~21:30

## BCBG 막스 아즈리아
### BCBG Max Azria

**뉴욕커들의 사랑을 듬뿍 받는 브랜드**

여성스럽고 로맨틱한 무드와 강렬한 컬러를 사용해 단조롭지 않은 드레스, 블라우스 등을 주로 선보인다. 단정하면서도 세련된 오피스룩에서부터 파티에 어울리는 화려한 드레스까지 다양한 이들의 취향을 해결할 수 있는 디자인을 많이 보유하고 있다.

**주소** #02-10/11
**전화** 6836-9059
**영업** 10:00~21:30

## 딘타이펑
### Din Tai Fung

**세계적인 체인의 샤오룽바오 전문점**

만약 우리나라에서 샤오룽바오를 먹어 봤다면 그건 딘타이펑에서 먹었을 확률이 높다. 그만큼 딘타이펑은 샤오룽바오를 세계적으로 대중화시킨 레스토랑이다. 〈뉴욕 타임스〉에서 세계 10대 레스토랑으로 선정되면서 전 세계에 딘타이펑 샤오룽바오 열풍을 일으키기도 했다. 샤오룽바오 외에도 새우와 돼지고기가 들어간 샤오마이가 유명하며 래플스 시티, 마리나 베이 샌즈 등 여러 곳에 체인이 있다.

**주소** #B1-03/06
**전화** 6836-8336
**영업** 월~금요일 11:00~21:30,
토·일요일 10:00~21:30
**예산** S$20~30
**홈페이지** www.dintaifung.com.sg

## 심바시 소바
### Shimbashi Soba

**제대로 된 소바 전문점**

싱가포르에서 제대로 된 소바를 맛볼 수 있는 몇 안 되는 곳 중 하나. 전분을 많이 넣어 거무튀튀한 색깔을 띠는 소바가 아니라 메밀 본래의 색깔에 가까운 밝은 색을 띠는 소바를 선보인다. 직접 면을 만들기 때문에 시중에서 먹는 소바보다 더 고소하고 쫄깃한 편이다. 소바와 튀김이 함께 나오는 덴푸라 소바 세트와 새우튀김을 얹은 우동이 인기 메뉴. 면을 담가 먹는 장은 혼부시를 사용해 이곳에서 직접 만든다.

**주소** #B1-41
**전화** 6735-9882
**영업** 11:30~22:00, 토요일 10:30~22:00
**예산** S$15~20
**홈페이지** www.sobaworld.com.sg

## 임페리얼 트레저 슈퍼 페킹 덕
### Imperial treasure Super Pecking Duck

**셰프가 직접 눈앞에서 잘라주는 북경오리**

인기 있는 중국요리 전문점이다. 상호명에서 눈치챌 수 있듯이 이곳의 메인 메뉴는 베이징 덕이다. 베이징 덕은 특제 소스를 바른 통오리를 화덕에서 구워낸 베이징 전통 요리다. 베이징 덕을 주문하면 셰프가 테이블에 와 손님 앞에서 직접 잘라 살을 발라준다. 바삭하고 감칠맛 나는 껍질은 밀전병에 싸서 소스에 찍어 먹고, 촉촉한 속살은 설탕에 묻혀 먹으면 일품이다. 남은 오리는 간단하게 요리해 포장까지 해준다. 매일 판매되는 베이징 덕 수량이 정해져 있으니 최소 하루 전에 예약해야 한다. 오리 요리 외에도 딤섬 등 다양한 중국요리가 준비되어 있다.

**주소** #05-42/45
**전화** 6732-7838
**영업** 런치 11:30~14:45, 디너 18:00~22:00
**예산** S$14~30
**홈페이지** www.imperialtreasure.com

## 오차드 센트럴
**Orchard Central**

**젊은 쇼퍼들과 외식 공간에 주목한 쇼핑몰**

서머싯 역과 바로 연결되는 오차드 센트럴은 20~30대를 주요 타깃으로 한 쇼핑몰이다. 이곳의 매력은 현재 싱가포르에서 가장 왕성하게 활동 중인 신진 디자이너 브랜드를 만날 기회가 많다는 점이다. 디자이너들의 단독 매장부터 편집 매장까지, 우리나라에서는 접하기 힘든 보석 같은 브랜드들을 발견할 수 있다. 이외에도 스페인 국민 브랜드이자 싱가포르 젊은이들에게 큰 인기를 모으고 있는 데시구알과 퀵실버 & 록시 등 합리적이고 실용적인 숍이 몰을 채우고 있다. 일본의 라이프스타일 숍 도큐 핸즈도 입점되어 있다. 레스토랑 셀렉션에도 심혈을 기울였다. 뉴욕에서 온 케이크 전문점 레이디 엠을 비롯해 일본 가정식 백반을 선보이는 오오토야, 재패니즈 뷔페 레스토랑 키세키, 한국식 디저트 카페 눈사람, 한국 BBQ 뷔페 케이쿡 등 부담 없이 다양한 국적의 요리를 맛볼 수 있는 레스토랑들이 들어서 있다. 입구 바깥쪽에 4층까지 곧장 이어지는 실외 에스컬레이터가 인상적이다.

**MAP** p.11-H
**찾아가기** MRT 서머싯(Somerset) 역 B번 출구에서 도보 1분
**주소** 181 Orchard Rd.
**전화** 6238-1051
**영업** 11:00~22:00
**홈페이지** www.orchardcentral.com.sg

도큐 핸즈 p.185
소셜 풋 p.185
다누키 로 p.186
딘앤델루카 p.186

## 도큐 핸즈
## TOKYU HANDS

### 기발한 아이템이 가득한 숍

일본 여행을 다녀온 사람이라면 누구나 반길 만한 도큐 핸즈. 일본을 대표하는 잡화 전문 쇼핑몰로, 생활 속 소소한 유머와 기발한 아이디어로 풀어낸 사랑스러운 아이템들이 주를 이룬다. 특히 우리가 평소 생활하면서 불편을 느꼈던 것들을 시원하게 긁어주는 소품들이 많은 편이다. 하나하나 구경하다보면 장바구니가 차는 것은 시간문제. 리빙 제품과 여행 아이템, 예쁜 소품, 각종 뷰티 제품 등 다양한 상품을 갖추고 있다. DIY 제품도 많은 편이다.

**주소** #B1-07
**전화** 6834-3755
**영업** 11:00~22:00
**홈페이지** www.tokyu-hands.com.sg

## 소셜 풋
## The Social Foot

### 신상 디자인의 스니커즈가 한 자리에

신발 마니아라면 반드시 들러야 할 곳. 상호에서 알 수 있듯이 각종 브랜드의 최신 스니커즈를 한눈에 살펴볼 수 있는 신발 전문 매장이다. 세련되고 미래지향적인 분위기로 꾸며 놓은 매장에서는 아디다스, 리복, 라코스테, 푸마 등 유명 스포츠 브랜드의 스니커즈 제품에서부터 우리나라의 직구족 사이에서 인기를 얻고 있는 프로케즈와 프로케즈 로열까지 스니커즈의 트렌드를 엿볼 수 있다. 해외 셀러브리티들이 신으면서 유명세를 얻은 프로케즈 로열의 싱가포르 첫 런칭을 이곳에서 선보이면서 큰 관심을 모았다.

**주소** #01-19/20
**전화** 6884-3612
**영업** 11:00~21:30, 금·토요일 11:00~22:00

## 다누키 로
**Tanuki Raw**

### 신선한 생굴과 연어를 맛볼 수 있는 스탠딩 바

신선한 생굴을 전문으로 하는 레스토랑 겸 바로, 인더스트리얼 빈티지를 콘셉트로 한 실내 분위기가 멋지다. 오차드 센트럴 4층에 위치해 발코니에서 오차드 로드가 한눈에 내려다보이고, 쇼핑 중 잠시 들러 커피나 칵테일을 즐기기에도 좋다. 다누키 로를 가장 만족스럽게 이용하려면 해피 아워에 찾아가자. 신선한 굴과 연어를 각각 S$2, S$7에 즐길 수 있으며, 마티니는 S$10에 맛볼 수 있다. 보통 해피 아워는 다소 방문하기 좋은 시간을 비켜 가는 경우가 대부분인데, 이곳은 17:00부터 3시간 동안 이용 가능하다.

**주소** #04-01
**전화** 6636-5949
**영업** 11:30~22:30, 해피 아워 17:00~20:00
**예산** S$20~30
**홈페이지** www.tanukibar.com

## 딘앤델루카
**Dean & Deluca**

### 주방에 대한 모든 것을 만난다

뉴욕에서 온 프리미엄 식자재 전문점이다. 세계 각국의 식료품뿐 아니라 와인, 주방용품 등 '먹는 것' 전반에 관한 라이프스타일을 제시한다. 포장식품과 각종 소스, 심플한 소품 등을 판매하는데, 패키지 디자인이 깔끔하고 고급스러워 잼이나 소스 용기는 다 먹고 난 후 인테리어 소품으로 활용하기에도 좋다. 매장 반대편에는 카페도 함께 운영하고 있다. 베이커리, 수프, 샐러드, 샌드위치 등 간단하게 한 끼를 해결하기에 좋은 브런치 메뉴와 각종 디저트를 선보인다. 레드 벨벳 케이크, 레인보우 케이크가 특히 인기다.

**주소** #01-09/10/15
**전화** 6509-7708
**영업** 10:00~22:00
**예산** S$15~35
**홈페이지** www.deandeluca.com.sg

## 포럼 더 쇼핑몰
**Forum**
**The Shopping Mall**

**MAP** p.10-E

**찾아가기** MRT 오차드(Orchard) 역 E번 출구에서 도보 6분

**주소** 583 Orchard Rd.

**전화** 6732-2479

**영업** 10:00~21:00

**홈페이지**
www.forumtheshoppingmall.com.sg

쓰모리 치사토 p.188
투티 키즈 p.188
키즈 21 p.188
토이저러스 p.189
호스 마우스 p.189

### 아이들이 좋아하는 가족 중심의 쇼핑몰

멋쟁이 부모와 아이들의 필수 쇼핑 스폿이다. 오차드 로드의 또 다른 가족 중심 몰인 탕린 몰이 부모들에게 집중되었다면 포럼 더 쇼핑몰은 아이들에게 좀 더 친근한 편이다. 게스 키즈, 블루 베어스 같은 매장을 비롯해 키즈 편집 숍, 장난감 백화점, 교육 센터, 어린이 미용실, 소아 클리닉 등 어린이를 위한 편의 시설을 두루 갖추고 있다. 패션 리더들의 단골가게로 꼽히는 클럽 21에서 오픈한 편집 매장 '키즈 21'은 멋쟁이 부모들을 위한 공간이다. 유명 레이블과 신진 디자이너들의 기발한 아이템들을 한자리에서 만날 수 있다.

이세이 미야케의 바오바오와 플리츠플리즈 등 세계에서 가장 트렌디한 일본 브랜드의 단독 매장을 구경하는 것도 흥미롭다. 디테일한 숍 리스트와는 달리 칵테일 바, 호스 마우스가 지하에 있는 것 외에는 패스트푸드 체인 위주로 입점한 레스토랑 리스트가 조금 아쉽다.

## 쓰모리 치사토
## Tsumori Chisato

### 유머러스한 디테일과 보헤미안 감성

일본 디자이너 특유의 간결하고 임팩트 있는 디자인을 만날 수 있는 브랜드다. 우리나라에서는 아이돌 스타의 시계 브랜드로 먼저 알려졌다. 무겁지 않으면서도 유머러스한 디테일과 보헤미안 감성을 더해 구경하는 것만으로도 즐거운 경험을 선사한다. 1983년에 론칭한 브랜드로, 파리 컬렉션에 등장하면서 일본을 넘어 유럽 전역에까지 큰 인기를 얻고 있다.

**주소** #01-30~34
**전화** 6304-1451
**영업** 10:30~17:30, 일요일 11:00~18:00

## 투티 키즈
## Tutti Kids

### 믿고 사는 이탈리아 브랜드 아동용 신발 매장

이탈리아 브랜드 나투리노(Naturino)의 아동용 신발을 취급하는 매장이다. 귀엽고 앙증맞은 아이들의 신발은 사랑스러우면서도 세련됨을 잃지 않은 디자인 덕에 엄마들의 사랑을 듬뿍 받고 있다. 2~12세 아이들의 신발을 다양하게 갖추고 있으며, 인체 공학적으로 제작된 신발 안창은 탈부착이 가능하도록 하는 등 실용적인 면도 놓치지 않았다.

**주소** #02-33
**전화** 6734-2880
**영업** 10:00~19:30, 토·일요일과 공휴일 10:00~19:00

## 키즈 21
## Kids 21

### 아이를 위한 명품 편집 숍

트렌드를 이끄는 클럽 21에서 운영하는 곳이라는 사실만으로도 신뢰를 주는 상점이다. 디오르, 아르마니, 폴스미스, 로베르토 카발리 등의 아동복 명품 라인이 넓은 매장을 가득 채우고 있다. 웬만한 어른 옷보다 가격이 비싸 구매하기에는 부담스럽지만, 눈요기의 기회마저 포기하지는 말자. 구경하는 것만으로도 안목과 센스가 업그레이드될 것이다.

**주소** #02-24
**전화** 6304-1453
**영업** 10:30~19:30, 일요일 11:00~18:00

## 토이저러스
### Toys'R'us

### 싱가포르에서 가장 큰 장난감 백화점

미국에 본사를 둔 장난감 전문점으로, 전 세계에 체인을 두고 있다. 문법상 맞지 않지만 아이들의 호기심을 자극하기 위해 로고의 'R'을 뒤집어 표기한 것이 흥미롭다. 싱가포르에도 이미 수많은 토이저러스 매장이 있는데, 포럼 더 쇼핑몰 지점이 가장 큰 규모를 자랑한다. 방대한 매장 내에는 바비, 레고, 스머프와 같이 오랫동안 사랑받고 있는 클래식한 캐릭터부터 앵그리 버드 등 인기 캐릭터 장난감들이 빼곡히 진열되어 있다. 품목 별로 세일 특가를 진행하는데, 타이밍이 잘 맞으면 원하는 물건을 우리나라에서보다 훨씬 저렴하게 구입할 수 있다.

**주소** #03-03/25
**전화** 6235-4322
**영업** 10:00~22:00

## 호스 마우스
### The Horse's Mouth

### 지하에 숨어 있는 뜻밖의 칵테일 바

1층 우마우마 라멘 옆으로 난 문을 따라 내려가면 만날 수 있는 시크릿 칵테일 바로 몰과 전혀 다른 분위기를 풍긴다. 심플하면서도 인상적인 인테리어와 디테일한 소품 셀렉션이 무척 세련되어 오차드 로드에서 가장 쿨한 바 중 하나로 꼽힌다. 일본 요리를 베이스로 한 음식들과 칵테일을 주로 선보이는데 특히 호스 마우스만의 신선한 칵테일이 인기다. 와규 비프, 프라이드 슈림프, 우마우마 라멘 등 음식 메뉴도 꽤 충실한 편이다. 하얀 큐브 조명 아래 오픈 바에서는 믹솔로지스트들이 분주하게 칵테일을 만드는데, 이를 구경하는 일도 꽤 흥미롭다. 금요일과 토요일에는 예약을 하는 것이 좋다.

**주소** #B1-39
**전화** 6235-1088
**영업** 18:00~24:00, 금·토요일 18:00~01:00
**휴무** 일요일
**예산** S$20~40
**홈페이지** www.horsesmouthbar.com

# 추천 ★ 볼거리
## SIGHT SEEING

## 싱가포르 식물원
### Singapore Botanic Gardens

**푸른 열대 정원에서의 힐링 타임**

싱가포르를 대표하는 관광지 중 하나로 식물원이라고 하니 왠지 따분하게 여겨질 수도 있지만 일단 가 보면 후회하지 않을 곳이다. 1859년에 오픈하여 어느새 150여 년의 역사를 보유하고 있는 싱가포르 식물원은 인공적인 느낌이 강한 가든스 바이 더 베이와는 달리 아날로그 감성의 원시림이다. 일 년 내내 따뜻한 날씨 덕에 울울창창한 열대 식물과 나무들이 가득하고 우리나라에서는 보기 힘든 거대한 나무들도 수두룩하다. 커다란 호수에는 물새가 살고 있고, 숲길은 낭만적이다. 싱가포르 식물원 중심에 자리한 국립 난초 정원에는 1,000종이 넘는 난초가 자생하고 있다. 배우 배용준과 권상우의 이름이 붙은 난도 있어 눈길을 끈다. 공원 곳곳에 차나 식사를 할 수 있는 카페와 레스토랑이 있다.

**MAP** p.4-A  **찾아가기** MRT 버태닉 가든스(Botanic Gardens) 역 CC번 출구에서 부킷 티마 게이트로 바로 연결 / MRT 오차드(Orchard) 역 B번 출구로 나와 길을 건너 7, 77, 106, 123, 174번 버스 탑승 / 2인 이상이라면 MRT 오차드(Orchard) 역에서 택시를 타는 것을 추천한다. 9분 소요.  **주소** Singapore Botanic Garden, 1 Cluny Rd.
**전화** 6471-7361  **운영** 05:00~24:00, 국립 난초 정원 08:30~19:00
**요금** 무료, 국립 난초 정원 S$5
**홈페이지** www.sbg.org.sg

### TIP 탱린 게이트 또는 부킷 티마 게이트를 이용하자

싱가포르 식물원으로 통하는 문은 탱린 게이트(Tanglin Gate), 나심 게이트(Nassim Gate), 부킷 티마 게이트(Bukit Timah Gate) 등 3곳이 있다. 처음 방문했다면 탱린 게이트를 추천하는데 입구가 가장 예쁘고 가까이에 관광 안내소가 있기 때문이다. 접근성을 고려한다면 부킷 티마 게이트를 선택한다. MRT 버태닉 가든스 역에서 바로 연결된다.

## 프라나칸 플레이스 Peranakan Place

### 낮과 밤, 다른 두 얼굴

에메랄드 힐은 과거 부유한 프라나칸 사람들이 모여 살던 동네로, '차이니스 바로크'라 불리는 중국풍 건물들이 늘어서 있다. 이 오래된 건물을 두고 '프라나칸 플레이스'라 부르는데 프라나칸 특유의 알록달록한 컬러와 빈티지한 디테일이 에메랄드 힐의 풍경을 더욱 아름답게 한다. 낮에는 건물을 둘러보거나 기념사진을 촬영하기 위해, 밤에는 프라나칸 플레이스를 개조해 운영하는 바에서 술을 마시기 위해 찾는 이들이 많다. 알록달록한 건물들이 오후의 활기를 만들어 낸다면, 은은한 조명을 받은 저녁의 프라나칸 플레이스는 은밀한 공간처럼 편안하게 느껴진다.

**MAP** p.11-G **찾아가기** MRT 서머싯(Somerset) 역 B번 출구에서 도보 5분

## 대통령 관저·이스타나 파크 Istana & Istana Park

### 현직 대통령이 거주하는 궁

말레이어로 '궁전'을 의미하는 이스타나는 대통령 관저로, 현직 대통령이 실제 집무를 보고 거주하는 곳이다. 평소에는 입장이 불가하여 밖에서만 구경할 수 있지만 주요 명절 등 지정된 날에는 특별 개방한다. 대통령 관저 맞은편에는 같은 이름의 공원이 위치한다. 우뚝 솟은 은빛 조형물은 '페스티벌 아치'라고 하는데 이곳에서는 매월 첫째 주 일요일에 분수 쇼가 열리기도 한다. 페스티벌 아치 옆에는 갤러리 카페가 있어 잠시 쉬어 가기 좋다.

**MAP** p.11-D, 11-H
**찾아가기** MRT 도비 고트(Dhoby Ghaut) 역 C번 출구에서 지하도 이용

## 에메랄드 힐 Emerald Hill

**화려한 몰 사이에 숨은 운치 있는 언덕길**

휘황찬란하고 거대한 오차드 로드 쇼핑몰들 사이에 반전처럼 숨어 있는 언덕길이다. 오차드 로드가 세련된 쇼핑 거리라면, 에메랄드 힐은 자유분방한 동남아시아 분위기의 퍼브 스트리트랄까. 프라나칸 플레이스를 중심으로 퍼브와 레스토랑이 오밀조밀 들어서 있다. 오차드 로드의 맨 얼굴과도 같은 이곳에 들어서면 오랫동안 신은 하이힐을 벗고 플랫 슈즈로 갈아 신은 것처럼 편안하다. 그래서인지 인근 직장인들이 퇴근하는 길에 잠시 들러 맥주 한잔을 즐기는 모습을 자주 볼 수 있다. 더위가 어느 정도 물러가고, 조명이 더해지는 해 질 무렵에 방문하는 것이 좋다. 길이 워낙 좁아 그냥 지나치기 쉬운데, 오차드 에메랄드와 센터포인트 사이 작은 샛길이니 참고한다.

**MAP** p.11-G  **찾아가기** MRT 서머싯(Somerset) 역 B번 출구에서 도보 5분

 **해피 아워를 공략하자**

에메랄드 힐에 자리한 대부분의 퍼브에서는 평일 17:00~21:00 사이에 맥주를 좀 더 저렴하게 제공하는 해피 아워를 실시한다. 편안한 분위기에서 나이트라이프를 즐기고 싶다면 에메랄드 힐의 해피 아워를 공략할 것!

## RESTAURANT
추천 ★ 레스토랑

## 이기스 Iggy's

### 세계 50대 레스토랑의 위엄

만약 입맛이 까다롭거나 세계적인 레스토랑에서의 식사를 계획 중이라면 이기스를 기억하자. 이기스는 미식가들 사이에서는 더 이상 설명이 필요 없는 싱가포르 최고의 레스토랑이자 세계적인 레스토랑을 뽑는 순위에서 늘 아시아 최상위에 랭크되는 곳이다. 실험적이고 창의적인 요리를 선보이고 있으며, 세련되면서도 예술적인 실내 인테리어도 인상적이다.

**MAP** p.10-F **찾아가기** MRT 오차드(Orchard) 역 E번 출구에서 도보 5분 **주소** #03, The Hilton Hotel, 581 Orchard Rd. **전화** 6732-2234
**영업** 런치 12:00~13:30, 디너 19:00~21:30
**휴무** 수·일요일 **예산** 런치 S$85~105, 디너 S$275
**홈페이지** www.iggys.com.sg

## 레스프레소 L'Espresso

### 식사로 손색없는 애프터눈 티 뷔페

호텔에서 흔히 볼 수 있는 모던하고 깔끔한 분위기의 라운지 레스토랑이다. 그럼에도 불구하고 이곳을 찾는 이유는 식사를 대신해도 손색없는 푸짐한 애프터눈 티 뷔페 때문이다. 스콘을 비롯해 각종 베이커리와 디저트, 다양한 핑거 푸드까지 50여 가지의 메뉴를 한 번에 맛볼 수 있다. 인기가 많은 편이라 주말에는 예약을 하고 가는 것이 좋다.

**MAP** p.10-B
**찾아가기** MRT 오차드(Orchard) 역 A번 출구에서 도보 5분
**주소** GF, Goodwood Park Hotel, 22 Scotts Rd.
**전화** 6737-7411  **영업** 10:00~24:00, 애프터눈 티 14:00~17:30, 금~일요일과 공휴일 12:00~14:30, 15:00~17:30  **예산** S$45(주말 S$48)
**홈페이지** www.goodwoodparkhotel.com

## 팀호완 Tim Ho Wan

### 세상에서 가장 저렴한 미슐랭 레스토랑

미슐랭 스타 레스토랑이라고 해서 모두 지갑을 두둑이 챙겨 가야 하는 것은 아니다. 세계 최고의 딤섬 레스토랑 중 하나로 꼽히는 팀호완을 두고 하는 말이다. '세상에서 가장 작은(또는 저렴한) 미슐랭 레스토랑'으로 불리는 팀호완은 미슐랭 1스타에 빛나는 홍콩 출신의 딤섬 레스토랑이다. 그럼에도 불구하고 딤섬 한 접시 가격은 불과 S$3~5로 저렴해 주머니가 가벼운 여행자들에게는 매우 반가운 곳이다. 베이크드 번 위드 BBQ 포크와 팬 프라이드 캐럿 케이크, 스팀드 에그 케이크, 버미셀리 롤 위드 피그스 리버는 '빅 포 헤븐리 킹스'라 불리는 팀호완의 베스트셀러 메뉴다. 이 4대 천왕 메뉴는 차와 채소 메뉴를 곁들이면 더욱 맛있게 즐길 수 있다.

**MAP** p.11-H  **찾아가기** MRT 도비 고트(Dhoby Ghaut) 역 C, D번 출구에서 바로 연결  **주소** #01-29A, Plaza Singapura, 68 Orchard Rd.  **전화** 6251-2000
**영업** 10:00~22:00, 토·일요일 09:00~22:00
**예산** S$10~15

## 브루네티 Brunetti

### 호주인들이 가장 사랑하는 디저트 카페

싱가포르 미식이 즐거운 이유 중 하나는 세계 곳곳의 유명 레스토랑과 카페를 우리나라에서보다 빨리 혹은 쉽게 접할 수 있다는 점이다. 그런 의미에서 브루네티 역시 무척 반가운 곳이다. 알 만한 사람은 아는 브루네티는 지금 호주에서 가장 주목받고 있는 디저트 카페로, 어디에 내놔도 뒤지지 않는 수준 높은 빵과 케이크를 선보인다. 무엇을 주문해도 만족스럽지만 그 중에서도 달콤한 초콜릿 케이크와 고소하고 진한 뉴욕 치즈 케이크, 신선한 과일이 들어간 타르트는 압권이다. 한 입 넣으면 입안 가득 퍼지는 달콤함이 피로를 싹 가시게 한다.

**MAP** p.10-I
**찾아가기** MRT 오차드(Orchard) 역 E번 출구에서 도보 13분
**주소** #01-35/36, Tanglin Mall, 163 Tanglin Rd.
**전화** 6733-9088
**영업** 09:00~21:00 **예산** S$15~20

## 스프루스 Spruce

### 예쁜 정원 테라스에서의 브런치

스프루스 피닉스 파크 지점은 오차드 로드에서 좀 떨어져 있고, 가까운 MRT 역도 없지만 늦은 아침이나 이른 점심시간이 되면 브런치를 즐기려는 사람들로 언제나 북적인다. 현지 젊은이들과 싱가포르에서 거주하는 외국인들에게 특히 인기인 이곳은 마치 정원에서 식사하는 것 같은 테라스와 아티스트들의 작품이 매치된 홀 분위기가 인상적이다. 내오는 음식은 하나같이 깔끔하고 예쁘며, 맛도 훌륭하다. 쇼핑 후 느긋하게 브런치를 즐기기에 좋다.

**MAP** p.4-E
**찾아가기** MRT 레드힐(Redhill) 역 B번 출구에서 도보 15분
**주소** 320 Tanglin Rd. **전화** 6836-5528
**영업** 월~수요일 17:30~01:00, 목·금요일 11:30~01:00, 토·일요일과 공휴일 09:00~01:00 **예산** S$20~40
**홈페이지** www.spruce.com.sg

## 오리올레 카페 + 바 Oriole Café + Bar

### 제대로 된 커피를 선보이는 카페

쇼핑 삼매경에서 벗어나 갈증을 해소하고 싶다면 오리올레 카페 + 바로 가자. 싱가포르에서 주목받는 로스터리 카페 중 하나로, 시즈널 블렌딩 커피를 선보인다. 시즌에 따라 제철 생두를 로스팅하여 블렌딩을 바꾸는 방식이다. 해가 진 뒤 테라스에서 맥주 한잔하기에도 좋은데 맥주와 곁들이기 좋은 메뉴로는 피시 앤드 칩스를 추천한다. 바삭한 튀김옷을 입은 뽀얗고 통통한 생선 살은 함께 나오는 타르타르소스와 잘 어울린다.

**MAP** p.11-G **찾아가기** MRT 서머싯(Somerset) 역 B번 출구에서 바로 연결
**주소** #01-01, Pan Pacific Serviced Suites Orchard, 96 Somerset Rd. **전화** 6238-8348 **영업** 일~목요일과 공휴일 08:00~23:00, 금·토요일 08:00~12:00
**예산** S$8~18 **홈페이지** www.oriole.com.sg

## 앨리 바 Alley Bar

### 에메랄드 힐의 취향 좋은 바

에메랄드 힐에 위치한 앨리 바는 높은 천장과 조명, 그리고 긴 바가 인상적인 곳이다. 화려하지 않지만 세련되고, 세련되지만 부담스럽지 않은 분위기는 오너의 훌륭한 취향 덕분일 것이다. 앨리 바의 시그니처 아이템으로 꼽히는 좁고 긴 바는 무려 15m에 이른다. 드래프트 맥주 외에도 사테, 치킨 크래커 등 간단하게 허기를 채워 줄 스낵류가 준비되어 있다.

**MAP** p.11-G **찾아가기** MRT 서머싯(Somerset) 역 B번 출구에서 도보 5분
**주소** Peranakan Place, 180 Orchard Rd.
**전화** 6732-6966 **영업** 17:00~02:00, 금·토요일과 공휴일 전날 17:00~03:00, 해피아워 17:00~21:00 **예산** S$6~30
**홈페이지** www.peranakanplace.com

# KPO  KPO

### 우체국을 개조해 만든 멋진 라운지

오차드 로드 복판의 단독 건물을 사용하고 있는 라운지로 우체국으로 사용하던 건물을 개조해 만든 공간이라는 점이 꽤 흥미롭다. 과거에 우체국으로 사용했다는 사실은 건물 외벽에 걸린 '포스트 오피스'라고 쓰인 작은 간판과 철거하지 않고 그대로 둔 우체통에서 확인할 수 있다. 2010년에 문을 연 이후 지금까지 현지인과 외국인 거주자들 사이에서 꾸준하게 사랑받고 있다. 평일에는 퇴근 후 들러 가볍게 한잔하기 좋은 퍼브로, 주말이 되면 본격적인 나이트라이프를 즐기기 전에 때를 기다리며 한잔하기에 좋은 공간으로 이용된다. 2층 건물 전체를 사용하고 야외테라스도 있어 최대 500여 명까지 수용가능하다. 그래서인지 프라이빗 파티나 브랜드 행사가 열리기도 한다. 동남아 요리와 퓨전 요리를 주로 선보이며 맥주부터 싱글 몰트 위스키까지 주류 리스트의 범위가 상당히 넓다. 실내는 다소 어둡고 음악 소리가 큰 편으로, 조용한 대화를 나누기는 어려우니 참고한다.

**MAP** p.11-H **찾아가기** MRT 서머싯(Somerset) 역 B번 출구에서 도보 4분 **주소** 1 Killiney Rd. **전화** 6733-3648
**영업** 월~목요일 15:00~01:00, 금요일 15:00~02:00, 토요일 18:00~02:00, 해피아워 ~20:00 **휴무** 일요일
**예산** S$20~30 **홈페이지** www.imaginings.com.sg

## 베드록 바 & 그릴 Bedrock Bar & Grill

### 그윽한 스모크 향이 배어든 스테이크

나무 그릴에 구워 그윽한 스모크 향이 배어 있는 베드록 바 & 그릴의 스테이크는 오픈 이후 싱가포르 미식가들의 입맛을 단박에 사로잡았다. U.S.D.A 프라임 등급의 소고기를 숙성한 립아이, 호주산 소를 이용한 포터하우스는 육질의 신선함이 고스란히 전해진다. 레드 와인 소스, 칠리 오일, 머스터드, 베어네이즈 등의 다양한 소스와 애피타이저로 나오는 갓 구운 빵과 통마늘, 그리고 인기 사이드 메뉴인 맥앤치즈 등 소소한 곳에까지 신경을 쓴 흔적이 역력하다. 스테이크를 포함한 3가지 코스가 나오는 런치 세트를 주문하면 가격에 비해 무척 만족스러운 식사를 할 수 있다.

**MAP** p.11-G　**찾아가기** MRT 서머싯(Somerset) 역 C번 출구에서 도보 2분　**주소** #01-05, Pan Pacific Serviced Suites Orchard, 96 Somerset Rd.　**전화** 6238-0054
**영업** 런치 12:00~15:00, 디너 18:00~23:00, 바 12:00~24:00
**예산** 런치 S$48~68, 디너 S$90~110　**홈페이지** www.bedrock.com.sg

## 가렛 Garrett

### 미국 시카고에서 온 진한 맛의 팝콘

쇼핑몰을 걷다가 어디선가 고소하고 달콤한 냄새가 난다면 반경 50m 내에 가렛이 있을 확률이 높다. 가렛은 미국 시카고에서 '국민 간식'으로 통하는 인기 있는 팝콘 전문점으로 일본과 우리나라에도 진출했다. 가렛에 가면 고유의 레시피에 따라 당일 판매를 원칙으로 만든 신선한 팝콘을 맛볼 수 있는데 오리지널부터 치즈 맛까지 선택의 폭도 넓다.

그중 추천하고 싶은 건 역시 캐러멜 맛. 슬쩍 묻혀 있는 것이 아니라 팝콘 전체에 아낌없이 캐러멜 코팅을 입힌 것이 포인트. 313 앳 서머싯, 리앗 타워스, 비보 시티 등에도 있다.

**MAP** p.10-F
**찾아가기** MRT 오차드(Orchard) 역 E번 출구에서 도보 1분
**주소** #B1-50, Wisma Atria, 435 Orchard Rd.
**전화** 6509-5755　**영업** 10:00~22:00　**예산** S$6~8
**홈페이지** www.garrettpopcorn.com

## 레자미 Les Amis

### 오랫동안 꾸준하게 사랑받아 온 파인 다이닝

싱가포르의 잘나가는 레스토랑들을 거느린 레자미 그룹의 플래그십 레스토랑이다. 나타나고 사라지길 반복하는 오차드 로드의 여느 레스토랑과 달리 20년이 넘는 긴 시간 동안 식도락가들의 사랑을 받으며 수준 높은 메뉴와 서비스를 선보이고 있다. 주로 프랑스 퓨전 요리를 제공하며 우아하고 정갈한 분위기, 스태프들의 친절한 서비스가 더해져 편안하게 느껴진다.

**MAP** p.10-F **찾아가기** MRT 오차드(Orchard) 역 A번 출구에서 도보 2분
**주소** #01-16, Shaw Centre, 1 Scotts Rd. **전화** 6733-2225 **영업** 런치 12:00~13:45, 디너 19:00~21:00
**예산** 런치 익스프레스(월~금요일) S$65, 디너 S$170~185 **홈페이지** www.lesamis.com.sg

## 민장 Min Jiang

### 제대로 된 딤섬 하이 티를 즐길 수 있는 곳

싱가포르 최고의 차이니스 레스토랑 중 하나로 꼽히는 이곳은 쓰촨과 광둥 지역의 요리를 전문으로 취급한다. 이제는 더 이상 찾아보기 힘든 옛날 방식의 딤섬 수레가 테이블 사이로 다니고, 입구에 걸린 각종 상패와 유명 인사들의 사진이 민장의 수준을 짐작하게 한다. 이곳에서는 어느 것을 주문하더라도 만족스러운데 강한 향 때문에 정통 중국 음식이 부담스럽다면 딤섬 하이 티를 이용하자.

**MAP** p.10-B **찾아가기** MRT 오차드(Orchard) 역 A번 출구에서 도보 5분
**주소** Good Wood Park Hotel, 22 Scotts Rd. **전화** 6730-1704
**영업** 런치와 딤섬 11:30~14:30, 디너 18:30~22:30 **예산** S$50~70

# 오차드 로드의 길거리 음식

위생에 관해 엄격한 나라인 싱가포르에는 길거리 음식이 많지 않지만 오차드 로드에 가면 싱가포르답게 깨끗하고 안전한 길거리 음식을 만날 수 있다. 엄격한 관리하에 운영되기 때문에 아이들에게도 믿고 먹일 수 있다.

## 시라즈 마제
### Shiraz Mazzeh

**페르시안 케밥 전문점**

클라크 키에 있는 유명 페르시안 다이닝 스폿 시라즈의 스트리트 버전이다. 니안 시티 앞 광장에 자리한 노천 레스토랑으로, 간편하게 먹기 좋은 케밥과 소시지 위주로 선보이고 있다. 주문하면 즉석에서 만들어 주는데 맛도 좋고 양도 푸짐해 쇼핑 중 간단하게 허기를 달래기에 좋다. 테이크 아웃하거나 부스 주변에 마련된 테이블에서 앉아서 먹을 수 있다.

**MAP** p.11-G **찾아가기** MRT 오차드(Orchard)역 D번 출구에서 도보 4분 **주소** Ngee Ann City Civic Plaza, 391 Orchard Rd. **영업** 일~목요일 10:00~23:00, 금·토요일·공휴일 10:00~24:00 **예산** S$10~13 **홈페이지** www.shirazfnb.com

## 아이스크림 샌드위치
### Ice Cream Sandwich

**놓치면 섭섭한 오차드 로드의 명물**

아이스크림 샌드위치는 평소 음식 취향이 어떻든 간에 한 번쯤은 꼭 맛보자. 식빵 사이에 아이스크림을 넣어 파는 소박한 노점상의 메뉴지만 언제나 긴 줄을 서야 한다. 커다란 아이스크림을 사각형으로 잘라 식빵에 끼워 주는데, 달콤하고 차가운 아이스크림과 포슬포슬한 빵의 조화가 꽤 괜찮다. 빵 외에 크래커와 콘도 있다. MRT 오차드(Orchard)역 E번 출구 앞과 니안 시티 앞, 두 곳에서 만날 수 있다.

**MAP** p.11-G **찾아가기** 니안 시티(Ngee Ann City)와 MRT 오차드(Orchard)역 E번 출구 주변 **예산** S$1~2

### TIP 싱가포르 비지터 센터

MRT 서머싯 역 인근의 싱가포르 비지터 센터는 싱가포르 내 비지터 센터 중 가장 규모가 크고 내용도 충실하다. 싱가포르 여행자들을 위한 각종 서비스를 제공하는데, 싱가포르 주요 지역의 지도를 얻거나 여행 일정을 짜는 중 궁금했던 점을 어느 정도 해결할 수 있다. 이 외에도 기념품을 구입하거나 호텔 및 투어 예약이 가능하다. 무료 와이파이와 인터넷을 이용할 수 있다.

**MAP** p.11-G **찾아가기** MRT 서머싯 역 B번 출구에서 도보 3분 **주소** 216 Orchard Rd. **전화** 1800-736-2000, 6736-2000 **운영** 08:30~21:30

**추천 ★ 쇼핑**
# SHOPPING

## 313 앳 서머싯 313 @ somerset

### 실속파 쇼퍼라면 놓치지 말 것

MRT 서머싯 역과 연결되어 있어 언제나 많은 사람들로 북적이는 곳. 특히 유니클로, 자라, 포에버21, 뉴룩 등 국내외 중저가 브랜드가 모여 있어 10~20대들이 주로 찾는다. 부담 없이 쇼핑을 즐기기에 좋은 곳이니 실속 있는 쇼핑객이라면 꼭 한번 들러 보자. 또한 이곳에는 카야 토스트 전문점 '야쿤 카야 토스트', 유명 푸드코트 '푸드 리퍼블릭', 유명 훠궈 체인 '하이디라오' 등 인기 있는 레스토랑 체인점이 입점해 있다. 가까이에 커피 로스터리로 유명한 오리올레 카페 + 바(p.196)도 있다.

**MAP** p.11-G **찾아가기** MRT 서머싯(Somerset) 역 B번 출구에서 바로 연결 **주소** 313 Orchard Rd. **전화** 6496-9313 **영업** 10:00~22:00, 토요일 10:00~23:00 **홈페이지** www.313somerset.com.sg

## 아베크롬비 & 피치 Abercrombie & Fitch

### 아시아에서 신상품이 가장 빨리 들어오는 매장

영화배우 제임스 딘도 즐겨 입었다는 가장 미국적인 브랜드, 아베크롬비. 한때 우리나라에서도 각종 스포트라이트를 받으며 문을 열었지만 3년 2개월만에 문을 닫으며 많은 이들의 아쉬움을 사기도 했다. 현재 아시아에서 아베크롬비 정식 매장이 있는 나라는 싱가포르, 중국, 일본이 전부인데 그 중에서도 싱가포르 매장은 가장 빨리 신상품이 가장 빨리 들어오는 플래그십 스토어로 유명하다. 매장에 들어서면 브랜드 특유의 분위기가 손님들을 맞이하는데, 강렬한 향기가 풍기는 어두컴컴한 실내와 시끄러운 음악 소리, 중독성 있는 스태프의 인사말 덕에 이곳이 의류 매장인지 바인지 헷갈릴 정도다. 어두운 곳에서 무슨 쇼핑이 가능할까 싶겠지만, 이 분위기가 은근히 중독성이 있다. 미국 현지에 비해 가격은 높은 편이지만 세일 기간에 방문하면 저렴한 가격에 득템의 기회를 얻을 수 있다.

**MAP** p.11-G **찾아가기** 파라곤(Paragon)에서 도보 1분 **주소** 270 Orchard Rd. **전화** 6631-2600 **영업** 10:00~22:00 **홈페이지** www.abercrombie.com

## 이케아 IKEA

### 북유럽 라이프스타일의 대중화를 이끌다

세련된 북유럽 디자인의 가구와 생활을 더욱 여유롭게 해 주는 아이디어 소품 및 식료품 등을 취급하는 스웨덴 라이프스타일 브랜드다. 거대한 창고형 매장으로 운영되는 이곳은 가격의 거품을 뺀 합리적인 구매까지 가능해 쇼핑객들의 사랑을 듬뿍 받고 있다. 여행자들은 가구 같은 큰 제품보다는 작은 소품이나 아이디어 상품들을 구입하면 좋다. 싱가포르에는 알렉산드라 지점과 탬퍼니스 지점 등 2곳에 매장이 있다. 그중 알렉산드라 지점이 오차드 로드와 가까운 편이다.

**MAP** p.2-F **찾아가기** MRT 퀸스타운(Queenstown) 역 B번 출구에서 195번 버스를 타고 3번째 정류장인 이케아 빌딩 앞에서 하차 **주소** 317 Alexandra Rd. **전화** 6786-6868 **영업** 10:00~23:00 **홈페이지** www.ikea.com/sg

## H&M  H&M

### 싱가포르 최초의 매장

설명이 필요 없는, 패스트 패션을 대표하는 브랜드다. 싱가포르 최초의 H&M 매장으로, 건물에 파사드를 덧대 마치 단독 건물처럼 보이게 한 것이 특징이다. 여성복과 남성복, 유아복 분야로 구분되어 있으며, 심플한 라인부터 강렬한 파티룩 라인까지 다양한 아이템을 갖추고 있다. 1~2층은 여성복, 3층은 남성복과 아동복 구역이다.

**MAP** p.11-G  **찾아가기** MRT 서머싯(Somerset) 역 B번 출구에서 도보 2분
**주소** 1 Grange Rd.  **전화** 6235-1459  **영업** 10:00~23:00
**홈페이지** www.hm.com/sg

## 위스마 아트리아  Wisma Atria

### 이세탄 백화점이 들어선 쇼핑몰

일본인 특유의 섬세함과 서비스 덕에 싱가포르에서 일본 백화점에 대한 신뢰도는 높은 편이다. 그 중 120년의 전통을 자랑하는 일본 유명 백화점인 이세탄 백화점이 들어선 위스마 아트리아도 마찬가지다. 토미 바하마 등 미국에서 건너온 젊은 감각의 브랜드를 유치하여 싱가포르 쇼퍼들의 주목을 받고 있다. 이외에 나인 웨스트, 빅토리아 시크릿, 페드로, 찰스앤키스 등 20~30대들이 좋아할 만한 브랜드가 입점되어 있다.

**MAP** p.10-F  **찾아가기** MRT 오차드(Orchard) 역 E번 출구에서 도보 1분  **주소** 435 Orchard Rd.  **전화** 6235-2103
**영업** 10:00~22:00  **홈페이지** www.wismaonline.com

## 탕린 몰  Tanglin Mall

### 멋쟁이 엄마들을 위한 쇼핑몰

오차드 로드와 연결된 탕린 로드에는 유독 '키즈'와 '데코'를 테마로 한 쇼핑몰들이 많은 편이다. 그중에서도 탕린 몰은 현지에서 거주하는 외국인들이 많이 찾는 곳으로 알려져 있다. 미국과 유럽 등지에서 수입한 인테리어 소품과 가구는 여행 가방 속에 모조리 넣어 가고 싶을 만큼 아기자기하고 예쁘다. 아이들을 위한 브랜드와 리빙 숍, 홈 패션 브랜드 매장도 인기며, 지하에 위치한 고급 슈퍼마켓과 베이커리는 인근 주민들에게 특히 사랑받고 있다.

**MAP** p.10-I  **찾아가기** MRT 오차드(Orchard) 역 E번 출구에서 도보 20분
**주소** 163 Tanglin Rd.  **전화** 6736-4922
**영업** 10:00~ 22:00  **홈페이지** www.tanglinmall.com.sg

# T 갤러리아 DFS   T Galleria DFS

**세계적인 면세점 체인**

해외 유명 브랜드들을 한눈에 살펴보기 좋은 것은 물론 싱가포르에서 여행 기념품을 구입하기에도 괜찮은 쇼핑몰. 정기 세일 외에도 1+1 행사나 경품 증정 이벤트를 수시로 진행해 시기를 잘 맞추면 알뜰 쇼핑의 기회를 잡을 수 있다. 페이백과 수하물 보관 서비스 등 면세점 체인 전문 몰답게 여행자를 위한 다양한 서비스를 제공하고 있다.

**MAP** p.10-F  **찾아가기** MRT 오차드(Orchard) 역 A2번 출구에서 도보 3분  **주소** 25 Scotts Rd.  **전화** 6229-8100  **영업** 11:00~20:00, 금·토요일 11:00~21:00  **홈페이지** www.dfsgalleria.com

# 탕스   Tangs

**다양한 주방용품 브랜드 구비**

푸른색 기와지붕의 외관이 특히 눈에 띄는 이곳은 30~40대 여성들이 좋아할 만한 브랜드를 갖춘 몰이다. 특히 지하의 주방용품과 키즈 브랜드들이 볼만한데 키친에이드, 맥스웰 앤드 윌리엄스, 르크루제, 스타우브, 드롱기 등 주방용품 브랜드가 총망라되어 있다. 빈티지 그릇과 일본에서 온 그릇도 눈에 들어온다. MRT 오차드 역과 연결되어 있어 오차드 로드의 랜드마크 역할도 하고 있다. 오차드 로드에서 가장 오래된 쇼핑몰 중 하나다.

**MAP** p.10-F  **찾아가기** MRT 오차드(Orchard) 역 A1번 출구에서 도보 1분  **주소** 310 Orchard Rd.  **전화** 6737-5500  **영업** 10:30~21:30, 일요일 11:00~20:30  **홈페이지** www.tangs.com

## 휠록 플레이스 Wheelock Place

유리로 된 원뿔 모양의 외관이 눈길을 끌어 복잡한 오차드 로드의 랜드마크 역할을 하고 있다. 가볍게 쇼핑을 즐기거나 간단하게 식사를 해결할 수 있는 식당들이 좀 있는 편이다.

**MAP** p.10-F
**찾아가기** MRT 오차드(Orchard) 역 E번 출구에서 도보 2분
**주소** 501 Orchard Rd. **전화** 6733-1188
**영업** 11:00~22:00 **홈페이지** www.wheelockplace.com

## 플라자 싱가푸라 Plaza Singapura

로컬 쇼핑센터에 가까워 일부러 찾아가지 않는 한 여행객들이 갈 일은 별로 없다. 하지만 MRT, 버스, 택시가 모두 모이는 교통의 요지인지라 접근이 편리하다는 장점이 있다. 리노베이션을 마치고 유명 딤섬 레스토랑 팀호완(p.194)을 유치하는 등 좀 더 업그레이드된 모습으로 나타났다.

**MAP** p.5-G **찾아가기** MRT 도비 고트(Dhoby Ghaut) 역 D번 출구에서 도보 1분 **주소** 68 Orchard Rd. **전화** 6332-9298 **영업** 10:00~22:00 **홈페이지** www.plazasingapura.com.sg

## 캐세이 The Cathay

근처에 싱가포르 경영대학인 SMU가 있어 대학생들과 10대들이 주로 찾는 곳이다. 4층 규모로 그리 크지 않지만 영화관, 식당, 유명 체인 카페, 저렴한 브랜드숍과 멀티숍, 서점 등이 입점해 있어 구성이 알차다.

**MAP** p.5-G
**찾아가기** MRT 도비 고트(Dhoby Ghaut) 역 A번 출구에서 도보 2분
**주소** 2 Handy Rd. **전화** 6732-7332
**영업** 10:00~22:00, 일요일 11:00~02:00

## 쇼 하우스 Shaw House

오차드 로드와 스코츠 로드 사이에 있어 접근이 편리하고 규모도 상당한 편이다. 영화관과 이세탄 백화점, 그리고 유명 식당들이 입점해 있다. 규모가 워낙 크고 다소 복잡해 처음 방문한 여행자들이 효율적으로 돌아보기는 힘들다.

**MAP** p.10-F **찾아가기** MRT 오차드(Orchard) 역 E번 출구에서 도보 2분
**주소** 350 Orchard Rd. **전화** 6235-2077
**영업** 10:00~21:00

## 리앗 타워스 Liat Towers

자라 또는 에르메스 브랜드 마니아라면 주목할 것. 규모가 꽤 큰 자라 매장에는 신제품부터 다양한 라인의 자라 제품들이 총망라되어 있다. 3개 층을 활용하고 있는 에르메스는 단순히 브랜드숍이라고 분류하기에는 아쉽다. 에르메스의 정체성이 고스란히 녹아 있는 하나의 예술 공간이나 다름없다.

**MAP** p.10-F **찾아가기** MRT 오차드(Orchard) 역 E번 출구에서 도보 2분
**주소** 541 Orchard Rd. **전화** 6589-8494
**영업** 10:00~22:00

## 싱가포르에서 만나는 유럽풍 거리
# HOLLAND VILLAGE
### 홀랜드 빌리지

네덜란드 사람들의 주거지가 형성되면서 홀랜드 빌리지라 부르게 된 지역. 우리나라와의 서래마을과 비슷하다고 할 수 있겠다. 지금은 서양인들이 주로 모여 사는 부촌이자, 여행자들에게는 유럽의 향기를 만끽할 수 있는 사랑스러운 관광지로 자리매김했다. 여행자들이 주로 찾는 곳은 로롱 맘봉 거리와 잘란 메라 사가. 서양인들의 취향을 반영한 숍과 상점들이 오밀조밀 모여 있고, 제대로 된 이탤리언 레스토랑과 캐주얼 퍼브가 곳곳에 자리한다.

**MAP** p.10-I
**찾아가기** MRT 홀랜드 빌리지(Holland Village) 역 B번 출구에서 Holland Ave.와 Lorong Liput 따라 도보 3분

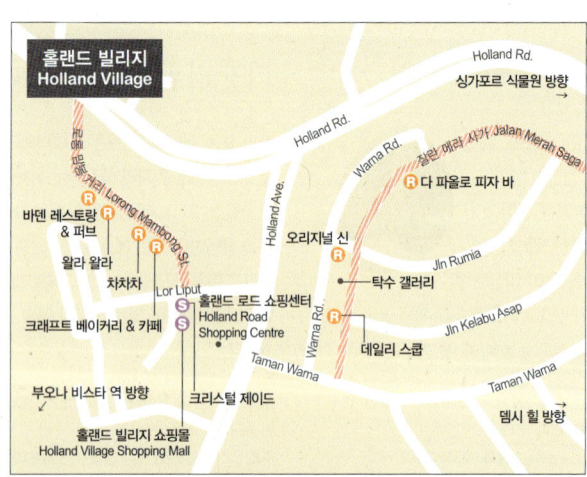

**Street 1**
## 로롱 맘봉 거리
Lorong Mambong St.

### 시끌벅적한 유흥의 거리
홀랜드 빌리지의 메인 스트리트. 길 양옆으로 독일식 퍼브와 멕시칸 레스토랑 등 이국적인 가게들이 빼곡하게 들어서 있다. 언제 가도 좋지만, 이왕이면 해 질 무렵에 찾아가자. 거리 밖으로 나온 노천 테이블, 테라스 바에서 울려 퍼지는 밴드의 라이브 공연 등이 어우러져 여행자의 밤을 제대로 만끽할 수 있다.

### 왈라 왈라 Wala Wala
#### 로롱 맘봉 거리에서 가장 활기찬 라이브 바
로롱 맘봉 거리에서 가장 활기차고 시끌벅적한 곳이 있다면 그곳은 왈라 왈라일 가능성이 크다. 2층으로 된 꽤 큰 규모의 바에서는 라이브 공연이 열린다.

**MAP** p.206  **주소** 31 Lorong Mambong
**전화** 6462-4288  **영업** 16:00~01:00, 금요일 16:00~02:00, 토요일 15:00~02:00, 일요일 15:00~01:00
**예산** S$20~30  **홈페이지** www.walawala.sg

### 차차차 Cha Cha Cha
#### 인기 만점의 멕시코 요리 전문점
홀랜드 빌리지에서 오랜 시간 사랑받고 있는 멕시코 요리 전문점이다. 작지만 예쁘게 꾸며 놓은 소박한 가게에서 제대로 된 멕시코 요리를 합리적인 가격에 맛볼 수 있다.

**MAP** p.206  **주소** 32 Lorong Mambong  **전화** 6462-1650
**영업** 11:30~23:00, 금·토요일 11:30~24:00  **예산** S$15~20  **홈페이지** www.chachacha.com.sg

## 바덴 레스토랑 & 퍼브 Baden Restaurant & Pub

### 저렴한 가격에 독일 생맥주 마음껏 즐기기

비교적 저렴한 가격에 신선한 독일 생맥주를 마실 수 있는 캐주얼 퍼브로, 규모는 작지만 언제나 사람들로 북적인다. 오후 9시 이전에 가면 할인 혜택이 있다.

**MAP** p.206 **주소** 42 Lorong Mambong **전화** 6463-8127
**영업** 월~목요일 14:00~01:00, 금·토요일 14:00~02:00, 일요일 12:00~24:00 **예산** S$12~25

## Street 2 잘란 메라 사가 Jalan Merah Saga

### 황홀한 미식의 거리

로롱 맘봉 거리가 유흥의 거리라면 잘란 메라 사가는 미식의 거리. 한적하고 조용한 주택가에 자리한 이 거리는 싱가포르에서 이름난 레스토랑들이 차지하고 있다. 동네가 동네이니만큼 로컬 푸드보다는 인터내셔널 푸드가 대세를 이룬다.

## 탁수 갤러리 Taksu Gallery

### 새로운 작품을 발굴해 내는 작지만 실속 있는 갤러리

규모는 작지만 꽤 오랫동안 활동해 온 실속 있는 갤러리다. 아시아를 무대로 활동하고 있는 젊은 작가들의 작품을 주로 전시하며 싱가포르 현대미술에 기여하고 있다. 우리나라 예술가의 작품도 종종 전시된다.

**MAP** p.206 **주소** #01-72, 43 Jalan Merah Saga **전화** 6476-4788
**영업** 10:00~19:00, 일요일 12:00~18:00 **휴무** 월요일 **홈페이지** taksu.com

## 오리지널 신 Original Sin

**맛있고 건강한 지중해 요리 전문점**

싱가포르 유명 미식 그룹 중 하나인 미켈란젤로스의 자매 레스토랑이다. 싱가포르에서 '채식', '지중해' 요리를 논할 때 늘 빠지지 않고 등장하는 곳이다. 지중해식 토르티야 랩, 베지 버거, 스파게티 등으로 이루어진 런치 세트는 S$24.

**MAP** p.206  **주소** #01-62, 43 Jalan Merah Saga  **전화** 6475-5605
**영업** 11:30~14:30, 18:00~22:30  **예산** S$30~40  **홈페이지** www.originalsin.com.sg

## 다 파올로 피자 바 Da Paolo Pizza Bar

**맛있는 피자가 먹고 싶다면 강추**

피자가 맛있는 곳으로 정평이 난 이탤리언 레스토랑이다. 피자를 먹을 때 곁들이기 좋은 하우스 와인과 샐러드도 준비되어 있다. 가까이에 파인 다이닝 레스토랑 '가스트로노미아 다 파올로'도 있다.

**MAP** p.206  **주소** 44 Jalan Merah Saga
**전화** 6479-6059  **영업** 12:00~14:30, 17:30~22:30, 토·일요일과 공휴일 11:00~22:30  **예산** S$20~30
**홈페이지** www.dapaolo.com.sg

## 데일리 스쿱 The Daily Scoop

**식사 후 입가심을 위한 아이스크림 한 스푼**

잘란 메라 사가에서 맛있는 식사 후 아이스크림으로 마무리해 보는 것은 어떨까. 심플 바닐라부터 두리안까지 40여 가지의 아이스크림이 준비되어 있다. 컵 또는 두꺼우면서도 바삭한 콘에 담아 먹을 수 있다.

**MAP** p.206  **주소** #01-78 Chip Bee Gardens, 43 Jalan Merah Saga  **전화** 6475-3128  **영업** 월~목요일 11:00~22:00, 금·토요일 11:00~22:30, 일요일 14:00~22:00
**예산** S$5  **홈페이지** www.thedailyscoop.com.sg

## Plus AREA ②

쇼퍼들의 브런치 명소
# DEMPSEY HILL
뎀시 힐

오차드 로드에서 쇼핑을 마치고 느긋하게 식사를 하거나 주말 브런치를 즐기려는 사람들이 주로 찾는 동네다. 레스토랑의 규모나 수준, 분위기를 고려해서 비교한다면 우리나라의 청담동과 비슷하다고나 할까. 여유로운 분위기에서 숙련된 서비스와 제대로 된 음식을 맛볼 수 있기 때문이다. 식사 후에는 곳곳에 있는 갤러리와 숍을 둘러보며 소화를 시키기에도 좋다.

**MAP** p.2-F
**찾아가기 버스** MRT 오차드(Orchard) 역 B번 출구 건너편 버스 정류장(Opposite Peirce Road/11209)에서 7, 77, 106, 123, 174번 탑승. **택시** 오차드 로드에서 8분 소요. 요금 S$4~5. **셔틀버스** 오차드 로드 태국 대사관 앞에서 09:10~21:10 사이에 30~60분 간격으로 운행
**홈페이지** www.dempseyhill.com

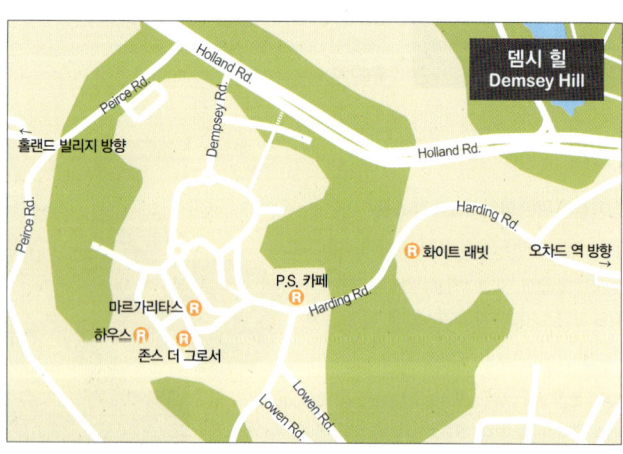

# P. S. 카페 P. S. Cafe

### 숲속에 자리한 카페

뎀시 힐에서 얘기치 못한 더위와 배고픔에 지쳤다면 이곳에 들러 잠시 쉬어가길 적극 권한다. 이국적인 열대나무가 우거진 곳에 자리한 이곳은 보는 것만으로도 힐링이 된다. 입구에서부터 느껴지는 싱그러운 공기를 따라 걸어 들어가면 마치 숲속에 둘러싸인 것 같은 모던한 분위기의 카페 건물이 나온다. 사방이 온통 유리로 된 실내 공간도 좋지만, 많이 더운 날이 아니라면 테라스 자리에 앉길 권한다. 케이크 한 조각 먹으며 에너지를 충전하는 것도 좋고, 시그니처 메뉴인 트러플 감자 튀김을 먹으며 허기를 달래도 좋다. 참고로 P.S.카페는 뎀시 힐 지점을 포함해 현재 8개 지점이 운영되고 있다.

**MAP** p.210
**주소** 28B Harding Rd. **전화** 9070-8782
**영업** 08:00~23:00, 금·토요일 08:00~24:00
**예산** 베이커리 S$5~10, 식사 S$20~30
**홈페이지** www.pscafe.com

### 영국군 막사를 그대로 사용한 레스토랑과 갤러리

뎀시 힐은 과거 영국군 부대시설이 있던 지역으로, 1980년대 이후 버려졌던 땅을 다듬고 고쳐 지금의 모습을 갖추게 되었다. 막사를 그대로 사용한 레스토랑과 갤러리, 앤티크 숍들의 분위기가 꽤 이색적이고 운치 있다.

## 마르가리타스  Margarita's

### 눈과 입이 모두 즐거운 멕시칸 레스토랑

뎀시 힐을 대표하는 멕시칸 레스토랑으로 꼽힌다. 단박에 멕시코를 떠올리게 하는 컬러풀한 실내 장식과 그림 소품들에 눈이 즐겁다. 정통 멕시코 음식을 표방하며, 타코를 비롯해 브리토, 엔칠라다, 마가리타 등을 선보인다.

MAP p.210  주소 #01-19, BLK11 Demsey Rd.  전화 6440-8030
영업 11:30~23:00  휴무 월요일  예산 S$30

## 존스 더 그로서  Jones The Grocer

### 프리미엄 식료품점 겸 레스토랑

호주의 프리미엄 식료품 체인으로, 레스토랑이면서 다양한 식료품들을 판매한다. 세계 각지에서 온 유기농 제품과 향신료, 치즈, 커피, 각종 로컬 식자재는 물론 매일 만드는 신선한 요리와 디저트를 만날 수 있다. 다양한 종류의 발로나 초콜릿과 올리브유, 잼, 장인이 만든 치즈 등은 선물용으로 구입하기 좋다.

MAP p.210  주소 #01-12, BLK9, Dempsey Rd.  전화 6476-1518
영업 08:00~23:00  예산 S$10~20

## 화이트 래빗  The White Rabbit

### 오래된 교회를 개조한 레스토랑

뎀시 힐에서 도보 5분 거리에 있는 이곳은 영국 사람들을 위해 지은 오래된 교회를 개조한 레스토랑이다. '이상한 나라의 앨리스'를 떠올리게 하는 '래빗 홀'을 따라 들어가면 잘 가꾼 정원과 건물이 나온다. 높은 돔형 천장, 빛에 따라 시시각각 변하는 스테인드글라스 등 감탄이 절로 나오는 공간이 펼쳐져 있다. 레스토랑에서 사용되는 로즈마리와 페퍼민트, 세이지 등을 직접 키워 재배하는데, 페퍼민트로 만든 모히토와 프렌치 요리를 맛볼 수 있다. 런치 세트를 이용하면 더 저렴하게 식사를 즐길 수 있다.

**MAP** p.210
**주소** 39C Harding Rd.  **전화** 6473-9965
**영업** 화~금요일 11:45~14:30, 18:30~22:30,
토·일요일 11:00~15:30, 18:30~22:30
**휴무** 월요일  **예산** S$25~40
**홈페이지** www.thewhiterabbit.com.sg

## 하우스  House

### 목요일과 금요일마다 열리는 하이 티 파티

오랜 시간 사랑받아 온 브런치 레스토랑. 세련되고 널찍한 공간과 주변의 녹음이 어우러져 편안하고 여유롭다. 매주 목요일과 금요일(15:00~17:30)에 진행되는 하이 티가 특히 유명한데, 워낙 인기가 많으니 미리 예약을 하는 것이 좋다. 채식주의자를 위한 메뉴도 준비되어 있다.

**MAP** p.210  **주소** #01-01, BLK8D Dempsey Rd.
**전화** 6475-7787
**영업** 12:00~22:00, 토·일요일 11:00~23:00
**예산** 하이 티 S$30

### 여성들에게 인기 있는 다이닝 명소
# ROCHESTER PARK
## 로체스터 파크

로체스터 파크는 수년 전부터 인기를 얻고 있는 다이닝 스폿이다. 제2의 뎀시 힐로 불리며, 늘 새로운 것에 열광하는 싱가포르 20~30대 여성들의 약속 장소로 사랑받고 있다. 뎀시 힐과 마찬가지로 영국군 막사를 개조한 상점과 레스토랑이 공원 안에 들어서 있다. 브런치도 좋지만 저녁에 분위기 잡고 여유롭게 식사를 하기에 더없이 훌륭하다.

**MAP** p.2-F  **찾아가기** MRT 부오나 비스타(Buona Vista) 역 C번 출구에서 Buona Vista Rd. 따라 도보 5분

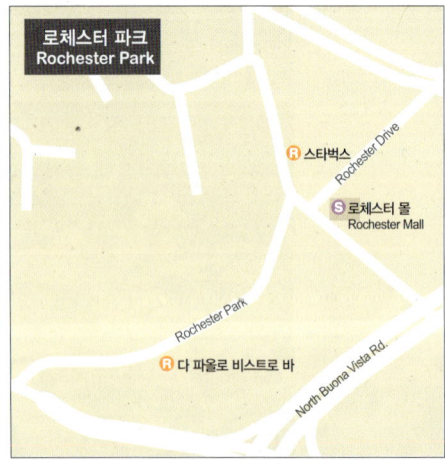

## 다 파올로 비스트로 바 Da Paolo Bistro Bar

### 널찍한 테라스가 있는 비스트로 다이닝

어느 열대 휴양지의 리조트에 온 듯한 여유로운 분위기가 인상적인 유러피언 레스토랑이다. 분위기와 서비스도 좋지만, 맛있는 음식 좀 찾으러 다닌다는 현지인들 사이에서도 꽤 유명한 맛집으로 통한다. 기본적으로 음식의 맛은 준수한 편인데, 그 중에서도 치즈가 들어간 화덕피자 맛이 특히 좋다. 식사의 마무리는 티라미수로 하자. 쌉싸래한 카카오와 풍미 깊은 마스카르포네의 치즈의 맛이 꽤 조화롭다. 레스토랑 옆쪽으로 바도 함께 운영된다. 해가 진 후에 방문했다면 정갈하게 세팅된 나무 테이블이 있는 널찍한 테라스 자리를 추천한다. 실외석이라 해도 유리 지붕이 있고 실링 팬이 있어 그리 덥지 않다.

**MAP** p.214  **주소** 3 Rochester Dr.  **전화** 6774-5537  **영업** 11:30~14:30, 17:30~22:30, 일요일과 공휴일 11:00~22:00  **예산** S$20~40  **홈페이지** www.dapaolo.com.sg

## 스타벅스 Starbucks

### 싱가포르에서 가장 예쁜 스타벅스

평소 스타벅스에 충성도가 높은 커피 애호가라면 반드시 들러야 할 곳이다. 로체스터 파크 입구에 있는 이곳은 싱가포르에서 가장 예쁜 스타벅스로 불릴 뿐 아니라, 세계에서 가장 멋진 스타벅스 매장을 얘기할 때 빠지지 않고 거론되는 곳이기도 하다. 여행을 와서까지 무슨 스타벅스냐 할 수도 있겠지만 직접 가 보면 얘기가 달라진다. 주황색 건물과 나무로 둘러싸인 스타벅스는 특유의 초록색 간판과 어우러져 익숙하면서도 낯선 분위기를 자아낸다. 옛 건물을 원형 그대로 살린 앤티크한 내부 역시 매력적이다. 2층에는 발코니 좌석도 마련되어 있다. 로체스터 파크 지점에서만 판매하는 머그컵은 기념품으로도 좋다.

**MAP** p.214  **주소** 37 Rochester Dr.  **전화** 6684-8538  **영업** 07:30~23:00, 금·토요일과 공휴일 전날 07:30~24:00  **예산** S$5  **홈페이지** www.starbucks.com.sg

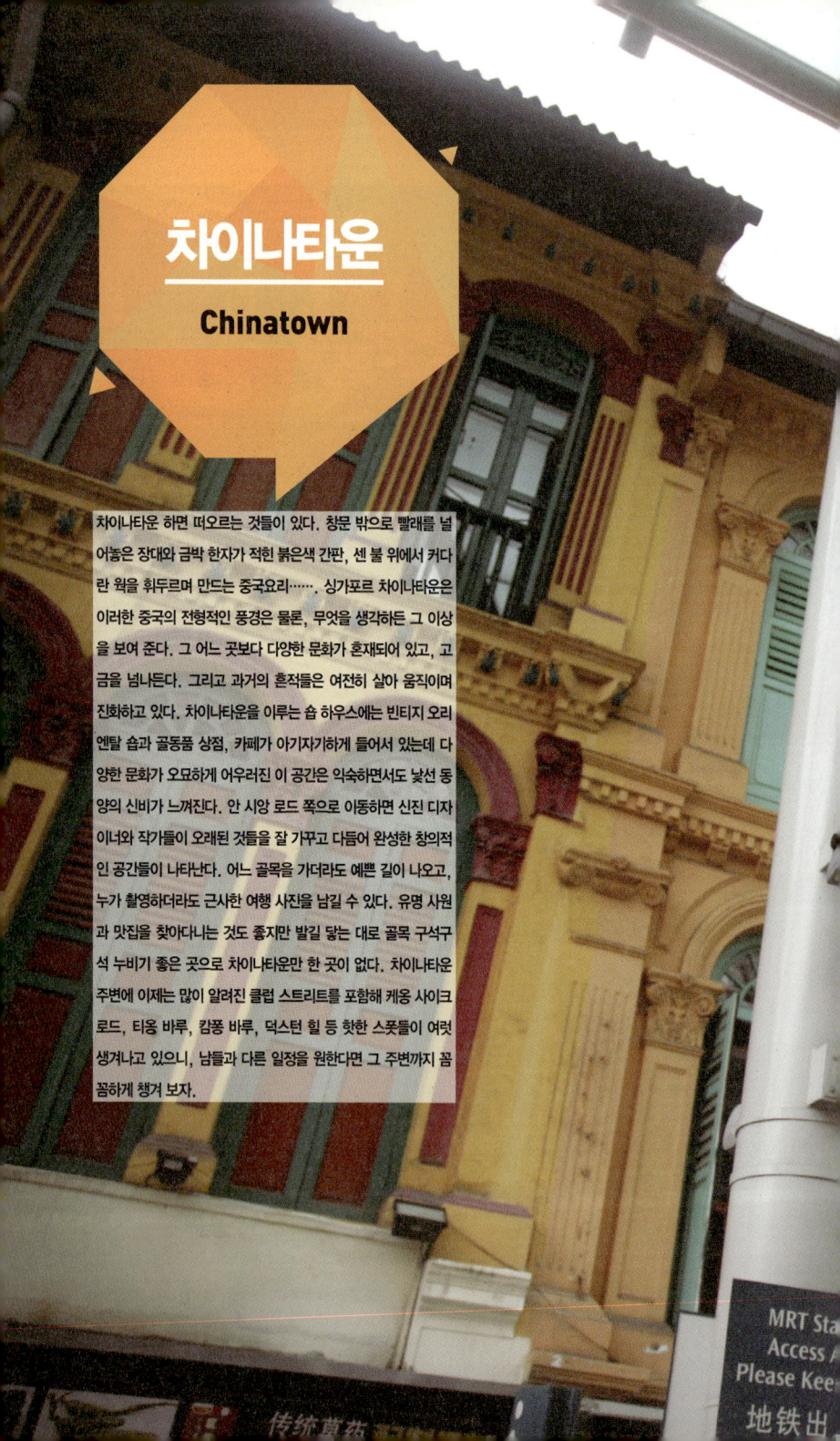

# 차이나타운
## Chinatown

차이나타운 하면 떠오르는 것들이 있다. 창문 밖으로 빨래를 널어놓은 장대와 금박 한자가 적힌 붉은색 간판, 센 불 위에서 커다란 웍을 휘두르며 만드는 중국요리……. 싱가포르 차이나타운은 이러한 중국의 전형적인 풍경은 물론, 무엇을 생각하든 그 이상을 보여 준다. 그 어느 곳보다 다양한 문화가 혼재되어 있고, 고금을 넘나든다. 그리고 과거의 흔적들은 여전히 살아 움직이며 진화하고 있다. 차이나타운을 이루는 숍 하우스에는 빈티지 오리엔탈 숍과 골동품 상점, 카페가 아기자기하게 들어서 있는데 다양한 문화가 오묘하게 어우러진 이 공간은 익숙하면서도 낯선 동양의 신비가 느껴진다. 안 시앙 로드 쪽으로 이동하면 신진 디자이너와 작가들이 오래된 것들을 잘 가꾸고 다듬어 완성한 창의적인 공간들이 나타난다. 어느 골목을 가더라도 예쁜 길이 나오고, 누가 촬영하더라도 근사한 여행 사진을 남길 수 있다. 유명 사원과 맛집을 찾아다니는 것도 좋지만 발길 닿는 대로 골목 구석구석 누비기 좋은 곳으로 차이나타운만 한 곳이 없다. 차이나타운 주변에 이제는 많이 알려진 클럽 스트리트를 포함해 케옹 사이크 로드, 티옹 바루, 캄퐁 바루, 덕스턴 힐 등 핫한 스폿들이 여럿 생겨나고 있으니, 남들과 다른 일정을 원한다면 그 주변까지 꼼꼼하게 챙겨 보자.

## 차이나타운 한눈에 보기

### KNOWHOW

지도 위에 MRT 역 출구와 연결되는 주요 랜드마크를 표시해 찾아가고자 하는 목적지를 빠르게 확인할 수 있다.

어스킨 로드

**MRT 우트럼 파크 역**
MRT Outram Park

**F번 출구** : 바바 하우스
**H번 출구** : 케옹 사이크 로드

#### 관광의 기술
차이나타운은 한 민족을 대표하는 지역치고는 꽤 면적이 넓다. 사우스 브리지 로드를 중심으로 양옆으로 가지처럼 뻗은 좁은 골목길에는 여러 사원을 비롯하여 차이나타운의 역사와 문화를 확인할 수 있는 관광지가 모여 있다. 전통적인 차이나타운은 MRT 차이나타운 역 주변, 새로운 감성의 차이나타운은 MRT 우트럼 파크 역과 탄종 파가 역 주변에서 만나볼 수 있다.

#### 쇼핑의 기술
명품 쇼핑보다는 '싼 맛'에 구입하는 재미가 있고, 흥미로운 중국풍 잡화와 토산품을 쇼핑하기에 좋다. 질 좋은 열대 과일이나 중국차, 한방 건강식품도 구하기 쉽다. 안 시앙 로드 부근에는 개성 있고 트렌디한 숍들이 모여 있다.

#### 미식의 기술
차이나타운에서는 '본점 찾기'에 주력하자. 야쿤 카야 토스트, 비첸향 등의 본점이 차이나타운에 자리하고 있다. 호커스도 놓쳐서는 안 될 곳이다. 다른 곳보다 메뉴가 풍부하고 중국요리 위주의 상점들이 많이 있다. 리노베이션을 마쳐 쾌적하고 깔끔해진 차이나타운 푸드 스트리트도 주목할 만하다.

### MRT 차이나타운 역
**MRT Chinatown**

**A번 출구** : 파고다 스트리트, 스리 마리아만 사원, 차이나타운 헤리티지 센터, 트렝가누 스트리트, 어스킨 로드, 안 시앙 로드, 클럽 스트리트, 불아사 용화원

**B번 출구** : 스미스 스트리트, 차이나타운 푸드 스트리트, 맥스웰 푸드 센터

차이나타운 역
**Chinatown**

파고다 스트리트

레드 닷 디자인 뮤지엄

### MRT 탄종 파가 역
**MRT Tonjong Pagar**

**G번 출구** : 레드 닷 디자인 뮤지엄, 싱가포르 시티 갤러리, 티안혹켕 사원

탄종 파가 역
**Tanjong Pagar**

차이나타운 푸드 스트리트

**BEST COURSE**

# 남녀노소 누구나 즐거운
# 클래식 차이나타운 투어

**10:00**
MRT 차이나타운 역
A번 출구에서 도보 1분

차이나타운 역 Chinatown

① 림치관

**10:10**
달콤하고 고소한
싱가포르식
육포 구입하기 p.243
도보 1분

**10:15**
차이나타운 헤리티지
센터(p.225) 둘러보기
도보 1분

② 차이나타운
헤리티지 센터

스리 마리아만 사원

**19:30**
마음에 드는 노점에 들러
저녁식사 해결하기 p.240

⑫ 차이나타운 푸드 스트리트

**12:00**
현대식 사원의 화려함
엿보기 p.233
도보 2분

④ 불아사 용화원

**12:45**
인기 호커스에서 중국요리와
디저트 한 번에 즐기기 p.235
도보 2분

⑤ 맥스웰 푸드 센터

싱가포르
시티 갤러리

**13:45**
싱가포르 과거와 미래
살펴보기 p.234
도보 2분

불아사 용화원

스리 마리아만 사원

**16:10**
야쿤 카야 토스트 본점에서
원조 카야 토스트 맛보기 **p.236**
도보 3분

**9** 야쿤 카야 토스트

**11:15**
웅장하고 아름다운
고푸람을 배경으로
기념사진 찍기 **p.225**
도보 2분

**17:00**
개성있는 숍들을 구경하며
클럽 스트리트 따라 걷기 **p.228**
도보 3분

**10** 클럽 스트리트

유안상
**18:30**
부모님을 위한 건강식품
구입하기 **p.243**
도보 3분

티안혹켕 사원

안 시앙 로드
**10**

티안혹켕 사원
**8**

어스킨 로드    P. S. 카페
**7**

**15:30**
소박하고 고즈넉한 사원에서
잠시 쉬어 가기 **p.233**
도보 5분

**14:30**
안 시앙 힐 파크(**p.229**)에서
산책후 P. S. 카페(**p.231**)에서
쉬어 가기
도보 4분

차이나타운 **221**

# BEST COURSE
## 현지인처럼 즐기는
## 모던 차이나타운 투어

바바 하우스

**10 티옹 바루**
**17:10**
힙스터들이 사랑하는 동네에서
현지인처럼 즐기기 p.244
택시 5분

우트럼 파크 역
**Outram Park**

**15:30**
에버턴 파크 가는 길에
바바 하우스 들르기 p.234
도보 1분

**8** 바바 하우스

**9** 에버턴 파

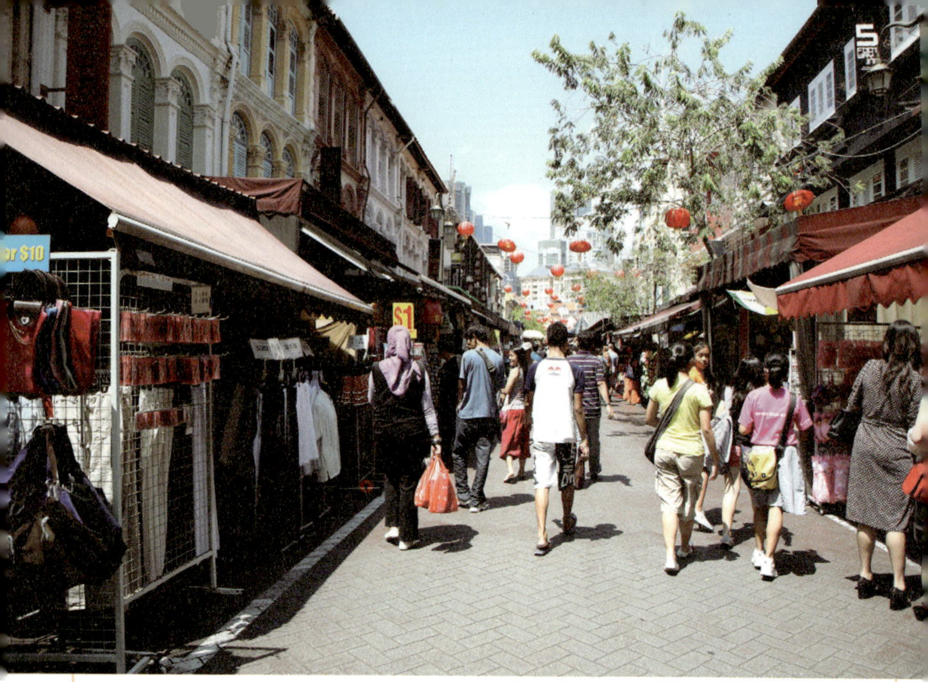


# 파고다 스트리트
## Pagoda Street

MAP p.12-B

**찾아가기** MRT 차이나타운(Chinatown) 역 A번 출구에서 바로 연결

BEST CHOICE

스리 마리아만 사원 p.225
차이나타운 헤리티지 센터 p.225
트렝가누 스트리트 p.226
비첸향 p.227
틴틴 숍 p.227

**가장 소란스럽고 가장 흥겨운 중국풍 거리**

중국풍 색채가 강한 상점들과 여행자들이 뒤엉켜 있는 파고다 스트리트는 차이나타운에서 가장 소란스러우면서도 흥겨운 거리다. 길가에는 알록달록한 숍 하우스가 다닥다닥 붙어 있고, 중국풍 기념품점과 고가구점, 아시아풍의 의류 상점, 음식점, 카페 등은 붉게 치장해 화려한 모습이다. 이 길에서 파생된 좁은 골목들 사이에는 차이나타운의 색채가 짙은 풍경이 끝없이 이어진다. 차이나타운의 역사를 한눈에 살펴보고 여행 정보를 얻을 수 있는 헤리티지 센터 등이 자리하고 있으니 차이나타운 여행의 시작을 이곳으로 삼을 이유는 충분하다.

잠깐 상식!

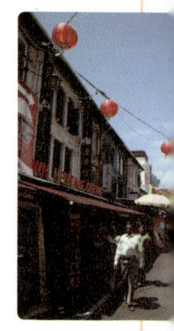

### 싱가포르의 전통 가옥인 숍 하우스

차이나타운에서 가장 흔하게 볼 수 있는 건물이 바로 숍 하우스다. 숍 하우스는 싱가포르의 전통 주거 형태로, 이주민들이 동남아시아의 더운 기후를 반영해 지었고 화교들이 싱가포르로 옮겨 오면서 중국식 건물을 재현했다. 이 과정에서 바로크, 아르데코 등의 서양 건축 양식이 녹아들어 지금처럼 앤티크하면서도 이국적인 건물이 완성되었다. 보통 2~3층짜리 가옥으로 되어 있는데 주로 1층은 상점으로, 2~3층은 주거 공간으로 사용된다.

## 스리 마리아만 사원
### Sri Mariamman Temple

**화려하고 높은 고푸람이 있는 힌두교 사원**

1827년에 세워졌으며 싱가포르에서 가장 오래된 힌두교 사원이다. 남인도 이민자들에 의해 지어진 이 사원은 전염병과 질병을 치료한다고 알려진 마리아만 여신을 기리고 있다. 반 블록 정도에 달하는 큰 규모의 힌두교 사원이 차이나타운 복판에 자리하고 있다는 사실이 흥미롭다. 높고 화려한 탑문 '고푸람'은 힌두교의 신들과 소, 뱀, 사자 등의 조각상들로 빼곡하게 채워져 있다. 오랜 역사가 믿기지 않을 정도로 잘 보존된 경내에는 각종 조각상과 벽화 등이 있는데, 이는 다신교인 힌두교의 특성을 고스란히 반영한 것이다. 10월 말쯤에 '불 위를 걷는 축제'라 불리는 티미티가 열리는 곳으로도 유명하다. 사원에 입장할 때에는 신발을 벗고 들어가야 한다.

**MAP** p.12-B
**찾아가기** MRT 차이나타운(Chinatown) 역 A번 출구에서 Pagoda St. 따라 도보 3분
**주소** 244 South Bridge Rd.
**전화** 6223-4064
**운영** 07:00~12:00, 18:00~21:00

## 차이나타운 헤리티지 센터
### Chinatown Heritage Centre
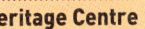

**디테일이 살아 있는 생활사 박물관**

2016년 1월, 보수공사를 마치고 새롭게 오픈했다. 초기 중국인 이민자들의 역사를 소개한 곳으로, 차이나타운을 본격적으로 둘러보기 전에 먼저 들르면 좋을 곳이다. '역사'라고 하면 딱딱하게 느껴질 수도 있지만 중국인들이 싱가포르에 정착하기까지의 과정을 생생한 비주얼을 통해 전시한 박물관이라 흥미롭다. 숍 하우스와 숍 하우스에 거주하는 다양한 직종의 사람들은 물론 아편굴과 같은 어두운 과거 등을 시각 자료를 통해 전달하고 있다. 꽤 디테일하게 조성된 공간은 마치 지금도 사람이 살고 있는 것 같은 착각이 들 정도. 입장료에 추가비용(S$5)을 지불하면 가이드 투어(11:30, 13:30, 16:30)에 참가할 수 있다.

**MAP** p.12-B
**찾아가기** MRT 차이나타운(Chinatown) 역 A번 출구에서 Pagoda St. 따라 도보 2분
**주소** 48 Pagoda St. **전화** 6224-3928
**운영** 09:00~20:00 **휴무** 매달 첫째 주 월요일
**요금** S$15
**홈페이지** www.chinatownheritagecentre.sg

## 트렝가누 스트리트
### Trengganu Street

**중국 및 아시아 토산품 상점 밀집 거리**

차이나타운 헤리티지 센터 맞은편에 난 골목길로, 템플 스트리트와 스미스 스트리트를 가로지른다. 오랜 시간을 고스란히 담고 있는 알록달록한 숍 하우스들이 좌우로 늘어서 있다. 중국 및 아시아 토산품들을 파는 상가들이 모여 있고, 대부분 비슷한 품목들을 팔고 있기 때문에 가격 경쟁이 치열한 편이다. 덕분에 S$1, S$2 정도의 비교적 저렴한 가격으로 마그네틱, 열쇠고리, 엽서 등의 싱가포르 기념품을 구매할 수 있어 관광객의 발길이 끊이지 않는다. 화병, 붓, 도장, 실크, 조명 등의 잡화를 비롯해 식품이나 과일을 파는 노점들도 곳곳에 있어 쇼핑하는 재미를 더한다.

**MAP** p.12-B
**찾아가기** MRT 차이나타운(Chinatown) 역 A번 출구에서 Pagoda St. 따라 도보 2분

### 발의 피로를 풀어 주는 중국식 마사지

차이나타운은 많이 걸을수록 즐거운 곳이다. 여행 중 쌓인 발의 피로는 골목 곳곳에 자리한 마사지 숍에서 풀 수 있다. 갖춰 놓은 시설과 이용 시간에 따라 요금이 다르지만 일반 마사지 숍의 발 마사지는 30분에 S$30~40 정도다.

## 비첸향
## Bee Cheng Hiang

**세계적인 육포 체인점 비첸향의 본점**

촉촉한 육질과 특유의 불향이 나는 양념이 특징인 비첸향의 육포는 입에 넣자마자 달콤한 양념맛이 입안 가득 퍼진다. 소고기, 돼지고기, 닭고기, 양고기 등의 육포가 있으며 양념과 포장 형태도 매우 다양하다. 한류의 영향으로 김치 맛도 출시되었다. 매콤한 양념의 돼지고기 육포가 가장 인기 있지만 시식 코너가 준비되어 있으니, 충분히 맛을 보고 입맛에 따라 구입할 수 있다. 파고다 스트리트 초입에도 매장이 있다.

**MAP** p.12-B
**찾아가기** MRT 차이나타운(Chinatown) 역 E번 출구에서 도보 1분
**주소** 189 New Bridge Rd.
**전화** 6223-7059
**영업** 08:00~22:00
**예산** S$10~40
**홈페이지** www.beechenghiang.com.sg

## 틴틴 숍
## The Tintin Shop

**사랑스러운 틴틴과 밀루를 만날 수 있는 캐릭터 숍**

우리에게는 <땡땡의 모험>이라는 제목으로 잘 알려진 만화의 캐릭터 숍으로, 만화 주인공 '틴틴'이 반려견 밀루와 함께 세계를 다니며 취재하는 에피소드가 담긴 아이템들이 가득하다. 1929년부터 벨기에에서 연재되기 시작했다니, 아주 오랫동안 사랑받고 있는 캐릭터인 셈이다. 세계 각국의 정치와 경제를 아우르는 만화의 내용 때문에 숍에는 다양한 나라를 배경으로 하는 귀엽고 사랑스러운 아이템을 구경할 수 있다.

**MAP** p.12-B
**찾아가기** MRT 차이나타운(Chinatown) 역 A번 출구에서 Pagoda St. 따라 도보 1분
**주소** 28 Pagoda St.
**전화** 8183-2210
**영업** 10:00~21:00, 금·토요일 10:00~22:00
**홈페이지** www.tintin.sg

### 싱가포르식 육포, 박콰 Bakkwa

싱가포르를 포함해 동남아시아의 육포는 우리 육포와는 조금 다르다. 박콰로 불리는 이 육포는 아주 오래전 중국에서 사용된 육류 저장 방식에서 유래된 레시피로 완성한다. 우리나라 육포는 다소 딱딱하고 씹을수록 고소하지만 박콰는 부드럽고 달콤하면서도 불향이 나는 것이 특징이다.

# 어스킨 로드 & 안 시앙 로드 & 클럽 스트리트
## Erskine Road & Ann Siang Road & Club Street

**MAP**
어스킨 로드 & 안 시앙 로드 p.12-F
클럽 스트리트 p.13-C

**찾아가기** MRT 차이나타운(Chinatown) 역 A번 또는 B번 출구에서 Pagoda St.와 South Bridge Rd. 따라 도보 6분

 **BEST CHOICE**

안 시앙 힐 파크 p.229
EGG3 p.229
포크스 컬렉티브 p.230
P.S. 카페 p.231
스크리닝 룸 p.231

### 세계에서 가장 스타일리시한 차이나타운

길 하나를 사이에 두고 지금까지와는 전혀 다른 차이나타운이 펼쳐진다. 알록달록한 숍 하우스 대신 모던하고 심플한 모노톤의 숍 하우스가 어스킨 로드부터 안 시앙 로드와 클럽 스트리트까지 이어져 있다. 이곳은 차이나타운 부근의 주택가였으나 작은 숍들이 하나둘씩 생기면서 지금은 싱가포르에서 가장 힙한 동네 중 하나로 꼽히게 되었다. 산뜻하면서도 감각적인 컬러의 숍 하우스 아래에는 이국적인 아시안 앤티크 숍과 세련되고 트렌디한 편집 숍, 오너의 개성이 듬뿍 담긴 아기자기한 로드 숍, 그리고 시크하면서도 비밀스러운 바와 레스토랑이 죽 이어진다. 이른 시간보다 해 지기 직전의 오후에 찾는 것이 가장 좋다. 주말에는 새벽까지 떠들썩하기도 하다.

## 안 시앙 힐 파크
### Ann Siang Hill Park

**오붓한 시간을 보내기에 최적의 장소**

안 시앙 로드 중간에 위치한 작은 공원이다. 규모가 크지는 않지만 나무 게이트와 잘 가꾸어 놓은 산책로, 걷기 좋은 우드 데크, 원형 계단 등 아기자기하게 잘 꾸며져 있어 싱가포르 사람들에게는 데이트 코스로 사랑받고 있다. 햇빛이 강한 한낮 차이나타운에 방문했다면 더위를 피해 잠시 들러 산책을 즐기기에 괜찮은 장소다. 산책 후에는 공원 내에 있는 P. S. 카페(p.231)에 들러도 좋다. P. S. 카페는 특히 케이크와 브런치가 유명해 안 시앙 힐 파크에 가는 이의 상당수가 이곳을 방문하기 위해서라고 해도 과언이 아니다. 평소 걷는 것을 좋아하고, 여행지의 소란스러움에서 벗어나 여유를 부리고 싶거나 연인 혹은 가족끼리 오붓한 시간을 보내고 싶다면 이 사랑스러운 공원을 잊지 말자.

**MAP** p.13-G
**찾아가기** MRT 차이나타운(Chinatown) 역 B번 출구에서 South Bridge Rd.와 Erskine Rd. 그리고 Ann Siang Rd. 따라 도보 8분

## EGG3
### EGG3

**젊은 디자이너들의 라이프스타일을 확인할 수 있는 편집 매장**

어스킨 로드에서 단연 돋보이는 라이프스타일 편집 매장이다. 이곳을 염두에 두지 않고 어스킨 로드를 방문더라도 근사한 디스플레이와 셀렉션 때문에 한 번쯤은 들여다보게 되는 곳이랄까. 싱가포르 국내뿐 아니라 해외에서 주목받고 있는 신진 디자이너들의 아이템 위주로 판매하고 있어 신선하고 감각적인 분위기를 느낄 수 있다. 오픈 당시에는 의류와 액세서리 등 패션 관련 아이템을 주로 취급했지만 지금은 홈인테리어 제품 등 전방위 라이프스타일을 커버하는 아이템으로 영역을 넓히며 매장을 점차 확장하고 있다.

**MAP** p.12-F
**찾아가기** 차이나타운(Chinatown) 역 B번 출구에서 South Bridge Rd.와 Erskine Rd. 따라 도보 6분
**주소** #01-10/11, 33 Erskine Rd.
**전화** 6536-9777
**영업** 10:00~20:00, 일요일과 공휴일 10:00~19:00
**홈페이지** www.eggthree.com

### 포크스 컬렉티브
### Folks Collective

**빈티지한 공간에서 즐기는 정통 태국 음식**

인근 직장인들의 점심을 책임지는 태국 레스토랑이다. 싱가포르 내 몇 개의 지점을 운영하고 있는데, 각 지점마다 인테리어 콘셉트가 다른 것이 특징이다. 그 중에

서도 차이나 스퀘어 지점은 빈티지를 콘셉트로 한다. 다소 키치한 느낌의 벽면 장식은 물론 유니크한 식기와 소품이 눈길을 끈다. 내오는 음식은 가격을 따진다면 만족스러운 편이다. 특히 귀여운 도시락 통에 내오는 런치 세트 메뉴가 괜찮다. 호커스(p.235)에서도 태국 음식을 저렴하게 맛볼 수 있지만, 특별한 분위기에서 이만한 가격과 메뉴를 만날 수 있는 곳은 드물다. 볶음밥과 함께 나오는 그린 커리(S$11.90)와 디저트 메뉴 중 하나인 허니 토스트 & 바닐라 아이스크림(S$8.90)도 추천한다.

**MAP** p.13-C
**찾아가기** MRT 차이나타운(Chinatown) 역 E번 출구에서 Cross St.와 China St. 따라 도보 5분
**주소** #01-25, China Square Central, 20 Cross St.
**전화** 6536-6739
**영업** 11:00~23:00, 토·일요일 11:30~22:30
**예산** S$10~20
**홈페이지** www.folkscollective.com

## P. S. 카페
### P. S. Cafe

**분위기 좋기로 소문난 정원 속 카페**

분위기와 맛 모두 만족스럽기로 소문난 레스토랑 겸 디저트 카페다. 지금은 유명 쇼핑몰이나 번화한 동네에서 종종 마주치는 카페가 되었지만 고유의 맛과 분위기는 여전하다. 그중에서도 안 시앙 힐 파크 지점은 블랙과 화이트로 이루어진 모던한 인테리어와 창밖으로 보이는 싱그러운 정원 덕에 가장 예쁜 매장으로 꼽힌다. 바도 함께 운영 중이니, 숲속에서 맥주 한잔 마셔 보는 것도 좋겠다. 브런치 메뉴나 캐럿 진저 케이크, 골든 바나나 버터 스카치 케이크와 같은 디저트류도 훌륭하며, 트뤼플 오일 향과 파마산 치즈가 들어간 감자튀김은 맥주 안주로 인기다.

**MAP** p.13-G
**찾아가기** MRT 차이나타운(Chinatown) 역 B번 출구에서 South Bridge Rd.와 Ann Siang Rd. 따라 도보 7분
**주소** #02-02, 45 Ann Siang Rd.
**전화** 9797-0648
**영업** 월~수요일 11:30~23:00,
목·금요일 11:30~24:00, 토요일과 공휴일 전날 09:30~24:00, 일요일 09:30~23:00
**예산** S$15~30
**홈페이지** www.pscafe.com

## 스크리닝 룸
### Screening Room

**옥상의 야외 바가 매력적인 복합 문화 공간**

붉은색 외관이 눈길을 사로잡는 이 건물은 한마디로 정의할 수 없는 복합 문화 공간이다. 1층은 레스토랑, 3층에는 스크리닝 룸이라는 이름의 미니 상영관, 옥상에는 근사한 루프톱 바로 구성되어 있다. 이 중에서 부담 없이 이용할 수 있고, 클럽 스트리트에서의 잊지 못할 밤을 보내기 좋은 옥상의 야외 바인 '라 테라자 루프톱 바'를 추천한다. 해가 지기 직전에는 차이나타운의 예쁜 숍 하우스와 붉은색 지붕이 한눈에 내려다보이며, 해가 진 뒤 조명으로 옷을 갈아입은 차이나타운 전경 역시 매력적이다. 선선한 바람을 맞으며 모히토와 함께 하루를 마무리하기에 좋다.

**MAP** p.12-F
**찾아가기** MRT 차이나타운(Chinatown) 역 B번 출구에서 South Bridge Rd.와 Ann Siang Rd. 따라 도보 5분
**주소** 12 Ann Siang Rd.
**전화** 6221-1694
**영업** 18:00~01:00, 금·토요일 17:00~03:00
**휴무** 일요일
**예산** S$20~30
**홈페이지** www.screeningroom.com.sg

# SIGHT SEEING

## 레드 닷 디자인 뮤지엄
### Red Dot Design Museum

**레드 닷 디자인 어워드 수상작들이 한자리에**

푸른 가로수 뒤쪽으로 강렬한 붉은색 벽돌 건물이 단박에 눈길을 사로잡는 레드 닷 디자인 뮤지엄은 명망 높은 레드 닷 디자인 어워드 수상작들을 한자리에 전시해 놓은 박물관이다. 현재 레드 닷 디자인 뮤지엄은 독일과 싱가포르 단 2곳에만 있다고 하니, 방문해 볼 만하다. 싱가포르 레드 닷 디자인 뮤지엄은 일반 관람객들뿐만 아니라 학생들의 견학 장소, 디자이너와 건축가들의 플랫폼으로 유용하게 사용되고 있다. 실생활에 바로 적용할 수 있으면서도 개성과 아이디어가 넘치는 제품들을 볼 수 있어 무척 흥미로우며 해마다 다양한 이벤트와 행사도 열린다. 박물관 내에는 카페와 숍도 자리하고 있다.

**MAP** p.13-G **찾아가기** MRT 탄종 파가(Tanjong Pagar) 역 G번 출구에서 Maxwell Rd. 따라 도보 3분 **주소** 28 Maxwell Rd. **전화** 6327-8027
**운영** 10:00~20:00, 금~토요일 10:00~23:00 **홈페이지** www.museum.red-dot.sg

**독일의 권위 있는 디자인 어워드 '레드 닷 디자인 어워드'**

레드 닷 디자인 어워드는 독일에서 시작되어 세계적으로 인정받고 있는 디자인 공모전 중 하나다. 시장에 가치를 둔 효율적인 디자인에 무게를 두는 것이 특징이다. 현재 산업 디자인 부문에서는 최고 권위를 자랑한다.

## 불아사 용화원 Buddha Tooth Relic Temple & Museum

### 화려한 현대식 불교 사원

꽤 큰 면적을 차지한 4층 규모의 건물은 당나라 시대 건축 양식을 본뜬 화려한 장식을 하고 있어 멀리서도 한눈에 들어온다. 건물은 수십 가지 불교 장식으로 치장되어 있고 박물관과 엘리베이터, 주차장 등 현대적인 시설도 갖추고 있다. 하이라이트는 1층의 백룡당. 당나라 사원을 재현해 놓은 이곳에는 거대한 황금빛 부처상과 보살상이 있고, 그 주변에 작은 불상들이 촘촘하게 채워져 있다. 이곳이 유명해진 진짜 이유는 420kg의 순금 사리탑에 석가모니의 치아가 봉인되어 있다고 믿기 때문이다. 옷차림에 제한이 있으며 짧은 하의를 입은 사람들을 위한 스카프가 준비되어 있다.

**MAP** p.12-F **찾아가기** MRT 차이나타운(Chinatown) 역 A번 출구에서 Pagoda St.와 South Bridge Rd. 따라 도보 7분
**주소** 288 South Bridge Rd. **전화** 6327-8027
**운영** 11:00~20:00 **홈페이지** www.btrts.org.sg

## 티안혹켕 사원 Thian Hock Keng Temple

### 중국 푸젠 성 이민자가 세운 유서 깊은 사원

1842년에 완공된, 싱가포르에서 가장 유서 깊은 중국 사원이다. 푸젠 성 출신인 탄톡셍이 싱가포르로 이주하는 중국 이민자들의 안전한 항해를 기원하기 위해 바다의 여신 마주를 기리는 이 사원을 지었다고 한다. 본당에 안치된 마주상과 화강암 기둥은 모두 중국에서 가져온 것으로 알려져 있다. 크거나 화려하지는 않지만 세월의 흔적이 묻어나는 본당에는 위엄과 깊은 멋이 서려 있고, 지붕 위에는 춤을 추는 듯한 용 장식이 섬세하게 조각되어 있다. 역사적 가치와 건축미를 인정받아 국가 기념물로 지정되어 보호받고 있다. 불교 사원이면서 도교와 유교의 요소가 녹아져 있는 것 역시 흥미롭다.

**MAP** p.13-G **찾아가기** MRT 탄종 파가(Tanjong Pagar) 역 G번 출구에서 Telok Ayer St. 따라 도보 5분
**주소** 158 Telok Ayer St.
**전화** 6423-4616 **운영** 07:30~17:30
**홈페이지** www.thianhockkeng.com.sg

## 싱가포르 시티 갤러리 Singapore City Gallery

### 싱가포르의 도시 변천사가 궁금하다면

싱가포르를 여행하다 보면 그들의 도시 계획에 감탄하게 된다. 좁은 땅덩어리임에도 불구하고 초고층 빌딩과 녹지대가 어우러져 있고, 한 치의 오차도 없이 재단된 길이 있는가 하면 여전히 사람 냄새 폴폴 풍기는 정겨운 뒷골목도 있다. 싱가포르 시티 갤러리에 오면 이런 싱가포르가 어떻게 생겨나고 발전했는지, 앞으로는 어떤 모습일지 가늠할 수 있다. 건축물과 환경 등 테마를 세분화하여 다양한 시청각 자료를 통해 전달한다. 건축과 도시 계획, 환경 분야의 관련자는 물론이고 일반인들도 흥미롭게 관람할 수 있다. 하루에 한 번 가이드 투어 프로그램도 있다.

**MAP** p.12-F  **찾아가기** MRT 탄종 파가(Tanjong Pagar) 역 G번 출구에서 Maxwell Rd. 따라 도보 4분
**주소** The URA Centre, 45 Maxwell Rd.
**전화** 6321-8321  **운영** 09:00~17:00  **휴무** 일요일과 공휴일
**홈페이지** www.ura.gov.sg/uol/citygallery

## 바바 하우스 Baba House

### 이야기가 있는 비밀스러운 박물관

1890년대에 지어진 것으로 추정되는 이 집은 실제 프라나칸이 살았던 집을 개조해 박물관처럼 꾸며 놓은 곳이다. 무역업을 하던 사람이 살았던 까닭에 손님방에는 신의를 상징하는 관우상이 안치되어 있고, 중국과 말레이, 동서양이 적절하게 조화를 이룬 공간에서 일상 속 예술을 보여 주는 아름다운 소품들을 만날 수 있다. 번화가로부터 떨어져 있고, 사전 예약제와 영어 가이드로 운영되므로 선뜻 방문이 꺼려지기는 하지만 실제 프라나칸이 어떻게 생활했는지 가장 확실하게 알 수 있는 매력적인 공간임에는 틀림이 없다.

**MAP** p.12-I  **찾아가기** MRT 우트럼 파크(Outram Park) 역 F번 출구에서 Eu Tong Sen St.와 Neil Rd. 따라 도보 4분
**주소** 157 Neil Rd.  **전화** 6227-5731  **운영** 10:00~8:00(사전 예약제로만 운영)  **휴무** 일·월요일과 공휴일
**홈페이지** babahouse.nus.edu.sg

**우트럼 파크 역 주변에서 나만의 아지트를 발견해 보자**

바바 하우스까지 찾아왔다면 MRT 우트럼 파크 역 주변을 함께 둘러보자. 닐 로드에서 이어지는 캄퐁 바루 로드(Kampong Bahru Rd.)와 에버튼 파크(Everton Park)에는 재미있는 부티크 숍들과 레스토랑, 스페셜 티 커피숍, 갤러리들이 속속 생겨나고 있다. 좀 더 자세한 내용은 p.246을 참고한다.

## 추천 ★ 레스토랑
# RESTAURANT

## 맥스웰 푸드 센터 Maxwell Food Center

### 차이나타운 중심부에 자리한 호커스

싱가포르에서 가장 인기 있는 호커스 중 하나다. 마리나 베이의 글루턴스 베이 호커스가 여행자들의 비율이 높다면 이곳은 현지인들이 많다. 대략 100여 개의 상점이 들어서 있는데, 중국식 메뉴가 많다. 인기 있는 곳은 긴 줄을 서야 하지만 기다릴 가치가 있을 만큼 맛있고 저렴하다. 외부에는 2인석이 마련되어 있어 혼자 왔을 때 조용하게 식사하기에 좋다. 화장실 이용은 유료이니 참고한다.

**MAP** p.12-F  **찾아가기** MRT 차이나타운(Chinatown) 역 B번 출구에서 Smith St.와 South Bridge Rd. 따라 도보 4분  **주소** 1 Kadayanallur St.  **영업** 08:00~02:00(상점에 따라 다름)  **예산** S$4~10

### TIP 추천 맛집

#### 티안티안하이니즈 치킨라이스
**Tian Tian Hainanese Chicken Rice**

싱가포르 3대 치킨라이스로 꼽히는 곳으로 언제나 긴 줄을 서야 한다. 본래 현지인들 사이에서 유명했지만, 세계적인 셰프 고든 램지와의 대결에서 승리한 음식점으로 알려지며 더욱 유명해졌다. 이 곳의 대표메뉴는 단연 치킨라이스. 동남아 특유의 고슬고슬한 밥 위에 백숙처럼 삶은 닭고기를 올려 내온다. 멜라닌 그릇에 대충 담아 놓은 듯한 비주얼에 처음에는 실망할 수도 있지만, 일단 한 입 먹어보면 생각이 달라진다. 간이 잘 밴 쌀밥과 수분을 가득 머금어 촉촉한 닭의 조화가 훌륭하다. 칠리소스를 곁들이면 더욱 다채로운 맛을 즐길 수 있다.

**위치** 10번 상점  **예산** 치킨라이스 S$3.50

#### 젠젠 포리지
**Zen Zen Porrige**

포리지는 싱가포르 사람들이 아침에 즐겨 먹는 죽 요리를 말한다. 컨디션이 좋지 않거나 아플 때 찾기도 하는 힐링 푸드이기도 하다. 오랫동안 끓인 죽 위에 파와 마늘, 생선, 간장 등을 올려 먹는데, 우리나라의 걸쭉한 죽과 달리 씹히는 게 거의 없이 보다 부드럽고 가벼운 식감이다. 그래서 수프처럼 가볍게 먹기 좋다. 생각보다 자극적인 맛이라 평소 죽을 좋아하지 않는 사람도 좋아할 만하다. 줄 서서 기다려야 할 때가 많지만 회전율이 좋기 때문에 오래 기다리지 않아도 곧 테이블을 차지할 수 있다.

**위치** 54번 상점  **예산** 포리지 S$2~5

# 야쿤 카야 토스트 Yakun Kaya Toast

**카야 토스트의 원조를 만나다**

50년이 훌쩍 넘는 역사를 자랑하는 카야 토스트 전문점이다. 야쿤 카야 토스트는 지금은 싱가포르 어디에서나 볼 수 있을 정도로 체인점이 많아졌지만, 이왕이면 차이나타운 본점에 들러 볼 것을 권한다. 곳곳에 녹아있는 시간의 흔적이 토스트의 맛을 한층 돋운다.

그릴에 구운 빵에 이 집의 오리지널 카야 잼을 바르고 버터를 얹어 내오는 게 전부다. 첫인상은 다소 부실해 보이지만, 따뜻한 빵 위에서 버터가 조금씩 녹아 들어가는 모습은 먹기도 전에 군침을 돌게 한다. 이때 한입 베어 물면 바삭한 빵 사이에서 흘러 나오는 카야 잼의 달콤함과 버터의 짭조름하면서도 고소한 맛이 입안 가득 퍼진다. 여기에 살짝 익힌 반숙 달걀과 커피까지 더하면 완벽하다. Coffee O는 블랙 커피, Coffee C는 우유가 들어간 커피이니 참고하자. 대부분의 싱가포르의 기프트 숍에서 카야 잼을 팔긴 하지만, 야쿤 카야 토스트의 잼은 워낙 유명해 지인들의 선물로 훌륭하다.

**MAP** p.13-C
**찾아가기** MRT 차이나타운(Chinatown) 역 E번 출구에서 Cross st.와 China St. 따라 도보 8분 **주소** #01-01, Far East Square, 18 China St. **전화** 6438-3638
**영업** 07:30~19:00, 토요일 07:30~16:30, 일요일 08:30~15:00
**휴무** 공휴일 **예산** S$5~10 **홈페이지** www.yakun.com

 **싱가포르의 기후와 잘 맞는 가당 커피**

카야 토스트의 단짝 친구인 커피는 주전자 속에 뜨거운 물을 붓고 토스팅한 커피 분말을 탄 다음 이를 다시 다른 주전자에 붓는 방식으로 만들어진다. 커피 거름망을 통해 가루를 걸러지고 커피만 남는데 이 상태가 무가당 커피고, 여기에 연유를 더하면 가당 커피가 된다. 무가당 커피는 쓴맛에 가깝고, 가당 커피는 많이 달다. 단 것을 별로 안 좋아한다면 무가당 커피가 좋겠지만, 더운 기후를 감안할 때 싱가포르에서 가당 커피만큼 잘 어울리는 것도 없다.

## 메이헝유엔 디저트 Mei Heong Yuen Dessert

**망고 빙수로 대박 난 로컬 디저트 전문점**

차이나타운에서 가장 인기 있는 로컬 디저트 전문점으로, 싱가포르 사람들이 즐겨 먹는 로컬 빙수인 아이스 카창과 망고 빙수가 유명하다. 우리에게는 '미향원'이라는 이름으로 잘 알려져 있다. 접시 위에 고운 망고 얼음이 층층이 산처럼 쌓여 나오는데 달콤하고 신선하며, 양이 꽤 많은 편이라 둘이서 같이 먹기에 좋다. 빙수 외에도 푸딩, 죽, 떡, 첸돌과 같은 로컬 디저트를 다양하게 맛볼 수 있다. 규모가 작고 영어 간판이 작아 놓치기 쉬우니 주의할 것.

**MAP** p.12-B **찾아가기** MRT 차이나타운(Chinatown) 역 B번 출구에서 Trengganu St.와 Temple St. 따라 도보 1분 **주소** 63-67 Temple St.
**전화** 6221-1156 **영업** 12:00~21:30
**휴무** 월요일 **예산** S$5~10
**홈페이지** www.meiheongyuendessert.com.sg

## 얌차 Yum Cha

**저렴하게 딤섬을 즐길 수 있는 곳**

메이헝유엔 디저트와 같은 라인에 있는 로컬 레스토랑이다. 맛이 훌륭하거나 서비스가 좋은 것은 아니지만 물가 높은 싱가포르에서 주머니 사정을 걱정할 필요 없이 딤섬을 먹을 수 있는 곳이라 인기가 높다. 옛날 스타일 그대로 딤섬 수레로 서빙하는 것도 이색적이다. 평일 오후 3시부터 딤섬 하이 티 뷔페를 제공하는데, S$28에 무제한으로 딤섬을 맛볼 수 있다. 그림이 있는 메뉴판을 보고 주문서를 작성해 직원에게 주면 딤섬을 내온다.

**MAP** p.12-B **찾아가기** MRT 차이나타운(Chinatown) 역 B번 출구에서 Trengganu St.와 Temple St. 따라 도보 1분 **주소** #02-01, 20 Trengganu St.
**전화** 6372-1717 **영업** 10:30~22:30, 토·일요일과 공휴일 09:00~22:30 **예산** S$20~30
**홈페이지** www.yumcha.com.sg

## 징후아 레스토랑 Jing Hua Restaurant

**세계로 진출한 동네 맛집**

현지인들에게 인기가 좋은 중국음식점이다. 한인 타운이 인근에 있어서인지 우리나라 교민들 사이에서도 유명한 맛집으로 꼽힌다. 1989년 처음 문을 열 당시에는 부부가 운영하는 소박한 식당에 불과했지만, 지금은 일본과 이탈리아에 진출할 정도로 글로벌한 맛집으로 성장했다. 짜장면, 군만두, 샤오룽바오 등 우리 입맛에 딱 맞는 중국 음식들을 꽤 저렴한 가격에 맛볼 수 있는데, 그 중에서도 가장 유명한 메뉴를 꼽으라면 역시 샤오룽바오다. 돼지고기 특유의 누린내 없이 고소하고, 샤오룽바오의 생명과도 같은 육즙 역시 풍부하다. 피자처럼 둥글 넙적하게 나와 잘라 먹는 만두, 차이니스 피자는 징후아의 시그니처 메뉴다. 해산물과 돼지고기가 들어간 군만두 역시 인기인데, 겉은 바삭하고 속은 촉촉한 식감에 충실하다. 식사 시간에 방문하면 줄을 서야 하는 경우가 종종 있는데, 기다려 먹어도 시간이 전혀 아깝지 않은 곳이다.

**MAP** p.12-F
**찾아가기** MRT 차이나타운(Chinatown) 역 B번 출구 Smith St.와 South Bridge Rd. 따라 도보 4분
**주소** Qun Zhong Eating House, 21 Neil Rd.
**전화** 6221-3060
**영업** 11:30~15:00, 17:30~21:30
**휴무** 수요일 **예산** S$15~20
**홈페이지** www.jinghua.sg

### TIP 샤오룽바오를 맛있게 먹는 법

샤오룽바오를 한입에 덜컥 넣었다가는 뜨거운 육즙 때문에 입안이 데일 수 있으니 주의한다. 샤오룽바오를 제대로 먹는 방법은 다음과 같다.
1. 먼저 생강채와 간장을 적당히 섞는다.
2. 샤오룽바오를 숟가락에 올린 뒤 젓가락으로 피를 살짝 찢어 육즙이 흘러나오면 먼저 마신다.
3. 육즙이 어느 정도 빠진 샤오룽바오 위에 간장에 절여진 생강을 올려 먹는다.

## 머제스틱 레스토랑 Majestic Restaurant

### 컨템퍼러리 차이니스 레스토랑

차이나타운에서 흔하디흔한 곳이 중국 음식점이지만 좀 더 세련되고 창의적인 중국요리를 즐기려는 사람들에게 추천할 만하다. 뉴 머제스틱 호텔 부속 레스토랑으로, 부담 없는 컨템퍼러리 차이니스 푸드를 선보이는데 우리에게는 베이징 덕으로 알려진 페킹 덕과 푸아그라, 상어 지느러미 수프, 면을 곁들인 바닷가재 요리, 두리안 아이스크림 등의 메뉴가 있다. 깔끔한 플레이팅과 과하지 않은 향신료 덕에 중국요리 특유의 향 때문에 힘들어했던 이들에게는 매우 반가운 곳이다. 점심에는 딤섬을 맛볼 수도 있지만, 레스토랑의 핵심 메뉴로만 구성된 스페셜리티 세트 런치를 추천한다.

**MAP** p.13-C **찾아가기** MRT 차이나타운(Chinatown)역 E번 출구에서 Cross St.와 Central Bv. 따라 도보 14분
**주소** #04-01, Marina One, The Heart(East Tower) **전화** 6250-1988 **영업** 1130~15:00, 17:45~22:00
**휴무** 공휴일 **예산** 세트 런치 S$48, 세트 디너 S$88 **홈페이지** www.restaurantmajestic.com

## 티 챕터 Tea Chapter

### 엘리자베스 여왕이 다녀간 티 하우스

엘리자베스 영국 여왕이 다녀간 곳으로 유명한 티 하우스다. 1층은 다기와 차를 파는 리테일 숍, 2~3층은 티 하우스로 구성되어 있다. 다실에는 신발을 벗고 들어가야 하며, 테이블 차지가 따로 붙으니 참고한다. 다소 비싸게 느껴지기도 하지만 다기를 정성껏 세팅해 주고 차 종류와 차에 대한 상식들, 매너까지 설명해 주니 그 가격이 이해가 가기도 한다. 평소 중국차에 관심이 많은 이라면 의미 있는 시간을 보낼 수 있을 것이다.

**MAP** p.12-F **찾아가기** MRT 차이나타운(Chinatown) 역 B번 출구에서 Smith St.와 South Bridge Rd. 따라 도보 4분 **주소** 9-11 Neil Rd.
**전화** 6226-1175 **영업** 11:00~21:00, 금·토요일과 공휴일, 공휴일 전날 11:00~22:30(숍 10:30~21:00, 금·토요일과 공휴일 10:30~22:30)
**예산** S$16~26 **홈페이지** www.teachapter.com

## 차이나타운 푸드 스트리트 Chinatown Food Street

### 현대적 시설을 갖춘 스트리트 푸드 스톨

차이나타운의 수많은 골목 중 하나인 스미스 스트리트에는 먹자골목을 현대적으로 부활시킨 차이나타운 푸드 스트리트가 있다. 호커스의 전신이라 할 수 있는 옛날 노천 식당을, 현대인들의 라이프스타일을 반영해 편리하고 쾌적하게 즐길 수 있도록 한 것. 길거리 노점상과 숍 하우스 레스토랑, 야외 다이닝 레스토랑들이 죽 늘어서 있는데, 새로 지은 유리 지붕과 쿨링 시스템 덕에 날씨에 구애받지 않고 마음껏 음식을 즐길 수 있다.

**MAP** p.12-B **찾아가기** MRT 차이나타운(Chinatown) 역 B번 출구에서 Smith St. 따라 도보 1분 **주소** 335 Smith St. **영업** 11:00~23:00 **예산** S$10~15

## 두리안 히스토리 Durian History

### 두리안 팬케이크

한번 그 맛에 빠지면 헤어날 수 없다는 마성의 과일, 두리안. 이미 두리안 맛을 알아 버렸다면 두리안 히스토리의 팬케이크를 주전부리로 택해 보자. 얇은 밀가루 반죽 위에 다진 두리안을 넣어 구워 낸 빵이다.

**MAP** p.12-B **찾아가기** MRT 차이나타운(Chinatown) 역 C번 출구에서 Park Rd. 따라 도보 1분 **주소** #01-28, People's Park Complex, 1 Park Rd. **전화** 9858-1303 **영업** 10:00~22:00 **예산** S$1.5~2.5

### 차이나타운 푸드 스트리트에서 미슐랭 1스타 맛보기

차이나타운 푸드 스트리트에 노점 식당 최초로 미슐랭 1스타를 받은 홍콩 소야 소스 치킨 앤드 누들(Hong Kong Soya Sauce Chicken Rice & Noodle)이 자리하고 있다. 특유의 레시피로 만든 간장에 조린 닭고기를 면 또는 밥과 함께 내놓는다. 가격은 S$2~4 정도. 본래 인기가 많았지만, 미슐랭 가이드 별을 받은 후 더욱 많은 사람들이 몰리고 있다. 긴 줄을 서야 할 각오를 해야하며, 서두르지 않으면 음식을 먹지 못할 경우도 있으니 참고한다.

**영업** 10:30~20:30
**예산** 닭 요리 S$2~4

## 포테이토 헤드 포크 Potato Head Folk

**케옹 사이크 로드의 랜드마크가 된 모퉁이 레스토랑**

개성 있는 레스토랑들이 하나둘씩 생겨나고 있는 케옹 사이크 로드의 랜드마크로 급부상한 곳이다. 싱가포르에서 가장 오래된 코피티암 중 하나였던 동아 이팅 하우스 건물을 개조해 복합 다이닝 레스토랑으로 꾸몄는데, 빈티지한 모퉁이 건물의 외형과 심지어 '東亞'라는 한자를 그대로 남겨 둔 것이 이색적이다. 1층과 2층은 레스토랑, 3층은 예약제로 운영되는 스튜디오, 그리고 옥상은 바로 되어 있다. 층마다 디자이너 콘셉트가 다르며, 캐주얼하면서도 초현실주의적인 분위기가 압권이다. 동남아 리조트에 온 것 같은 편안한 분위기의 옥상 바도 무척 마음에 든다. 레스토랑에서는 유기농 재료로 만든 버거와 칵테일을 선보여 인기가 있다.

**MAP** p.12-F **찾아가기** MRT 우트럼 파크(Outram Park) 역 H번 출구에서 New Bridge Rd.와 Kreta Ayer Rd., Keong Saik Rd. 따라 도보 2분 **주소** 36 Keong Saik Rd.
**전화** 6327-1939 **영업** 레스토랑 11:00~01:00, 금·토요일 11:00~02:00, 루프톱 & 스튜디오 1939 17:00~24:00
**휴무** 월요일 **예산** S$20~30 **홈페이지** www.ptheadfolk.com

## 동아 이팅 하우스 Tong Ah Eating House

**싱가포르에서 가장 오랜된 코피티암 중 하나**

1939년에 오픈한, 싱가포르에서 가장 오래된 코피티암이자 차이나타운을 대표하는 미식 스폿으로 사랑받아 온 동아 이팅 하우스. 케옹 사이크 로드와 텍림 로드 교차로라는 노른자위 땅에서 오랫동안 운영해 오다 지금은 포테이토 헤드 포크에 그 자리를 내주었다. 그렇다고 해서 문을 닫은 것은 아니며, 맞은편 자리로 이전해 여전히 카야 토스트를 굽고 커피를 만들고 있다. 체인화된 다른 카야 토스트와 달리 고유의 카야 토스트를 맛볼 수 있어 현지인들에게 많은 사랑을 받고 있다. 먹음직스럽게 잘 구워진 카야 토스트는 싱가포르에서 가장 바삭바삭한 카야 토스트로 꼽힌다.

**MAP** p.12-F **찾아가기** MRT 우트럼 파크(Outram Park) 역 H번 출구에서 New Bridge Rd.와 Kreta Ayer Rd., Keong Saik Rd. 따라 도보 3분 **주소** 35 Keong Saik Rd. **전화** 6223-5083
**영업** 07:00~22:00 **휴무** 수요일 **예산** S$8

## 스터디 The Study

**영국 출신 미슐랭 스타 셰프가 오픈한 비스트로**

영국 출신의 미슐랭 스타 셰프 제이슨 애서턴이 디렉팅한 비스트로. 케옹 사이크 로드의 나우미 리오라 호텔 1층에 있으며, 편안하게 즐길 수 있는 영국 비스트로 메뉴들과 칵테일을 주로 선보인다. 긴 바와 오픈 키친을 갖고 있어 술 한잔하며 식사를 하기에 좋다. 스터디와 연결된 바인 라이브러리(The Library)에도 주목하자. 미국 금주령 시대의 시크릿 바를 콘셉트로 한 스피키지 바(Speakeasy Bar)로, 스터디에서 비밀번호를 물어본 후 입장할 수 있다. 스터디에서 식사 후 라이브러리에서 칵테일을 마시며 하루를 마무리해도 좋겠다.

**MAP** p.12-E **찾아가기** MRT 우트럼 파크(Outram Park) 역 H번 출구에서 New Bridge Rd.와 Kreta Ayer Rd., Keong Saik Rd. 따라 도보 3분 **주소** Naumi Liora Hotel, 49 Keong Saik Rd. **전화** 6221-8338 **영업** 12:00~14:30, 18:00~22:30, 토요일 11:00~15:00, 18:00~22:30 **휴무** 일요일 **예산** 런치 세트 S$25~30, 음료 S$20~25 **홈페이지** www.the-study.sg

## 블루 진저 Blue Ginger

**중국요리와 말레이 요리가 혼합된 프라나칸 음식점**

가장 싱가포르다운 요리로 꼽히는 것이 바로 프라나칸 음식이다. 블루 진저는 싱가포르 대표 프라나칸 레스토랑 중 하나다. 아름답고 고풍스러운 프라나칸 스타일의 매력적인 홀에서 프라나칸 정통 요리를 맛볼 수 있다. 생선 머리 또는 소고기 등을 넣은 카레 종류가 인기며, 죽순과 새우 등이 들어간 쿠에 파이 티(Kueh Pie Tee)도 우리 입맛에 잘 맞는다. 대부분의 요리는 간간한 편으로, 밥과 함께 먹는 것이 가장 맛있고 일반적이다. 식사 후 두리안 첸돌 디저트도 놓치지 말자.

**MAP** p.12-F **찾아가기** MRT 탄종 파가(Tanjong Pagar) 역 A번 출구에서 Tras Link와 Tanjong Pagar Rd. 따라 도보 3분 **주소** 97 Tanjong Pagar Rd. **전화** 6222-3928 **영업** 12:00~14:15, 18:30~21:45 **예산** S$30~40 **홈페이지** www.theblueginger.com

## SHOPPING
추천 ★ 쇼핑

### 림치관 Lim Chee Guan

#### 현지인들이 사랑하는 육포 전문점

비첸향과 쌍벽을 이루는 유명 육포 전문점이다. 세계적인 체인을 갖고 있는 비첸향이 외국인의 입맛에도 잘 맞는 대중적인 맛의 육포를 만든다면, 림치관은 현지인들의 입맛에 더 잘 맞는 육포를 선보이는 곳이다. 비첸향의 선전에 가려져 눈에 잘 띄지 않지만 현지인들은 맛에 관해서는 림치관을 더 신뢰하는 편이다. 대표 메뉴인 시그니처 슬라이스드 포크는 색이 짙고 질감이 부드러운 것이 특징이며, 300g/500g/600g/1kg 단위로 판매한다. 구입해서 바로 먹을 거라면 우리나라에서는 아직 볼 수 없는 림치관을 선택하는 게 좋겠다.

**MAP** p.12-B **찾아가기** MRT 차이나타운(Chinatown) 역 A번 출구에서 New Bridge Rd. 방향으로 도보 1분
**주소** #01-203, 203 New Bridge Rd. **전화** 6933-7230 **영업** 09:00~22:00 **예산** S$14~30
**홈페이지** www.limcheeguan.com.sg

### 유안상 Eu Yan Sang

#### 부모님 선물로 좋은 웰빙 식품 백화점

중국 전통 한방 재료와 건강식품을 판매하는 곳이다. '중국 건강식품'이라고 하니 약간 망설이는 사람도 있겠지만 의심할 필요 없다. 중국 의약품업체로 시작한 유안상은 현재 글로벌 웰빙 기업으로서, 아시아를 넘어 미국과 유럽까지 진출하며 그 신뢰도를 인정받고 있기 때문이다. 차이나타운의 유안상은 싱가포르 본점답게 다른 지점보다 규모가 크고 훨씬 다양한 상품을 구비하고 있다. 유안상의 대표 상품인 제비집을 비롯해 고려인삼, 동충하초 등 질 좋은 약재를 먹기 쉽게 손질해서 포장해 준다. 약재가 부담스럽다면 한방 캔디, 생약 감기약, 진생 티백 등 간편하게 구입할 수 있는 상품을 눈여겨보자.

**MAP** p.12-B **찾아가기** MRT 차이나타운(Chinatown) 역 B번 출구에서 Smith St. 따라 도보 4분
**주소** 269 South Bridge Rd. **전화** 6749-8830 **영업** 10:00~22:00 **휴무** 일요일
**홈페이지** www.euyansang.com.sg

## 싱가포르 멋쟁이들의 시크릿 플레이스
# TIONG BAHRU
### 티옹 바루

불과 몇 년 전까지만 하더라도 티옹 바루에는 1930년대에 외국인들의 거주를 목적으로 지었던 오래된 아파트와 낮은 층의 주공아파트 단지, 그리고 숍 하우스가 전부였다. 하지만 지금은 분위기가 달라졌다. 낡았지만 고풍스러운 멋이 깃든 건물에 젊은 오너들의 개성이 담긴 숍과 카페가 속속 들어서기 시작하면서 싱가포르 젊은이들이 가장 사랑하는 근사한 골목길이 되었다.

**MAP** p.12-A **찾아가기** MRT 티옹 바루(Tiong Bahru) 역 A번 출구에서 Tiong Bahru Rd.와 Kim Pong Rd., Yong Siak St. 따라 도보 8분

## 40 핸즈 40 Hands

### 언제나 사람들이 북적이는 카페

북스 액추얼리(p.245)와 함께 티옹 바루의 부흥을 이끈 카페다. 호주 퍼스 출신의 유명한 바리스타 해리 그로버가 외식 그룹인 스파 에스프리 그룹과 손을 잡고 문을 연 곳답게 커피 맛도 좋고, 서비스도 세련됐다. 커피 외에도 서양식 브런치와 로컬 디저트 빵, 케이크 등 간단한 먹을거리도 준비되어 있다.

**주소** #01-12, Blk 78 Yong Siak St. **전화** 6225-8545 **영업** 07:00~19:00, 목·금요일 07:00~22:00 **휴무** 월요일 **예산** S$15~25 **홈페이지** www.40handscoffee.com

## 티옹 바루 베이커리 Tiong Bahru Bakery

### 싱가포르에서 가장 핫한 베이커리

싱가포르 시내 곳곳에 체인이 있지만 본점인 이곳만큼은 여전히 동네 빵집 분위기를 고수한다. 프랑스 출신 파티시에가 만드는 프랑스 전통 빵과 각종 타르트를 맛볼 수 있는데, 그중 반드시 맛봐야 할 것은 크루아상. 닭고기처럼 죽죽 찢어지는 빵의 결과 반죽 사이사이에 스며든 버터의 풍미가 일품이다.

**찾아가기** 40 핸즈(40 Hands)에서 Chay Yan St.와 Tiong Poh Rd., Eng Hoon St. 따라 도보 7분 **주소** #01-70, 56 Eng Hoon St.
**전화** 6220-3430 **영업** 08:00~20:00
**예산** S$10~15 **홈페이지** www.tiongbahrubakery.com

## 티옹 바루 마켓 푸드 센터 Tiong Bahru Market Food Center

### 로컬 푸드를 즐기고 싶은 이들에게 추천

싱가포르 호커스 중에 이곳을 최고로 여기는 현지인이 꽤 있을 정도로 음식 수준이 괜찮다. 중국요리가 많고, 가격도 매우 저렴한 편이다. 면요리 상점과 60번 스톨의 오리고기가 인기다.

**찾아가기** MRT 티옹 바루(Tiong Bahru) 역 A번 출구에서 Tiong Bahru Rd.와 Kim Pong Rd., Lim Siak St. 따라 도보 9분
**주소** 30 Seng Poh Rd. **영업** 09:00~20:00
**예산** S$3~6

## 오픈 도어 폴리시 Open Door Policy

### 40 핸즈 맞은편에 자리한 브런치 레스토랑

'티옹 바루 속 미니 맨해튼'으로 불리며 주말에는 데이트를 즐기거나 모임을 위해 찾는 이들로 언제나 북적인다. 실제 분위기나 서비스, 내오는 메뉴들이 세련되고 외국에 온 듯한 느낌이다. 좁은 홀에는 긴 바가 놓여 있으며 통유리 창으로 분주하게 요리를 하는 셰프들의 모습을 볼 수 있다. 주말에는 예약 필수.

**주소** 19 Yong Siak St. **전화** 6221-9307
**영업** 12:00~14:30, 18:00~23:00(토·일요일 11:00~15:00, 18:00~23:00), 바금·토요일 11:00~24:00 **휴무** 월요일
**예산** S$20~40 **홈페이지** www.odpsingapore.com

## 북스 액추얼리 Books Actually

### 티옹 바루 변화의 시작을 알린 독립 서점

처음에는 온라인으로 시작했다가 클럽 스트리트를 거쳐 현재의 자리에 정착했다. 소설과 문학 외에 다양한 분야의 서적은 물론 다른 곳에서 쉽게 볼 수 없는 예쁜 동화책과 레시피 북들이 진열되어 있다. 또 서점 한구석에는 빈티지 수집광인 주인이 모아 놓은 예쁜 소품들이 가득해 구경하는 내내 눈이 즐겁다.

**주소** 9 Yong Siak St. **전화** 6222-9195
**영업** 10:00~20:00, 일·월요일 10:00~18:00
**홈페이지** www.booksactually.com

## Plus AREA 2

커피 애호가들의 필수 코스

# KAMPONG BAHRU & EVERTON PARK

캄퐁 바루 & 에버턴 파크

캄퐁 바루와 그 이면 도로에 자리한 에버턴 파크는 티옹 바루와 더불어 싱가포르에서 핫한 지역으로 분류된다. 에버턴 파크는 초창기에 건설한 HDB(싱가포르 주택개발청)로, 리콴유를 비롯해 유명 정치인들의 발길이 끊이지 않았던 곳이다. 그래서인지 매우 깨끗하고 잘 정돈된 동네의 모습을 엿볼 수 있다. 보통 1층에는 작은 카페와 레스토랑이 들어서 있는데, 소박하지만 커피에만 집중한 커피 고수들의 카페들이 특히 많은 편이다. 커피 마니아라면 에버턴 파크 블록 사이를 오가며 나만의 숍을 찾는 즐거움을 누려 보자.

**MAP** p.4-J  **찾아가기** 우트럼 파크(Outram Park) 역 F번 출구에서 도보 5~10분

### 스트레인저스 리유니언  Stranger's Reunion

#### 싱가포르 내셔널 바리스타 챔피언의 커피

싱가포르 대표 스페셜 티 커피숍이다. CNN에서 커피가 맛있는 도시 8곳을 선정했는데 그중 한 곳이 바로 싱가포르의 스트레인저스 리유니언. 싱가포르 내셔널 바리스타 챔피언십에서 두 차례나 우승한 라이언 탄이 운영하는 곳이라는 사실만으로도 신뢰가 간다. 머핀, 와플, 컵케이크와 같은 디저트류도 준비되어 있다.

**MAP** p.12-I  **주소** 35 Kampong Bahru Rd.  **전화** 6222-4869
**영업** 09:00~18:00  **휴무** 화요일  **예산** S$8~15

### 하이랜더 커피  Highlander Coffee

#### 커피 아카데미를 운영

근처의 다른 카페들에 비해 투박해 보이지만 다양한 커피 도구들이 곳곳에 보여 커피를 신경 써서 만드는 곳이라는 느낌이 강하게 든다. 실제로 하이랜더 커피는 매장 외에 실용적이고 유용한 아카데미도 운영하고 있다.

**MAP** p.12-I  **주소** 49 Kampong Bahru Rd.  **전화** 6223-7102
**영업** 09:00~17:00  **휴무** 일요일과 공휴일  **예산** S$2.90~5.90
**홈페이지** www.highlandercoffee.com

## 나일론 커피 로스터스 Nylon Coffee Roasters

### 오로지 커피에만 집중하는 곳

커피 마니아라면 방문할 가치가 충분하다. 공간은 작지만 절반을 로스팅 공간으로 이용하는 걸 보면 커피에 대한 오너의 자부심이 어느 정도인지 짐작할 수 있다. 오너는 커피 산지를 직접 방문하는 등 커피에 대한 열정이 높고, 메뉴도 심플하게 커피만 있다. 커피를 마시는 것은 물론 원두를 구입해 가는 것도 좋다.

MAP p.12-I  주소 #01-40, 4 Everton Park
전화 6220-2330  영업 08:30~17:30, 토·일요일 09:00~18:00
휴무 화요일  예산 S$4~6  홈페이지 www.nyloncoffee.sg

## 마블 비스트로 Marble Bistro

### 작은 동네에서 새로움을 추구하는 레스토랑

공대 출신이라는 특이한 이력을 지닌 셰프의 레스토랑이다. 셰프의 창의력을 바탕으로 한 다양하고 독특한 메뉴가 눈길을 끈다. 예를 들면 서양 레서피에 일본 식재료로 요리하는 식이다. 타파스 스타일의 메뉴가 많은 편이다. 주택을 개조한 실내에는 대리석 테이블과 아기자기한 소품이 놓여 있어 여성들이 특히 좋아할 만하다.

MAP p.12-I  주소 #01-18, 6 Everton Park  전화 9795-7262
영업 11:45~15:30, 18:00~21:30  휴무 월요일과 일요일  예산 S$6.5~16

### 잠깐상식! 싱가포르에 부는 스페셜티 커피 바람

싱가포르는 지금 스페셜 티 커피 열풍에 놓여 있다. 스페셜 티는 기본적으로 커피 생산자가 명확한 것을 말하는데, 지역과 생산자, 가공 과정이 투명하며, 지리와 기상 조건에 의해 독특한 향기와 맛을 갖게 된 원두여야 한다. 다른 곳에서는 쉽게 맛볼 수 없는 고유의 향미를 지닌 까닭에 커피 마니아들 사이에서 큰 인기를 얻고 있다.

## 현지인들에게 가장 핫한 미식의 거리
# DUXTON HILL
### 덕스턴 힐

요즘 젊은 싱가포리언들은 중요한 만남이나 모임의 장소로 덕스턴 힐을 찾는다. 차이나타운과 이어지는 닐 로드(Neil Rd.)와 맥스웰 로드(Maxwell Rd.) 사이에 자리한 숨은 명소로, 형형색색 예쁜 건물들이 늘어선 유럽풍의 이국적인 분위기가 눈길을 사로잡는다. 우리에게는 KBS 드라마 〈그들이 사는 세상〉에서 배우 송혜교가 거닌 거리로도 알려져 있다. 남들 다 가는 싱가포르 맛집이 식상하다면 이곳을 찾아가 보자.

**MAP** p.12-F **찾아가기** MRT 탄종 파가(Tanjong Pagar) 역 A번 출구에서 Tanjong Pagar Rd.와 Craig Rd., Duxton Rd. 따라 5분

### 핀스 & 파인츠  Pince & Pints

#### 덕스턴 힐에서 최고의 인기를 구가하는 랍스터 전문점

영국 런던의 유명 맛집인 버거 & 랍스터에서 영감을 받아 오픈한 바닷가재 전문점. 웨이팅은 기본이며, 예약도 불가하니 이른 시간에 방문하는 것이 좋다. 메뉴는 스팀 또는 그릴로 요리한 랍스터, 랍스터 살이 푸짐하게 들어간 샌드위치 랍스터 롤, 칠리 크랩의 랍스터 버전으로 번과 함께 나오는 칠리 랍스터, 이렇게 3가지뿐이다.

**MAP** p.12-F **주소** 32-33 Duxton Rd. **전화** 6225-7558 **영업** 12:00~14:30, 17:30~23:00, 토요일·공휴일 11:00~23:00 **휴무** 일요일 **예산** S$48~60 **홈페이지** www.pinceandpints.com

### TIP 한국 음식이 그리울 땐 탄종 파가를 찾아가자

한류의 영향으로 싱가포르 주요 몰이나 번화가에서 한국 음식을 만나기 쉬워졌지만 싱가포르의 한국 음식 원조는 탄종 파가다. 코리아타운 격인 탄종 파가에 가면 한 집 걸러 한 곳에서 우리나라 식당을 만날 수 있다. 드라마 〈별에서 온 그대〉의 영향 때문인지 치킨집이 많다.

**MAP** p.12-J **찾아가기** MRT 탄종 파가(Tanjong Pagar) 역 A번 출구에서 도보 2분

## 그룹 세러피 카페 Group Therapy Cafe

### 덕스턴 힐 카페의 원조

최근 덕스턴 힐에 커피와 브런치를 취급하는 카페들이 많이 생겨나고 있는데, 그 원조라 할 수 있는 곳이다. 규모가 작고 찾기 힘든데도 사람들의 발길이 끊이지 않아 카통에 분점이 생기기도 했다. 데친 달걀이 올라간 토스트, 메이플 시럽과 버터를 곁들인 벨기에 스타일 와플 등이 인기다.

**MAP** p.12-F **주소** #02-01, 49 Duxton Rd.
**전화** 6222-2554 **영업** 08:00~18:00 **휴무** 월요일 **예산** S$8~15
**홈페이지** www.gtcoffee.com

## 티플링 클럽 Tippling Club

### 분자 요리 전문 셰프가 제공하는 특별한 파인 다이닝

스펙이 화려한 셰프 라이언 클리프트가 제공하는 분자 요리 레스토랑으로, 덕스턴 힐의 명성에 기여한 바가 크다. 아시아 베스트 레스토랑 50 중 한 곳으로, 2013년 미슐랭 아시아 톱 20에 이름을 올리기도 했다. 비싼 가격이 부담스럽다면 런치 세트 2~3코스를 추천한다. 메뉴는 주기적으로 바뀌니 참고할 것.

**MAP** p.12-F **주소** 38 Tanjong Pagar Rd. **전화** 6475-2217
**영업** 런치 월~금요일 12:00~15:00 / 디너 월~토요일 18:00~심야 / 바 월~금요일 12:00~24:00, 토요일 18:00~24:00
**예산** 런치 세트 S$46~60 **홈페이지** www.tipplingclub.com

## 프렐룸 와인 비스트로 Praelum Wine Bistro

### 친절한 소믈리에가 있는 와인 바

2010년 베스트 소믈리에로 선정된 매니저가 엄선한 와인을 마실 수 있는 곳이다. 와인에 대한 열정이 남달라 손님들에게 친절한 설명도 마다하지 않는다. 음식을 주문하면 그 요리에 맞는 와인을 무료로 시음할 수도 있다. 와인 초보자이거나 와인에 대해 알고 싶은 이들에게 적극 추천한다.

**MAP** p.12-F **주소** 4 Duxton Hill **전화** 6238-5287
**영업** 18:00~01:00 **휴무** 일요일 **예산** S$50~60
**홈페이지** www.praelum.com.sg

# 리틀 인디아 & 부기스 & 캄퐁 글램

## Little India & Bugis & Kampong Glam

1820년대 이후 영국 식민지 정책에 의해 남인도에서 이주해 온 사람들이 조성한 리틀 인디아, 그리고 말레이시아인들을 비롯한 이슬람교도 거주지로 알려진 부기스 & 캄퐁 글램. 이곳들은 싱가포르가 지닌 '그린 & 클린' 이미지와 거리가 멀지만, 싱가포르의 매력적이고 아찔한 맨 얼굴을 만날 수 있는 곳이다. 좁은 거리 사이를 내달리는 자동차와 자전거의 경적 소리, 어딘가 허술해 보이지만 화려하고 이국적인 사원들, 출처를 알 수 없는 알싸한 향신료 향기, 사리를 두르고 미간에 빈디를 찍었거나 히잡을 두른 여성들까지. 싱가포르의 청결함과 세련됨을 선호하는 이들에게는 다소 당황스러운 풍경이 될 수 있겠지만, 정돈되지 않은 자유분방함을 찾고 싶은 여행자들에게는 새로운 자극이 될 것이다.

## 리틀 인디아 & 부기스 & 캄퐁 글램 한눈에 보기

지도 위에 MRT 역 출구와 연결되는 주요 랜드마크를 표시해 찾아가고자 하는 목적지를 빠르게 확인할 수 있다.

### KNOWHOW

**관광의 기술**

마리나 베이나 다운타운과 비교하면 대단한 볼거리가 있는 것은 아니지만 소소하고 이국적인 풍경이 끝없이 이어진다. 인도 특유의 라이프스타일을 엿보고 싶다면 MRT 리틀 인디아 역(또는 MRT 파러 파크 역), 낯설지만 그래서 더욱 매력적인 이슬람 문화가 궁금하다면 MRT 부기스 역에서 여행을 시작한다.

**쇼핑의 기술**

부기스 역 주변의 현대적인 쇼핑몰에서 시간을 보내도 좋지만 무스타파 센터, 리틀 인디아 아케이드, 부기스 스트리트 등 로컬 시장을 추천한다. 현지인들과 부대끼며 매우 흥미로운 쇼핑을 즐길 수 있다.

**미식의 기술**

리틀 인디아의 레이스 코스 로드에 명성이 자자한 인도 레스토랑들이 자리하고 있다. 피시 헤드 카레는 싱가포르에서 꼭 맛봐야 할 음식으로 꼽으니 도전해 보자. 부기스 & 캄퐁 글램에서는 이슬람 전통 음식을 즐길 수 있는데 의외로 우리 입맛에 잘 맞는다.

### MRT 리틀 인디아 역
**MRT Little India**

E번 출구 : 세랑군 로드, 스리 비라마칼리아만 사원, 리틀 인디아 아케이드, 버지, 레이스 코스 로드, 테카 센터, 던롭 스트리트, 압둘 가푸르 모스크

리틀 인디아 역
**Little India**

리틀 인디아 아케이드

세랑군 로드

### MRT 파러 파크 역
**MRT Farrer Park**

B번 출구 : 사캬 무니 부다 가야 사원, 릉산시 사원
H번 출구 : 시티 스퀘어 몰, 라벤더 스트리트
G번 출구 : 스리 스리니바사 페루말 사원, 무스타파 센터

파러 파크 역
**Farrer Park**

시티 스퀘어 몰

• 무스타파 센터

부기스 역

라벤더 역
**Lavender**

### MRT 부기스 역
**MRT Bugis**

B번 출구 : 술탄 모스크, 아랍 스트리트, 부소라 스트리트, 말레이 헤리티지 센터, 하지 레인
C번 출구 : 부기스 스트리트, 부기스 정크션, 부기스 플러스

부기스 스트리트 •

부기스 역
**Bugis**

**BEST COURSE**

# 부지런한 여행자를 위한
# 구석구석 관광 코스

**10:00**
MRT 파러 파크 역
B번 출구에서 도보 4분

스리 비라마칼리아만 사원

**13:20**
10개의 머리가 있는
수호신 만나기 **p.260**
도보 6분

스리 비라마칼리아만 사원 ❺

❹ 아즈미 레스토랑

**12:30**
가장 저렴하고 맛있는
차파티 맛보기 **p.260**
도보 3분

압둘 가푸르 모스크 ❻

**14:00**
이국적인 이슬람 사원
모스크 방문하기 **p.267**
MRT 5분 + 도보 7분

압둘 가푸르 모스크

**10:30**
중국 도교 문화
살펴보기 p.263
도보 4분

② 릉산시 사원

① 사캬 무니 부다 가야 사원

**10:05**
거대한 불상과
마주하기 p.263
도보 1분

③ 스리 스리니바사 페루말 사원

**11:10**
현지인들의
종교 생활 엿보기 p.259
도보 15분

파러 파크 역
**Farrer Park**

릉산시 사원

술탄 모스크

말레이 헤리티지 센터

**15:00**
거대한 황금빛 돔이
인상적인 모스크에서
이슬람 문화 엿보기 p.269
도보 3분

말레이 헤리티지 센터

**16:00**
말레이 문화와 생활
살펴보기 p.270
도보 2분

술탄 모스크 ⑦  ⑧

부소라 스트리트
⑨

나스린 ⑩

**17:00**
이국적이고 아름다운 거리
산책하기 p.270
도보 5분

부기스 역
**Bugis**

**18:30**
중동요리와 할랄푸드로
저녁 식사 즐기기 p.272

**BEST COURSE**

# 이국적인 거리에서 두근두근
# 미식 & 쇼핑 코스

**13:10**
제대로된 인도 요리로
점심 식사 p.265
MRT 5분 + 도보 2분

❹ 바나나 리프 아폴로

**10:00**
MRT 리틀 인디아 역
E번 출구에서 도보 2분

리틀 인디아 역
Little India

❶ 테카 센터

**10:05**
리틀 인디아 명물인
테 타릭 마시기 p.264
도보 3분

❷ 리틀 인디아 아케이드

**10:30**
아기자기한 아케이드에서
쇼핑을 즐기고 헤나 문신
체험하기 p.261
도보 10분

**14:30**
현지 젊은이들이
즐겨 찾는 몰에서
쇼핑 즐기기 p.275
도보 10분

바나나 리프 아폴로

리틀 인디아 아케이드

**3** 무스타파 센터

**12:00**
없는 게 없는 대형 쇼핑몰에서 생필품 또는 선물 구입하기
p.261
도보 10분

무스타파 센터

부소라 스트리트

술탄 모스크

부기스 스트리트

**17:30**
술탄 모스크(p.269)와 부소라 스트리트(p.270) 구경하기
도보 5분

**18:30**
정통 말레이시아 식당에서 저녁 식사
p.271

**16:30**
믹솔로지스트가 만들어주는 칵테일 한잔하기 p.276
도보 3분

**8** 술탄 모스크

**9** 머맨다

**바 스토리스**

**15:30**
유니크한 상점 구경하며 감성 충전하기 p.276
도보 5분

부기스 역
Bugis

**5** 부기스 스트리트

**6** 하지 레인

**8** 부소라 스트리트

리틀 인디아 & 부기스 & 캄퐁 글램 **257**

## 리틀 인디아의 대표 번화가

# 세랑군 로드
**Serangoon Road**

**MAP** p.14-F

**찾아가기** MRT 리틀 인디아(Little India) 역 E번 출구에서 Buffalo Rd. 따라 도보 1분

 **BEST CHOICE**

스리 스리니바사
페루말 사원 p.259
스리 비라마칼리아만 사원 p.260
아즈미 레스토랑 p.260
리틀 인디아 아케이드 p.261
버지 p.261
무스타파 센터 p.261

MRT 파러 파크 역 방향으로 뻗어 가는 4차선 도로를 중심으로 알록달록한 색의 낮은 건물들이 다닥다닥 이어져 있는 세랑군 로드는 이국적인 분위기가 가득하다. 과거 이 거리를 중심으로 낙농업이 성행했고, 석탄이 발견되기도 했다고 알려져 있다. 하지만 지금은 그 흔적은 찾아보기 힘들고, 이방인들의 눈을 사로잡는 매력적인 풍경들만이 남아 있다. 스리 스리니바사 페루말 사원, 스리 비라마 칼리아만 사원 등 리틀 인디아를 대표하는 굵직한 볼거리가 이 도로를 따라 놓여 있으며 선명한 색의 중국 도교 사원이 곳곳에 흩어져 있는 것도 이색적이다. 싱가포르의 첫 에코 쇼핑몰인 시티 스퀘어 몰도 이곳에 있다. 현지인들의 생생한 일상이 궁금하다면 세랑군 로드 사이로 난 좁은 길을 찾아가는 것도 방법이다.

 **잠깐상식!** 헤나 문신에 도전하기

싱가포르에서 짧은 옷차림에 어울리는 액세서리 중 헤나 문신만 한 게 없다. 염색약으로 잘 알려진 식물 '헤나'를 말려 빻아 만든 가루와 티트리 오일을 섞어 갠 물감으로 새기는 문신이다. 문신이라기보다는 '염색'에 가깝기 때문에 2~3주면 서서히 사라져 부담 없이 문신을 체험할 수 있다. 세랑군 로드에는 헤나 문신을 받을 수 있는 곳이 꽤 있다. 요금은 손등에서 팔목까지 보통 S$5~7 정도.

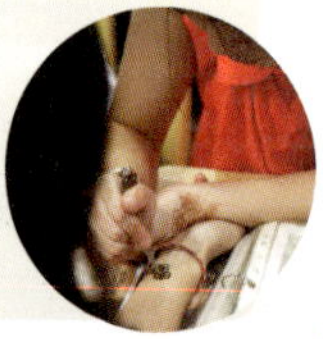

## 스리 스리니바사 페루말 사원
### Sri Srinivasa Perumal Temple

**리틀 인디아에서 중요한 역할을 한 힌두교 사원**

1855년에 인도 출신 이민자에 의해 처음 세워졌는데, 그때만 하더라도 소박하고 작은 사원에 불과했다. 이후 힌두교 신자들에 의해 증개축되면서 지금과 같은 꽤 화려한 모습을 갖게 되었다. 신자들의 기부금이 많이 모일 수 있었던 까닭은 이 사원이 비슈누를 기리는 곳이기 때문이다. 비슈누는 최고신인 시바와 양립하는 신으로, 유지를 관장한다고 믿어진다. 그래서 자신의 부를 유지하고자 했던 부유층 힌두교도들의 방문이 특히 많았다. 그 덕에 이 사원은 지금과 같은 모습을 유지할 수 있었다. 힌두교 사원의 전형적인 모습을 볼 수 있는 곳으로, 힌두교를 대표하는 행사인 타이푸삼 행렬이 출발하는 곳으로 유명하다.

**MAP** p.15-C
**찾아가기** MRT 파러 파크(Farrer Park) 역 G번 출구에서 Serangoon Rd.와 Race Course Rd. 따라 도보 1분
**주소** 397 Serangoon Rd.
**전화** 6298-5771
**운영** 05:45~22:00

 **고행을 통해 죄를 치유하는 타이푸삼 Thaipusam**

타이푸삼은 힌두교 축제 중 하나로, 참회와 속죄의 고행을 체험하는 축제다. 자신에게 고통을 주며 행렬하는 모습이 무척 인상적인데, 종종 TV에 소개될 정도로 이색적인 축제로 알려져 있다. 매년 2월경에 3일 동안 이어진다.

## 스리 비라마칼리아만 사원
## Sri Veeramakaliamman Temple

**10개의 머리가 달린 수호의 신**

시바, 비슈누, 브라흐마, 크리슈나 등 힌두교를 대표하는 신들의 화려한 조각상 주변으로 자욱한 연기와 나지막한 기도 소리 등 낯선 풍경들이 이어진다. 사원 이름의 유래이기도 한 칼리는 시바의 부인이자 죽음의 여신으로 일컬어진다. 10개의 머리, 10개의 손, 10개의 다리를 지닌 모습이 다소 섬뜩하게 느껴지기도 한다. 그럼에도 불구하고 신도들이 온 마음을 다해 기도하는 까닭은 윤회 사상에 따라, 칼리는 죽음의 신이자 동시에 새로운 생명의 신이기 때문이다.

MAP p.14-F
**찾아가기** MRT 리틀 인디아(Little India) 역 E번 출구에서 Buffalo Rd.와 Serangoon Rd. 따라 도보 5분
**주소** 141 Serangoon Rd.
**운영** 05:30~12:15, 16:00~21:15

 **힌두교 신들에게 기도를 하는 시간, 푸자 Pooja**

힌두교 사원이 가장 붐비는 때는 바로 푸자 시간이다. 푸자는 힌두교 기도 의식으로, 신자들이 사원에 모여 신에게 기도를 올린다. 하루에 몇 차례, 시간에 맞춰 15분 정도 진행된다. 신과 소통하는 시간이지만, 신자들에게는 마음의 평온을 얻는 휴식 시간이기도 하다.

## 아즈미 레스토랑
## Azmi Restaurant

**50년 넘게 사랑받고 있는 차파티 전문점**

차파티는 밀가루를 반죽해 둥글고 얇게 만들어 구운 빵으로, 인도인들의 주식이다. 난과 비슷하지만 식감이 조금 거친 것이 특징이다. 아즈미 레스토랑은 허름해 보이지만 50년 넘게 차파티를 굽고 있는 내공 있는 식당이다. 세랑군 로드와 노리스 로드 교차로 모퉁이에 자리해 '노리스 로드 차파티'라 불린다. 주방 한구석에서는 뜨거운 철판 위에서 차파티를 하루 종일 구워 내는데, 기름을 사용하지 않아 담백한 맛이 좋다. 차파티와 함께 먹을 수 있는 카레도 여러 종류 있으며 대부분의 메뉴가 S$1 안팎이다.

MAP p.14-F
**찾아가기** MRT 리틀 인디아(Little India) 역 E번 출구에서 Serangoon Rd.와 Norris Rd. 따라 도보 8분 / MRT 파러 파크(Farrer Park) 역 F번 출구에서 Serangoon Rd.와 Norris Rd. 따라 도보 8분
**주소** 168 Serangoon Rd.
**전화** 6296-6423
**영업** 07:30~22:00
**예산** S$3~6

## 리틀 인디아 아케이드
### Little India Arcade

**아기자기한 인도풍 잡화 상가**

또 다른 작은 인도가 펼쳐지는 리틀 인디아 아케이드는 평소 '인도풍 소품'에 열광하는 이들에게 매력적인 쇼핑 플레이스. 인도에서 가져온 소품과 기념품, 숄, 의류, 가방, 액세서리 등을 판매하는 숍들이 옹기종기 모여 있고, 인도식 디저트 카페와 헤나 전문점도 있으니 함께 둘러보는 것도 흥미롭다. 1층에는 바나나 리프 아폴로 분점이 있다.

**MAP** p.14-F
**찾아가기** MRT 리틀 인디아(Little India) 역 E번 출구에서 Buffalo Rd.와 Serangoon Rd. 따라 도보 3분
**주소** 48 Serangoon Rd.
**전화** 6295-5998
**영업** 09:00~22:00

## 버지
### The Verge

**중저가 브랜드를 중심으로 구성된 현대식 쇼핑몰**

시티 스퀘어 몰이 오픈하기 전까지 리틀 인디아에서 가장 세련된 쇼핑센터로 여겨졌던 곳이다. 현지인들이 좋아하는 중저가 브랜드 의류점과 잡화·주얼리 숍, 인도산 원단 전문점, 헤어 살롱 등이 입점해 있다. 또 이곳에 자리한 대형 할인 마트는 인근 거주자들에게 시장 역할을 한다. 현대식 몰이 드문 리틀 인디아에서 잠시 에어컨 바람을 쐬며 쉬기에 좋다. 지하에는 패스트푸드점과 카페가 있다.

**MAP** p.14-F
**찾아가기** MRT 리틀 인디아(Little India) 역 E번 출구에서 Buffalo Rd.와 Serangoon Rd. 따라 도보 4분
**주소** 2 Serangoon Rd. **전화** 6307-6761
**영업** 10:00~22:00

## 무스타파 센터
### Mustafa Centre

**없는 게 없는 24시간 인도식 대형 마트**

24시간 문을 여는 인도식 대형 쇼핑 마트다. 여러 동으로 이뤄진 거대한 몰에서는 각국에서 들여온 식료품과 생활용품, 음반과 DVD, 주방용품, 의류, 가전제품, 화장품, 의약품, 기념품 등 마트에서 기대할 수 있는 대부분의 아이템을 취급한다. 더욱 마음에 드는 건 낮은 고정 가격을 고수한다는 점이다. 호랑이 연고, 달리 치약, 카야 잼, 히말라야 수분 크림, 각종 프로모션 중인 과자, 산처럼 쌓아 놓은 컨버스 운동화 등 운 좋으면 원하는 아이템을 꽤 저렴한 가격에 구입할 수 있다.

**MAP** p.15-G
**찾아가기** MRT 파러 파크(Farrer Park) 역 G번 출구에서 Serangoon Rd. 따라 도보 2분
**주소** 145 Syed Alwi Rd. **전화** 6295-5855
**영업** 24시간
**홈페이지** www.mustafa.com.sg

# 레이스 코스 로드
## Race Course Road

MAP p.14-B·F

**찾아가기** MRT 리틀 인디아(Little India) 역 E번 출구에서 바로 연결

사캬 무니 부다 가야 사원 p.263
롱산시 사원 p.263
테카 센터 p.264
시티 스퀘어 몰 p.264
머스터드 p.265
바나나 리프 아폴로 p.265
무투스 커리 p.265

### 인도판 테이스티 로드

MRT 리틀 인디아 역 E번 출구를 빠져나오면 가장 먼저 보이는 거리다. 세랑군 로드와 더불어 여행자들이 가장 많이 찾게 되는 도로로, MRT 파러 파크 역 방향으로 죽 이어진다. 즉 세랑군 로드와 평행하게 달린다는 뜻이다. 레이스 코스 로드가 특히 매력적인 이유는 바나나 리프 아폴로, 무투스 커리, 머스터드 등 리틀 인디아를 대표하는 레스토랑들이 들어서 있기 때문이다. 리틀 인디아의 미식이 궁금하다면 가장 먼저 레이스 코스 로드부터 찾아보자.

#### MORE 현지인들의 일상이 궁금하다면 버팔로 로드 Buffalo Road

레이스 코스 로드와 세랑군 로드를 연결하는 골목들 중 하나다. 사원으로 향하는 신도들이 많이 지나는 길이므로 현지인들의 소소한 일상을 구경하는 재미가 있다. 재스민과 금잔화 꽃목걸이, 각종 과일과 미니 오일 램프 등을 파는 알록달록한 상점들이 오밀조밀 모여 있다.

## 사캬 무니 부다 가야 사원
## Sakya Muni Buddha Gaya Temple

### 천 개의 등과 거대한 불상이 있는 사원

겉으로 보기에는 그저 소박하고 작은 사원에 불과하지만 경내로 들어가는 순간 반전의 풍경을 마주하게 된다. 화려하거나 정교하지는 않지만 크기만으로도 보는 이를 압도하는 거대한 불상이 안치되어 있기 때문이다. 높이는 무려 15m, 무게만도 300t에 이를 정도라고 하니 그 규모가 어느 정도인지 짐작할 수 있다. 불상 주위로 1,000여 개의 등이 걸려 있어 '천등 사원'이라고도 부른다. 불상 앞 유리관 안에는 힌두교 신인 가네샤 조각상이 안치되어 있다. 가네샤는 인도 신화에 나오는 지혜와 행운의 신으로, 불교 사원에 불상과 함께 안치되어 있다는 사실이 꽤 흥미롭다.

**MAP** p.15-C
**찾아가기** MRT 파러 파크(Farrer Park) 역 B번 출구에서 Race Course Rd. 따라 도보 4분
**주소** 366 Race Course Rd.
**운영** 08:00~16:30

## 룽산시 사원
## Leong San See Temple

### 용 그림 벽화가 있는 중국 도교 사원

사캬 무니 부다 가야 맞은편에 있는 룽산시 사원은 리틀 인디아의 다른 힌두교 사원과는 확연히 다른 모습을 하고 있다. 자비로써 중생의 괴로움을 구제한다는 관음상이 안치되어 있는 중국 도교 사원이기 때문이다. '용산사(龍山寺)'라는 한자 이름에서 알 수 있듯 용을 주제로 한 조형물과 그림이 사원을 치장하고 있다. 형형색색의 입체적인 용 그림 벽화와 지붕 위에 놓인 화려한 용 조형물이 볼만하며 1926년 사원을 증축한 후 지금까지 이어지고 있다. 다른 힌두 사원들과 비교해서 둘러본다면 더욱 흥미로울 것이다.

**MAP** p.15-C
**찾아가기** MRT 파러 파크(Farrer Park) 역 B번 출구에서 Race Course Rd. 따라 도보 3분
**주소** 371 Race Course Rd.
**운영** 06:00~18:00

## 테카 센터
## Tekka Centre

### 아침식사하기 좋은 쇼핑몰

1982년에 문을 연 테카 센터는 리틀 인디아를 상징하는 건물. 여러 민족의 문화가 한데 모인 곳으로 각종 식료품과 의류, 종교용품, 일용품 등을 취급한다. 대부분의 아이템이 현지인들에게 유용한 것이기 때문에 여행자들이 이곳에서 쇼핑을 하는 일은 드물다. 다만 식당과 호커스가 입점해 있어 간단한 식사를 하려는 이들에게 추천한다. 특히 아침 일찍 문을 열기 때문에 아침을 먹기 좋다.

**MAP** p.14-F
**찾아가기** MRT 리틀 인디아(Little India) 역 E번 출구에서 Buffalo Rd. 따라 도보 2분
**주소** 665 Buffalo Rd. **영업** 06:30~21:00

## 시티 스퀘어 몰
## City Square Mall

### 싱가포르 최초의 친환경 몰

리틀 인디아에서 가장 세련된 쇼핑몰이자 환경을 고려해 지은, 싱가포르 최초의 에코 몰이다. 약 250개의 상점이 들어선 꽤 큰 규모로, 절수 시설의 화장실, 태양 에너지와 빗물 활용 시설을 갖춘 지붕 등 친환경적인 요소를 갖추고 있다. 푸드 리퍼블릭(Food Republic), 애스턴스(Astons), 토스트 박스(Toast Box), 브레드 토크(Bread Talk) 등 인기 레스토랑이 입점해 있으니 인도 음식이 입에 맞지 않는 이들은 이곳에서 식사를 해결해도 좋다.

**MAP** p.15-C
**찾아가기** MRT 파러 파크(Farrer Park) 역 H번 출구에서 도보 1분 **주소** 180 Kitchener Rd.
**전화** 6595-6595 **영업** 10:00~22:00
**홈페이지** www.citysquaremall.com.sg

---

 **묘기에 가까운 테 타릭 Teh Tarik 만들기 과정**

테 타릭은 밀크티나 차이 라테와 비슷한 음료로, 일반 호커스에서 흔히 볼 수 있지만 테카 센터 호커스에서는 좀 더 제대로 된 맛을 볼 수 있다. 홍차와 우유를 따로 컵에 담아 반복적으로 번갈아 부으면서 섞는데, 섞이는 과정에서 부드러운 거품이 만들어진다. 만드는 과정이 묘기에 가까워 구경하는 일도 흥미롭다.

## 머스터드
### Mustard

**고급스런 분위기의 인도식 레스토랑**

깔끔하고 세련된 분위기에서 인도 요리를 먹고 싶다면 머스터드를 추천한다. 현지인보다는 싱가포르에 거주하는 외국인들이 주로 찾는 레스토랑이다. 인도 북부의 펀자브와 동부의 벵골 요리를 주로 선보이는데, 사용하는 식기나 분위기, 음식 맛 모두 만족스럽다. 시그니처 메뉴는 칭그리 마처 말라이 카레로 신선하고 통통한 새우를 아낌없이 넣어 부드럽고 고소하다.

**MAP** p.14-F
**찾아가기** MRT 리틀 인디아(Little India) 역 E번 출구에서 Race Course Rd. 따라 도보 2분
**주소** 32 Race Course Rd. **전화** 6297-8422
**영업** 11:30~15:00, 18:00~22:45, 토요일 11:30~16:00, 18:00~22:45
**예산** S$20~30
**홈페이지** www.mustardsingapore.com

## 무투스 커리
### Muthu's Curry

**정갈한 정통 인도 요리를 선보이는 레스토랑**

바나나 리프 아폴로와 함께 리틀 인디아를 대표하는 레스토랑으로 꼽힌다. 1969년에 오픈한 오래된 레스토랑이지만, 지금은 세련되고 현대적인 다이닝 공간으로 탈바꿈했다. 메뉴와 서비스가 좀 더 깔끔하고 정갈하다는 것 외에는 바나나 리프 아폴로와 비슷하다. 식기나 인테리어 분위기도 세련된 편이다. 무투스 커리의 시그니처 메뉴 역시 피시 헤드 카레다. 탄두리 치킨과 인도식 볶음밥 비리야니 또한 추천할 만하다. 선텍 시티와 뎀시 힐에 분점이 있다.

**MAP** p.14-F
**찾아가기** MRT 리틀 인디아(Little India) 역 E번 출구에서 Race Course Rd. 따라 도보 5분
**주소** #01-01, 138 Race Course Rd.
**전화** 6392-1722 **영업** 10:30~22:30
**예산** S$15~25
**홈페이지** www.muthuscurry.com

## 바나나 리프 아폴로
### The Banana Leaf Apolo

**전통을 고수하는 인도 레스토랑**

제대로 된 인도 요리를 즐길 수 있는 곳이다. 시그니처 메뉴는 생선 머리를 이용한 피시 헤드 카레. 이름이나 메뉴를 내오는 모습에 다소 거부감이 들 수 있지만 한번 맛보면 매콤하고 담백한 카레 맛에 반하고 만다. 머리에 붙은 두툼한 살들을 발라먹다 보면 '어두육미'라는 말을 실감할 수 있다. 작은 사이즈를 주문하면 2명이 먹기에 충분하며, 밥을 주문하면 바나나 잎 위에 밥과 베지터블 카레 2가지가 원하는 양만큼 제공된다.

**MAP** p.14-F
**찾아가기** MRT 리틀 인디아(Little India) 역 E번 출구에서 Race Course Rd. 따라 도보 2분
**주소** 54 Race Course Rd.
**전화** 6293-8682 **영업** 10:30~22:30
**예산** S$15~20
**홈페이지** http://thebananaleafapolo.com

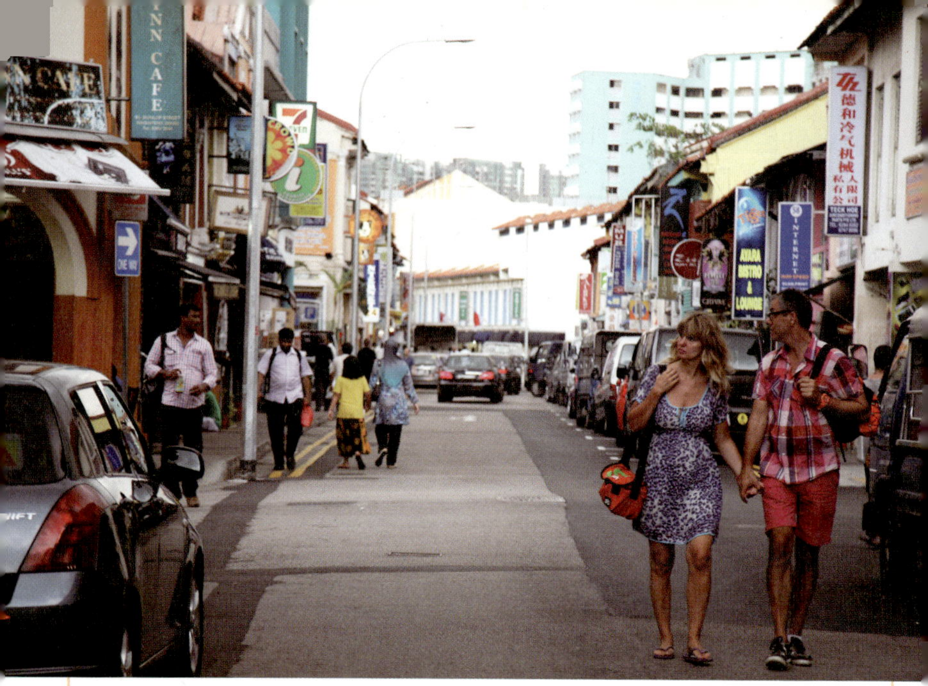


# 던롭 스트리트
## Dunlop Street

**MAP** p.14-F

**찾아가기** MRT 리틀 인디아(Little India) 역 E번 출구에서 바로 연결

BEST CHOICE

**압둘 가푸르 모스크 p.267**

**리틀 인디아의 부엌이자 백패커들의 아지트**

화려한 관광지가 있는 것은 아니지만 리틀 인디아의 속살이 궁금하다면 방문할 가치가 충분한 곳이다. 세랑군 로드에서 뻗어 나간 골목길 중 하나로, 총천연색의 2층 건물들이 길을 가득 메운다. 건물에는 각종 직물과 점토 그릇, 소품 등 각양각색의 물건들을 파는 상점과 카페테리아들이 들어서 있다. 심심치 않게 게스트하우스와 퍼브, 24시간 인터넷 카페들이 눈에 띄는데, 이는 던롭 스트리트가 백패커들의 아지트로 통하기 때문이다. 그중 인 크라우드(Inn Crowd)은 던롭 스트리트를 대표하는 게스트하우스로 꼽힌다. 일반 여행자들은 압둘 가푸르 모스크에 가기 위해 들르는 경우가 많다. 신선한 채소와 과일을 파는 상점들이 많아 '리틀 인디아의 부엌'이라는 별칭이 붙기도 했다. 특별히 무엇을 하지 않아도 사진을 찍으며 구경하는 것만으로도 즐거운 곳이다.

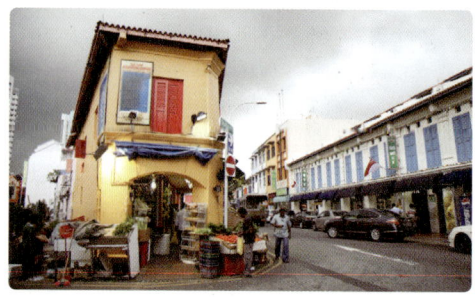

## 압둘 가푸르 모스크
### Abdul Gafoor Mosque

**인도인에 의해 완성된 이슬람 사원**

일부러 찾아가기 보다는 부기스에서 리틀 인디아로 넘어가는 루트를 선택했다면 잠시 들러보기 좋은 곳이다. 만약 힌두교 사원과 중국 사원을 둘러본 후 이곳을 찾았다면 리틀 인디아 사원 투어의 그랜드슬램을 달성하게 되는 셈이기도 하다. 인도 이슬람교도를 위한 사원으로, 압둘 가푸르라는 이름을 가진 인도인에 의해 1910년에 완성되었다. 남인도풍과 무어풍 건축 양식을 도입한 모스크의 외관이 우리가 알고 있는 일반적인 모스크의 모습과는 조금 달라 흥미롭다. 뾰족한 22개의 첨탑과 첨탑 끝을 장식한 초승달 조형물이 특히 인상적이다. 24명의 이슬람 선지자를 표시하는 아랍 문자가 빼곡히 적힌 벽 역시 눈길을 끈다. 방문자에 대한 규율이 꽤 엄격한 편인데, 입장 시 노출이 있는 옷차림은 피해야 하며, 모스크 내부로 들어갈 때는 신발뿐 아니라 양말도 벗어야 한다. 여성은 레이디스 룸에 입장해야 한다.

**MAP** p.14-J
**찾아가기** MRT 리틀 인디아(Little India) 역 E번 출구에서 Buffalo Rd.와 Dunlop St. 따라 도보 7분
**주소** 41 Dunlop St. **전화** 6295-4209
**운영** 05:00~20:00

### TIP 너무 늦은 시간에는 방문을 피할 것
싱가포르가 안전하다는 것은 워낙 잘 알려져 있는 사실이다. 하지만 상대적으로 낙후하고, 상점들이 문을 일찍 닫는 리틀 인디아는 너무 늦은 시간에 방문하는 것은 가급적 피한다.

# 캄퐁 글램
## Kampong Glam

**MAP** p.15-K
**찾아가기** MRT 부기스(Bugis) 역 B번 출구에서 바로 연결

술탄 모스크 p.269
아랍 스트리트 p.269
부소라 스트리트 p.270
말레이 헤리티지 센터 p.270
머맨다 p.271
나스린 p.272
싱가포르 잼 잼 p.272
피카 p.273
블루재즈 카페 p.273

## 이슬람 문화와 미식을 한 번에 즐긴다

싱가포르 강을 기준으로 북쪽에 자리한 캄퐁 글램은 이슬람 문화의 핵심 지역이다. 히잡을 둘러싼 여성과 기도를 하는 신자들, 그리고 카페에 앉아 물담배를 피우는 젊은이 등 잠시 공간 이동을 한 듯한 풍경이 골목을 따라 이어진다. 과거 항구였던 이곳은 아랍 상인들이 정착하면서 말레이시아, 터키, 이집트 등과 같은 이슬람 국가들의 전통문화가 자연스럽게 녹아들었고, 이후 말레이계와 이슬람교도들의 주거지가 형성되었다. 이슬람 문화와 쇼핑, 미식이 한데 어우러진 이곳은 리틀 인디아와 차이나타운, 홀랜드 빌리지와 더불어 싱가포르에서 가장 이국적인 풍경을 지닌 곳으로 평가받고 있다. 이러한 매력이 여행자들의 마음을 사로잡아 지금은 현지인과 여행자들 모두에게 사랑받는 목적지로 자리매김하고 있다.

## 술탄 모스크
**Sultan Mosque**

### 200년 가까운 세월을 간직한 황금빛 사원

황금빛 돔이 우아하게 빛나는 이 이슬람 사원은 캄퐁 글램의 하이라이트다. 180여 년 전, 말레이시아 조호르 주의 술탄인 후세인 샤가 가족과 지인들을 위해 세웠다고 한다. 놀라운 것은 완공된 이후 한 번도 훼손되거나 변형된 곳 없이 당시 모습을 그대로 유지하고 있다는 점이다. 이슬람 신자들은 술탄 모스크에서 기도를 하거나 사람들과 소통을 한다. 여행자들에게도 사원의 일부를 공개하고 있는데 관광객 입장 시간은 따로 정해져 있으니 방문 전 확인한다.

**MAP** p.15-K
**찾아가기** MRT 부기스(Bugis) 역 B번 출구에서 Victoria St.와 Arab St. 따라 도보 4분
**주소** 3 Muscat St.
**전화** 6293-4405
**운영** 10:00~12:00, 14:00~16:00, 금요일 14:30~16:00 **요금** 무료
**홈페이지** www.sultanmosque.org.sg

## 아랍 스트리트
**Arab Street**

### 이슬람 상인들의 교역이 시작된 곳

싱가포르에 처음으로 온 민족은 말레이시아인이었는데 이들이 터전으로 삼은 곳이 바로 아랍 스트리트 주변이다. 아랍 스트리트는 말레이시아인들을 중심으로 발달한 거리로, 이슬람 고유의 문화를 간직한 숍들이 낮은 건물에 들어서 있다. 카펫과 화려한 조명, 사롱, 실크 등을 팔고 있는 숍과 카페가 대부분이라 여행자들이 구입할 만한 것이 많지는 않지만 구경하는 재미가 쏠쏠하다. 술탄 모스크 옆으로 난 길이니 연계해 둘러보기 좋다.

**MAP** p.15-K
**찾아가기** MRT 부기스(Bugis) 역 B번 출구에서 Victoria St. 따라 도보 4분

> **TIP 이슬람 사원 방문 시 지켜야 할 에티켓**
> 힌두교 사원과 달리 이슬람 사원은 방문 시 꽤 까다로운 에티켓을 요구받는다. 우선 경내에 들어갈 때에는 신발을 벗어야 하며, 민소매나 반바지 차림은 입장이 불가하다. 옷차림이 마땅치 않다면 사원 입구에서 무료로 빌려주는 가운을 입고 들어갈 수 있다.

## 부소라 스트리트
## Bussorah Street

### 이국적이고 아기자기한 거리

술탄 모스크 정면으로 나 있는 부소라 스트리트는 그리 길지 않은 도로지만 캄퐁 글램 지역에서 여행자들에게 가장 사랑받는 거리다. 깔끔하게 정돈된 예쁜 색깔의 건물들과 나무들이 길 양옆으로 도열한 풍경이 아기자기하고 이색적이다. 건물 안에는 식당과 카페, 기념품 숍이 다닥다닥 붙어 있다. 기념사진을 촬영하기 좋고, 카페에서 이슬람식 디저트와 물담배를 체험하거나 유니크한 아이템을 쇼핑할 수 있다. 부소라 스트리트가 가장 예쁠 때는 역시 해 질 무렵이다. 조명을 밝힌 황금빛 돔의 술탄 모스크와 카페에서 세팅해 놓은 야외 좌석, 그리고 주변 건물이 어우러져 이국적이면서도 독특한 풍경을 만들어 낸다.

**MAP** p.15-K
**찾아가기** MRT 부기스(Bugis) 역 B번 출구에서 Victoria St.와 Ophir Rd. 따라 도보 4분

## 말레이 헤리티지 센터
## Malay Heritage Centre

### 왕궁을 개조한 말레이 역사 박물관

술탄 모스크 옆에 자리한 말레이 헤리티지 센터는 싱가포르 초대 술탄인 후세인이 거주하던 왕궁을 개조한 박물관으로 1999년에 개관하였다. 말레이 민족의 이주와 정착의 역사, 그리고 그들의 생활을 찬찬히 들여다볼 수 있으므로 말레이 민족에 대한 궁금증을 어느 정도 해소할 수 있을 것이다. 상설 전시 외에 흥미로운 기획 공연과 전시 등이 수시로 열린다. 왕궁이었다고 하는데, 붉은색 지붕의 소박한 건물과 깔끔하게 정돈된 크지 않은 정원이 전부라는 것이 인상적이다.

**MAP** p.15-K
**찾아가기** MRT 부기스(Bugis) 역 B번 출구에서 Ophir Rd.와 Baghdad St. 따라 도보 8분
**주소** 85 Sultan Gate
**전화** 6391-0450
**운영** 10:00~18:00
**휴무** 월요일
**요금** S$4
**홈페이지** www.malayheritage.org.sg

## 머맨다
### Mamanda

**우아한 분위기에서 즐기는 말레이 전통 음식**

말레이 헤리티지 센터 정문 옆으로 난 입구로 가면 만날 수 있는 레스토랑이다. 일반적인 로컬 레스토랑보다 가격은 조금 비싸지만 말레이시아 정통 요리를 제대로 경험하고 싶은 이들에게는 매우 만족스러운 선택이 될 것이다. 말레이 왕족과 부유한 상인들이 주로 거주했던 건물은 고풍스럽고 우아한 분위기가 흐르며, 프라이빗 룸과 결혼식을 위한 홀을 갖추고 있는 등 규모가 꽤 크다. 단품 요리부터 뷔페 요리까지 다양한 메뉴를 선보여 선택의 폭이 넓다.

**MAP** p.15-K
**찾아가기** MRT 부기스(Bugis) 역 B번 출구에서 Ophir Rd.와 Baghdad St. 따라 도보 8분
**주소** 73 Sultan Gate
**전화** 6396-6646
**영업** 08:00~22:00
**예산** S$20~50
**홈페이지** www.mamanda.com.sg

---

 **우리 입맛에 은근히 잘 맞는 말레이 음식**

말레이 음식은 낯설게 느껴지지만 우리 입맛에 꽤 잘 맞는다. 칼칼하면서도 고소한 삼발 소스를 베이스로 한 새우 요리 '삼발 프론', 큼지막한 소고기 덩어리에 코코넛 소스와 향신료를 넣고 조린 '비프 렌당'은 말레이 대표 음식이자 머맨다의 인기 메뉴다. 삼발은 고추와 새우, 채소, 향료 등을 섞어 발효시킨 묽은 소스로 우리나라 장처럼 여러 요리에 사용된다.

## 나스린
### Nasrin

### 중동 요리와 할랄 푸드 전문점

아랍 스트리트 가까이에 위치한 나스린은 중동 요리와 할랄 푸드를 전문으로 하는 식당이다. 관광객들 사이에서 유명한 레스토랑은 아니지만 현지인들 사이에서는 꽤 이름난 곳이다. 할랄 푸드는 이슬람 율법에 따라 가공해 모슬렘이 먹도록 허용된 식품을 말한다. 몸과 정신 건강을 해치는 성분을 절대 사용하지 않고 위생 기준이 까다롭다고 알려져 있어, 종교적인 이유를 떠나 건강과 맛 때문에 찾는 사람이 점점 늘어 가고 있는 추세다. 나스린은 화려하지는 않지만 정성 들여 내놓는 음식들이 무척 만족스럽다. 그중 화덕에서 구운 빵과 디핑 소스 격인 후무스가 인기다. 후무스는 병아리콩으로 만든 요리로 중동에서는 우리나라의 된장처럼 건강식으로 인정받고 있다.

**MAP** p.15-K
**찾아가기** MRT 부기스(Bugis) 역 B번 출구에서 Ophir Rd.와 Baghdad St. 따라 도보 6분
**주소** 58 Arab St. **전화** 6298-1685
**영업** 11:00~23:00 **예산** $25~35
**홈페이지** www.nasrinpersiancuisine.com.sg

## 싱가포르 잼 잼
### Singapore Zam Zam

### 오랜 시간 사랑받고 있는 로컬 레스토랑

100년 넘게 운영되어 온 로컬 모슬렘 레스토랑이다. 벽에 걸린 커다란 메뉴판에는 사진과 함께 수많은 메뉴가 적혀 있지만, 사람들이 이곳에서 가장 많이 주문하는 것은 역시 무르타박이다. 무르타박은 오므라이스와 비슷하게 생겼는데 얇게 편 반죽 안에 다진 고기, 양파, 마늘 등을 넣어 조리한 요리다. 닭, 소고기, 양고기 중에서 고를 수 있으며, 찍어 먹을 수 있는 카레가 함께 나온다. 볶음밥과 비슷한 비리야니와 말레이식 튀김 요리도 추천할 만하다.

**MAP** p.15-K
**찾아가기** MRT 부기스(Bugis) 역 B번 출구에서 Ophir Rd.와 North Bridge Rd. 따라 도보 5분
**주소** 697 North Bridge Rd.
**전화** 6298-6320
**영업** 07:00~23:00
**예산** S$5~10

## 피카
## FIKA

**스웨덴식 커피 타임을 즐길 수 있는 카페**

피카는 스웨덴어로, 바쁜 일상에서 차 한잔하며 잠시 여유를 갖는 일종의 '커피 브레이크', '티타임'을 의미한다. 비치 로드와 아랍 스트리트 교차로 코너에 자리한 피카는 이름 그대로 여행 중 잠시 쉬었다 가기 좋은 스웨디시 카페 겸 레스토랑이다. 스웨덴 어느 가정집에 놀러온 것처럼 편안하고, 북유럽 특유의 감성이 묻어나는 분위기가 사랑스럽다. 스웨덴식 커피와 디저트는 물론 미트볼도 즐길 수 있다. 수프와 메인 코스, 디저트로 구성된 런치 세트가 평일 11:00~14:00에 준비된다.

**MAP** p.15-K
**찾아가기** MRT 부기스(Bugis) 역 B번 출구에서 Baghdad St.와 Arab St. 따라 도보 7분
**주소** 257 Beach Rd.
**전화** 6396-9096
**영업** 11:00~22:00, 금·토요일과 공휴일 전날 11:00~23:00
**예산** S$20~30
**홈페이지** www.fikacafe.com

## 블루재즈 카페
## Blu Jaz Cafe

**부기스의 저렴하면서도 분위기 좋은 카페**

부기스 지역에서 오랫동안 사랑 받고 있는 카페이자 바다. 알록달록한 색의 외관이 멀리서도 눈에 띄는 이곳은 친구들끼리 삼삼오오 모여 수다를 떨며 맥주 한잔 하기 좋은 곳이다. 운치 있는 야외 테이블이 있어 낮에도 밤에도 언제나 많은 사람들로 북적인다. 술탄 모스크 주변의 메인 거리에서 조금 벗어나 있는 까닭인지 가격이 저렴한 것 역시 인기 요인이다. 저녁에는 밴드의 라이브 공연이 열려 더욱 흥겨운 시간을 보낼 수 있다.

**MAP** p.15-K
**찾아가기** MRT 부기스 역 B번 출구 Ophir Rd. 따라 도보 10분
**주소** 11 Bali Lane, Historic Kampong Glam 11 Bali Lane, Historic Kampong Glam
**전화** 6292-3800
**영업** 12:00~01:00, 금·토요일 12:00~02:00
**휴무** 일요일
**예산** S$10~20
**홈페이지** www.blujazcafe.net

# 부기스 역
## Bugis Station

**MAP** p15-K
**찾아가기** MRT 부기스(Bugis) 역에서 바로

부기스 스트리트 p.275
부기스 정크션 p.275
부기스 플러스 p.275

### 캄퐁 글램의 출발점이자 쇼핑 플레이스

언제나 많은 사람들로 북적이는 부기스 역. 아랍인들의 거주지인 캄퐁 글램을 가기 위해 거쳐야 하는 출발점이자 현지 젊은이들에게는 인기 있는 쇼핑 스폿이기도 하다. 오차드 로드가 하이엔드 쇼핑 구역이라면, 부기스 역 인근의 쇼핑몰은 부담 없이 구입할 수 있는 중저가 몰 위주로 구성된다. 그래서 이곳을 찾는 연령층도 오차드 로드에 비해 낮은 편이다. 우리나라 남대문을 떠올리게 하는 재래시장부터 백화점과 푸드코트를 갖춘 현대식 쇼핑몰까지 선택의 폭은 넓은 편이다. 부기스 역 3대 쇼핑 플레이스로 꼽히는 부기스 스트리트, 부기스 정크션, 부기스 플러스 모두 부기스 역 가까이에 있으니 접근도 편리하다. 활기찬 현지인들의 시장이 궁금하거나 재미있는 기념품들을 구입하고 싶다면 부기스 스트리트, 쾌적하고 간편하게 한 끼를 해결하고 싶다면 부기스 정크션, 브랜드 쇼핑을 즐기고 싶다면 부기스 플러스를 추천한다.

## 부기스 스트리트
### Bugis Street

**없는 게 없는 싱가포르 최대 규모 재래시장**

싱가포르에서 가장 큰 재래시장 중 하나로 꼽힌다. 우리나라 남대문 시장과 종종 비교되지만 좀 더 깔끔한 분위기다. 3개 층에 무려 600여 곳의 숍이 있으며, 토산품을 비롯해 각종 의류와 잡화, 기념품 등 없는 게 없을 정도다. 게다가 가격도 1만~2만 원대로 부담이 없어 언제나 많은 사람들로 북적거린다. 우리나라 아이돌 이름이 적힌 티셔츠와 캐릭터 과자가 인기 품목으로 당당하게 자리 잡고 있는 점도 흥미롭다.

**MAP** p.15-K
**찾아가기** MRT 부기스(Bugis) 역 C번 출구에서 도보 2분
**주소** 3 New Bugis St. **전화** 6338-9513
**영업** 11:00~22:00
**홈페이지** www.bugisstreet.com.sg

## 부기스 정크션
### Bugis Junction

**중저가 브랜드 위주의 복합 쇼핑몰**

백화점과 극장, 전자제품 상가 등이 들어선 복합 쇼핑몰이다. 처음에는 보세 옷가게 위주로 몰이 구성되었지만, 리노베이션을 거친 후 유럽과 싱가포르 중저가 브랜드가 주로 입점해 있다. 3층에 푸드 정크션이라는 푸드코트가 있어 간단하게 식사를 해결하기에 좋다.

**MAP** p.15-K
**찾아가기** MRT 부기스(Bugis) 역 C번 출구에서 도보 2분
**주소** 200 Victoria St.
**전화** 6557-6557
**영업** 10:00~22:00
**홈페이지** www.bugisjunction-mall.com.sg

## 부기스 플러스
### Bugis Plus

**부기스의 랜드마크가 된 최신식 쇼핑몰**

부기스 역 주변 쇼핑몰 중 신축에 속하는 건물로, 육각형 크리스털이 촘촘히 박혀 있는 외관이 가장 먼저 눈에 들어온다. 버쉬카, 캘빈 클라인 언더웨어 등 젊은 사람들이 선호하는 브랜드들이 주로 입점해 있으며, 큰 규모의 유니클로 매장도 들어서 있다. 건물 2층을 통하면 부기스 정크션으로 이동도 가능하다.

**MAP** p.15-K
**찾아가기** MRT 부기스(Bugis) 역 C번 출구에서 도보 2분
**주소** 201 Victoria St.
**전화** 6634-6810
**영업** 10:00~22:00
**홈페이지** www.bugisplus.com.sg

## 유니크한 감성의 골목길
# HAJI LANE
### 하지 레인

아랍 스트리트와 연결된 하지 레인은 워낙 좁은 길이라 그냥 지나치기 쉽지만 눈썰미 좋은 이라면 이 사랑스러운 골목을 놓칠 리 없다. 100m 남짓한 짧은 골목에는 디자이너 숍과 빈티지 셀렉트 숍, 유니크한 감성을 보여 주는 카페와 바 등이 자리하고 있다.

**MAP** p.15-K  **찾아가기** MRT 부기스(Bugis) 역 B번 출구에서 Ophir Rd.와 North Bridge Rd., Haji Lane 따라 도보 3분

## 바 스토리스  Bar Stories

### 하지 레인의 보석 같은 곳

다락방처럼 느껴지는 공간에 커다란 바와 몇 개의 테이블이 준비되어 있다. 재미있는 것은 메뉴판이 따로 없다는 점. 원하는 것을 이야기 하면 실력 좋은 바텐더가 창의적이고 신선한 칵테일을 가져다준다. 간판이 제대로 없다.

**MAP** p.276  **주소** 55/57A Haji Lane  **전화** 6298-0838  **영업** 17:00~01:00, 금·토요일 17:00~02:00  **예산** S$30  **홈페이지** www.barstories.com.sg

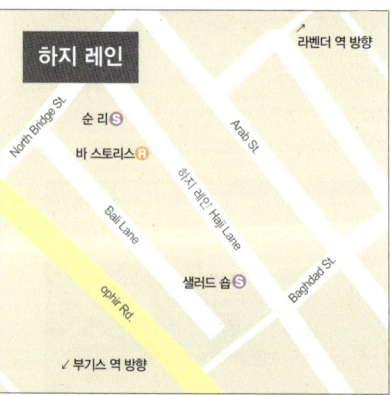

## 샐러드 숍 The Salad Shop

### 실용적이면서도 감성적인 숍

하지 레인의 터줏대감 격인 라이프 스타일 숍이다. 하지 레인의 보헤미안 풍 분위기와 다르게 차분하고 모던한 느낌이 오히려 눈에 띈다. 의류, 액세서리, 가방 등 패션 아이템을 비롯해 여행용품, 서적, 생활용품 등 다양한 품목을 갖추고 있다. 패션 아이템은 우리나라에서도 흔히 볼 수 있는 제품이 많아 시시하게 느껴질 수 있는데, 소품이나 생활용품은 기념품 혹은 지인들의 선물용으로 구입하기 좋다. 현재 2개 층으로 운영되고 있다.

**MAP** p.276 **주소** 27 Haji Lane **전화** 6299-5808 **영업** 12:00~20:00, 토·일요일 11:00~22:00

## 순리 Soon Lee

### 싱가포르에서 손꼽히는 여성 의류 부티크 숍 중 하나

감각적인 디스플레이로 유명해진 편집숍이다. 싱가포르 로컬 디자이너 옷뿐만 아니라 홍콩과 우리나라에서 가져온 브랜드들을 주로 취급한다. 화려하고 유니크한 디자인의 신발과 가방, 패션 서적 등이 눈길을 끈다.

**MAP** p.276 **주소** 73 Haji Lane **전화** 6297-0198 **영업** 12:00~21:00

### MORE 젊은이들의 새로운 아지트, 라벤더 스트리트 Lavender Street

라벤더 스트리트는 캄퐁 바루 & 에버턴 파크(p.246)와 함께 커피 마니아들이 주목하고 있는 동네로 '제2의 티옹 바루'로 불리기도 한다. 그중에서도 가장 주목받고 있는 카페를 소개한다.

#### 체셍홧 하드웨어 Chye Seng Huat Hardware

이름도 어려운 이곳은 'CSHH'로 통한다. 공업용 기계를 팔던 가게를 인수받아 카페로 운영하는 곳이다. 외관과 간판 그리고 이름은 손대지 않고 예전의 것을 그대로 사용했다. 신선한 원두를 사용하는 것은 물론 수준 높은 로스팅과 브루잉을 선보인다. 커피와 곁들이기 좋은 디저트류도 함께 취급한다. 2층에는 작은 디자인 숍이 있다.

**MAP** p.15-D **찾아가기** MRT 파러파크(Farrer Park) 역 H번 출구에서 Serangoon Rd.와 Petain Rd., Tyrwhitt Rd. 따라 도보 7분 **주소** 150 Tyrwhitt Rd. **전화** 6396-0609 **영업** 화~목·일요일 09:00~22:00, 금·토요일 09:00~24:00 **휴무** 월요일 **예산** S$10 **홈페이지** www.cshhcoffee.com

# 센토사

## Sentosa

싱가포르 섬에서 남쪽으로 약 500m 떨어진 작은 섬 센토사는 싱가포르를 이루는 또 다른 섬이자 하나의 거대한 테마파크다. 아이를 동반한 가족 여행자는 물론이거니와 특별한 데이트를 계획하는 커플들, 도심에서 벗어나 주말을 신나게 보내려는 이들까지 누구나 좋아할 만한 어트랙션과 볼거리가 가득하다. 뿐만 아니라 동남아시아의 유명 휴양지 못지않은 근사한 해변이 펼쳐져 있으니 완벽한 휴식까지 가능한 전천후 만능 아일랜드인 셈이다. 최근에는 세계적인 테마파크 유니버설 스튜디오가 위치한 리조트 월드 센토사와 세계 최대의 아쿠아리움, 마담 투소 싱가포르, 해안선을 따라 최고급 부티크 호텔 등이 들어서면서 다시 한 번 스포트라이트를 받고 있으며, 진화한 센토사를 찾으려는 사람들의 발길이 더욱 늘고 있다.

# 센토사 한눈에 보기

지도 위에 MRT 역 출구와 연결되는 주요 랜드마크를 표시해 찾아가고자 하는 목적지를 빠르게 확인할 수 있다.

## KNOWHOW

### 관광의 기술

센토사는 크게 유니버설 스튜디오가 있는 리조트 월드 센토사, 해변의 낭만을 만끽할 수 있는 비치, 각종 어트랙션을 즐길 수 있는 임비아 역 주변으로 나뉜다. 아침 일찍 리조트 월드 센토사에서 시간을 보내고, 이른 오후에 센토사의 각종 어트랙션을 즐긴 다음 저녁에는 비치 쪽에서 하루를 마무리하는 일정을 소화한다면 센토사를 완벽하게 마스터하는 셈이다. 아이들과 동행했다면 어트랙션 위주, 커플 또는 친구끼리라면 적당한 어트랙션과 해변 위주의 오후 일정을 계획하는 것이 좋다.

### 쇼핑의 기술

센토사 여정에서 사실 쇼핑의 비중은 크지 않다. 관문인 하버프런트의 비보 시티(p.311), 리조트 월드 센토사의 갤러리아가 주목할 만한 쇼핑몰로 꼽힌다. 대신 유니버설 스튜디오의 캐릭터 숍과 센토사 곳곳에 자리한 기념품 숍에서 소소한 쇼핑의 즐거움을 만끽할 수 있다.

### 미식의 기술

리조트 월드 센토사에는 대형 프랜차이즈 레스토랑을 비롯해 유명 셰프들의 다이닝 레스토랑이 있다. 저녁에는 해변에서 일몰을 바라보며 비치 레스토랑에서 식사를 하는 건 어떨까. 좀 더 특별하면서도 조용한 분위기에서 식사를 하고 싶다면 요즘 센토사에서 핫한 동네 '키사이드 아일(p.305)'에서 저녁 식사를 해결하는 것도 좋다.

**Beach Tram**
실로소 비치, 팔라완 비치, 탄종 비치

탄종 비치

## MRT 하버프런트 역
### MRT HarbourFront

**E번 출구** : 비보 시티 센토사 익스프레스 탑승장, 센토사 보드워크

## 센토사 익스프레스
### Sentosa Express

**리조트 월드 역** : 리조트 월드 센토사, 유니버설 스튜디오 싱가포르
**임비아 역** : 마담 투소 싱가포르, 이미지 오브 싱가포르, 센토사 멀라이언, 센토사 4D 어드벤처 랜드
**비치 역** : 스카이라인 루지, 아이플라이 싱가포르, 윙스 오브 타임

리조트 월드 센토사

## 센토사 교통 정보

싱가포르 본토에서 다소 떨어진 곳에 자리한 센토사는 섬이지만 다리가 연결되어 있어 접근이 편리하다. 하지만 싱가포르 본토 내에서 이동하는 방법과는 조금 다르니, 출발하기 전 교통편에 대해 숙지하도록 한다. 싱가포르에서 센토사로 가는 법, 센토사 내 이동법에 대해 소개한다.

### 비보 시티 역 Vivocity Station

센토사 섬을 가기 위해서 반드시 거쳐야 하는 곳이 바로 비보 시티 역이다. 비보 시티 역은 싱가포르 본섬과 센토사 구석구석을 연결하는 센토사 익스프레스(흔히 '모노레일로 통한다)의 출발지이기도 하다. 하버프런트 비보 시티 3층에 자리하고 있으며, 그 맞은편에는 푸드코트 체인인 푸드 리퍼블릭(p.312)이 있다. 센토사는 관광지 특성상 다소 비싼 가격의 레스토랑이 많은 편이므로, 센토사로 향하기 전 푸드 리퍼블릭에서 부담없이 식사를 해결해도 좋겠다.

**MAP** p.16~17  **찾아가기** MRT 하버프런트 역과 바로 연결. 비보 시티 3층

### 도심에서 센토사 섬으로 가는 교통수단 Getting to Sentosa

센토사는 섬이지만 배를 타고 가지는 않는다. 배보다 훨씬 재미있으면서도 편리한 교통수단이 많기 때문이다.

#### 케이블카 CABLE CAR

센토사와 하버프런트, 그리고 페이버 피크를 연결한다. 단순한 이동 수단이 아닌 엔터테인먼트 요소가 강한 교통수단이다. 요금은 상대적으로 비싸지만 공중에서 360도 파노라마 창을 통해 싱가포르와 센토사를 한눈에 내려다볼 수 있다는 매력이 있다. 케이블카 탑승장은 MRT 하버프런트 역 또는 비보 시티에서 케이블카 탑승장 표시판을 따라가면 나온다. 센토사 내 케이블카 역은 센토사 임비아 룩아웃에 자리하고 있다. 홈페이지를 통해 티켓을 미리 구입할 수 있으며, 센토사 익스프레스와 마찬가지로 센토사 섬 입장료가 포함되어 있다.

**탑승장** 하버프런트 타워 2, 15층(티켓 부스 1층)
**요금** 편도 S$13, 왕복 S$15, 원데이패스 S$35
**운행 시간** 08:45~22:00(마지막 탑승 21:30)
**소요 시간** 10분
**홈페이지** http://booking.mountfaber.com.sg

## 센토사 익스프레스
### SENTOSA EXPRESS

도심과 센토사 주요 관광지를 연결하며 흔히 '모노레일'이라고 부른다. 센토사 섬으로 들어가는 방법 중 가장 편리하고 저렴해 여행자들이 많이 이용한다. 티켓을 구입하면 비보 시티 역 출발 이후부터 하루 동안 무제한으로 이용할 수 있으며 센토사 섬 입장료가 포함되어 있다. 이지 링크로도 탑승이 가능하다.

**탑승장** 하버프런트 비보 시티 3층 비보 시티 역
**요금** S$4
**운행 시간** 07:00~24:00
**소요 시간** 4분

## 센토사 보드워크
### SENTOSA BOARDWALK

센토사는 섬이지만 센토사 보드워크 보행자 전용 다리를 통해 걸어서도 갈 수 있다. 비보 시티에서 시작되는 700m 정도의 길인데, 워낙 잘 꾸며져 있고 본섬과 센토사 섬, 바다를 만끽하며 산책할 수 있다는 매력이 있다. 낮에는 너무 더우니 센토사 일정을 마친 후 돌아오는 길에 이용하는 것이 좋다. 공식적으로 입장료를 받지만, 무료입장 이벤트를 자주 진행한다.

**요금** S$1 **운영 시간** 09:00~22:00
**이용 시간** 24시간 **소요 시간** 13분

## 택시
### TAXI

편리하지만 다소 많은 비용을 지불해야 하고, 입장료 S$2~6를 별도로 내야 한다. 섬 입장료를 받지 않는 리조트 월드 센토사 방문자나 센토사 내 호텔 투숙객(호텔 예약 바우처나 호텔 카드키 제시) 중 2인 이상이 이동할 거라면 택시가 더 저렴할 수 있다.

**요금** S$8~12
**소요 시간** 7~10분

---

### TIP 센토사 섬 패키지 티켓 구입

아이와 함께 센토사를 방문할 예정이거나 작정하고 센토사의 어트랙션을 마음껏 즐길 계획이라면 패키지 티켓을 구입하자. 최대 60%까지 저렴하게 어트랙션을 이용할 수 있다.

#### 데이 펀 패스 Day Fun Pass

센토사 대부분의 어트랙션을 보다 저렴하게 즐길 수 있는 패키지 티켓이다. 센토사 어트랙션에서 사용가능한 '토큰'으로 충전되는 패키지 티켓으로, 55토큰(S$51), 80토큰(S$72), 120토큰(S$105) 이렇게 3가지로 나뉜다. 고그린 세그웨이(p.302), 스카이라인 루지(p.300), 아이플라이 싱가포르(p.300), S.E.A 아쿠아리움(p.292) 등 센토사 대표 어트랙션을 대부분 이용할 수 있다. 토큰이 부족할 경우 매표소에서 5토큰 단위로 충전할 수 있다. 매표소에서 바우처를 교환한 후 14일 동안 유효하며, 첫 사용 후 2일 이내에 사용을 완료해야 하니 주의한다.
**전화** 6736-8672 **홈페이지** store.sentosa.com.sg

## 섬 내 교통수단 Getting Around Sentosa

섬 내 볼거리는 밀집되어 있어 마음만 먹으면 걸어 다닐 수 있지만 싱가포르의 쨍쨍한 태양 아래에서 걷는 일은 쉽지 않다. 게다가 볼 것 많고 할 것 많은 센토사에서는 일분일초가 아쉽게 느껴진다. 아래의 교통수단을 이용하면 더욱 효율적이고 편리하게 센토사를 여행할 수 있다.

### 센토사 익스프레스
### SENTOSA EXPRESS

도심과 연결되며 센토사 내에서는 비보 시티 역~리조트 월드 역~임비아 역~비치 역을 잇는 단순한 노선의 모노레일이다. 도심에서 센토사로 이동할 때 주로 이용되며, 센토사 내에서도 잘 이용하면 효율적으로 둘러볼 수 있다.

**운행 시간** 07:00~24:00 **운행 간격** 5분 **요금** S$4(1일 무제한 이용)

| 비보 시티 역 VIVO CITY STATION | 리조트 월드 역 RESORT WORLD STATION | 임비아 역 IMBIAH STATION | 비치 역 BEACH STATION |
|---|---|---|---|
| MRT 하버프런트 역 / 비보 시티 | 리조트 월드 센토사 | 센토사 멀라이언 / 임비아 룩아웃 | 실로소 비치 / 팔라완 비치 / 탄종 비치 / 윙스 오브 타임 |

### 비치 트램
### BEACH TRAM

센토사 익스프레스의 비치 역을 중심으로 운행되는 무료 트램으로 실로소 비치행과 팔라완·탄종 비치행이 운행한다. 센토사의 해변과 주변 어트랙션을 연결해 무척 편리하다.

**운행 시간** 09:00~22:30(비치 역 막차 22:00), 토요일 09:00~24:00(비치 역 막차 23:30) **운행 간격** 10분

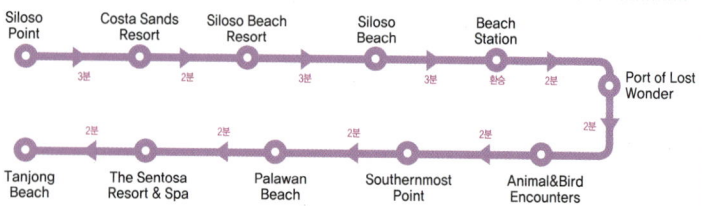

## 센토사 버스
### SENTOSA BUS

시원한 에어컨이 나오는 버스다. 1번, 2번, 3번의 3가지 노선이 있으며 트램과 센토사 익스프레스가 닿지 않는 섬 구석구석을 연결한다.

**1번**

운행 시간 07:00~22:30(비치 역 막차 22:00), 토요일 07:00~24:00(비치 역 막차 24:00)
운행 간격 10~15분

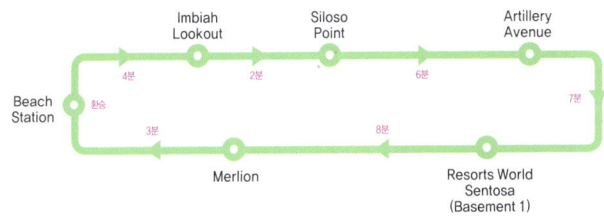

**2번**

운행 시간 09:00~22:30(비치 역 막차 22:00)
운행 간격 15~20분

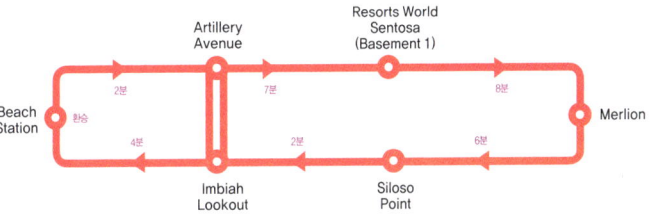

**3번**

운행 시간 08:00~22:30(비치 역 막차 22:00)
운행 간격 35분

## BEST COURSE
# 어메이징 아일랜드에서의
# 흥미진진한 오락 코스

비보 시티

실로소 비치

**18:30**
실로소 비치 주변에서
저녁 식사하기 **p.297**
비치 트램 + 도보 5분

실로소 비치

윙스 오브 타

**19:40**
세계 최대 워터 스크린을
통해 짜릿한 수상 공연
관람하기 **p.302**

윙스 오브 타임

하버프런트 역
HarbourFront

**09:00**
MRT 하버프런트 역
E번 출구에서 바로 연결

케이블카 타워 역

비보 시티 역
Vivo city

비보 시티 ①

**09:10**
비보 시티 3층에서
센토사 익스프레스
탑승 p.283
센토사 익스프레스 3분

**13:00**
리조트 월드 센토사의
레스토랑에서 점심 식사 p.295, 296
센토사 익스프레스 3분

③ 리조트 월드 센토사

리조트 월드 역
Resort World

임비아 역
Imbiah

**10:00**
유니버설 스튜디오 주변에서
아침 식사 후 본격적으로
어트랙션 마음껏 이용하기 p.289
도보 10분

② 유니버설 스튜디오 싱가포르

유니버설 스튜디오 싱가포르

④ 센토사 어트랙션

**14:00**
센토사 어트랙션 이용하기
p.300~305
센토사 익스프레스 + 비치 트램 20분

팔라완 비치
⑥

**17:45**
팔라완 비치에서
흔들다리 건너기 p.298
비치 트램 5분

탄종 비치

**17:00**
탄종 비치에서 유유자적
해변 거닐기 p.298
비치 트램 6분

탄종 비치 ⑤

## 리조트 월드 센토사
### Resort World Sentosa

**MAP** p.17-G

**찾아가기** MRT 하버프런트(Harbourfront) 역 비보 시티 3층에서 센토사 익스프레스 탑승, 리조트 월드(Resort World) 역 하차

유니버설 스튜디오 싱가포르 p.289
S.E.A 아쿠아리움 p.292
크레인 댄스 p.293
페스티브 워크 p.293
레이크 오브 드림스 p.293
카지노 p.294
럭셔리 패션 갤러리아 p.294
오시아 p.295
텅록 힌 p.295
말레이시안 푸드 스트리트 p.296

센토사에 더욱 큰 활력을 불어넣은 대규모 복합 리조트이다. 리조트 월드 역 주변의 부지에 완공되었는데, 투자 금액만 해도 무려 6조 원에 이르며 조성된 시설들의 면면도 화려하다. 세계적인 테마파크 유니버설 스튜디오를 비롯하여 크록포드 타워와 하드록 호텔을 포함한 5개 호텔, 세계 최대의 아쿠아리움, 미슐랭 스타 셰프 레스토랑, 카지노, 그리고 유수의 명품 브랜드가 입점한 몰까지 일일이 나열하면 숨이 가쁠 만큼 최고의 엔터테인먼트 시설들이 가득하다. 리조트 월드 기프트 숍과 아시아 최대 규모의 과자점으로 꼽히는 캔딜리셔스 같은 개성 넘치는 숍들은 아이는 물론 어른들도 혹하게 만든다. 딘타이펑, 남남 누들 바, 애스턴스, 공차, 맥도날드, 토스트 박스, 스타벅스 등 인기 있는 프랜차이즈와 레스토랑 및 카페 등도 60여 개에 이른다. 인사동 코리아타운과 같은 한국 음식을 파는 곳도 있어 반갑다. 아티스트들의 작품과 형형색색의 조형물들은 기념사진을 촬영하기에 좋고, 저녁이 되면 어두운 밤을 수놓는 화려한 라이트 쇼가 펼쳐져 황홀한 시간을 선사한다.

### 유니버설 스튜디오 싱가포르
**Universal Studio Singapore**

#### 영화 속 세상이 펼쳐지는 흥미진진한 테마파크

리조트 월드 센토사의 하이라이트로, 일본 오사카에 이어 아시아에서 두 번째이자 동남아시아에서는 최초로 문을 열었다. 유니버설 스튜디오의 상징과도 같은 거대한 지구본을 지나 입구에 들어서면 영화 속 세상이 펼쳐진다. 호수 주변에 7개 테마관이 빙 둘러싸고 있는 형태로 동선이 어렵지 않다. 24개의 어트랙션을 갖추고 있는데, 이는 유니버설 스튜디오 중에서 가장 작은 규모라고 한다. 하지만 그중 일부는 싱가포르에서만 만나 볼 수 있다고 하니 방문할 가치는 충분하다. 각 테마관에는 영화 속 캐릭터와 기념사진을 촬영할 수 있는 포토존, 신나는 놀이 기구, 화려한 쇼가 준비되어 있다. 가장 인기 있는 어트랙션은 트랜스포머이며 쥐라기 공원 래피드 어드벤처와 리벤지 오브 더 머미가 뒤를 잇는다. 이 3곳은 사람 많은 날

이면 1시간 정도는 기다릴 각오를 해야 한다. 오후보다는 오전, 주말보다는 주중에 방문하는 것이 좋다는 걸 명심하자.

**MAP** p.17-G
**찾아가기** 센토사 익스프레스 리조트 월드(Resort World) 역에서 도보 2분
**주소** 8 Sentosa Gateway, Sentosa
**전화** 6577-8888
**운영** 10:00~21:00(날짜별로 조금씩 다르니 홈페이지를 참고한다)
**요금** 1일권 S$79
**홈페이지** www.rwsentosa.com

---

 **줄 서는 시간이 아깝다면 익스프레스 티켓을 이용할 것**

모든 놀이 기구를 타 보겠다는 야심찬 계획을 갖고 있거나, 기다리는 시간이 너무 길다면 줄을 서지 않고 바로 입장 가능한 익스프레스 티켓을 고려해 보자. 유니버설 익스프레스(Universal Express) 티켓은 각 놀이 기구를 1회에 한해 줄을 서지 않고 탑승할 수 있으며, 유니버설 익스프레스 언리미티드(Universal Express Unlimited) 티켓은 횟수에 제한 없이 줄을 서지 않고 원하는 만큼 탑승이 가능하다. 입장권과 별도로 익스프레스는 S$30, 익스프레스 언리미티드는 S$50을 추가 지불해야 하며 요금은 시즌별로 조금씩 달라진다. 단, 줄을 서지 않도록 한 티켓이다 보니 인원 제한이 있어 사람이 많은 날에는 이마저도 매진되는 경우가 있다.

# 유니버설 스튜디오의 7개 테마관

입구를 지나면 가장 먼저 할리우드 거리가 펼쳐진다. 이 거리를 따라 오른쪽으로 가면 차례로 뉴욕, 사이파이 시티, 고대 이집트, 로스트 월드, 겁나 먼 왕국, 마다가스카르가 죽 이어진다. 놀이 기구를 신나게 타고 난 후에는 기념품 숍에서 여운을 달래 보자.

## 뉴욕 New York

★ **하이라이트** : 스티븐 스필버그의 라이트 카메라 액션

미국 뉴욕을 재현한 이 거리의 메인은 세서미 스트리트 어트랙션과 스티븐 스필버그의 라이트 카메라 액션이다. 이곳에서는 영화 속 특수 효과를 직접 확인할 수 있다. 실감 나는 장면들과 웅장한 음향 효과 덕분에 꽤 볼만하며, 불길이 활활 타오르는 특수 장비들이 신기하다. 6세 이하의 아이를 동반했다면 세서미 스트리트 어트랙션을 추천한다.

## 사이파이 시티 Sci-Fi City

★ **하이라이트** : 트랜스포머, 베틀스타 갤럭티카

유니버설 스튜디오에서 가장 인기 있는 테마관이다. 지능화된 로봇과 인간의 대결을 다룬 미국 드라마 '배틀스타 갤럭티카'를 재현한 롤러 코스터와 변신 로봇 영화인 트랜스포머 어트랙션이 있다. 입구에는 실물 크기의 로봇들이 떡 버티고 있는데, 기념 촬영하려는 이들로 언제나 붐빈다. 오토봇 이베크를 타고 실감 나는 3D 입체 영상 화면으로 빠져드는 묘미가 상당하다.

## 고대 이집트 Ancient Egypt

★ **하이라이트** : 리벤지 오브 더 머미

거대한 파라오상과 석조상이 이어지는 고대 이집트 테마관. 꽤 디테일하게 꾸며 놓아 사진을 찍으면 실제 이집트에 온 것 같은 느낌이 든다. 미라 병사와 적의 공격을 피해 어두컴컴한 곳에서 타는 제트 코스터가 흥미로운 리벤지 오브 더 머미가 인기. 진동 장치와 다소 공포스러운 특수 영상 탓에 더욱 짜릿하게 느껴진다. 아이와 함께라면 트레저 헌터스 어트랙션을 이용한다.

## 로스트 월드 The Lost World

★ **하이라이트** : 워터월드, 쥐라기 공원 래피드 어드벤처, 캐노피 플라이어

테마관 중에서 가장 큰 구역으로, 할리우드 블록버스터 영화 워터월드와 쥐라기 공원의 2개 테마 구역으로 나뉜다. 워터월드의 하이라이트는 단연 워터월드 쇼. 액션 배우들의 실감 나는 연기와 수중 액션, 그리고 아찔한 폭발 장면이 눈앞에 라이브로 펼쳐진다. 쥐라기 공원의 하이라이트는 쥐라기 공원 래피드 어드벤처와 캐노피 플라이어다. 쥐라기 공원 래피드 어드벤처는 반전 있는 보트 라이드 어트랙션으로 물벼락을 각오하고 탑승해야 한다. 캐노피 플라이어는 2인용 행잉 롤러코스터이다. 어린아이들을 위한 다이노소린이라는 어트랙션도 있다.

## 겁나 먼 왕국 Far Far Away

★ **하이라이트** : 장화신은 고양이, 슈렉 4D 어드벤처

거대하고 화려한 성이 눈길을 끄는 이곳은 세계적으로 큰 흥행을 이끌어 낸 슈렉을 모티브로 한 테마관이다. 슈렉과 피오나 공주로 실감 나게 분장한 스태프들과의 기념사진은 놓치지 말자. 슈렉 4D 어드벤쳐에는 사랑스러운 캐릭터들이 총 출동하는데, 영화를 보는 내내 소리를 지르고 깔깔거리며 웃을 수 있다. 특수 안경을 끼고 오감을 총동원해야 하는 이 4D 영화는 짧지만 강렬하다. 장화신은 고양이라는 새로운 롤러코스터도 인기가 있다.

## 마다가스카르 Madagascar

애니메이션 마다가스카르의 배경을 그대로 재현한 곳이다. 거대한 바오바브나무와 그 위에 걸린 비행기까지 디테일하게 묘사된 풍경이 무척 사랑스럽다. 마다가스카르 캐릭터들이 태워 주는 회전목마와 보트를 타고 마다가스카르의 매력 만점 캐릭터들을 만날 수 있다.

> **TIP**  **물에 흠뻑 젖었다면, 드라잉 팟 Drying Pod**
>
> 물을 이용한 어트랙션 앞에는 보디 드라이어 기계가 설치되어 있다. 지폐 투입구에 S$5를 넣으면 바람이 나와 젖은 몸을 말려 준다.

## S.E.A 아쿠아리움
### S.E.A Aquarium

**세계 최대의 아쿠아리움**

마린 라이프 파크는 해양 체험 박물관(Maritime Experiential Museum)과 S.E.A. 아쿠아리움, 어드벤처 코브 워터파크(Adventure Cove Waterpark) 등으로 구성되어 있으며 규모가 무려 8ha에 달한다. 이 중 하이라이트는 단연 S.E.A. 아쿠아리움. 세계 최대의 해양 박물관으로, 오픈하자마자 수많은 매체에서 주목을 받았다. 60억 리터의 물속에는 태평양에 서식하는 초대형 상어와 아프리카 희귀 민물고기 등 세계 각지의 바다와 강에서 온 800종, 10만여 마리의 해양 동물이 살고 있다. 한눈에 담기도 어려운 거대한 수족관 '오픈 오션'과 터널식 수족관에 들어서면 실제 바닷속에 들어온 것 같아 탄성이 절로 난다. 불가사리 같은 작은 생물을 실제로 만져 볼 수 있는 터치 풀 외에 다양한 교육 및 체험 프로그램도 운영하고 있다.

**MAP** p.16-G
**찾아가기** 센토사 익스프레스 리조트 월드(Resort World) 역에서 도보 2분
**주소** 8 Sentosa Gateway, Sentosa
**전화** 6577-8888
**운영** 10:00~19:00(시즌에 따라 다름)
**요금** S$40

 **S.E.A. 아쿠아리움 스마트하게 즐기기**

박물관과 S.E.A. 아쿠아리움을 연결하고 있는 타이푼 시어터(Typhoon Theatre)는 인터랙티브 해양 영상관으로, 생생한 현장감과 멋진 음향 효과를 통해 오감을 만족시켜 준다. 입장료는 S$2. 한편 S.E.A. 아쿠아리움과 유니버설 스튜디오 통합권은 S$100에 구입할 수 있다.

## 크레인 댄스
### Crane Dance

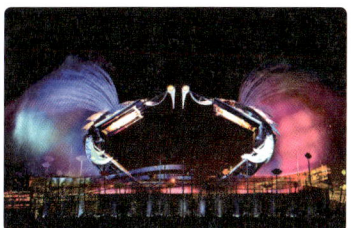

**고도의 기술력과 예술이 만난 환상의 쇼**

센토사 최고의 무료 공연이다. 무료라고 하지만 매우 수준 높은 공연을 보여 준다. 두루미를 닮은 거대한 크레인 아트워크 '애니메이트'는 애니메이션과 디지털이 결합한 아름다운 설치 작품으로, 그들이 전하는 환상적인 이야기가 10분간 펼쳐진다. 크레인이라는 소재의 특성상 자칫 차갑고 딱딱하게 느껴질 수 있지만 웅장한 음악과 휘황한 조명에 아름다운 스토리가 더해져 몽환적이고 훌륭한 볼거리를 선사한다. 10층 높이의 애니마트는 센토사 주변에서도 보일 정도다.

**MAP** p.17-G

**찾아가기** 센토사 익스프레스 리조트 월드(Resort World) 역에서 도보 8분
**위치** 센토사 보드워크 워터프런트 앞 **공연 시간** 20:00

## 페스티브 워크
### Festive Walk

**리조트 월드 센토사의 중심 거리**

분수와 호수, 강렬한 햇빛을 막아 주는 돔 등이 어우러진 이 거리는 유니버설 스튜디오에서 센토사 멀라이언까지 이어진다. 길을 따라 유명 셰프들의 식당, 공연장, 갤러리들이 들어서 있어 언제나 활기를 띠는 곳이다. 기념품을 구입하기 좋은 리조트 월드 기프트 숍과 럭셔리 브랜드 몰 등은 쇼핑객들에게 많은 사랑을 받고 있으며 캔디리셔스, 가렛 팝콘, 허시스 등 달콤한 디저트 숍도 많아 출출함을 달래기에도 좋다.

**MAP** p.16-F

**찾아가기** 센토사 익스프레스 리조트 월드(Resort World) 역에서 도보 4분

## 레이크 오브 드림스
### Lake of Dreams

**할리우드 무대 설계가의 분수 쇼**

크레인 댄스를 놓쳤다면 레이크 오브 드림스로 그 아쉬움을 달래 보자. 매일 밤 11시에 페스티브 워크에서 열리는 분수 쇼로, 힘찬 물줄기 사이로 형형색색의 조명과 불꽃이 어우러져 15분 동안 황홀한 무대를 선사한다. 오스카상과 4번의 에미상을 수상한 할리우드 무대 설계가 제레미 레일튼이 설계한 것으로 특히 유명하다.

**MAP** p.16-F

**찾아가기** 센토사 익스프레스 리조트 월드(Resort World) 역에서 도보 4분
**위치** 페스티브 워크의 카지노 주변
**공연 시간** 23:00

## 카지노
## Casino

### 싱가포르를 대표하는 또 하나의 카지노

마리나 베이 샌즈 카지노와 함께 싱가포르를 대표하는 또 하나의 카지노다. 세계 최고의 카지노 리조트 그룹으로 이름난 겐팅 그룹에서 맡았다. 호텔 크록포드 타워 지하 1층에 자리하고 있는데, 500여 개의 테이블 게임과 슬롯, 전자 테이블 게임 등이 준비되어 있다. 외국인의 경우 여권과 출국 카드를 보여 주면 무료로 입장할 수 있다. '스마트 드레스 코드'가 요구되며 모자와 선글라스, 슬리퍼, 반바지 차림은 입장이 불가하다.

**MAP** p.17-G
**찾아가기** 센토사 익스프레스 리조트 월드(Resort World) 역에서 도보 4분
**주소** Crockfords Tower Hotel, 39 Artillery Ave.
**전화** 6577-8899
**운영** 24시간

## 럭셔리 패션 갤러리아
## Luxury Fashion Galleria

### 리조트 월드 센토사의 유일한 명품 쇼핑몰

하이엔드 명품 브랜드 몰로, 높은 천장과 대리석으로 꾸며진 실내와 쾌적한 환경은 쇼핑을 즐기기에 최적이다. 발리, 페라가모, 베르사체, 랄프 로렌 등 40여 곳의 브랜드숍이 입점해 있으며, 롤렉스, 쇼파드, 샤넬 워치, 오메가 등 시계 브랜드가 충실한 편이다. 우리나라 화장품 브랜드 미샤와 아시아 최초의 부티크 숍인 빅토리아 시크릿, 왓슨스 매장도 있다.

**MAP** p.16-F
**찾아가기** 센토사 익스프레스 리조트 월드(Resort World) 역에서 도보 4분 **주소** Resort World Sentosa
**전화** 6723-8000
**영업** 10:00~22:30(상점에 따라 다름)

---

 **리조트 월드 센토사의 극과 극 비교 체험**

어느 매체에 소개된 '리조트 월드 센토사 최고급 vs 실속 1박 2일 즐기기'에 따르면 오션 스위트의 최고급 스위트룸과 조엘 로부숑의 코스 요리, 유니버설 스튜디오 익스프레스 티켓, 최고급 스파, 마린 라이프 파크까지 즐기는 예산은 대략 350만 원 정도 든다고 한다. 반면 가장 저렴한 호텔 페스티브, 말레이시안 푸드 스트리트에서의 식사, 유니버설 스튜디오 일반 티켓, 마린 라이프 파크를 즐기는 1박 2일 예산은 55만 원 정도다.

## 텅록 힌
## TungLok Heen

**세계적으로 인정받은 수서 리의 현대식 중국요리**

유명 외식 기업인 텅록 그룹과 세계적인 셰프 수서 리가 손잡고 오픈한 중국 레스토랑이다. 주방을 책임지고 있는 수서 리는 〈푸드 앤드 와인〉과 〈자갓 서베이〉에서 인정받은 요리사이며, 부주방장을 맡은 셰프 켄 링 또한 〈2012년 HAPA 마스터 셰프 어워드〉에서 금상을 수상한 세계적인 요리사다. 셰프의 화려한 경력만큼 이곳에서는 보다 특별한 중국 요리를 맛볼 수 있다. 중국 전통 요리법에 아시아 요리에 정통한 두 셰프의 철학을 담아 현대식으로 재해석한 요리가 그것. 무려 90여 가지의 개성있는 요리가 준비되어 있으며, 쓰촨 요리와 양고기 요리가 대표적이다. 저녁에는 간단하게 술 한잔 기울일 수 있는 긴 바와 제법 충실한 와인 리스트도 보유하고 있다. 술과 곁들이기 좋은 타파스와 채식주의자를 위한 파인다이닝 메뉴도 준비되어 있다. 제공하기도 한다. 식사 세트 메뉴는 S$38부터, 파인다이닝 S$68부터.

**MAP** p.17-G
**찾아가기** 센토사 익스프레스 리조트 월드(Resort World) 역에서 도보 3분
**주소** #02, Hotel Michael **전화** 6884-7888
**영업** 11:30~14:30, 18:30~22:30
**예산** $40~50
**홈페이지** www.tunglokheen.com

## 오시아
## Osia

**창의적인 호주 요리를 만나다**

호주에서 '국민 요리사'로 불리는 스콧 웹스터와 세계적인 셰프로 명성이 자자한 오토 와이블이 의기투합해 오픈한 레스토랑이다. 미쉐린가이드에 원스타 레스토랑으로 등재되면서 더욱 인기를 모으고 있다. 탁 트인 오픈 키친과 선인장을 이용한 이국적이면서도 친자연적인 실내 분위기가 인상적이다. 호주와 아시아의 요리법을 접목해 내놓는 요리들은 제철 재료를 주로 사용하기 때문에 시즌별로 메뉴가 조금씩 바뀐다. 양고기와 해산물을 이용한 요리가 훌륭한 편이며, 발로나 초콜릿을 활용한 수프 역시 인기다. 점심에 방문하면 S$35~45 정도에 코스 메뉴를 맛볼 수 있는데, 20~40대 여자들에게 특히 인기 있다. 석쇠 난로에 구워 겉은 바삭하고 속은 푹신한 플랫 브레드는 식전 음식으로 반드시 맛보아야 할 시그니처 메뉴다. 센토사에서 보다 여유롭고 로맨틱한 저녁을 보내고 싶다면 추천한다.

**MAP** p.16-F
**찾아가기** 센토사 익스프레스 리조트 월드(Resort World) 역에서 도보 4분 **주소** Festive Walk
**전화** 6577-6688
**영업** 12:00~14:30, 18:00~22:00
**휴무** 수요일(공휴일 제외) **예산** S$50~70

## 말레이시안 푸드 스트리트
**Malaysian Food Street**

### 말레이시아식 호커스에서 저렴한 식사

말레이시아 호커스를 테마로 한 푸드코트로, 부담 없이 가볍게 식사를 할 수 있는 곳이다. 유니버설 스튜디오 바로 앞에 자리하고 있어 놀이 기구를 타다가 잠시 나와 식사를 하는 사람들도 많다. 70년대를 떠올리게 하는 빈티지한 감성의 인테리어가 인상적이다. 남녀노소 누구나 좋아하는 볶음국수 차오궈탸오, 우리나라 뚝배기 요리와 비슷한 클레이폿 치킨라이스, 카레와 말레이식 팬케이크가 나오는 로티 차나이가 인기 메뉴다.

**MAP** p.17-G
**찾아가기** 센토사 익스프레스 리조트 월드(Resort World) 역에서 도보 4분
**주소** The Bull Ring, 8 Sentosa Gateway
**영업** 월·화·목요일 11:00~22:00, 금~일요일 09:00~22:00
**휴무** 수요일
**예산** S$5~10

# SIGHTSEEING
추천 ★ 볼거리

## 실로소 비치 Siloso Beach

**센토사의 대표적인 비치**

서쪽 지역 대부분의 해안가를 차지하고 있는, 센토사에서 가장 큰 비치다. 이곳에 오면 가장 먼저 해야 할 일은 'SILOSO'라고 된 알록달록한 커다란 조형물에서 기념사진을 촬영하는 일이다. 모래밭도 넓고 경사가 거의 없어 리조트와 각종 레스토랑, 비치 바가 들어서 있으며 언제나 활기찬 분위기다. 이곳에서 바라보는 석양도 무척 아름답다. 윙스 오브 타임(p.302)을 구경하러 가기 전에 석양을 보고 주변에서 식사를 하는 동선도 괜찮다. 센토사에서 가장 핫한 비치 클럽으로 통하는 탄종 비치 클럽(p.307)과 센토사에서 유일하게 서핑을 즐길 수 있는 웨이브 하우스 센토사(p.308), 화덕 피자로 유명한 트라피자(p.306)가 가까이에 자리한다. 조금 더 깊숙이 들어가면 포트 실로소도 나온다.

**MAP** p.16-F  **찾아가기** 실로소 비치행 비치 트램을 타고 실로소 비치(Siloso Beach)에서 하차

**Must Do!**
▶ SILOSO 조형물 앞에서 기념사진 촬영하기
▶ 마음에 드는 비치 바에서 맥주 한잔하기
▶ 해 질 무렵 붉게 물든 석양 감상하기

### 가슴 아픈 전쟁의 역사가 담긴 포트 실로소 Fort Siloso

센토사 서쪽 끝자락에 자리한 포트 실로소는 제2차 세계대전 격전지였던 영국군의 군사 요충지가 보전되어 있는 곳이다. 지금은 복원하고 다듬어 역사박물관으로 이용되고 있다. 많은 군사 요충지가 그러하듯 이곳의 전망 역시 훌륭하다. 산책로를 따라가다 보면 당시 상황을 재현한 위병소와 식민지 시절 영국군의 벙커, 대포 등이 여전히 남아 있는 것을 확인할 수 있다.

## 팔라완 비치 Palawan Beach

### 작고 깨끗한 해변이 펼쳐진다

실로소 비치와 탄종 비치 사이에 있으며 규모가 작고 한적한 느낌이다. 센토사의 다른 해변에 비해 깨끗하고 예쁜 바다를 가지고 있어 연인들끼리 조용하게 산책을 하기에 좋다. 팔라완 비치에 왔다면 맞은편 섬을 연결하고 있는 그물다리를 꼭 건너 보자. 흔들거리는 그물다리를 건너면 '아시아 최남단'이라는 팻말과 전망대가 나온다. 전망대에 오르면 센토사의 해변이 내려다보인다. 화려한 볼거리가 있는 것은 아니지만 아기자기하고 정겨운 풍경이 있다. 아이들을 위한 미니 워터 파크 '포트 오브 로스트 원더'도 팔라완 비치에 자리한다.

**MAP** p.17-K **찾아가기** 팔라완–탄종 비치행 비치 트램을 타고 팔라완 비치(Palawan Beach)에서 하차

## 탄종 비치 Tanjong Beach

### 낮과 밤의 반전이 있는 해변

센토사 동쪽 끝에 있으며 실로소 비치와 팔라완 비치에 비해 인적이 드물고 조용한 편이다. 탄종 비치에 있는 편의 시설도 탄종 비치 클럽(p.307)이 전부다. 그래서인지 이곳을 찾는 사람은 관광객들을 피해 조용하게 해변을 즐기고 싶어 하는 현지 거주 외국인이나 커플들이 많다. 대부분 강아지와 산책을 하거나 일광욕을 즐기며 느긋한 시간을 보낸다. 하지만 저녁과 주말이 되면 상황이 달라진다. 조용한 해변은 멋쟁이들로 가득하고, 밤이 깊어 갈수록 흥겨운 시간이 이어진다. 낮에는 조용하고 한적했던 해변이 저녁이 되면 센토사에서 가장 핫한 공간으로 변모하는 반전의 해변이다.

**MAP** p.17-K **찾아가기** 팔라완–탄종 비치행 비치 트램을 타고 탄종 비치(Tanjong Beach)에서 하차

# 마담 투소 싱가포르
Madame Tussauds Singapore

### 해외 유명 인사의 밀랍 인형이 전시된 곳

너무나 유명한 밀랍 인형 박물관인 마담 투소가 드디어 싱가포르 센토사에 문을 열었다. 마담 투소는 창시자인 마리 투소가 자신의 이름을 걸고 개관한 밀랍 인형 박물관으로, 현재 뉴욕, 라스베이거스, 베를린, 홍콩, 상하이 등 세계 20여 곳에 있다. 마담 투소 싱가포르에는 비욘세, 브래드 피트와 같은 할리우드 스타를 비롯해 미국 대통령 버락 오바마, 영국 여왕 엘리자베스 등 유명 인사들의 밀랍 인형이 전시되어 있다. 박물관이지만 마음껏 사진을 찍을 수 있으니 유명인들의 밀랍 인형의 기념 사진을 남겨 보자. 온라인으로 티켓을 구매하면 S$10가량 저렴하다.

**MAP** p.16-F **찾아가기** 센토사 익스프레스 임비아(Imbiah) 역에서 도보 6분
**주소** 40 Imbiah Rd. **전화** 6715-4000 **운영** 10:00~18:00, 토·일요일 10:00~19:30
**요금** S$42(이미지 오브 싱가포르 라이브, 스피릿 오브 싱가포르 보트 라이드 입장권 포함)
**홈페이지** www.madametussauds.com/singapore

## 스카이라인 루지 Skyline Luge

### 센토사에서 최고 인기 있는 드라이빙 어트랙션

센토사를 방문한 사람들이 가장 많이 찾는 어트랙션이다. 루지는 쉽게 조작 가능한 핸들이 달린 썰매로, 700여 m에 이르는 내리막길을 따라 달리게 된다. 한 번 타면 또 타고 싶어질 만큼 재미있다. 출발 전 스태프가 간단한 조작법을 알려 주며, 반드시 헬멧을 착용해야 한다. 가방이 있다면 지퍼를 닫도록 한다. 탑승장까지는 리프트인 스카이라이드를 타거나 임비아 역에서 내려 걸어갈 수 있다. 스카이라이드가 꽤 높이 올라가 루지보다 더 스릴 넘친다(?)는 얘기도 있다.

**MAP** p.16-F **찾아가기** 센토사 익스프레스 비치(Beach) 역에서 도보 5분 **주소** 45 Siloso Beach Walk
**전화** 6274-0472 **운영** 10:00~21:30
**요금** 루지·스카이라이드 콤보 2회 S$24, 3회 S$27, 4회 S$29
**홈페이지** www.skylineluge.com

## 아이플라이 싱가포르 iFly Singapore

### 짜릿한 실내 스카이다이빙

평소 스카이다이빙에 대한 로망이 있던 사람이라면 놓쳐서는 안 될 실내 스카이다이빙 어트랙션이다. 이용 요금이 꽤 비싸지만 스카이다이빙의 짜릿함과 안전함 모두를 챙길 수 있는 걸 감안하면 도전해 볼 만하다. 강사의 간단한 교육과 영상 시청을 마친 후 보호 장비를 착용하고 이용하게 된다. 하늘로 날아오르는 듯한 짜릿한 쾌감과 함께 17m 상공에서 실로소 비치와 남중국해를 볼 수 있는 보너스까지 얻을 수 있다. 사진이나 비디오를 촬영해 주는데 S$35~50 정도 추가 비용이 든다.

**MAP** p.16-F
**찾아가기** 센토사 익스프레스 비치(Beach) 역에서 도보 1분
**주소** #01-01, 43 Siloso Beach Walk
**전화** 6571-0000
**운영** 10:00~21:30, 수요일 12:00~21:30
**요금** S$89~199(온라인으로 미리 구매하면 더 저렴하다)
**홈페이지** www.iflysingapore.com

## 센토사 멀라이언 Sentosa Merlion

**싱가포르에서 유일하게 멀라이언 안을 탐험할 수 있는 곳**

싱가포르에서 가장 큰 멀라이언상이 센토사에 있다. 콘크리트로 만들어진 37m 높이의 거대한 멀라이언은 여행자들 사이에서 일명 '아빠 멀라이언'으로 통한다. 센토사의 멀라이언상은 크기도 크지만, 그 안에 직접 들어가 볼 수 있다는 점이 가장 큰 매력이다. 1층에서 엘리베이터를 타고 해발 60m 높이에 해당하는 입 부분까지 올라갈 수 있으며 입을 통해 보이는 전경이 꽤 인상적이다. 이곳에서 계단을 따라 올라가면 머리 쪽에 마련된 전망대가 나오는데 해 질 무렵 방문한다면 더욱 아름다운 풍경을 볼 수 있다. 멀라이언상 앞쪽에는 공원이 조성되어 있고, 카페와 기념품 상점 등이 있다.

**MAP** p.16-F **찾아가기** 센토사 익스프레스 임비아(Imbiah) 역에서 도보 1분
**주소** 30 Imbiah Rd. **전화** 6736-8672 **운영** 10:00~20:00 **요금** S$18
**홈페이지** http://merlion.sentosa.com.sg

## 이미지 오브 싱가포르 라이브 Images of Singapore Live

**200년의 싱가포르 역사를 담았다**

200년의 싱가포르 역사를 한곳에 담아 그 역사와 문화를 이해하기 쉽도록 구성한 박물관. 단순하게 전시품을 나열한 것에 그치지 않고, 누구나 쉽게 이해할 수 있도록 멀티미디어 영상과 3D 영상 등을 적극 활용해 시각적인 효과를 극대화했다. 작은 어촌 마을이 어떻게 지금과 같은 모습으로 발전했는지 확인해 볼 수 있을 것이다.

**MAP** p.16-F **찾아가기** 센토사 익스프레스 임비아(Imbiah) 역에서 하차
**주소** 40 Imbiah Rd. **전화** 6715-4000 **운영** 10:00~18:00, 토·일요일과 공휴일 10:00~19:30 **요금** S$42(마담 투소 입장권 포함)
**홈페이지** www.imagesofsingaporelive.com

### MORE 멀라이언 워크 따라 산책하기

멀라이언에서 빠져나와 뒤쪽으로 가면 아기자기하게 꾸며진 예쁜 산책로가 나온다. 비치 역 방향으로 조성된 이 길은 멀라이언 워크로, 스페인 느낌이 물씬 나는 알록달록한 타일 아트와 물줄기가 삐죽거리며 나오는 분수가 어우러져 눈이 즐겁다. 멀라이언상을 구경하고 비치 쪽으로 가거나 윙스 오브 타임을 볼 계획이라면 이 길을 따라 산책을 즐겨 보자. 비치 역까지는 걸어서 10분 정도 걸린다.

## 윙스 오브 타임 Wings of Time

### 끝없이 진화하는 멀티미디어 쇼

센토사 레이저 쇼의 클래식으로 꼽혔던 〈송스 오브 더 시(Songs of the Sea)〉의 후속작이다. 바다 위에 올린 전용 야외무대와 한층 진화한 자동 분수, 3D 비디오 매핑, 50m가 훌쩍 넘는 기하학적 모양의 대형 LED 스크린, 세계 최대의 워터 스크린이 더해져 화려한 볼거리를 선사한다. 25분 동안 진행되며, 야외에서 열리는 공연이라 날씨에 따라 취소될 수 있으니 방문 전 미리 확인한다.

**MAP** p.16-J **찾아가기** 센토사 익스프레스 비치(Beach) 역에서 도보 1분 **전화** 6736-8672 **공연 시간** 19:40, 20:40 **요금** 일반 S$18, 프리미엄 $23 **홈페이지** www.wingsoftime.com.sg

## 고그린 세그웨이 Gogreen Segway

### 친환경 전동 스쿠터를 타고 섬 한 바퀴

서서 타는 전동 스쿠터인 세그웨이는 우리나라에서도 심심치 않게 볼 수 있는 친환경 교통수단이다. 이 세그웨이를 타고 센토사 섬을 한 바퀴 둘러볼 수 있는 프로그램이 마련되어 있다. 시속 20km로 달리기 때문에 크게 위험하지 않고, 자전거보다 편하면서 센토사 풍경을 찬찬히 들여다보며 여행할 수 있다는 장점도 있다. 특히 해변을 따라 달리는 기분은 그만이다.

**MAP** p.16-J **찾아가기** 센토사 익스프레스 비치(Beach) 역에서 도보 1분 **전화** 9825-4066 **영업** 10:00~19:30 **요금** S$17

## 타이거 스카이 타워 Tiger Sky Tower

### 센토사가 한눈에 들어오는 회전 전망대

해발 131m까지 올라가는 회전 전망대다. 센토사 섬의 전망을 360도 파노라마로 즐길 수 있는데 워낙 천천히 돌아가면서 올라가기 때문에 회전한다는 사실이 크게 느껴지지 않는다. 날씨가 좋은 날에는 저 멀리 인도네시아와 말레이시아까지 바라보인다. 센토사 액티비티를 본격적으로 둘러보기 전 이곳에서 위치를 파악해 두는 것도 좋겠다.

MAP p.16-F  찾아가기 1, 2번 버스 이용, 임비아 룩아웃 (Imbiah Lookout)에서 하차하여 도보 6분
주소 41 Imbiah Rd  전화 6259-9288
영업 09:00~21:00  요금 S$18
홈페이지 www.skytower.com.sg

## 메가집 어드벤처 파크 Megazip Adventure Park

### 실로소 비치를 향해 급강하하는 짜릿한 어트랙션

메가집은 슬로프에 매달려 마운트 임비아에서 실로소 비치까지 하강하는 어트랙션이다. 바다를 향해 450m의 거리를 최고 시속 50km로 내달리는 기분이 매우 짜릿하다. 공중에서 로프 하나에 의지한 채 장애물들을 헤쳐 나가는 클라임 맥스는 3가지 레벨이 있는데, 안전장치가 되어 있어 아이들도 도전할 수 있다. 그 밖에 번지 점프의 미니 버전인 파라 점프, 암벽 등반 프로그램인 노스 페이스 등 다양한 프로그램이 있다. 티켓은 온라인에서도 구입 가능하며, 구입 후 90일까지 유효하다.

MAP p.16-F  찾아가기 1, 2번 버스 이용, 임비아 룩아웃 (Imbiah Lookout)에서 하차하여 도보 10분
전화 6884-5602  운영 11:00~19:00
요금 싱글티켓 S$15~65
홈페이지 www.megazip.com.sg

## 나비 공원과 곤충 왕국 Butterfly Park & Insect Kingdom

### 아름다운 나비 정원으로의 초대

나비 공원에는 총 50여 종, 1,500여 마리의 나비가 서식하고 있는데, 남국의 아름다운 꽃들로 장식한 정원에서 자유롭게 날아다니도록 풀어 놓은 것이 압권이다. 마치 나비들이 사는 정원에 초대된 느낌이다. 수천만 년 전의 나비 화석, 번데기에서 나비가 되는 과정 등 나비 생태계에 관한 모든 것을 확인할 수 있다. 곤충 왕국에서는 커다란 딱정벌레부터 매혹적인 색깔의 무당벌레까지 지금껏 본 적 없는 희귀 곤충 3,000여 마리를 가까이에서 볼 수 있다.

**MAP** p.16-F **찾아가기** 1, 2번 버스 이용, 임비아 룩아웃(Imbiah Lookout)에서 하차하여 도보 7분 **주소** 51 Imbiah Rd. **전화** 6275-0013 **운영** 09:30~19:00 **요금** S$18 **홈페이지** www.jungle.com.sg

## 센토사 4D 어드벤처 랜드
### Sentosa 4D Adventure Land

### 가상 세계를 체험하는 영화관

특수 제작된 안경을 쓰고 가상의 세계를 체험할 수 있는 4D 영화관이다. 4개의 영화가 상영 중이며, 상영 영화는 때에 따라 바뀐다. 6인용 보트 시트에 앉아 스크린을 따라가면서 각종 모험을 즐기는데, 웬만한 놀이 기구 못지않게 짜릿하다. 의자가 움직이는 것은 물론 실제로 물과 바람이 나오고, 벌레가 나올 때는 다리 밑으로 무언가 쓱 지나가기도 한다. 모형 말을 타고 총을 쏘며 적을 무찌르는 등 게임과 영화를 함께 즐길 수 있는 영화관도 있다.

**MAP** p.16-F **찾아가기** 센토사 익스프레스 임비아(Imbiah) 역에서 하차하여 도보 8분 **주소** 51B Imbiah Rd. **전화** 6274-5355 **운영** 10:00~21:00 **요금** 원 데이 어드벤처 패스 S$35 **홈페이지** 4dadventureland.com.sg

# 어드벤처 코브 워터파크 Adventure Cove Waterpark

## 스릴 넘치는 슬라이드와 해양생물과의 만남

물속에서 즐기는 다양한 방식의 액티비티가 있는 곳이다. 거대한 파도를 탈 수 있으며, 스릴 넘치는 고속 워터 슬라이드를 경험할 수 있다. 튜브를 타고 수중터널을 통과하면 머리 위로 각종 물고기와 해양생물이 지나간다. 다채로운 암초와 2만 마리의 생물이 살고 있는 물속에서 스노클링을 하며 해양생물을 직접 만져볼 수도 있다. 분수대가 있는 얕은 풀장은 남녀노소 모두 즐길 수 있어 가족 단위 여행객들에게 추천한다. 부대시설로 기념품 숍과 레스토랑도 갖추고 있다.

**MAP** p.16-F **찾아가기** 센토사 익스프레스 리조트 월드 역 하차 도보 8분 **주소** 8 Sentosa Gateway. **전화** 6577-8888 **영업** 10:00~18:00 **요금** S$36 **홈페이지** www.rwsentosa.com

### 잠깐상식! 센토사에서 가장 이국적이고 낭만적인 동네, 센토사 코브 Sentosa Cove

센토사 코브는 최근 센토사에서 가장 이국적이고 낭만적인 동네로 꼽힌다. 해안선을 따라 최고급 부티크 호텔인 W가 들어서 있고, 호텔 주변으로 레지던스와 ㄱ자 모양의 키사이드 아일(Quayside Isle)이 조성되어 있다. 키사이드 아일은 W호텔 부속 소매 상점가로, 이국적이고 세련된 숍과 카페, 레스토랑이 옹기종기 모여 있다. 그중 그리스 레스토랑 미코노스와 이탤리언 레스토랑 피코틴 익스프레스가 인기다. 멋진 항구와 바다 위에 떠 있는 요트, 조깅 트랙 등은 산책하기에도 좋다. 키사이드 아일의 레스토랑은 보통 주중 낮에는 영업을 하지 않으니 참고한다.

**MAP** p.17-F **찾아가기** 3번 버스 이용, 센토사 코브 빌리지(Sentosa Cove Village)에서 하차하여 도보 5분 **주소** 31 Ocean Way, Sentosa Cove **홈페이지** www.quaysideisle.com

# RESTAURANT & NIGHTLIFE
## 추천 ★ 레스토랑 & 나이트라이프

### 메리브라운 Marrybrown

**세계적인 할랄 패스트푸드 체인점**

최근 우리나라뿐 아니라 전 세계적으로 관심을 모으고 있는 할랄푸드를 테마로 한 패스트푸드 체인점이다. 말레이시아에서 시작해 아시아 및 중동, 아프리카, 유럽 등 400여 개의 매장을 보유하고 있다. 매장에서는 프라이드 치킨부터 햄버거, 죽, 누들 등 다양한 메뉴를 선보이고 있는데 인기 메뉴는 단연 프라이드 치킨이다. 바삭한 식감과 중독성 있는 감칠맛 때문에 찾는 이들이 많다. 밥 종류도 팔고 있기 때문에 한국 사람들이 즐겨 먹는다는 '치밥'도 즐길 수 있다. 가격도 저렴한 편이다.

**MAP** p.16-F **찾아가기** 센토사 익스프레스 비치(beach) 역에서 도보 7분 **주소** 43 Siloso 01-03, IFLY, Beach Rd. **전화** 6238-1147 **영업** 11:00~22:00 **예산** S$5~13.9 **홈페이지** www.marrybrown.com

### 트라피자 Trapizza

**해변에서 즐기는 화덕 피자와 맥주**

실로소 비치에 자리 잡은 화덕 피자 전문점이다. 샹그릴라 호텔 계열인 라사 센토사 리조트에서 운영하는 곳이니 맛과 서비스에서 일단 신뢰가 간다. 주문을 하면 잘 빚은 도우 위에 신선한 재료를 토핑한 후 커다란 화덕에 구워 내주는데, 바다를 바라보며 즐기는 화덕 피자의 맛이 끝내준다. 여기에 타이거 생맥주까지 곁들이면 금상첨화. 피자 외에 샐러드와 파스타 종류도 인기 있으며 해산물이 들어간 메뉴가 특히 맛있다.

**MAP** p.16-E **찾아가기** 실로소 비치행 비치 트램을 타고 실로소 포인트(Siloso Point)에서 하차 **주소** 10 Siloso Beach Walk **전화** 6376-2662 **영업** 11:00~22:00, 토·일요일 09:00~22:00 **예산** S$20~30

# 탄종 비치 클럽 Tanjong Beach Club

**센토사에서 가장 핫한 비치 바**

트렌드에 민감한 싱가포리언들의 아지트로 불리는 탄종 비치. 탄종 비치 클럽은 탄종 비치의 유일한 라운지 바 겸 레스토랑이다. 모던하면서도 세련된 분위기는 마치 동남아의 고급 리조트를 떠올리게 한다. 야외 수영장이 있고, 그 주변에 선베드와 테이블이 놓여져 있어 먹고 쉬며 즐기기에 제격이다. 젊은 이들은 이곳에서 자리를 잡고 해변에서 개와 산책을 하거나 비치 발리볼을 즐긴다. 조용하면서도 프라이빗한 이 공간은 저녁과 주말만 되면 화끈하게 변하는 반전의 비치 바이기도 하다. 이곳에서 해마다 풀문 파티가 열리기도 한다. 주말에는 일정 금액 이상을 주문해야 수영장을 이용할 수 있다.

**MAP** p.17-K **찾아가기** 탄종 비치행 비치 트램을 타고 종점에서 하차 **주소** 120 Tanjong Beach Walk
**전화** 6270-1355 **영업** 11:00~22:00, 토·일요일 09:00~22:00
**휴무** 월요일 **예산** S$20~30 **홈페이지** www.tanjongbeachclub.com

## 코스티스 Coastes

### 바닷가 옆에 자리한 레스토랑

실로소 비치에 있는 캐주얼한 비치 레스토랑으로, 서양 요리부터 아시아 요리까지 두루 선보인다. 전용 해변을 갖추고 있으며 부담 없이 들러 식사를 하거나 바다를 즐기기에 좋은 곳이다. 저녁이 되면 라이브 밴드의 공연이 열리기도 한다.

**MAP** p.16-F **찾아가기** 실로소 비치행 비치 트램을 타고 실로소 비치(Siloso Beach)에서 하차 **주소** 50 Siloso Beach Walk **전화** 6631-8938 **영업** 09:00~23:00, 금·토요일과 공휴일 전날 09:00~01:00, 일요일과 공휴일 09:00~23:00 **예산** S$15~25 **홈페이지** www.coastes.com

## 웨이브 하우스 센토사 Wave House Sentosa

### 센토사에서 유일하게 서핑을 즐길 수 있는 곳

캘리포니아 해변을 콘셉트로 한 비치 바 겸 레스토랑. 센토사 비치의 무수히 많은 레스토랑과 바 중에서도 가장 특별한 곳이라 할 수 있다. 이곳을 유명하게 만든 것은 다름 아닌 인공 파도장이다. 서퍼들은 이곳에서 파도를 타며 시간을 보내는데, 그들의 묘기를 보는 것만으로도 즐겁다. 초보
자용 코스가 있는가 하면 사람 키를 훌쩍 넘는 파도가 만들어지는 상급자용 코스도 있다. 친구들과 칵테일을 즐길 수 있는 아웃도어 비치 바도 있다. 가족들과 함께라면 실내 테이블에서 피자와 버거 등을 맛보자.

**MAP** p.16-F **찾아가기** 실로소 비치행 비치 트램을 타고 실로소 비치 리조트(Siloso Beach Resort)에서 하차 **주소** 36 Siloso Beach Walk **전화** 6377-3113 **영업** 11:30~21:30, 토·일요일 10:30~21:30 **예산** S$20~30 **홈페이지** www.wavehouse sentosa.com

### 서핑 배우기

센토사에서 유일하게 서핑을 즐길 수 있는 곳이자 싱가포르 최초의 인공 파도장에서 서핑을 배워 보자. 초보자들을 위한 플로라이더(Flow Rider)와 중급자 이상을 위한 플로배럴(Flow Barrel) 코스가 준비되어 있는데 플로배럴은 서퍼 수준에 따라 파도의 세기를 6가지로 나눌 수 있다. 초보자들을 위한 강습 프로그램과 강사가 기다리고 있으니 평소 서핑에 관심 있었다면 도전해 보자.

## 센토사 여행의 관문이자, 해상교통의 중심지
# HARBOUR FRONT 하버프런트

싱가포르는 항구 도시다. 어디를 가도 바다와 인접해 있다. 그중에서도 항구 도시의 진면목을 보고 싶다면 단연 하버프런트로 가야 한다. 산 정상 위에 펼쳐진 다이닝 스폿 페이버 파크와 복합 쇼핑몰 비보 시티가 있다. 또한 바다에 면해 있는 하버프런트는 그 특성상 싱가포르와 인근 국가를 연결하는 배가 수시로 드나든다. '선상 위의 호텔'로 불리는 대형 크루즈가 출발하는 싱가포르 크루즈 센터, 그리고 인근 섬으로 떠나는 배가 출발하는 페리 터미널이 있다.

**MAP** p.17-C  **찾아가기** MRT 하버프런트 역 E번 출구에서 HarbourFront Walk 따라 도보 3분 / 비보 시티 2층과 연결

## 인도네시아로 가는 여행자들의 관문

싱가포르에서 인도네시아 바탐 섬으로 가는 배는 하버프런트 센터 페리 터미널에서 출발하며, 싱가포르에서 출발해 인근 나라의 섬을 여행하는 대형 크루즈는 싱가포르 크루즈 센터에서 출발한다. 모두 비보 시티 2층과 연결된다. 인근 나라로의 자세한 이동 방법은 p.354~355, 362~363, 368을 참고한다.

### ■ 하버프런트 센터 페리 터미널  HarbourFront Centre Ferry Terminal

**바탐으로 가는 페리가 출발**

싱가포르와 연계 관광지로 인기가 높은 바탐으로 가는 배가 출발한다. 싱가포르에서 바탐까지 걸리는 시간은 고작 페리를 타고 40여 분 걸린다. 이곳에서 출발한 배는 바탐의 바탐 센터, 하버 베이, 농사푸라, 세쿠팡으로 향한다.

### ■ 싱가포르 크루즈 센터  Singapore Cruise Center

**대형 크루즈가 드나드는 곳**

바라만 봐도 설레는 대형 크루즈선들이 정박해 있는 크루즈 센터. 싱가포르를 출발하는 거대한 배들은 인근 섬들의 아름다운 풍경을 따라 이동한다. 말레이시아의 르당과 페낭, 태국 푸켓 등 유명 휴양지들을 들르는 이 크루즈는 다양한 프로그램으로 운영된다. 2박 3일짜리 짧은 코스도 있으니, 시간 여유가 있다면 경험해도 좋겠다.

## 페이버 피크
**Faber Peak**

### 산 정상 위에 펼쳐진 다이닝 스폿

새 단장을 마친 후 관광객들을 맞이하고 있는 페이버 피크. 싱가포르에서는 보기 드문 산 정상에 자리 잡고 있는데 산이라고는 하지만 높이는 105m에 불과하다. 아주 높은 고도는 아니지만 열대 우림으로 조성된 작은 공원과 트레킹 코스, 싱가포르가 공식적으로 인정한 5개 멀라이언상 중 하나가 이곳에 자리하는 등 아기자기하게 꾸며져 있다. 멀라이언상은 워낙 작아 자칫 놓칠 수 있으니 참고한다. 또한 이곳은 하버프런트와 센토사까지 연결되는 케이블카 승강장이 있는 곳이기도 하다. 케이블카 승강장 주변에는 문스톤(Moonstone) 등 몇 군데의 레스토랑이 있다. 레스토랑 카운터에 요청하면 시내로 나가는 택시를 불러 준다.

**MAP** p.18-A **찾아가기** MRT 하버프런트(HarbourFront) 역 D번 출구에서 택시로 5분 / MRT 하버프런트(HarbourFront) 역 A번 출구에서 하버프런트 인터체인지로 이동해 409번 버스 탑승 / 하버프런트 타워 2에서 케이블카로 5분 **주소** 109 Mount Faber Rd. **전화** 6377-9688 **홈페이지** www.onefabergroup.com

## 스퍼즈 앤드 에이프런스 Spuds and Aprons

### 싱가포르 항구가 한눈에 들어오는 캐주얼 레스토랑

공원 정상에 자리한 스퍼즈 앤드 에이프런스는 꽤 훌륭한 음식을 선보이는 캐주얼 레스토랑이다. 게다가 가격도 합리적이다. 서양식 양고기와 닭고기 요리는 물론 호키엔 누들, 칠리 크랩과 락사 등의 싱가포르 로컬 음식, 가벼운 파스타와 샌드위치 메뉴를 선보인다.

**MAP** p.18-A **주소** 109 Mount Faber Rd. **전화** 6377-9688
**영업** 11:00~23:00, 금·토요일과 공휴일 전날 11:00~02:00 **예산** S$15~30

## 비보 시티
Vivo City

### 하버프런트의 대표적인 복합 쇼핑몰

곡선의 라인이 돋보이는 다소 독특한 외관이 눈길을 끄는 이곳은 복합 엔터테인먼트 쇼핑몰이다. 각종 브랜드가 몰려 있는 리테일 숍은 물론이고 레스토랑과 카페, 극장, 공원 등을 두루 갖추고 있다. 3층에는 센토사로 가는 모노레일 탑승장이 있어 센토사에 가려는 여행자들이 특히 많이 찾는다. 중국계 백화점 탕스가 입점해 있으며, 고가의 명품 브랜드숍보다는 유니클로, 테드 베이커, 갭, 막스앤스펜서 등 실속 있는 중저가 브랜드숍이 많다. 무엇보다 레스토랑 구성이 충실한데 푸드 리퍼블릭은 센토사로 가는 여행자들이 아침을 먹는 곳으로 이름나 있다. 자이언트, 콜드 스토리지, 가디언 등의 마트에서는 생수와 초콜릿, 선블록 크림 등 여행 준비물을 구입하기 좋다. 센토사가 한눈에 들어오는 3층 야외 데크의 스카이 파크도 역시 흥미롭다.

**MAP** p.18-B **찾아가기** MRT 하버프런트(HarbourFront) 역 E번 출구에서 바로 연결 **주소** 1 HarbourFront Walk **전화** 6377-6860 **영업** 10:00~22:00 **홈페이지** www.vivocity.com.sg

## 스카이 파크 Sky Park

### 도심 속 수상 정원

3층 야외 데크로 통하는 문으로 나가면 탁 트인 전망이 시원하게 펼쳐지며 저 멀리 센토사로 가는 모노레일과 케이블카가 보인다. 정원에는 쉬기 좋은 나무 데크, 얕은 인공 풀, 그리고 그 아래에 아이들의 놀이터가 있다. 센토사를 물끄러미 바라보고 있는 귀여운 스노맨과 쉬지 않고 철봉 운동만 하고 있는 짐나스트 등 독일과 네덜란드, 홍콩 등 세계 각국에서 온 아티스트들의 작품을 구경하는 일도 재미있다.

**MAP** p.18-B **주소** #03
**영업** 09:30~22:00, 금~일요일 09:30~23:00

## 캔디 엠파이어 Candy Empire

### 선물용 초콜릿을 구입하기 좋은 곳

싱가포르에서 가장 큰 초콜릿 & 캔디 매장 중 하나로 꼽힌다. 어른들도 탐낼 만한 사랑스럽고 귀여운 패키지들을 보고 있으면 선물하고 싶은 지인들이 하나둘씩 생각난다. 초콜릿과 사탕 외에도 호주와 유럽에서 온 비스킷, 누가, 젤리빈, 쿠키들을 만나 볼 수 있다.

MAP p.18-B  주소 #B2-32/33  전화 6376-8382  영업 10:00~22:00

## 펫 사파리 Pet Safari

### 반려동물 용품에 대한 모든 것

개와 고양이를 키우는 이들에게는 천국과도 같은 매장이다. 분양 중인 강아지를 비롯해 각종 사료와 간식거리, 예쁜 옷과 편의용품까지 반려동물에 관해서는 없는 게 없는 곳이다.

MAP p.18-B  주소 #03-05/05A  전화 6376-9508  영업 10:00~22:00

## 푸드 리퍼블릭 Food Republic

### 아침 식사를 하기 좋은 곳

센토사로 출발하기 전 아침을 해결하기 좋은 곳이다. 향수를 불러일으키는 시장 골목을 테마로 한 인테리어가 인상적이다. 토스트부터 시작해 중국과 한국 음식까지 우리 입맛에 맞는 음식들을 합리석인 가격에 즐길 수 있다.

MAP p.18-B  주소 #03-01  전화 6276-0521  영업 10:00~22:00

## 제이미스 이탤리언 Jamie's Italian

### 제이미 올리버의 레스토랑

비보 시티에 오픈 하자마자 가장 인기 레스토랑으로 자리매김한 제이미스 이탤리언. 우리나라에서도 많은 팬을 확보하고 있는 영국의 훈남 셰프 제이미스 올리버가 운영하는 레스토랑이니 만큼 인기가 있는 것은 어쩌면 당연한 일이다. 캐주얼하면서도 아늑한 분위기의 레스토랑에서는 건강한 맛의 파스타와 미트볼, 스테이크 등을 맛볼 수 있다. 고기 요리는 대체로 맛이 훌륭한 편이지만 파스타는 맛의 편차가 조금 있는 편이다. 레스토랑 한쪽에서는 제이미 올리버의 요리책과 조리도구를 판매하고 있다. 오차드 로드의 오차드 포럼 더 쇼핑몰(p.187) 지점도 있으며, 피자도 맛볼 수 있다.

**MAP** p.18-B **주소** #01 165-167 **전화** 6733-5500 **영업** 월~목요일 12:00~21:00, 금요일 12:00~22:00, 토요일 11:00~22:00, 일요일 11:00~21:00 **예산** 고기 요리 S$28~33, 파스타 S$21~25
**홈페이지** www.jamieoliver.com/italian/singapore

## 노 사인보드 시푸드 레스토랑
No Signboard Seafood Restaurant

### 싱가포르를 대표하는 칠리 크랩 레스토랑 중 하나

싱가포르를 대표하는 칠리 크랩 레스토랑 중 하나로 비보 시티에 자리한다. 본점보다 규모는 작지만 보다 세련되고 쾌적한 분위기에서 식사를 할 수 있다. 칠리 크랩도 좋지만 페퍼 크랩 역시 인기다. 3층 스카이 파크에 있어 식사 후 전망을 즐기기에도 좋다.

**MAP** p.18-B **주소** #03-02 **전화** 6376-9959 **영업** 11:00~01:30

## 허니문 디저트 Honeymoon Dessert

### 홍콩에서 온 디저트 전문점

분위기와 맛 모두 깔끔하고 만족스러워 여성들이 특히 즐겨 찾는다. 망고를 이용한 디저트가 특히 인기다.

**MAP** p.18-B **주소** #01-93 **전화** 6376-8027 **영업** 12:00~22:30

# 동부 지역

## East Area

싱가포르 중심가에서 동쪽으로 10km 떨어진 곳에 있는 동부 지역은 공항과 인접해 있다. 유서 깊은 유적지나 화려한 볼거리는 없지만 싱가포리언의 일상을 엿보며 느긋하게 시간을 보내기 좋은 곳이다. 여행자들에게 동부 지역 여행은 대략 2개의 키워드로 정리되는데, 바로 '해변 공원과 '프라나칸'이다. 8.5km에 이르는 해변 공원 이스트 코스트 파크를 비롯해 크고 작은 해변들이 동부 지역 곳곳에 자리한다. 해변 공원은 우리나라의 한강시민공원과 같은 곳으로, 싱가포리언들은 이곳에서 피크닉과 캠핑을 즐긴다. 이스트 코스트 파크 한쪽에는 해산물 요리 전문점이 모여 있는 이스트 코스트 시푸드 센터가 있다. 바다를 바라보며 먹는 신선한 해산물 요리는 더욱 맛있게 느껴진다. 프라나칸의 정수로 알려져 있는 카통 전통 지구 역시 동부 지역에 자리한다. 길을 따라 프라나칸 가옥과 레스토랑, 전통 숍이 늘어서 있어 시내에서 보다 생생하고 활기찬 프라나칸 문화를 경험할 수 있다.

# 동부 지역 한눈에 보기

## KNOWHOW

### 관광의 기술
동부 지역의 볼거리는 여기저기 흩어져 있다. 택시와 버스를 적절하게 이용해서 다니는 것이 좋다.

### 쇼핑의 기술
카통 전통 지구의 이스트 코스트 로드에 현대적인 쇼핑몰들이 있다. 하지만 여행자들에게는 길거리에 있는 프라나칸 공예품 숍이 좀 더 매력적으로 다가올 것이다.

### 미식의 기술

카통에서는 프라나칸 요리를 꼭 맛보자. 시내 전통 레스토랑에서 먹던 요리보다 현지인들이 즐겨 먹는 요리를 부담 없이 즐길 수 있다. 신선한 해산물이 먹고 싶다면 이스트 코스트 시푸드 센터로 간다.

지도 위에 MRT 역 출구와 연결되는 주요 랜드마크를 표시해 찾아가고자 하는 목적지를 빠르게 확인할 수 있다.

MRT 유노스 역
MRT Eunos
A번 출구: 카통 전통 지구

유노스 역
Eunos

켐방안 역
Kembangan

카통 전통 지구

카통 전통 지구

East Coast Park

MRT 파시르 리스 역
**MRT Pasir Ris**
B번 출구 : 파시르 리스 파크

↑ 파시르 리스 역 방향

창이 뮤지엄

MRT 타나 메라 역
**MRT Tanah Merah**
B번 출구 : 창이 뮤지엄

타나 메라 역
**Tanah Merah**

베독 역
**Bedok**

이스트 코스트 시푸드 센터

이스트 코스트 시푸드 센터

파시르 리스 파크

동부 지역 **317**

**BEST COURSE**

# 싱가포리언의 소박한 일상 속으로
# 유유자적 산책 코스

**10:00**
MRT 유노스 역
A번 출구에서 도보 10분

**10:10**
알록달록 예쁜 골목 사이로 산책하기 p.321
도보 5분

① 카통 전통 지구

**11:00**
생생한 프라나칸 문화 경험하기 p.320
도보 6분

② 카통 앤티크 하우스

**13:00**
예쁜 앤티크 숍에서 쇼핑하기 p.328
도보 2분

③ 328 카통 락사
④ 루마 베베
⑤ 112 카통

**12:00**
코코넛 밀크를 넣은 쌀국수 '락사'로 점심 식사 p.326
도보 4분

**14:00**
더위도 식힐 겸 몰에서 쇼핑하고 디저트 먹기 p.328
셔틀버스 15분

112 카통

카통 전통 지구

안 역
nbangan

창이 뮤지엄

**창이 뮤지엄** ❻

**16:00**
가슴 아픈 전쟁 역사
살펴보기 **p.323**
버스 15분

**TIP** 원시 자연에서의 힐링을 원한다면
오전 일정은 풀라우 우빈으로!

지역의 전통 문화를 살펴보는 것보다 자연이
좋다면, 또는 산책보다는 자전거 타는 것이
좋다면 오전과 이른 오후 일정은 풀라우 우빈
(p.329)으로 대체한다.

카통 앤티크 하우스

**19:00**
바다를 바라보며 푸짐한
해산물로 저녁 식사 하기
**p.324**

❽

이스트 코스트 시푸드 센터

이스트 코스트 파크

**17:45**
아름다운 해변을 따라 산책
또는 자전거 타기 **p.322**
도보 10분

이스트 코스트 파크

## SIGHT SEEING 추천 ★ 볼거리

## 카통 앤티크 하우스 Katong Antique House

**개인 주택을 개조한 소규모 프라나칸 전시관**

프라나칸 뮤지엄의 고문이자 프라나칸 연합회 대표를 역임하고 있는 피터 위 씨의 개인 주택이다. 직함에서도 느껴지듯 그는 프라나칸 고유문화를 뚝심 있게 지키고 있다. 박물관에 박제된 과거의 프라나칸 문화가 아닌, 현재도 살아 움직이는 진짜 프라나칸 문화를 대중에게 알리고 싶어 자신의 집을 공개했다. 오랜 세월의 흔적이 켜켜이 쌓인 가구와 소품들을 보면 그들의 라이프스타일을 짐작할 수 있다. 2층에는 특별 전시실이 마련되어 있는데, 예약한 사람에 한해 공개하고 있다. 예약한 사람들은 2층 특별 전시실을 둘러볼 수 있음은 물론, 피터 위 씨를 직접 만나 대화하는 시간을 가질 수도 있다.

**MAP** p.18-D **찾아가기** MRT 유노스(Eunos) 역 A번 출구에서 Still Rd.와 East Coast Rd. 따라 도보 21분
**주소** 208 East Coast Rd. **전화** 6345-8544 **운영** 11:00~16:30 **요금** 무료, 투어 예약시 S$15

### 싱가포르 다양성 문화의 결정체, 프라나칸

싱가포르 다양성 문화의 결정체이자 싱가포르 문화의 뿌리인 프라나칸. 본래는 말레이 반도로 이주해 온 중국인 남성과 말레이인 여성 사이에서 태어난 이들을 프라나칸이라 했는데, 지금은 그 의미가 확대되어 현지에서 태어났지만 토박이는 아닌 민족을 의미하기도 한다. 결국 프라나칸은 과거 세계를 잇는 교두보 역할을 했던 동남아시아의 문화와 이곳에 흘러든 아랍, 인도, 중국, 유럽 문화가 만나 탄생한 문화인 셈이다. 그런 연유로 프라나칸에는 다양한 나라의 문화가 절묘하게 어우러져 있다. 즉, 한 건물에 중국 유약 타일, 코린트 양식 기둥, 지중해식 덧문 등이 모두 있는 식이다. 그들을 부르는 명칭도 따로 있는데 남자는 '바바', 여자는 '논야'라고 부른다.

# 카통 전통 지구 Katong Traditional Area

## 동부 지역에서 가장 아름다운 골목길

화려하면서도 고혹적인 프라나칸 문화에 깊은 영감을 받은 이들에게 카통 전통 지구는 무척 흥미로운 지역이다. 싱가포르에서 프라나칸 문화가 가장 강하게 남아 있는 곳으로, 프라나칸 음식과 전통 가옥 등 자신들의 문화를 계획적으로 보존하고 계승하고 있다. 우리나라와 굳이 비교하자면 한옥마을과 비슷하달까. 특유의 색과 패턴, 장신구들로 치장한 프라나칸 건축물들을 구경하는 일만으로도 꽤 흥미롭다. 곳곳에 프라나칸 음식을 파는 식당들도 쉽게 볼 수 있는데 중심가의 프라나칸 전문점과 달리 락사, 오탁, 포피아 등 현지인들이 평소에 즐겨 먹는 것들을 맛볼 수 있다.

**MAP** p.18-D  **찾아가기** MRT 유노스(Eunos) 역 A번 출구에서 Sims Ave.와 Geylang Serai 따라 도보 11분

### TIP 카통 전통 지구 산책하기

카통 전통 지구 산책은 MRT 유노스 역 A번 출구에서 이스트 코스트 로드(East Coast Rd.)까지 이어진다. 유노스 역에서 이스트 코스트 로드까지 연결하는 길은 많지만 주 치앗 로드(Joo Chiat Rd.) 또는 스틸 로드(Still Rd.)를 이용하는 것이 좋다. 두 길 중 하나를 따라 남쪽으로 내려가면 이스트 코스트 로드와 만나게 되는데 여기서 동서로 뻗은 길이 카통 전통 지구의 중심 거리다. 프라나칸 문화를 더욱 깊이 생생하게 경험하고 싶다면 주 치앗 로드를 이용할 것을 추천한다. 잘 보존된 전통 가옥과 상점들이 자리하고 있다. 이스트 코스트 로드에는 이 지역의 유명 식당들과 숍, 현대적인 몰이 이어진다.

# 이스트 코스트 파크 East Coast Park

### 피크닉과 해양 레포츠를 한 번에 즐길 수 있는 해변 공원

동부 지역 최대의 해변 공원으로 싱가포리언들이 피크닉과 조깅을 즐긴다. 인라인 스케이트나 자전거를 빌려 타거나 바다를 끼고 있는 까닭에 카약, 윈드서핑과 같은 스포츠도 즐길 수 있다. 초보자를 위한 수상 레포츠 레슨 프로그램도 마련되어 있는데 장비를 대여하거나 프로그램을 신청할 때 여권(사본)과 보증금이 필요하다. 또한 이스트 코스트 시푸드 센터(p.324)가 있다. 싱가포르에서 내로라하는 해산물 레스토랑이 모여 있는데, 바다를 보며 먹는 해산물 요리의 맛이 기가 막히다. 해변이 워낙 길다 보니 가는 방법이 다양한데 MRT나 버스를 이용할 수도 있지만 역시 많이 걸어야 한다. 이스트 코스트 시내에서 현지인들의 소소한 일상을 구경하며 걸어가거나 택시를 이용할 것을 추천한다.

**MAP** p.18~19-C·D **찾아가기** 이스트 코스트 로드에서 도보 30분. 택시로는 오차드 로드에서 12분 정도 소요되며 요금은 약 S$12 **주소** East Coast Parkway and East Coast Park Service Rd.

# 파시르 리스 파크
## Pasir Ris Park

### 생태 학습 공간이자 시민들의 휴식처

이스트 코스트 파크보다 규모도 작고 소박한 편이지만 단순한 공원으로서의 기능에서 벗어나 생태 학습 시설을 잘 갖추고 있어 아이와 함께 찾는 가족 단위 방문객이 많은 편이다. 잘 정비된 데크에서 맹그로브 습지를 감상하고, 맹그로브 숲 내에 있는 버드 워칭 타워에서는 새의 생태계를 확인할 수 있다. 주랑말 타기 프로그램을 비롯해 워터 스포츠, 사이클링 등 다양한 액티비티 시설도 갖추고 있다.

**MAP** p.3-D **찾아가기** MRT 파시르 리스(Pasir Ris) 역 B번 출구에서 Pasir Ris Central 따라 도보 10분
**주소** Pasir Ris Rd. **전화** 6471-7808

## 창이 뮤지엄 The Changi Museum

### 전쟁 포로들의 흔적이 남아 있는 전쟁 역사 박물관

제2차 세계대전 중 일본군에 의해 수감된 포로들이 있던 곳으로 지금은 전쟁 기념 박물관으로 사용되고 있다. 당시 포로였던 뉴질랜드, 호주, 네덜란드 출신 병사들이 나무를 이용해 만든 야외 예배당이 아직도 남아 있고 당시 생활 모습이 담긴 사진과 영상, 유품들이 전시되어 있다. 정돈이 잘된 조경과 주변 분위기가 어우러져 마음이 평온해지는 곳이며, 박물관 옆에 카페 'The Bark Cafe'가 있어 잠시 들러 차 한잔하기에 좋다.

**MAP** p.3-H **찾아가기** MRT 타나 메라(Tanah Merah) 역 B번 출구에서 2번 버스를 타고 창이 뮤지엄 정류장(Opp Changi Museum)에서 하차 **주소** 1000 Upper Changi Rd. **전화** 6214-2451
**운영** 09:30~17:00 **요금** 무료 **홈페이지** www.changimuseum.sg

## 창이 비치 파크 Changi Beach Park

### 코코넛 나무 그늘 아래서 보는 창이 비치

공항 근처라 바다 위로 떠오르는 비행기를 볼 수 있는 꽤 운치 있는 해변 공원이다. 오래된 해변인 창이 비치에는 나무 그늘이 많아 피크닉을 즐기기에 안성맞춤이며, 바다 위에서 요트나 카누를 즐기는 사람들도 볼 수 있다. 평소 활동적인 것을 좋아한다면 자전거를 빌려 코스탈 파크 커넥터(Coastal Park Connector)를 따라 이스트 코스트 파크까지 갈 수 있다. 풀라우 우빈으로 향하는 배가 출발하는 창이 포인트 페리 터미널이 가까이에 있다.

**MAP** p.3-D
**찾아가기** MRT 타나 메라(Tanah Merah) 역 B번 출구에서 2번 버스를 탄다. 2인 이상이라면 MRT 파시르 리스(Pasir Ris) 역에서 택시 타는 것을 추천한다. 10분 정도 소요되며 요금은 S$10
**주소** Changi Coast Rd.

## 이스트 코스트 시푸드 센터
**East Coast Seafood Centre**

### 해변 공원에서 즐기는 신선한 해산물 요리

이스트 코스트 파크 동쪽 끄트머리로 가면 게와 새우 등 제철 해산물을 먹을 수 있는 노천 시푸드 레스토랑이 이어진다. 바로 '이스트 코스트 시푸드 센터'로 더 잘 알려진 UDMC 시푸드 센터다. 이 구역은 1987년 점보 시푸드 레스토랑이 처음 오픈하면서 주목을 받기 시작했으며, 이후 칠리 크랩 레스토랑으로 이름 꽤나 알리는 해산물 전문점들이 이곳에 둥지를 틀었다. 한때는 점보 외에 칠리 크랩으로 명성을 떨치는 롱 비치 시푸드 레스토랑, 노 사인보드 레스토랑, 레드 하우스를 모두 만나볼 수 있었으나, 이스트 코스트 시푸드 센터의 인기가 다소 식으면서 레드 하우스와 노 사인보드는 영업을 종료했다. 인기가 예전만 못하지만 바다 풍경과 해질 무렵 석양을 바라보며 식사할 수 있는 까닭에 여행자들에게는 여전히 유효한 목적지라고 할 수 있다.

**MAP** p.19-D **찾아가기** 오차드 로드에서 택시로 15분 소요, 요금은 약 S$15 / MRT 베독(Bedok) 역에서 8분, 파야 레바(Paya Lebar) 역에서 10분, 유노스(Eunos) 역에서 13분 소요. 이스트 코스트 로드에서 도보 40분
**주소** 1202 East Coast Parkway **영업** 17:00~23:45, 토·일요일과 공휴일 11:30~24:00(상점에 따라 다름)
**예산** S$40~50

## 주힝 레스토랑 Joo Hing Restaurant

### 중국요리 마니아들이라면 강추

과거의 유산을 잘 간직한 동부 지역이라고 하지만 오래된 상점들이 사라지고, 새로운 숍들이 속속 들어서고 있는 것이 현실이다. 이러한 변화 속에서도 주힝 레스토랑은 꿋꿋하게 영업을 하고 있어 더욱 반갑게 느껴진다. 전통 차오저우 요리를 잘하기로 소문이 났다. 차오저우 요리는 중국 광둥요리 중 하나로, 특유의 향이 우리에게는 조금 낯설게 느껴질 수 있다. 하지만 평소 중국요리에 일가견이 있는 사람이라면 굉장히 만족스러울 것이다. 여러 가지 요리를 주문해 밥과 함께 먹어보자.

**MAP** p.18-D **찾아가기** MRT 유노스(Eunos) 역 A번 출구에서 Joo Chiat Rd. 따라 도보 20분
**주소** 360 Joo Chiat Rd. **전화** 6345-1503 **영업** 11:00~14:00, 17:00~22:00 **휴무** 월요일 **예산** S$15~20

## 킴추쿠에창 Kim Choo Kueh Chang

**논야 덤플링이 맛있는 프라나칸 전통 음식점**

동부 지역에서 가장 대표적인 프라나칸 전통 음식점으로 이 지역에 2개의 지점이 있다. 1층에는 프라나칸 음식을 맛볼 수 있는 레스토랑이, 2층에는 프라나칸 소품 숍이 자리한다. 이곳의 대표 메뉴는 '논야 덤플링'이라고 불리는 삼각형 모양의 주먹밥이다. 라이스 덤플링의 일종으로, 차진 밥 안에 특유의 향이 더해진 돼지고기 또는 닭고기를 넣고 판단 잎으로 싼 것이다. 다른 가게의 라이스 덤플링에 비해 훨씬 많은 소를 넣은 것이 특징이다. 킴추쿠에창의 논야 덤플링이 인기를 끌자 여기저기 '짝퉁'도 생겨났다고. 오탁과 칠리 프론, 스프링 롤도 인기다.

**MAP** p.18-D  **찾아가기** MRT 유노스(Eunos) 역 A번 출구에서 Still Rd.와 East Coast Rd. 따라 도보 21분
**주소** 111 East Coast Rd.  **전화** 6741-2125  **영업** 10:00~22:00  **예산** S$3~10  **홈페이지** www.kimchoo.com

### TIP 낯설면서도 익숙한 프라나칸 간식거리 맛보기

동부 지역에서는 락사 외에 좀 더 다양하고 부담 없는 프라나칸 음식을 맛볼 수 있다.

**오탁 Otak**
우리나라 어묵과 비슷하다. 생선 살에 고추, 마늘, 코코넛 밀크, 레몬, 강황을 섞어 반죽한 후 바나나 잎에 말아 찌거나 구워 내온다. 식감이 부드럽고, 고소하면서 매콤함과 새콤한 맛이 난다. 쌀 요리와 곁들여 먹는 경우가 많다.

**포피아 Popiah**
우리 입맛에 가장 잘 맞는 음식이다. 얇게 부친 밀전병 위에 양파와 당근 같은 신선한 채소를 넣고 소시지나 새우 페이스트 등을 올린 후 말아서 한 입 크기로 잘라 내온다. 속을 채우는 재료는 다양하고 제각각이다.

## 328 카통 락사 328 Katong Laksa

**프라나칸 대표 면 요리 락사 전문점**

현지인들이 가장 즐겨 먹는 프라나칸 음식 중 하나가 락사다. 카통에는 락사 전문점이 많은데, 그중 328 카통 락사는 오랜 시간 사랑받아 온 곳이다. 락사는 우리가 일반적으로 아는 쌀국수에 진한 코코넛 밀크 육수와 갖은 양념, 허브 등을 넣은 것으로, 고소하면서도 매콤한 맛이 난다. 여기에 조개나 어묵을 곁들이면 현지인들이 즐기는 제대로 된 락사가 된다. 하지만 다소 비린 맛 때문에 꺼려질 수 있다. 고명으로 고수를 올려 주는데 입에 맞지 않으면 빼고 먹는다.

**MAP** p.18-D　**찾아가기** MRT 유노스(Eunos) 역 A번 출구에서 Still Rd.와 East Coast Rd. 따라 도보 24분
**주소** 51/53 East Coast Rd.　**전화** 9732-8163
**영업** 10:00~22:00　**예산** S$6~12
**홈페이지** www.328katonglaksa.com.sg

## 친미친 제과점 Chin Mee Chin Confectionery

**오랫동안 사랑받고 있는 로컬 코피티암**

허름하고 작은 커피숍이지만 이곳을 찾는 이들은 세대를 불문한다. 인기 메뉴는 단연 카야 토스트. 다른 곳과 달리 모닝 롤과 같은 두툼한 번을 구워 카야 잼과 버터를 듬뿍 얹어 내온다. 커피를 전통 자기 종류인 포르셀린 잔에 주는 것도 매력적이다. 잘 구운 에그 타르트 역시 반드시 먹어야 할 메뉴다. 일찍 문을 닫는 편이니, 일부러 찾아가려면 서둘러 방문하는 것이 좋다.

**MAP** p.18-D　**찾아가기** MRT 유노스(Eunos) 역 A번 출구에서 Still Rd.와 East Coast Rd. 따라 도보 21분
**주소** 204 East Coast Rd.　**전화** 6345-0419
**영업** 08:00~16:00　**휴무** 월요일
**예산** S$4~5

## 애스턴스 스페셜리티 Astons Specialities

### 가성비 좋은 스테이크 전문점

만만치 않게 물가가 높은 싱가포르에서 합리적인 가격으로 스테이크를 먹을 수 있다는 점에서 젊은이들 사이에서 큰 인기를 끌기 시작한 곳이다. 맛과 서비스, 분위기 등을 인정받으며 지금은 남녀노소 모두 좋아하는 스테이크집으로 통한다. 고기 요리와 파스타 등 다양한 메뉴를 선보이는데 그중 단연 인기는 블랙 페퍼 스테이크와 립 아이다. 메인 메뉴 하나를 주문하면 어니언 링, 감자튀김, 라이스, 마카로니로 구성된 사이드 메뉴 중 2가지를 고를 수 있다. 크리스피 프라이드치킨도 인기 있지만, 워낙 맛있는 프라이드치킨에 익숙한 우리나라 여행자에게 큰 감흥은 없다.

**MAP** p.18-D  **찾아가기** MRT 유노스(Eunos) 역 A번 출구에서 Still Rd.와 East Coast Rd. 따라 도보 21분
**주소** 119/121 East Coast Rd.  **전화** 6247-7857  **영업** 11:30~22:00, 금·토요일과 공휴일 전날 11:30~23:00
**예산** S$10~23  **홈페이지** astons.com.sg

## 아티장 블랑제리 코 Artisan Boulangerie Co.

### 프랑스에서 인정한 베이커의 프랑스식 빵

킬리니 로드에 플래그십 스토어를 오픈한 후 가장 주목받고 있는 베이커리 '아티장 블랑제리 코'가 이스트 코스트 112 카통 몰에 오픈했다. 파리에서 주최하는 바게트 경연대회에서 두 차례나 수상한 경력이 있는 에란 메이어가 정통 프랑스 베이커리 레시피를 바탕으로 자신만의 노하우를 담은 프렌치 베이커리를 선보인다. 프랑스 밀가루를 공수해 와 만드는 정통 바게트와 크루아상 등 기본 빵이 훌륭한 것은 물론 초콜릿 에클레어, 피칸 캐러멜 타르트, 오렌지 브리오슈도 맛이 좋다. S$28에 3가지 빵과 2가지 음료를 맛볼 수 있는 애프터눈 딜라이트 메뉴가 특히 인기다.

**MAP** p.18-D  **찾아가기** MRT 파야 레바(Paya Lebar) 역 A번 출구에서 112 카통 셔틀버스가 10:30~20:30 사이에 15분 간격으로 출발한다.
**주소** #01-05, 112 Katong Mall, 112 East Coast Rd.
**전화** 6443-6088  **영업** 08:00~22:00
**예산** S$10~15  **홈페이지** www.artisanbakery.com.sg

## 루마 베베 Rumah Bebe

### 체험이 가능한 예쁜 프라나칸 소품 숍

이스트 코스트 로드에서 단연 눈에 들어오는 숍. 비즈 공예 아티스트 베베 시트가 1995년에 문을 연 프라나칸 라이프스타일 상점으로, 감각적

인 컬러와 디스플레이가 눈길을 사로잡는다. 그녀가 손수 만든 비즈 장식품과 프라나칸 의상, 음식 등을 판매하는데 원한다면 장식품이나 슬리퍼 등을 직접 만들어 볼 수 있다.

**MAP** p.18-D **찾아가기** MRT 유노스(Eunos) 역 A번 출구에서 Still Rd.와 East Coast Rd. 따라 도보 21분
**주소** 113 East Coast Rd. **전화** 6247-8781 **영업** 09:30~18:30 **휴무** 월요일 **홈페이지** rumahbebe.com

## 112 카통 112 Katong

### 카통 전통 지구에 자리한 작은 현대식 몰

카통 전통 지구에 있는 보기 드문 현대식 몰이다. 규모는 크지 않지만 매장 구성은 꽤 충실하다. 중저가 브랜드숍과 푸드코트, 체인점, 카페 등이 들어서 있으며 로컬 브랜드도 많은 편이다. 로컬 음식들이 입맛에 맞지 않거나 더위를 피해 에어컨 바람을 쐬며 잠시 쉬어 가고 싶을 때 들르면 좋다. MRT 파야 레바 역에서 무료 셔틀버스를 운행해 접근이 쉽다.

**MAP** p.18-D **찾아가기** MRT 파야 레바(Paya Lebar) 역 A번 출구에서 셔틀버스가 11:00~17:00(월~금요일) 출발한다.
**주소** 112 East Coast Rd. **전화** 6636-2112
**영업** 10:00~22:00
**홈페이지** www.112katong.com.sg

## 파크웨이 퍼레이드 Parkway Parade

### 이스트 코스트 지역 대형 쇼핑몰

이스트 코스트 인근에서 가장 큰 쇼핑몰 중 하나로 꼽힌다. 쇼핑몰은 만남의 장소로도 애용되어 언제나 많은 사람들로 북적인다. 일본에서 온 이세탄 백화점이 들어서 있으며 오게닉 마트, 콜나 스토리지, 자이언트 등 슈퍼마켓과 드러그스토어 구성이 매우 훌륭한 편이다.

**MAP** p.18-D **찾아가기** MRT 베독(Bedok) 역 택시 승강장 맞은편 버스 인터체인지에서 파크웨이 퍼레이드까지 운행하는 셔틀버스 이용 **주소** 80 Marine Parade Rd. **전화** 6344-1242 **영업** 09:30~21:30, 금·토요일 10:00~22:00
**홈페이지** www.parkwayparade.com.sg

## Plus AREA

### 원시 섬으로의 짧은 여행
# 열대 우림 사이로 하이킹 즐기기

하루 또는 반나절 정도 다른 섬으로의 여행을 떠나 보는 건 어떨까. 섬으로 된 도시 국가 싱가포르에서 떠나는 다른 섬으로의 여행은 꽤 이색적으로 느껴질 것이다.

## 풀라우 우빈 Pulau Ubin

### 원시 자연과 가까운 섬

풀라우 우빈은 싱가포르 동쪽 끝에 자리한 부메랑 모양의 작은 섬이다. 말레이어로 풀라우는 '섬', 우빈은 '화강석'을 뜻하는데, 과거 화강석 채석장이 있었다고 하여 붙여진 이름이다. 싱가포르 창이 포인트 페리 터미널에서 범보트를 타고 말레이시아 방향으로 15분 정도 간 곳에 있으며, 가는 도중에 오른쪽으로 창이 비치 파크가 보인다. 섬에 도착하면 화려하게 치장한 싱가포르와는 전혀 다른 원시 자연에 가까운 풍경이 펼쳐진다. 사람의 손이 거의 닿지 않은 열대 우림 사이로 난 길을 따라 자전거 하이킹을 즐겨도 좋고, 섬을 따라 조성해 놓은 나무 데크에서 산책을 하는 것도 좋다. 1960~70년대 싱가포르를 옮겨 놓은 듯한 옛 농가와 말레이식 부락인 캄폰이 여전히 남아 있으며 지금도 옛 전통 생활 방식에 따라 살아가고 있다. 방문객들이 쉴 수 있는 리조트와 캠프장, 레스토랑 시설이 마련되어 있다.

### TIP 범보트를 타고 풀라우 우빈 가는 법

창이 포인트 페리 터미널에서 풀라우 우빈행 범보트를 탄다. 15분 정도 소요되며 요금은 S$3, 자전거는 1대당 S$2를 지불해야 한다. 좌석(12석)이 다 차야 출발하는데 만약 S$36를 지불하면 바로 출발할 수 있다.

### 창이 포인트 페리 터미널 Changi Point Ferry Terminal

작은 규모의 페리 터미널이다. 풀라우 우빈 외에 말레이시아 펭게랑과 조호르행 페리가 출발하니 목적지를 잘 확인하고 탑승해야 한다. 2, 29, 59, 109번 버스를 타고 창이 빌리지 터미널(Changi Village Terminal)에서 하차하여 Changi Village Rd. 따라 도보 2분.
MAP p.3-D

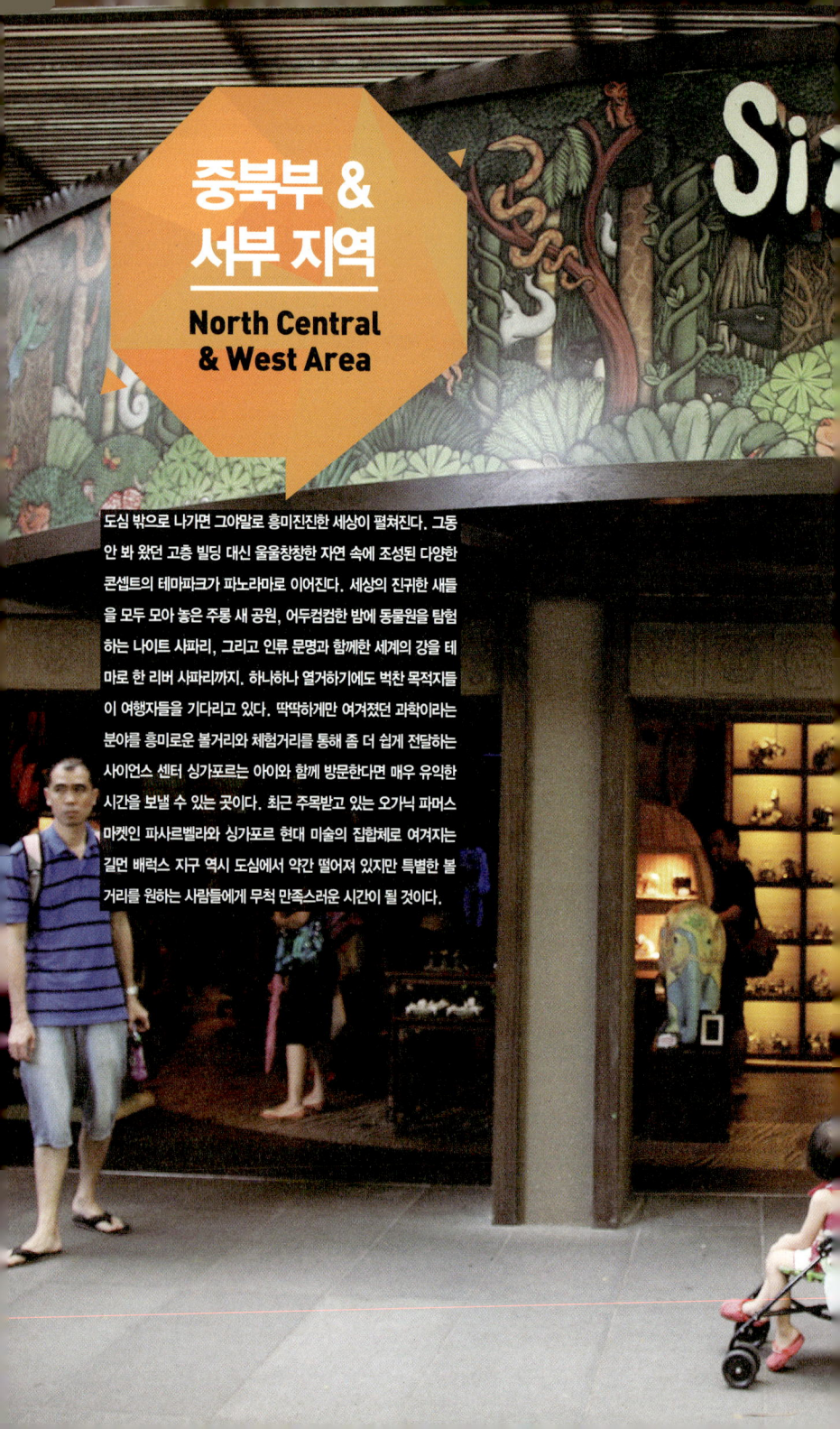

# 중북부 &
# 서부 지역

## North Central
## & West Area

도심 밖으로 나가면 그야말로 흥미진진한 세상이 펼쳐진다. 그동안 봐 왔던 고층 빌딩 대신 울울창창한 자연 속에 조성된 다양한 콘셉트의 테마파크가 파노라마로 이어진다. 세상의 진귀한 새들을 모두 모아 놓은 주롱 새 공원, 어두컴컴한 밤에 동물원을 탐험하는 나이트 사파리, 그리고 인류 문명과 함께한 세계의 강을 테마로 한 리버 사파리까지. 하나하나 열거하기에도 벅찬 목적지들이 여행자들을 기다리고 있다. 딱딱하게만 여겨졌던 과학이라는 분야를 흥미로운 볼거리와 체험거리를 통해 좀 더 쉽게 전달하는 사이언스 센터 싱가포르는 아이와 함께 방문한다면 매우 유익한 시간을 보낼 수 있는 곳이다. 최근 주목받고 있는 오가닉 파머스 마켓인 파사르벨라와 싱가포르 현대 미술의 집합체로 여겨지는 길먼 배럭스 지구 역시 도심에서 약간 떨어져 있지만 특별한 볼거리를 원하는 사람들에게 무척 만족스러운 시간이 될 것이다.

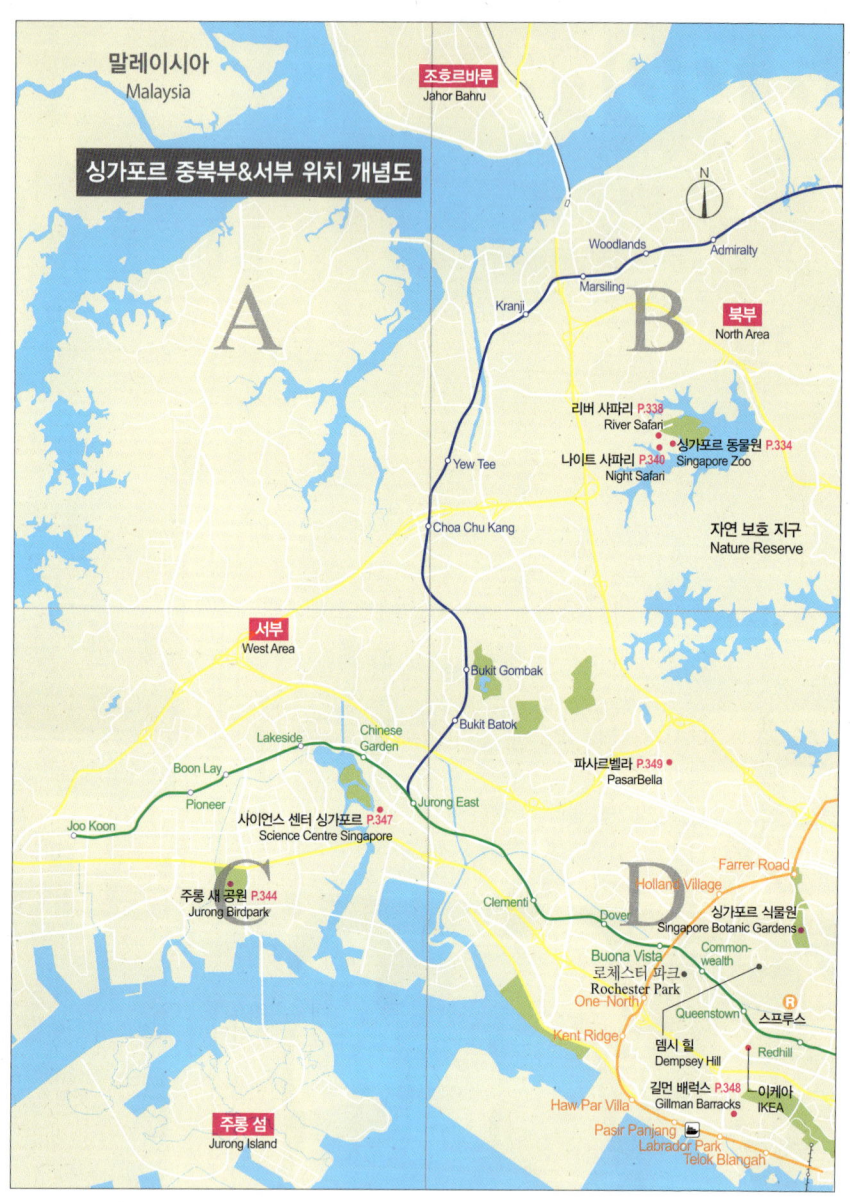

### TIP 주말에는 버스를 이용하자

주말에는 SAEx 버스가 주롱 새 공원과 사이언스 센터를 연결한다. 13:30에 코치 스탠드에서 출발하며 10분 정도 소요된다.

# Access

## 싱가포르 중북부 & 서부 지역으로 가는 법

중북부와 서부 지역은 도심에서 다소 벗어난 지역이라 MRT로만 닿을 수 없는 관광지가 많다. 하지만 일반 버스와 셔틀버스 등 운행 노선이 편리하게 되어 있어 초행자도 어렵지 않게 찾아갈 수 있다.

### STEP 1
### 도심에서 주롱 새 공원으로 가는 방법

▶ **대중교통 이용하기** : MRT와 버스를 이용해 갈 수 있다. MRT 분 레이(Boon Lay) 역에서 내려 버스 인터체인지(Bus Interchange) 표지판을 따라간다. 버스 인터체인지에서 194번을 타고 주롱 새 공원에서 내린다.

▶ **셔틀버스 이용하기** : 도심에서 주롱 새 공원까지 한 번에 연결하는 셔틀버스 SAEx가 있다. 오차드 로드, 하버프런트 등에서 출발한다. 버스 시간은 달라질 수 있으니 홈페이지(www.saex.com.sg)를 통해 미리 확인한다. 요금은 편도 성인 S$6(원 데이 패스 S$15), 어린이 S$3(원 데이 패스 S$7.5).

▶ **택시 이용하기** : 비용 문제만 신경 쓰지 않는다면 역시 가장 빠르고 편리한 교통수단이다. 오차드 로드 기준으로 25분 정도 소요되며, 요금은 S$20 정도다.

> **TIP 주요 지역 SAEx 타임 테이블**
> • 오차드 로드 DFS 앞
> 버스 정류장 B07 (09212) 09:03, 12:03
> • 오차드 로드 만다린 갤러리 맞은편
> 버스 정류장 B12(09037) 09:12, 12:12
> • 하버프런트 비보 시티 앞
> 버스 정류장 B01 (14141) 09:40, 12:40

### STEP 2
### 주롱 새 공원에서 도심으로 가는 방법

▶ **대중교통 이용하기** : 버스 194번을 타고 MRT 분 레이(Boon Lay) 역에서 내린다. 막차는 18:30이므로 참고한다.

▶ **셔틀버스 이용하기** : 주롱 새 공원 티켓 카운터 옆에 자리한 코치 스탠드에서 SAEx 버스를 타고 하버프런트로 갈 수 있다. 14:30에 출발하며 20분 정도 소요된다. 요금은 편도 성인 S$6(원 데이 패스 S$15), 어린이 S$3(원 데이 패스 S$7.5).

### STEP 3
### 주롱 새 공원에서 동물원으로 가는 방법

▶ **셔틀버스 이용하기** : SAEx가 주롱 새 공원과 동물원을 연결한다. 주롱 새 공원 티켓 카운터 옆에 자리한 코치 스탠드에서 13:30, 16:45에 출발하며 30~45분 정도 소요된다. 요금은 편도 성인 S$6(원 데이 패스 S$15), 어린이 S$3(원 데이 패스 S$7.5).

▶ **택시 이용하기** : 택시 스탠드에서 택시를 타고 동물원으로 갈 수 있다. 30분 정도 소요되며 요금은 S$25~30 정도다.

## 추천 ★ 볼거리
# SIGHT SEEING

## 싱가포르 동물원 Singapore Zoo

**울타리를 최소화한 자연 친화적인 동물원**

인위적이지 않고 자연스러운 형태의 '생태 동물원'이다. 1973년에 오픈한 이후 싱가포르 최고의 관광지 중 하나로 꼽히는 곳이다. 28ha가 넘는 거대한 열대 우림 속에서 멸종 위기 40여 종을 포함하여 총 300여 종, 2,800여 마리의 동물들을 만날 수 있다. 이곳의 가장 큰 매력은 개방식 동물원이라는 점이다. 울타리와 조형 시설물을 최대한 배제하고 웅덩이와 시냇물, 나무, 바위 등으로 경계를 삼고 있으며, 사람에게 해를 끼치지 않는 동물들은 아예 방목해서 기르고 있다. 지난 2018년 7월에는 개장 45주년을 맞아 '레인포레스트 루미나(Rainforest Lumina)'를 선보여 뜨거운 관심을 받았다. 레인포레스트 루미나는 인터랙티브 멀티미디어를 이용한 야간 산책 프로그램으로, 낮에 경험할 수 있는 동물원과는 전혀 다른 차원의 시각적 경험을 선사한다.

**MAP** p.2-B  **찾아가기** MRT 앙 모 키오(Ang Mo Kio) 역 B번 출구로 나와 버스 인터체인지로 이동하여 138번 버스 탑승  **주소** 80 Mandai Lake Rd.  **전화** 6269-3411  **운영** 08:30~18:00 레인포레스트 루미나 19:30~24:00  **요금** 성인 S$35, 어린이 S$23  **홈페이지** www.zoo.com.sg

# 싱가포르 동물원 개념도

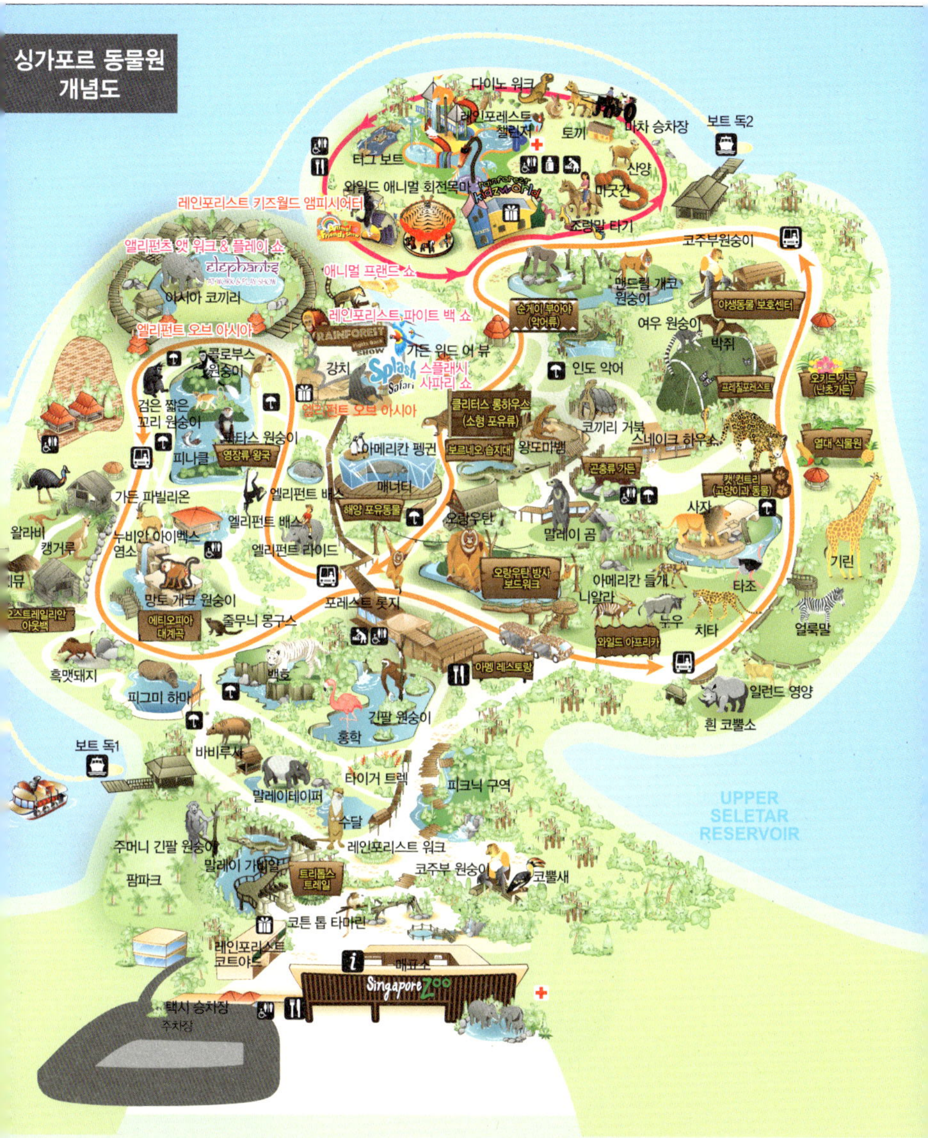

# 싱가포르 동물원의 인기 동물 베스트

### 1 북극곰 이누카
**Polar Bear, Inuka**

열대 지방에서 만나는 북극곰이라니 신기하기만 하다. 싱가포르 동물원에 살고 있는 북극곰 이누카는 열대 지방에서 태어난 첫 북극곰으로 유명하다. 2014년 12월에 24번째 생일을 맞아 얼음 케이크를 선물로 받았다고. 동물원에서 가장 시원한 곳인 프로즌 툰드라(Frozen Tundra) 구역에 가면 만날 수 있다.

### 2 코주부원숭이
**Proboscis Monkey**

세계의 동물원 중 가장 큰 코주부원숭이 군락을 형성하고 있다. 나무와 나무 사이를 옮겨 다니는 수많은 동물 중 단연 눈에 띄는 이 원숭이는 이름처럼 매우 큰 코를 갖고 있는 것을 볼 수 있다.

### 3 오랑우탄
**Orangutan**

동물원의 마스코트다. 아 멩 레스토랑(Ah Meng Restaurant)에서는 매일 아침 오랑우탄과 식사를 하는 프로그램이 진행되는데, 서둘러 예약하지 않으면 참가하지 못할 정도로 큰 인기를 모으고 있다.

### 4 덤불멧돼지
**Red River Hog**

싱가포르 동물원의 신참이다. 만화나 게임 속에 등장할 법한 나뭇잎 모양의 독특한 귀가 인상적인 멧돼지다. 아프리카가 주요 서식지이며, 일반 멧돼지보다 아래 송곳니가 길고 귀와 몸에 긴 술이 달려 있는 게 특징이다.

---

### 오랑우탄과 함께 아침 식사 즐기기

아 멩(Ah Meng)은 '오랑우탄과의 아침 식사'라는 프로그램을 처음 시작했던 오랑우탄의 이름으로, 동명의 아 멩 레스토랑(Ah Meng Restaurant)에서는 매일 아침 오랑우탄과 식사를 할 수 있는 프로그램을 시행한다. 조식 뷔페를 먹으며 30분 동안 오랑우탄과 교감을 하고 사진을 찍을 수 있다. 비용은 조금 비싸지만 아이에게 특별한 추억을 만들어 주고 싶다면 경험해 보는 것도 좋다. 동물원 홈페이지에서 미리 예약해야 한다.
**영업** 09:00~22:30 **예산** 성인 S$35, 어린이 S$25

## 싱가포르 동물원의 동물 쇼

싱가포르 동물원에서는 매일 4가지의 동물 쇼가 열린다. 하루에 두 차례뿐이니, 도착하자마자 쇼의 시간을 확인하고 점찍어 둔 공연에 맞춰 동선을 짜도록 한다. 쇼 외에 동물 먹이 주기 프로그램도 있다. 매표소에 비치된 지도에 공연장의 위치와 시간이 나오니 참고할 것. 공연장은 안쪽 레인포리스트 키즈월드 주변에 모여 있다.

### 스플래시 사파리 쇼
Splash Safari Show

가장 인기 있는 공연이라 언제나 사람들이 많다. 바다사자의 다양한 재주를 구경할 수 있는 쇼로, 공연이 끝난 후에는 바다사자의 시원한 물세례가 펼쳐진다.

**위치** Shaw Foundation Amphitheatre
**공연 시간** 10:30, 17:00

### 엘리펀츠 앳 워크 앤드 플레이 쇼
Elephants at Work & Play Show

태국에서 온 코끼리들이 선보이는 공연이다. 커다란 몸집으로 균형을 잡는 모습이 신기하기만 하다. 물을 이용한 쇼이기 때문에 옷이 젖을 수 있으니 참고한다. 먹이 주기 체험도 가능하다.

**위치** Elephants of Asia
**공연 시간** 11:30, 15:30

### 애니멀 프렌즈 쇼
Animal Friends Show

이름에서 눈치챌 수 있듯 우리에게 친숙한 강아지와 앵무새 등 애완동물들의 귀여운 재주를 볼 수 있는 공연이다. 어린이들을 위해 조성된 놀이공원 '레인포리스트 키즈월드'에서 열리며, 공연이 끝난 후 동물들과 기념사진도 촬영할 수 있다.

**위치** Rainforest Kidzworld Amphitheatre
**공연 시간** 11:00, 16:00

### 레인포리스트 파이츠 백 쇼
Rainforest Fights Back Show

파괴된 숲을 구한다는 내용의 동물 쇼다. 오랑우탄과 수달, 앵무새 등 15종의 동물들이 나오는 등 캐스팅이 가장 화려한 공연이다. 쇼가 끝난 후 동물들과 사진 촬영이 가능하다.

**위치** Shaw Foundation Amphitheatre
**공연 시간** 12:30, 14:30

---

 **트램을 타고 싱가포르 동물원을 구경하기**

동물원을 대충 둘러보려면 최소 2~3시간은 걸린다. 도보로도 이동이 가능하지만, 날이 덥거나 동물원 구석구석을 다 보고 싶다면 미니 트램을 이용하자. 수시로 운행되는 이 트램은 4곳의 정류장에 정차한다. 게다가 티켓은 한번 사 놓으면 하루 동안 자유롭게 타고 내릴 수 있어 유용하다. 동물원 입구에서 구입할 수 있으며, 직원들이 티켓을 수시로 검사하므로 꺼내기 쉬운 곳에 보관하는 것이 좋다. 요금은 성인 S$5, 어린이 S$3. 유모차와 전동 버기 역시 이용할 수 있으며 입구 광장에서 신청한다.

## 리버 사파리 River Safari

**세계의 강을 옮겨다 놓은 수생 동물 테마파크**

인류의 문명과 흐름을 같이해 온 강의 생태계를 엿볼 수 있는 테마파크로, 싱가포르 동물원과 나이트 사파리 사이에 위치한다. 2013년 4월 북부 원시 숲 사이에 첫선을 보인 후 싱가포르 서북부 지역의 새로운 아이콘으로 떠올랐다. 지금껏 우리가 봐 왔던 동물원이나 해양 동물원과 차원이 다른 콘셉트 덕인지 오픈하자마자 수많은 매체의 스포트라이트를 받았다. 리버 사파리는 세계의 강을 콘셉트로 한 것이 특징인데 12ha에 이르는 부지에 미시시피, 콩고, 나일, 갠지스, 메콩, 양쯔 등 인류의 역사, 문명과 함께해 온 강의 생태계를 재현했다. 강과 그 주변에 사는 300여 종, 5,000여 마리의 수생 동물과 육식 동물을 만날 수 있다. 바닷속 세상을 테마로 한 아쿠아리움은 많지만, 보기 드물게 강의 생태계를 재현한 곳이라 무척 흥미롭다.

**MAP** p.2-B **찾아가기** MRT 앙 모 키오(Ang Mo Kio) 역 B번 출구로 나와 버스 인터체인지로 이동하여 138번 버스 탑승 **주소** 80 Mandai Lake Rd. **전화** 6269-3411 **영업** 10:00~19:00 **요금** 성인 S$31, 어린이 S$21 / 보트 라이드 성인 S$5, 어린이 S$3 **홈페이지** www.riversafari.com.sg

## 리버 사파리에서 꼭 경험해야 할 3가지

### 1 아마존 열대 우림 아쿠아리움
Amazon Flooded Forest

**세계 최대 규모의 담수 수족관**

리버 사파리의 하이라이트는 아마존의 침수림을 옮겨다 놓은 아마존 열대 우림 아쿠아리움이다. 세계 최대의 담수 수족관으로 규모가 너비 22m, 깊이 4m, 2,000㎥에 이른다. 30~40피트 아래 강의 풍경이 눈앞에 펼쳐지는데, 바닷속 세상과는 또 다른 풍경이 이색적이다. 멸종 위기에 놓인 자이언트 리버 수달과 영화로 유명세를 치른 바 있는 피라니아 등 희귀 수생 동물을 보는 재미가 쏠쏠하다.

### 2 자이언트 판다 포리스트
Giant Panda Forest

**리버 사파리의 대스타 판다 커플을 만나 보자**

세상에서 가장 귀한 몸으로 대우받고 있는 자이언트 판다. 자이언트 판다를 보려면 최소한 1시간 이상 줄을 서서 기다려야 한다. 나무와 수풀 사이에서 한가로이 휴식을 취하고 있는 귀여운 수컷 카이카이(Kaikai)와 암컷 자자(JiaJia) 커플, 그리고 레서 판다 한 쌍을 만날 수 있다.

### 3 아마존 리버 퀘스트
Amazone River Quest

**흥미진진한 보트 사파리**

보트를 타고 아마존 생태계를 체험할 수 있는 인기 만점 어트랙션이다. 별도의 비용이 부과되기 때문에 입장 전에 예매해야 이용할 수 있다. 10여 분간 배를 타면서 재규어, 개미핥기, 브라질리언 테이퍼 등 30여 종의 희귀 야생 동물들을 만나 볼 수 있다.

---

**MORE**

**귀여운 판다를 콘셉트로 한 레스토랑**
**마마 판다 키친 Mama Panda Kitchen**

자이언트 판다 포리스트에서 만난 귀여운 판다 커플의 감흥이 가시지 않는다면 마마 판다 키친에 들러 간단하게 식사를 해 보는 건 어떨까. 판다를 소재로 한 각종 먹을거리와 음료를 선보이는데 판다가 그려진 카푸치노, 초콜릿과 팥 앙금이 들어간 판다 호빵은 먹기 아까울 정도로 귀엽다.

전화 6269-3411  영업 10:30~18:00  예산 S$5~15

# 나이트 사파리 Night Safari

## 해가 지면 문을 여는 동물의 왕국

다른 동물원이 문을 닫을 때 문을 여는 세계 최초의 야간 동물원이다. 해가 질 무렵 나이트 사파리 앞에서는 아프리카 툼부아카 원시 부족의 공연이 열려 사파리를 시작하기도 전에 설렘과 흥분을 돋운다. 이곳 역시 싱가포르 동물원처럼 철조망과 경계선을 설치한 것이 아니라 웅덩이와 바위, 나무 등으로 경계를 삼아 친환경적으로 조성했다. 동물원 내는 크게 이스트 루프와 웨스트 루프로 나뉘며 아프리카 초원, 네팔 계곡, 미얀마의 정글 등 8개 테마 존에 2,500여 종의 동물들이 있다. 동물들을 위해 달빛과 최대한 가까운 조도의 특수 조명을 사용하는데, 어둠이 내려앉은 동물원은 굉장히 운치 있다. 사파리는 트램을 타고 둘러보는 것이 일반적이고, 좀 더 활동적인 사람들은 트레일 코스를 따라 걸어 다니기도 한다. 동물들의 활동이 비교적 둔한 저녁 시간인데다 잘 보이지 않는다는 이유로 호불호가 갈리는 동물원이지만, 밤이 주는 묘미가 인상적인 동물원 사파리라는 점에서 충분히 방문할 만한 가치가 있다. 사진을 찍을 때 플래시를 터트리지 않도록 주의하자.

**MAP** p.2-B　**찾아가기** MRT 앙 모 키오(Ang Mo Kio) 역 B번 출구로 나와 버스 인터체인지로 이동하여 138번 버스 탑승　**주소** 80 Mandai Lake Rd.　**전화** 6269-3411　**영업** 19:15~24:00, 레스토랑과 상점 17:30~24:00　**요금** 성인 S$47, 어린이 S$31　**홈페이지** www.nightsafari.com.sg

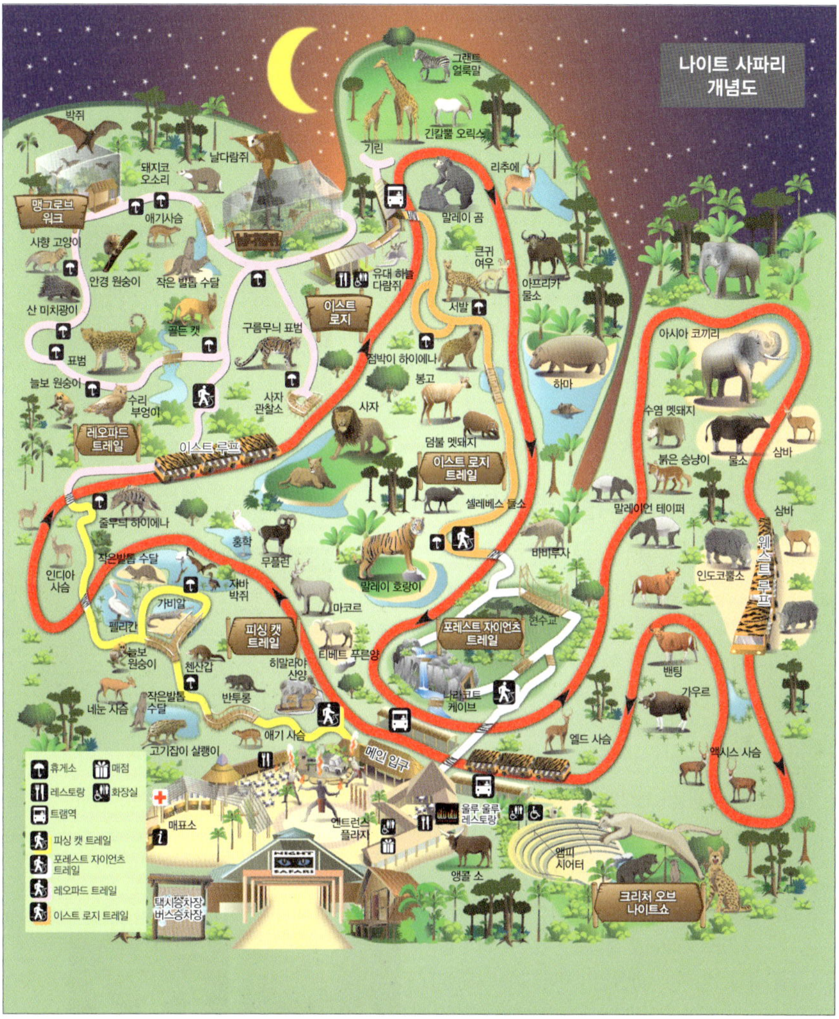
나이트 사파리 개념도
그랜트 얼룩말
기린
긴칼뿔 오릭스
리추에
말레이 곰
큰귀 여우
아프리카 물소
서발
박쥐
날다람쥐
돼지코 오소리
맹그로브 워크
애기사슴
사향 고양이
안경 원숭이
작은 발톱 수달
산 미치광이
유대 하늘 다람쥐
이스트 로지
구름무늬 표범
골든 캣
표범
늘보 원숭이
수리 부엉이
점박이 하이에나
봉고
사자 관찰소
사자
레오파드 트레일
이스트 루프
덤불 멧돼지
이스트 로지 트레일
하마
아시아 코끼리
수염 멧돼지
붉은 승냥이
물소
삼바
셀레베스 물소
말레이언 테이퍼
삼바
줄무늬 하이에나
홍학
무플런
바비루사
웨스트 루프
인디아 사슴
작은발톱 수달
자바 박쥐
말레이 호랑이
인도코뿔소
가비알
마코르
펠리칸
피싱 캣 트레일
포레스트 자이언츠 트레일
현수교
늘보 원숭이
천산갑
티베트 푸른양
히말라야 산양
밴팅
가우르
네눈 사슴
작은발톱 수달
반투룽
나라코트 케이브
엘드 사슴
애기 사슴
고기잡이 살쾡이
메인 입구
액시스 사슴
휴게소
매점
레스토랑
화장실
트램역
피싱 캣 트레일
포레스트 자이언츠 트레일
레오파드 트레일
이스트 로지 트레일
매표소
울루 울루 레스토랑
엔트런스 플라자
앰피 시어터
앵콜 소
크리처 오브 나이트쇼
택시승차장
버스승차장
NIGHT SAFARI

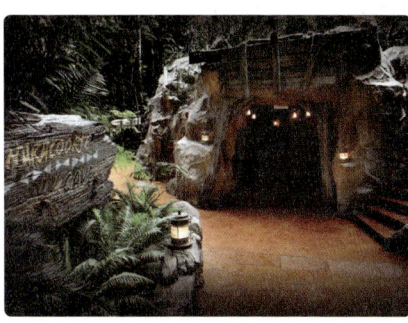

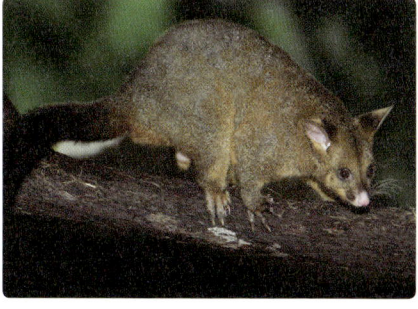

## 나이트 사파리를 100% 즐기는 방법 3가지

### 1 트램 타고 나이트 사파리 체험하기

나이트 사파리를 즐기는 가장 일반적인 방법이다. 소음을 최소화한 트램을 타고 동물원을 둘러보는데, 어둠을 가르고 몰래 들여다보는 동물들의 모습이 인상적이면서도 짜릿한 기분이 든다. 가이드의 설명을 들으며 트램을 타고 동물원을 한 바퀴 도는 데 걸리는 시간은 대략 45분. 짧지 않은 시간임에도 시간이 짧게만 느껴진다.

### 2 워킹 트레일로 리얼 사파리 만끽하기

트램을 타고 멀찍이 스치듯 지나가는 것만으로는 성에 차지 않는다면 더 깊숙한 곳까지 들어갈 수 있는 워킹 트레일을 따라 걸어 보자. 피싱 캣 트레일, 레퍼드 트레일, 이스트 로지 트레일, 왈라비 트레일까지 총 4코스가 준비되어 있다. 가장 인기 있는 코스는 맹수를 비롯한 동물들을 매우 가까이에서 볼 수 있는 레퍼드 트레일. TV에서 보던 것과는 차원이 다른 실감 나는 동물의 생태를 확인할 수 있다. 여자 혼자라면 조금 무서울 수 있지만, 곳곳에 스태프들이 배치되어 있고 트레일을 걷는 사람들도 많으니 크게 걱정할 필요는 없다.

### 3 크리에이처 오브 더 나이트 쇼로 워밍업

나이트 사파리를 둘러보기 전 관람하기 좋은 동물 쇼다. 입구에 있는 엠피시어터에서 19:30, 20:30, 21:30에 시작해 30분간 진행된다. 수달, 너구리, 늑대 등 각종 동물이 등장해 다양한 재주를 부리는데 무료 공연이다 보니 별 기대 없이 보다가 이내 빠져들고 마는 흥미로운 쇼다.

> **MORE**
> 🎫 **사자와 호랑이 먹이 주기 Lion and Tiger Token Feeding**
>
> 동물의 왕으로 불리는 사자와 호랑이에게 먹이를 주는 체험을 할 수 있다. 금요일과 토요일, 공휴일 전날에만 체험 가능하다. 사자는 20:00, 21:00에 레퍼드 트레일의 라이언 룩아웃(Lion Lookout)에서, 호랑이는 20:30, 21:30에 이스트 로지 트레일의 말레이안 타이거 이그지빗(Malayan Tiger Exhibit)에서 진행된다.

# 워킹 트레일 완전 정복

## 피싱 캣 트레일
**Fishing Cat Trail**

강가에서 물고기를 잡아먹으며 사는 피싱 캣을 관찰할 수 있다. 피싱 캣은 인내심이 강하기로 유명한데, 숨어서 한참을 지켜보다 순식간에 물고기를 잡아먹는다. 운이 좋으면 피싱 캣의 사냥을 바로 눈앞에서 확인할 수 있다.

## 이스트 로지 트레일
**East Lodge Trail**

이스트 로지 트램 역 가까이에 조성된 트레일 코스다. 최고의 사냥꾼 말레이 호랑이를 가까이에서 볼 수 있으며 '사슴멧돼지'라고도 불리는 긴 송곳니의 바비루사, 표범과 비슷한 얼룩무늬가 있는 살쾡이도 만날 수 있다.

## 왈라비 트레일 Wallaby Trail

최근에 조성된 트레일 코스로, 호주 아웃백과 산악 지대에 사는 독특한 야생 동물들을 만날 수 있다. 날다람쥐의 일종인 슈가 글라이더, 캥거루과의 왈라비 등 비교적 작고 귀여운 동물들이 살고 있다. 전갈과 지네를 볼 수 있는 내러쿠티 동굴을 재현해 놓은 곳 역시 인상적이다. 호주에 있는 내러쿠티 동굴은 세계 5대 동굴 중 하나로, 세계 문화유산으로 등재되었다.

## 레퍼드 트레일 Leopard Trail

가장 인기 있는 워킹 트레일로, 표범과 사자를 비롯해 박쥐, 날다람쥐 등을 만날 수 있다. 사람에게 해를 가할 수 있는 위험한 동물 주변으로는 유리 가림막을 설치해 뒀으니 안심해도 된다. 어두운 숲길을 걸으며 맹수들을 바로 코앞에서 보게 되는 경우도 있어 스릴 넘치고 짜릿한 트레일 코스로 꼽힌다.

# 주롱 새 공원 Jurong Birdpark

**아시아에서 가장 큰 새 공원**

1971년에 오픈하여 꽤 오랜 역사를 자랑하는 동물원이다. 아시아에서 가장 큰 조류 공원으로 꼽히는데, 20ha 부지에 아프리카, 남미 열대 우림, 호주 아웃백 등에서 날아온 400종, 5,000여 마리의 새들이 살고 있다. 공원의 상당 부분이 개방되어 있는데도 새들이 머물러 있는 것이 신기하다. 이는 각각의 새들이 살던 지역과 동일한 환경을 만드는 등 세심하게 배려한 덕분이라고 한다. 예를 들면 적도 지방에 서식하는 새를 위해 매일 정오에 소나기가 내리는 환경을 조성해 놓는 식이다. 트램을 타고 다니며 세계 희귀종의 새를 가까이에서 구경하고, 새들이 선보이는 재미있는 공연을 볼 수 있다. 또 새들에게 직접 먹이 주는 체험을 하거나, 새가 탄생해서 자라는 생명의 신비로운 과정도 확인할 수 있다. 사진 촬영을 할 때는 새들의 눈 건강을 위해 플래시를 사용하지 않도록 한다.

**MAP** p.2-E **찾아가기** MRT 분 레이(Boon Lay) 역에서 버스 인터체인지로 이동하여 194, 251번 버스 탑승
**주소** 2 Jurong Hill **전화** 6265-0022 **영업** 08:30~18:00
**요금** 성인 S$30, 어린이 S$20(트램 이용료 S$5, 어린이 S$3) **홈페이지** www.birdpark.com.sg

# 주롱 새 공원 추천 스폿

### 1 워터폴 새장 Waterfall Aviary

울창한 숲과 시원하게 떨어지는 인공 폭포가 있는 거대한 새장이다. 하늘로 쭉쭉 뻗은 나무들 사이로 새들이 날아다니는데, 새장이라고 하기에 무색할 정도로 규모가 크다. 수풀 사이에 꽂힌 안내판을 보고 새들을 찾는 재미가 쏠쏠하다.

### 2 로리 로프트 Lory Loft

주롱 새 공원에서 가장 인기 있는 곳이다. 15종이 넘는 앵무새를 가까이에서 관찰하고 먹이를 줄 수 있다. 먹이를 탄 물컵을 들고 있으면 여기저기서 새들이 날아온다. 이른 아침이나 늦은 오후처럼 선선한 시간대에 새들이 더 활발하게 활동한다고 하니 참고할 것. 간단하게 식사를 하거나 커피를 마실 수 있는 카페도 있다.

### 3 월드 오브 다크니스 World of Darkness

규모가 큰 것은 아니지만 야행성 조류가 있는 곳이라는 점이 흥미롭다. 나무 위에 인형처럼 미동도 않고 앉아 있는 올빼미, 눈과 부리를 제외하고는 온통 하얀색으로 된 흰부엉이는 마치 영화 속에서나 볼 법한 비주얼이다. 카메라를 찍을 때 플래시를 터트리지 않도록 특히 주의해야 하는 곳이다.

## 주롱 새 공원 추천 공연

### 킹스 오브 더 스카이스  Kings of the Skies

옷을 제대로 갖춰 입고 말을 타고 나오는 매부리 덕에 왠지 더욱 실감 나는 공연이다. 매와 독수리 등이 나와 먹이를 먹거나 하늘을 날아오르는데 날개를 활짝 펴면 보기보다 훨씬 커 깜짝 놀라게 된다. 직접 먹이를 줄 수도 있다. 지붕이 없는 공연장이므로 자외선으로부터 보호해 줄 모자를 챙겨 가는 것이 좋다.

**위치** Hawk Arena
**공연 시간** 10:00, 16:00

### 하이 플라이어 쇼  High Flyers Show

주롱 새 공원을 대표하는 새들이 총출동해 자신들의 장기를 유감없이 발휘한다. 물감을 풀어 놓은 듯 화려한 컬러의 멋진 새들을 보는 일도 무척 즐겁다. 부리로 공을 옮기는 레이스, 생일 축하 노래를 부르는 앵무새 등 새들의 재주가 신통방통하다.

**위치** Pools Amphitheatre
**공연 시간** 11:00, 15:00

# 사이언스 센터 싱가포르 Science Centre Singapore

## 세계 10대 과학 전시 테마파크

흥미진진한 놀이와 체험을 통해 과학을 배울 수 있는 테마파크다. 주롱 새 공원과 가깝고, 두 곳을 연결하는 셔틀버스가 운영해 아이를 동반한 여행자라면 주롱 새 공원과 연계한 코스로 방문하는 것도 좋다. 사이언스 센터는 세계 10대 과학 전시관 가운데 하나로 꼽히는데, 1977년 오픈한 이후 싱가포르 어린이들에게는 '제2의 학교'와도 같은 곳으로 통한다. 2만㎡에 이르는 전시 공간에는 테마별로  A~G 전시장이 있으며, 착시 기둥과 매직 미러 등 쉽고 재미있는 방법으로 기초 과학의 원리를 체험할 수 있다. 트랜스포머 30주년 기념전 등 기획전도 운영 된다. 단 입장권은 별도 구입해야 한다.

**MAP** p.2-F **찾아가기** MRT 주롱 이스트(Jurong East) 역에서 버스 인터체인지로 이동하여 66, 335번 버스 탑승 **주소** 15 Science Centre Rd. **전화** 6425-2500 **영업** 10:00~18:00(불특정일 휴무이니 방문 전 홈페이지에서 확인할 것) **요금** 성인 S$12, 어린이 S$8 **홈페이지** www.science.edu.sg

## 사이언스 센터 싱가포르의 하이라이트 3

### 1 스타게이징 나이트 Stargazing Night

밤하늘을 관측하는 천문학 프로그램이다. 커다란 돔이 열리면서 천체 망원경으로 하늘을 관찰할 수 있는데, 시즌에 따라 화성, 토성, 수성 등을 볼 수 있다. 비가 오거나 흐린 날은 운영되지 않으니 참고한다.

**위치** 옴니 시어터 천문대 **영업** 금요일 19:50~22:00

### 2 테슬라 코일 실험 Tesla Coil Demonstration

사이언스 센터의 대표적인 쇼. 테슬라는 고전압을 만드는 장치인 테슬라 코일을 발명한 인물이다. 테슬라 코일에서 나오는 강력한 스파크를 볼 수 있으며, 직접 체험이 가능하다.

**위치** Hall B **소요 시간** 40~45분

### 3 키즈 스톱 Kids Stop

항공과 우주, 공룡 등을 아이들의 눈높이에 맞게 알려주는 인터랙티브 학습 공간이다. 18개월부터 8세까지 입장이 가능하다.

**요금** 성인 S$20, 어린이 S$25

## 새롭게 뜨는 싱가포리언의 주말 나들이 스폿

최근 새로운 것을 찾는 싱가포르 젊은이들의 사랑을 듬뿍 받고 있는 주말 나들이 스폿을 소개한다. 문화생활을 즐긴다면 길먼 배럭스를, '먹방 투어' 여행자라면 파사르벨라를 추천한다.

### 길먼 배럭스
Gillman Barracks

#### 버려진 병영의 예술적인 변신

싱가포르가 영국의 식민지였던 1930년대에 지어진 영국군 막사 14동을 개조해 완성한 근사한 갤러리 지구다. 1971년부터 싱가포르군이 사용하다가 1990년 이후부터 방치되었는데 정부가 이곳을 국제 현대 미술의 아이콘으로 만들겠다는 목표를 세우고 800만 달러를 투자해 지금의 공간으로 완성했다. 6만 702㎡의 부지에 옛 건물 14동이 흩어져 있으며, 각 건물마다 3~4개의 갤러리들이 들어서 있다. 미국의 산다람 타고르, 독일의 마이클 젠슨, 일본의 오타 파인 아트 등 면면이 화려한 갤러리들이 밀집해 있다. 미국 개념 미술가 존 발데사리의 텍스트 작업부터 싱가포르 신진 작가의 영상 작품까지 있어 현대 미술의 폭넓은 흐름을 짚어 볼 수 있다. 갤러리뿐 아니라 카페와 레스토랑도 들어서 있어 미술 애호가는 물론 일반인들의 발길이 끊이지 않고 있다.

**MAP** p.2-F **찾아가기** MRT 래브라도 파크(Labrador Park) 역 A번 출구에서 Alexandra Rd.와 Malan Rd. 따라 도보 10분 / 51, 57, 61, 83번 버스를 타고 Opp Alexandra Point에서 하차하여 Alexandra Rd.와 Malan Rd. 따라 도보 3분
**주소** 9 Lock Rd. **운영** 11:00~19:00(갤러리에 따라 다름) **휴무** 월요일과 공휴일(갤러리에 따라 다름)
**홈페이지** www.gillmanbarracks.com

# 파사르벨라
PasarBella

## 경마장을 개조해 만든 싱가포르식 파머스 마켓

과거 경마장을 개조해 만든 새로운 개념의 시장으로, 세련되고 깔끔한 분위기가 과연 '싱가포르다운' 파머스 마켓이라 할만하다. 도심에서 약간 떨어진 곳이라 주중 한낮에는 한가로운 편이지만 주말이 되면 어김없이 사람들이 북적이는 공간으로 바뀐다. 유기농 채소와 과일, 소시지, 치즈, 생선 등을 파는 작은 상점들이 모여있는 일반 마켓과 즉석에서 굽고 요리하는 레스토랑이 들어선 푸드코트 그리고 꽤 큰 규모의 마트와 소품숍들로 구성된다. 이는 식재료를 구입할 일이 별로 없는 여행자들도 시간 보내기에 좋은 시장이라는 얘기. 고기와 해산물이 특히 싱싱하고 좋으며, 가격은 조금 높은 편이다. 30여 개국에서 공수한 각종 식품과 즉석에서 조리되는 로컬 푸드들을 구경하고 맛보는 뿐 아니라 수제 향초 등 디자이너의 정성이 담긴 제품 등을 구경하다 보면 시간이 훌쩍 흐른다. 최근 인기가 높아지자 선텍 시티 몰(p.155)에 분점을 열기도 했다. 그러나 규모는 본점이 훨씬 크니 시간 여유가 있는 여행자라면 이곳을 방문하길 권한다. 참고로 파사르는 인도네시아어로 '시장'을, 벨라는 이탈리아어로 '아름다움'을 뜻한다.

**MAP** p.2-F **찾아가기** MRT 버태닉 가든스(Botanic Gardens) 역에서 66, 151번 버스 탑승 **주소** 200 Turf Club Rd. **전화** 6887-0077 **영업** 10:00~21:00, 금~일요일 10:00~22:00(상점에 따라 다름) **홈페이지** www.pasarbella.com

### TIP 파사르벨라에서 꼭 가 봐야 할 곳

#### 더 치즈 아크 The Cheese Ark
우리나라에서는 쉽게 찾아볼 수 없는 각양각색의 치즈를 구경하고 맛볼 수 있는 곳이다. 문을 열고 들어서면 치즈가 발효되면서 풍기는 꼬리꼬리한 냄새와 유제품 특유의 향이 후각을 사로잡는다. 이 곳의 가장 큰 매력이자 특징은 각종 공산품 치즈를 진열해 놓은 상점이 아닌, 소규모 가족 농장에서 직접 만든 수제 치즈를 판매한다는 점이다. 하루에 1~2번 직접 만든 치즈를 선보이는데, 이 수제 치즈는 자연 방목으로 기른 동물의 우유만 사용할 것을 고집한다고. 치즈 마니아라면 10가지 치즈가 서빙되는 디너 코스(S$48)를 추천한다.

**전화** 9175-0090 **영업** 12:00~21:00, 토·일요일과 공휴일 11:00~21:00 **휴무** 월요일

# 싱가포르 주변 섬
## Around the Island

충분한 시간을 갖고 싱가포르를 방문한 여행자라면 주변 나라로 눈을 돌려 보자. 싱가포르에서 배 또는 차를 타고 1~2시간이면 도착할 수 있는 여행지가 꽤 있어 더욱 다채로운 여정을 꾸릴 수 있다. 그중에서도 대표적인 곳은 인도네시아 빈탄과 바탐, 말레이시아 조호르바루다.

## 인도네시아 Indonesia

### 빈탄 Bintan
도시에서 벗어나 자연 속에서 진정한 리조트 라이프를 즐기고 싶다면 빈탄이 제격이다. 빈탄은 인도네시아에서 발리와 함께 최고의 휴양지로 명성을 떨치고 있는 곳이다. 싱가포르에서는 느낄 수 없었던 로맨틱한 남국의 풍경과 고급 리조트들이 끝없이 이어진다.

### 바탐 Batam
빈탄이 무국적 휴양지의 느낌이 강하다면 바탐은 인도네시아 문화와 현지인들의 일상을 좀 더 가깝게 느낄 수 있는 곳이다. 휴양지의 리조트들은 원주민들의 향토 문화가 그대로 남아 있는 자연을 배경으로 조성되어 있으며, 다운타운으로 가면 현지인들의 일상을 엿볼 수 있다.

## 말레이시아 Malaysia

### 조호르바루 Johor Bahru
자동차로 불과 30분 거리인 조호르바루는 싱가포르 사람들에게 말레이시아의 관문이나 다름없다. 싱가포르와 조호르바루 두 곳 모두 활기찬 도시라는 점에서는 닮았지만, 분위기와 문화는 전혀 다르다. 말레이시아 특유의 문화 그리고 종교적인 색채가 가득한 조호르바루는 색다른 느낌을 준다.

# 빈탄 섬 Bintan Island

싱가포르 해협에 면한 북부 해안이 특히 아름다우며, 바다를 중심으로 고급 리조트들이 늘어서 있다. 그중 상당수의 유명 리조트들은 싱가포르가 투자했고, 싱가포르 회사에서 운영한다. 수돗물마저도 싱가포르에서 운반되어 오기 때문에 위생적으로도 안심이 된다. 즉 인도네시아의 순수한 자연과 체계적이고 안전한 싱가포르의 시스템을 모두 누릴 수 있다는 얘기다. 빈탄을 찾는 사람들은 대부분 리조트를 중심으로 여정을 계획하는데, 일광욕을 즐기거나 해양 스포츠를 즐기며 유유자적한 시간을 보낸다. 싱가포르에서 1시간도 채 걸리지 않는 거리라고 하지만, 페리 터미널을 거치고 리조트까지 이동하는 시간들을 고려하여 1박 2일 이상 머무를 것을 추천한다. 근사하고 세련된 리조트에서 남국의 정취를 만끽할 수 있어 싱가포르 현지인들은 물론 전 세계 여행자들의 발길이 끊이지 않는다.

## 빈탄 기초 정보

싱가포르의 약 2배에 이르는 꽤 큰 섬으로, 인도네시아에서도 '특별 구역' 취급을 받는다. 3,200여 개 섬이 모여 있는 리아우 제도 최대의 섬이기도 하다. 주도인 탄중피낭이 빈탄에 자리한다.

**면적** 1,075㎢
**기후** 일 년 내내 고온 다습한 열대성 기후
**기온** 연평균 26℃
**시차** 한국보다 2시간 느리다. 한국이 오전 10시면 빈탄 섬은 오전 8시, 싱가포르는 오전 9시다.
**통화** 루피아. 리조트 내에서는 싱가포르 달러가 사용된다. 2019년 3월 기준 US$1 = 약 1만 4,143루피아
**종교** 이슬람교
**언어** 인도네시아어. 관광지와 리조트 내에서는 영어가 통용된다.

# Access
## 빈탄 섬으로 가는 법

싱가포르 동부의 타나 메라 페리 터미널(TMFT, Tanah Merah Ferry Terminal)에서 고속 페리 카타마란선을 타면 빈탄까지 45분 정도 소요된다.

### STEP 1
### 싱가포르 시내에서 타나 메라 페리 터미널로 가기

타나 메라 페리 터미널은 시내에서 차로 40분, 창이 공항에서 20분 정도 소요된다. MRT 타나 메라 역에서 택시나 버스를 타고 타나 메라 페리 터미널까지 이동할 수도 있다. 택시를 탈 경우 12분 정도 소요되며, 요금은 S$8~10. 버스를 타려면 MRT 타나 메라 역에서 나와 뉴 어퍼 창이 로드 (New Upper Changi Rd.) 버스 정류장에서 35번 버스를 타면 된다. 4정거장 후 타나 메라 페리 터미널 역에서 하차하며 20분 정도 소요.

### STEP 2
### 페리 티켓 구입하기

티켓은 출발 당일 페리 터미널에서 구입할 수 있다. 만약 최성수기라면 만석일 경우를 대비해 홈페이지(www.brf.com.sg) 또는 호텔의 투어 데스크, 현지 여행사 등을 통해 미리 예약하는 것이 좋다. 연휴, 명절과 같은 시기에는 일주일 전부터 매진 될 수 있으므로 서둘러야 한다. 예약한 티켓은 출발 30분 전까지 TMFT 체크인 카운터에서 보딩 패스로 교환하고, 보딩 패스를 수령한 뒤에는 이름과 시간을 잘 확인한다. 지정 좌석제가 아니므로 좌석 번호는 없다. 일반 티켓과 에메랄드 티켓이 있는데 에메랄드 티켓 소지자는 전용 라운지와 게이트를 이용할 수 있어 편리하다.

**요금** 일반 티켓 편도 성인 S$45, 어린이 S$40, 에메랄드 티켓 편도 성인 S$67, 어린이 S$58

### STEP 3
### 출국하기

가깝지만 엄연히 다른 나라로 입국하는 것이기 때문에 여권이 필요하다. 싱가포르 입국 시 받았던 출국 카드도 반드시 챙겨야 한다. 인도네시아 출입국 카드도 필요한데, 이것은 페리 터미널에서 받을 수 있다. 도착하기 전 작성한 뒤 여권과 함께 잘 보관하도록 한다. 짐을 부치고 출국 심사가 끝나면 게이트를 통해 선착장으로 이동하면 된다. 일련의 과정들을 거치기 위해서는 페리 출발 시각 1시간 30분 전에는 터미널에 도착하는 것이 좋다. 자동으로 승선이 취소될 수 있으므로 30분 전까지는 체크인을 완료해야 한다.

**TIP 인도네시아, 무비자로 간다**

그동안 빈탄에 가려면 입국 비자가 필요했으나 인도네시아 정부는 관광 활성화 차원에서 우리나라를 비롯한 몇몇 국가에 대해 30일간 무비자 입국을 허용한다고 밝혔다.

### STEP 4
### 입국하기

페리는 빈탄 페리 터미널인 반다르 벤탄 텔라니(Bandar Bentan Telani)까지 운항한다. 빈탄 페리 터미널에 도착해 인도네시아 입국 심사와 수하물 검사를 받으면 입국 심사는 끝난다. 짐을 찾고 터미널을 빠져 나오면 페리 시간에 맞춰 투숙객들을 태워 가려는 리조트 셔틀버스를 찾을 수 있을 것이다. 리조트 위치에 따라 다르겠지만 일반적으로 페리 터미널에서 리조트까지는 10~20분 정도 소요된다.

### STEP 5
### 환전하기

여행자들이 주로 머무르는 호텔과 리조트, 레스토랑, 숍에서는 싱가포르 달러가 통용된다. 따라서 빈탄의 오지를 가는 것이 아니라면 굳이 인도네시아 화폐로 환전하지 않아도 된다. 신용카드도 대부분 사용 가능하다.

### STEP 6
### 빈탄 내 이동하기

빈탄을 찾는 대부분의 여행자는 리조트 안에서 시간을 보낸다. 따라서 페리 터미널에서 리조트 구간을 제외하면 이동할 일이 거의 없다. 페리 터미널 혹은 여행자들이 주로 찾는 관광지로의 이동이 전부라면 리조트에서 운행하는 셔틀버스를 이용하는 것이 편리하고 안전하다. 셔틀버스가 닿지 않는 곳에 가고 싶다면 리조트에 문의해 교통편(택시)과 비용을 확인한다.

### STEP 7
### 빈탄에서 싱가포르로 가기

싱가포르로 돌아가는 페리 시간에 맞춰 리조트에서 운행하는 셔틀버스를 타고 빈탄 페리 터미널로 간다. 최소 1시간 전에 도착해 30분 전까지 체크인을 마치도록 한다. 체크인을 했다면 짐을 부치고 출국 심사를 거친다. 싱가포르 타나 메라 페리 터미널에 도착하면 입국 수속을 마치고 짐을 찾은 후 빠져나오면 된다.

### TIP 빈탄행 페리 스케줄

현지 시각 기준이며, 운행 스케줄이 변경될 수 있으니 반드시 홈페이지(www.brf.com.sg)를 통해 확인한다.

| 목적지 | 운행 시간 | |
|---|---|---|
| | 싱가포르 타나 메라 페리 터미널 | 빈탄 반다르 벤탄 텔라니 |
| 월~금요일 | 09:10, 11:10, 14:00, 17:00, 20:00 | 08:35(토·일요일 제외), 11:35, 14:35, 17:35, 20:15 |
| 토·일요일 및 공휴일 | 08:10, 09:10(일요일 제외), 11:10, 12:10, 14:00, 17:00, 20:00 | 08:35, 09:35(일요일 제외), 11:35, 14:35, 15:35, 17:35, 20:15 |

추천 ★ 리조트
# RESORT

## 반얀트리 빈탄 Banyan Tree Bintan

### 빈탄의 최고급 리조트

그동안 고생한 나를 위해 이유 있는 사치를 누리고 싶다면 반얀트리 빈탄을 추천한다. 오픈한 이후 인도네시아 최고의 리조트를 논할 때 늘 빠지지 않는 곳이다. 게다가 반얀트리는 이미 세계적인 명성을 지닌 리조트이므로 신뢰도는 의심할 여지가 없다. 빈탄 페리 터미널에서 차로 10분 정도면 닿을 수 있는 곳에 위치한다. 울창한 열대림 속에 띄엄띄엄 자리한 객실은 조용한 분위기에서 느긋한 시간을 보내기에 완벽하다. 전용 수영장이 있는 풀 빌라와 자쿠지가 있는 자쿠지 빌라 등 64개의 객실이 준비되어 있다. 동남아시아풍의 이국적인 객실은 유리창으로 바다가 한가득 들어오고, 흰색 캐노피가 드리워진 킹사이즈 침대가 놓인 룸은 로맨틱하다. 바다가 보이는 야외 풀장도 있고, 반얀트리 숍과 레스토랑, 요가 룸, 전용 해변 등 부대시설도 훌륭한 편이다.

**MAP** p.20-A **주소** Jalan Teluk Berembang, Laguna Bintan Resort, Lagoi
**전화** (62)770-693-100 **WIFI** 무료 **체크인 / 체크아웃** 15:00 / 12:00
**홈페이지** www.banyantree.com/en/ap-indonesia-bintan

### TIP 리조트에서는 버기카로 이동

광대한 리조트와 띄엄띄엄 자리한 객실 및 부대시설들을 걸어서 이동하기 어렵다. 다행히 리조트 내에는 투숙객들이 편하게 이동할 수 있도록 버기카를 무료로 운행한다. 리조트 내 원하는 곳에 내려 준다.

## 니르와나 가든스 Nirwana Gardens

### 5곳의 숙소를 거느리고 있는 대형 리조트

무려 330ha라는 거대한 부지에 조성된 복합 리조트 시설이다. 이곳에는 등급에 따라 니르와나 리조트 호텔(Nirwana Resort Hotel), 마양 사리 비치 리조트(Mayang Sari Beach Resort), 반유 비루 빌라스(Banyu Biru Villas), 인드라 마야 풀 빌라스(Indra Maya Pool Villas), 니르와나 비치 클럽(Nirwana Beach Club) 등 총 5곳의 숙소가 준비되어 있다. 럭셔리한 분위기는 아니지만 친근하고 수수한 것이 특징이다. 오래되어 조금 낡은 것이 흠이라면 흠이지만 빈탄의 다른 리조트에 비해 숙박료가 저렴한 편이라 실속파 여행자들이 주로 찾는다. 바다와 맞닿은 수영장, 연꽃이 핀 연못, 열대 식물이 가득한 정원, 자쿠지, 레스토랑, 해양 스포츠 센터, 키즈 클럽 등 부대시설과 조경도 괜찮은 편이다. 카누, 카약 등 무동력 해양 스포츠는 무료로 이용할 수 있다.

**MAP** p.20-A **주소** Jalan Panglima Pantar, Lagoi **전화** (65)6323-6636 **WIFI** 무료
**체크인 / 체크아웃** 15:00 / 12:00 **홈페이지** www.nirwanagardens.com

## 앙사나 빈탄 Angsana Bintan

**합리적인 사치를 누리기 좋은 리조트**

반얀트리 계열의 리조트. 반얀트리 빈탄에 비해 시설과 객실이 소박하지만 특유의 세심한 서비스는 챙길 수 있는 곳이다. 북적이는 곳을 피해 여유로운 시간을 보내고 싶다면 특히 추천할 만하다. 객실 앞으로 로맨틱한 야외 수영장이 자리하고 있으며, 그 앞에는 전용 해변이 드넓게 펼쳐져 있다. 해 질 무렵 전용 해변에 앉아 맥주 한잔 마시며 라이브 음악을 듣는 기분은 최고다. 반얀트리의 명성을 유지하되 좀 더 저렴한 요금에 제공하는 스파로 하루를 마무리한다면 더욱 좋겠다.

**MAP** p.20-A  **주소** Jalan Teluk Berembang, Lagoi  **전화** (62)770-693-111  **WIFI** 공용 공간 무료
**체크인 / 체크아웃** 15:00 / 12:00  **홈페이지** www.angsana.com/

## RESTAURANT
추천 ★ 레스토랑

### 사프론 Saffron

**반얀트리를 대표하는 동남아시아 레스토랑**

반얀트리 리조트를 대표하는 레스토랑이자 빈탄의 인기 맛집으로 꼽히는 곳이다. 현대적으로 재해석한 동남아시아 요리를 선보이는데, 일단 화려한 테이블 세팅과 묵직한 식기들이 눈길을 끈다. 현지에서 공수해 온 근사한 식기들은 고풍스러우면서도 이국적인 인테리어와 무척 잘 어울린다. 직원들의 친절한 서비스 역시 만족스럽다. 알이 탱탱하게 오른 새우에 면을 감싸 튀긴 새우 요리와 면 요리, 타이 카레 요리가 맛있다. 주문한 음식이 나오기 전에 우리나라 누룽지와 닮은 쌀과자와 와플이 나오는데, 곁들여 나오는 소스와 먹으면 더욱 감칠맛이 난다. 방문 전에 미리 예약을 하는 것이 좋으며, 저녁에만 운영하니 참고한다.

**MAP** p.20-A **주소** Jalan Teluk Berembang, Laguna Bintan Resort, Lagoi **전화** (62)770-693-100 **영업** 18:30~23:00 **예산** S$25~35

### 트리톱스 Treetops

**인도네시아 음식에 도전하고 싶다면**

조식을 제공하는 반얀트리 내 레스토랑이다. 즉석요리를 포함해 메뉴가 꽤 다양하고, 샴페인과 다양한 브랜드의 물 등을 구비하고 있어 만족도가 높은 조식 레스토랑으로 꼽힌다. 아침 식사도 좋지만, 조식 이후에 제공되는 인도네시아 정통 요리 역시 훌륭하다. 인기 메뉴는 특유의 향신료로 맛을 낸 볶음밥 나시고렝과 꼬치구이인 사테, 코코넛 밀크 향이 인상적인 락사 등이다. 이름처럼 나무 꼭대기에 올라와 있는 듯 탁 트인 전망이 펼쳐지는 테라스 좌석이 준비되어 있다.

**MAP** p.20-A **주소** Jalan Teluk Berembang, Laguna Bintan Resort, Lagoi **전화** (62)770-693-100 **영업** 07:00~22:30 **예산** S$20~30

# 켈롱 시푸드 레스토랑
## The Kelong Seafood Restaurant

### 해 질 무렵 전망이 근사한 해산물 레스토랑

니르와나 가든스 리조트 안에 있으며 빈탄에서 가장 인기 있는 해산물 레스토랑으로 꼽힌다. 500석 규모의 레스토랑 안쪽에 마련된 가두리 양식장은 먹기 전부터 신선한 해산물에 대한 기대감을 높인다. 맛도 맛이지만 이곳이 진짜 유명해진 이유는 전망이 큰 몫을 한다. 오픈 에어 테라스 형식으로 지어진 레스토랑은 해 질 무렵이면 바다 위로 붉게 물든 석양이 사방에 펼쳐진다. 레스토랑에서 바다 쪽으로 길게 나 있는 다리를 건너면 작은 코티지 바도 마련되어 있다. 미리 예약을 한다면 바다와 가까운 테라스 좌석에 앉을 수 있다. 에어컨 작동이 안 되고, 해 질 무렵의 풍경이 볼만하므로 저녁에 방문하는 것이 여러모로 좋다. 크랩과 새우 요리를 비롯해 볶음밥, 생선 요리, 면 종류가 인기다.

**MAP** p.20-A  **주소** Jalan Panglima Pantar, Lagoi  **전화** (65)6323-6636  **영업** 11:00~22:30  **예산** S$40

# 바탐 섬 Batam Island

싱가포르에서 가장 가까운 인도네시아 휴양지다. 행정 구역상 빈탄과 마찬가지로 리아우 제도에 속한다. 빈탄이 리조트와 휴양지로의 역할에 충실하다면 바탐은 도심과 리조트 라이프로 양분된다. 사실 바탐은 개발이 덜 된 지역이라 도심은 싱가포르보다 못하고, 리조트가 있는 바다 쪽으로는 빈탄만 못하다. 하지만 거리가 가깝고, 싱가포르보다 물가가 저렴해 쇼핑과 마사지, 골프를 부담 없이 즐길 수 있으며 이국적인 인도네시아 문화를 경험할 수 있다. 당일치기로 다녀오는 사람들도 있긴 하지만 여행자라면 빈탄과 마찬가지로 2일 이상 머무를 것을 권한다.

## 바탐 기초 정보

인도네시아령 섬으로 서울 면적의 2/3에 해당하는 비교적 큰 섬이다.

**면적** 415㎢
**기후** 일 년 내내 고온 다습한 열대성 기후
**기온** 연평균 26℃
**시차** 한국보다 2시간 느리다. 한국이 오전 10시면 바탐 섬은 오전 8시, 싱가포르는 오전 9시다.
**통화** 루피아. 리조트 내에서는 싱가포르 달러가 사용된다. 2019년 3월 기준 US$1 = 약 1만 4,143루피아
**종교** 이슬람교
**언어** 인도네시아어. 관광지와 리조트 내에서는 영어가 통용된다.

# Access
## 바탐 섬으로 가는 법

바탐으로 가는 배는 하버프런트 센터 페리 터미널과 타나 메라 페리 터미널에서 출발하며 30~45분 소요된다. 하버프런트 센터 페리 터미널과 타나 메라 페리 터미널로 가는 교통편은 각각 p.309와 p.354를 참고한다.

### STEP 1
### 페리 티켓 구입하기

싱가포르와 바탐 사이를 운항하는 페리 운항사는 바탐 패스트와 신도 페리 2곳이다. 출발하는 배 편이 많으므로 출발 당일 터미널에서 티켓을 구입할 수도 있지만 불안하다면 미리 예약하자. 각 사 홈페이지를 통해 좌석을 확인하고 예약할 수 있으며 예약 티켓은 터미널에서 보딩 패스로 교환한다. 표를 미리 구매하지 않았다면 하버프런트 센터 페리 터미널로 갈 것을 추천한다. 배편이 많은 편이라 현장 티켓 구매가 용이하다. 단, 주말에는 서둘러야 한다.

**요금** 편도 S$23~25
**홈페이지** 바탐 패스트 www.batamfast.com, 신도 페리 www.sindoferry.com.sg

### STEP 2
### 출국하기

출국 수속을 거쳐야 하므로 페리 출발 시각 1시간 30분 전에 터미널에 도착하는 것이 좋다. 필요한 준비물은 보딩 패스와 여권, 그리고 싱가포르 입국 시 받았던 출국 카드와 인도네시아 출입국 카드이다. 인도네시아 출입국 카드는 페리 터미널에 비치되어 있는데 인도네시아 입국 전까지 작성한 뒤 여권과 함께 보관한다. 체크인을 한 후 짐을 부치고 출국 심사가 끝나면 게이트를 지나 선착장으로 이동한다. 체크인은 출발 30분 전까지 완료해야 한다.

 **바탐 페리 터미널 정하기**

바탐에는 총 4곳의 터미널이 있다. 싱가포르에서 출발한 배는 바탐의 농사푸라(Nongsapura)와 바탐 센터(Batam Center), 세쿠팡(Sekupang), 하버 베이(Harbour Bay) 등으로 간다. 낭일치기로 방문해 시내에서 저렴하게 미식과 마사지를 즐기는 데 포커스를 두었다면 바탐 센터 터미널을 이용하도록 한다. 2일 이상 머무르는 여행자들은 야외 수영장이나 바닷가를 끼고 조성한 호텔이나 리조트에서 지내며 시내에 나가 시간을 보내는 일정이 보통이다. 이럴 때에는 숙소에 따라 이용하는 터미널이 달라진다. 동남아시아풍 휴양지를 즐기고 싶다면 농사푸라 터미널 가까이에 있는 리조트들을 추천한다. 시내 가까이에 숙소를 잡았다면 바탐 센터, 그렇지 않으면 리조트가 위치한 곳에 따라 터미널을 이용하도록 한다.

### STEP 3
### 입국하기

바탐의 페리 터미널에 도착하면 인도네시아 입국 심사와 수하물 검사를 받는다. 우리나라는 비자 면제국이므로 별도의 비자는 필요 없다. 자세한 내용은 p.354 참고. 입국 심사를 마친 후에는 짐을 찾고 터미널 로비로 이동한다.

### STEP 5
### 바탐 내 이동하기

대중교통 시설이 열악한 편이므로 여행자들은 보통 택시를 이용하거나 투숙하는 호텔에서 제공하는 셔틀버스를 탄다.

### STEP 4
### 환전하기

대부분의 호텔, 시내의 레스토랑과 숍에서는 싱가포르 달러를 사용할 수 있다. 물론 신용 카드 사용도 자유롭다. 싱가포르 시내 환전소나 은행, 바탐 호텔 등에서 루피아로 교환할 수 있다.

### STEP 6
### 바탐에서 싱가포르로 가기

페리 출발 시각 1시간 30분 전에 페리 터미널에 도착한다. 티켓은 호텔이나 바탐 시내 여행사를 통해 미리 구입한다. 체크인 후 짐을 부치고 출국 수속을 거쳐 페리에 탑승한다. 싱가포르 페리 터미널에 도착하면 입국 수속을 마치고 짐을 찾는다.

 **바탐행 페리 스케줄**

**신도 페리**

| 운행 구간 | 운행 시간 |
| --- | --- |
| 하버프런트~바탐 센터 | 08:00, 09:00, 09:35, 10:20, 11:05, 12:00, 13:20, 14:50, 16:10, 17:20, 18:30, 19:40, 20:45, 21:50 |
| 바탐 센터~하버프런트 | 06:00, 07:20, 08:40, 09:35, 10:40, 11:35, 12:40, 14:00, 15:10, 16:10, 17:20, 18:20, 19:30, 20:40 |
| 하버프런트~세쿠팡 | 07:30, 08:30, 10:00, 11:30, 14:10, 16:00, 18:10, 20:30(월~목요일), 21:30(금~일요일과 공휴일) |
| 세쿠팡~하버프런트 | 06:00, 07:40, 08:40, 11:20, 13:50, 15:20, 17:20, 18:30 |

**바탐 패스트**

| 운행 구간 | 운행 시간 |
| --- | --- |
| 하버프런트~바탐 센터 | 07:40, 08:40, 09:30, 10:50, 11:35, 12:30, 14:20, 15:30, 16:50, 18:00, 19:10, 20:20, 21:00, 21:40 |
| 바탐 센터~하버프런트 | 06:00, 07:00, 08:20, 09:10, 09:50, 11:40, 12:50, 14:10, 15:20, 16:30, 17:10, 17:40, 19:00, 20:30 |
| 하버프런트~세쿠팡 | 07:50, 08:20, 09:20, 11:10, 13:10, 15:10, 17:30, 19:30, 21:45 |
| 세쿠팡~하버프런트 | 06:00, 07:10, 08:30, 10:30, 12:30, 15:00, 16:10, 17:10, 19:00 |
| 하버프런트~하버 베이 | 09:10, 11:50, 18:15, 21:10 |
| 하버 베이~하버프런트 | 09:30, 14:15, 19:00, 21:20 |
| 타나에라~농사푸라 | 08:00, 08:55(토·일요일과 공휴일만), 10:00(수요일 제외), 11:00(수요일 제외), 12:00, 14:20, 16:20, 18:30, 20:30 |
| 농사푸라~타나에라 | 06:00, 08:00(수요일 제외), 09:00, 10:00(수요일 제외), 12:00, 14:20, 16:30, 18:10 |

## 바탐 뷰 비치 리조트
### Batam View Beach Resort

**바다 전망의 소박한 리조트**

현대적인 객실 동과 단독 코티지로 된 빌라가 있으며 지어진 지 오래되어 시설은 조금 낡은 편이다. 하지만 매우 저렴한 가격에 전용 해변과 무동력 해양 스포츠를 즐길 수 있다는 점이 매력적이다. 호텔 앞에는 야외 수영장이 있고, 빌라는 바다를 향해 조성되어 있다. 바비큐장과 야외 공연장, 몇 가지 동물들을 가둬 놓은 우리, 작은 놀이터 등의 부대시설을 갖추고 있다. 골프 여행자들이 많이 머무르는 곳으로, 주말이 아니라면 매우 한적한 분위기에서 머무를 수 있다.

**MAP** p.20-D **주소** Jalan Hang Lekir, Nongsa **전화** (62)778-761-740 **WIFI** 무료
**체크인 / 체크아웃** 14:00 / 13:00 **예산** $ **홈페이지** www.batamview.com

## 몬티고 리조트 농사
### Montigo Resorts Nongsa

**최근에 지어진 럭셔리 풀 빌라**

바탐에서 최근에 지어진 리조트로, 바탐에서 보기 드물게 '럭셔리 빌라', '스파 리조트'를 콘셉트로 한다. 힐사이드 빌라, 힐톱 빌라, 시프런트 빌라, 스파 빌라 등으로 구성되어 있으며 개인 풀과 스카이 테라스를 갖추고 있다. 바다를 바라보는 풍경은 좋지만 해변이 없어 물놀이나 해수욕을 즐길 수는 없다. 해안가를 따라 산책로가 있고, 예쁜 풀장이 있다. 바탐에서 이 정도의 비용을 지불해야 할지 조금은 망설이게 되는 비싼 가격의 리조트다.

**MAP** p.20-D **주소** Jalan Hang Lekir, Nongsa **전화** (62)778-776-8888 **WIFI** 무료
**체크인 / 체크아웃** 15:00 / 12:00 **홈페이지** www.montigoresorts.com

# 투리 비치 리조트 Turi Beach Resort

## 깔끔하게 단장한 인기 리조트

바탐의 작은 발리로 불리는 인기 리조트다. 리노베이션을 마치면서 이전보다 더욱 쾌적하고 깨끗한 시설로 여행자를 맞이하고 있다. 바다쪽을 향한 스위트룸과 140개의 딜럭스 룸을 갖추고 있다. 객실은 꽤 넓은 편이며 바다로 난 개인 테라스를 갖춘 객실은 언제나 인기 만점이다. 인도네시아 음식을 맛볼 수 있는 레스토랑과 일본식 데판야키 식당 등 총 7곳의 다이닝 플레이스를 갖추고 있다. 바다 앞으로 난 야외 수영장과 리조트 앞에는 전용 해변이 있어 망중한을 즐기기에 제격이다.

**MAP** p.20-D  **주소** Turi Beach Resort, Nongsa  **전화** (62)778-761-080  **WIFI** 공동 공간 무료
**체크인 / 체크아웃** 14:00 / 12:00  **홈페이지** www.turibeach.com

# 홀리데이 인 리조트 바탐 Holiday Inn Resort Batam

## 시내와 가까운 가성비 좋은 호텔

농사푸라 지역보다 시내 가까운 곳에서 머무르고 싶다면 추천할 만한 호텔이다. 인터컨티넨탈 호텔 그룹의 호텔 브랜드라는 점에서 신뢰가 가는 이곳은 저렴한 요금으로 만족스러운 시간을 보낼 수 있다. 중국, 일본, 태국 음식을 제공하는 4곳의 레스토랑과 발리 마사지를 받을 수 있는 티트리 스파, 넓은 야외 수영장 등 부대시설도 훌륭한 편이다. 그중에서도 티트리 스파 프로그램이 투숙객들에 많은 인기를 얻고 있다. 그 밖에 키즈 풀과 키즈 클럽 등을 갖추고 있어 가족 단위 여행자들도 불편함 없이 머무를 수 있다. 호텔과 시내 나고야 힐을 연결하는 셔틀버스가 운행된다.

**MAP** p.20-C  **주소** Waterfront City  **전화** (62)778-381-333  **체크인 / 체크아웃** 15:00 / 12:00
**홈페이지** www.ihg.com/holidayinnresorts

 **저렴하게 마사지를 받고 싶다면 시내로 가기**

리조트나 호텔 안에도 마사지나 스파 프로그램이 준비되어 있지만, 가격은 상대적으로 비싼 편이다. 시내에 위치한 마사지 숍에 가면 훨씬 저렴한 가격에 이용할 수 있다. 팁을 포함해 전신은 S$30 전후, 발 마사지는 S$20 전후다. 마사지 숍에 대한 정보는 택시 기사 또는 호텔 안내 데스크에서 얻을 수 있다.

## 나고야 힐 Nagoya Hill

### 시내에서 가장 번화한 몰

농사푸라에서 자동차로 40분 거리에 있으며, 시내에서 가장 번화한 쇼핑몰로 꼽힌다. 여행자들이 이곳을 찾는 것은 리조트에서 먹을 간식거리를 구입하

고, 식사를 하거나 마사지를 받기 위해서다. 로컬 음식점부터 피자헛과 같은 프랜차이즈 레스토랑, 각종 간식거리와 디저트를 파는 상점까지 꽤 다양한 종류의 상점이 들어서 있다. 그 가운데 그랜드 덕(Grand Duck)은 오리고기 요리를 비롯해 딤섬과 각종 면 요리를 만날 수 있는 인기 레스토랑이다.

**MAP** p.20-C  **주소** Jl. Teuku Umar Nagoya, Komplek Nagoya Hill Superblock  **전화** (62)778-433-988  **영업** 10:00~22:00
**홈페이지** www.nagoyahill.co.id

## 메가 몰 Mega Mall

### 바탐 센터 페리 터미널과 연결된 몰

바탐 센터 페리 터미널 맞은편에 있는 현대적인 5층 건물로, 의류와 가구, 가전제품 매장 등으로 구성되어 있다. 2층은 바탐 센터 페리 터미널과 바로 연결되므로 페리 터미널을 통해 바탐에 도착했다면 숙소에 가기 전 각종 간식거리를 구입해도 좋을 듯하다.

**MAP** p.20-D  **주소** Batam Centre, Nongsa  **영업** 10:00~22:00

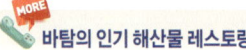

### 바탐의 인기 해산물 레스토랑

골든 프론(Golden Prawn)과 하버 베이 시푸드 레스토랑(Harbour Bay Seafood Restaurant)은 바탐에서 꽤 유명한 로컬 식당이다. 골든 뷰 호텔(Goldern View Hotel) 바로 맞은편에 자리하므로, 택시 기사에게 골든 뷰 호텔로 가자고 하면 된다. 바탐에서 가장 인기 있는 해산물 레스토랑이며 싱가포르에서 보던 것과 비슷한 메뉴를 훨씬 저렴하게 즐길 수 있다. 하지만 향신료의 차이로 맛이 조금 다르다.

# 조호르바루 Johor Bahru

조호르바루는 '새로운 조호'라는 의미다. 국경 도시로 싱가포르와는 코즈웨이 다리와 말레이시아 철도로 연결되어 있다. 싱가포르에서 대중교통을 이용하면 1시간이 채 걸리지 않는다. 가깝다 보니 싱가포르로 출퇴근하는 사람들도 많고, 저렴한 물가로 쇼핑을 하기 위해 드나드는 사람들도 많다. 다리 하나를 건너는 것뿐인데 양국 간의 지역 색이 확연히 차이 난다. 레고랜드가 인기를 얻으며 가족 단위 여행자들이 많이 찾고 있다. 시내는 싱가포르에 비해 치안이 좋지 않은 편이니 주의한다.

### 말레이시아 기초 정보

말레이시아는 말레이 반도와 바다를 끼고 동쪽 보루네오 섬 북부로 이루어져 있다. 국토 면적의 70%가 삼림으로 뒤덮여 자연이 풍부한 나라이기도 하다. 국민 대부분 말레이계이지만 중국계, 인도계 그리고 다양한 소수 민족이 터전을 삼고 있다.

**수도** 쿠알라룸푸르
**면적** 33만㎢
**기후** 일 년 내내 고온 다습한 열대성 기후
**기온** 연평균 26℃
**시차** 우리나라보다 1시간 느리고 싱가포르와 같다. 우리나라가 오전 10시라면 말레이시아는 오전 9시다.
**통화** 링깃(RM). 2019년 3월 기준 US$1 = 약 RM4.09
**종교** 이슬람교
**언어** 말레이어

# Access
## 조호르바루로 가는 법

싱가포르에서 버스나 기차, 택시를 타고 조호르바루로 이동할 수 있다. 여행자들이 주로 이용하는 방법은 버스와 택시로 우드랜즈 체크포인트(Woodlands Checkpoint)와 조호르바루 체크포인트(Johor Bahru Checkpoint)에서 잠시 하차해 출국 수속과 입국 수속을 마쳐야 한다. 출입국 시에는 여권과 싱가포르 입국 시 받았던 출국 카드를 반드시 챙겨야 한다. 싱가포르 달러를 챙겨 가서 현지에서 환전하는 것이 여러모로 편리하고 이익이다. 조호르바루 체크포인트에서 입국 심사를 마친 후 육교를 건너면 조호르바루에서 가장 인기 있는 쇼핑몰 시티 스퀘어가 나온다.

### 고속버스
### Express Bus

부기스에 자리한 퀸 스트리트 버스 터미널에서 코즈웨이 링크 익스프레스 버스(Causeway Link Express Bus)를 타면 된다. 우드랜즈 체크포인트까지 30분 정도 소요된다. 이지 링크 사용이 가능하며, 요금은 성인 S$2.5.

**퀸스트리트 버스 터미널** Queen Street Bus Terminal
**MAP** p.15-K
**찾아가기** MRT 부기스(Bugis)역 A번 출구에서 Queen St. 따라 도보 5분

### 택시
### Taxi

퀸 스트리트 버스 터미널에서 택시를 탈 수 있다. 요금은 1인당 S$10. 4명이 모이면 출발하는 방식으로 운영된다. 따로 내리지 않고 택시 안에서 출국 수속이 가능하기 때문에 편리하다. 조호르바루에 도착해서 입국 수속을 받을 때는 택시에 내려서 심사를 받아야 한다.

### 일반 버스
### Bus

MRT 우드랜즈(Woodlands)역 버스 인터체인지에서 950번, MRT 크란지(Kranji)역 버스 인터체인지에서 170번 버스를 이용한다. 교통 사정에 따라 2시간 정도 소요되며, 서서 가게 되는 경우도 있다. 고속버스와 마찬가지로 이지 링크 사용이 가능하며, 요금은 S$1~2.

## 레고랜드 말레이시아
**Legoland Malaysia**

### 동심으로 가득한 알록달록 블록 세상

어린 시절 누구나 한 번쯤 가지고 놀았을 레고를 콘셉트로 한 놀이공원이다. 덴마크와 영국, 독일, 미국에 이어 세계에서 6번째이자 아시아 최초로 문을 열었다. 7개 테마로 나뉘어 있으며 40여 개의 어트랙션이 있는데 2~12세 어린이와 가족을 타깃으로 한 놀이와 체험 프로그램 위주다. 규모는 다른 곳에 비해 작은 편이지만, 아이와 어른 모두에게 잊지 못할 추억을 선사할 것이다. 워터파크와 헬로키티랜드도 있으니 시간 여유가 된다면 함께 둘러봐도 좋겠다. 홈페이지를 통해 티켓을 미리 예매하면 할인 가격에 구입할 수 있다.

**MAP** p.21-A　**찾아가기** 싱가포르 플라이어에서 레고랜드 말레이시아까지 직행버스가 운행된다. 08:30~11:30의 30~60분 간격으로 운행하며(주말은 08:30~12:00의 30분 간격) 요금은 S$20. 조호르바루 체크포인트 건너편 JB 센트럴(JB Central)에서 레고랜드까지 가는 버스가 출발한다. 요금은 RM4.60.
**주소** 7, Jalan Legoland, Bandar Medini, 79250 Nusajaya, Johor　**전화** (607)597-8888
**운영** 테마파크 월~목요일 10:00~18:00, 금~일요일 10:00~19:00 / 워터 파크 10:00~18:00(시즌에 따라 다르니, 방문 전 홈페이지를 통해 확인한다)
**요금** 성인 RM231, 어린이 RM185 / 콤보 원 데이 티켓(테마파크 & 워터 파크) 성인 RM278, 어린이 RM221
**홈페이지** www.legoland.com.my

## 조호르 프리미엄 아웃렛 Johor Premium Outlets

### 실속파 쇼핑객들을 위한 쇼핑 파라다이스

세계적인 아웃렛 브랜드인 프리미엄 아웃렛의 조호르바루 지점이다. 버버리, 아르마니, 랄프 로렌, 에르메네질도 제냐 등의 브랜드를 포함해 총 130여 개의 브랜드숍이 입점해 있다. 싱가포르보다 훨씬 저렴하게 쇼핑을 할 수 있어 주말이면 싱가포리언이 많이 방문한다.

**MAP** p.21-A
**찾아가기** 레고랜드 말레이시아에서 차로 30분. 택시를 탈 경우 요금은 S$20 내외
**주소** Jalan Premium Outlets Indahpura 81000 Kulaijaya Johor Darul Takzim　**전화** (607)661-8888
**운영** 10:00~ 22:00　**홈페이지** www.premiumoutlets.com.my

### TIP 말레이시아 1일 추천 코스
싱가포르에서 고속버스를 타고 레고랜드 말레이시아로 이동해 오전을 보낸다. 그리고 조호르 프리미엄 아웃렛으로 이동해 쇼핑을 즐긴 후 싱가포르로 돌아오면 당일치기 코스가 완성된다.

# Sleeping

싱가포르 숙소

싱가포르 대표 호텔 • 372
부티크 호텔 • 382
그 외 호텔과 호스텔 • 385

# 싱가포르 ★ 대표 ★ 호텔

## 그랜드 하얏트 싱가포르 *Grand Hyatt Singapore*

### 오차드 로드 중심에 자리한 호텔

쇼핑이라면 언제나 환영인 여행자들에게 이보다 더 만족스러운 곳도 없을 것이다. MRT 오차드 로드 역 가까이에 자리한 데다 주변에 대형 쇼핑몰이 즐비하기 때문이다. 1층에 들어서면 하얏트 호텔의 특징인 높은 천장의 로비와 나무와 돌 등으로 꾸민 정갈하면서도 친환경적인 인테리어가 투숙객들을 맞이한다. 호텔은 크게 프런트 타워와 백 타워로 나뉘어 있다. 677개의 객실을 보유하고 있으며 스탠더드, 딜럭스, 그랜드 클럽, 스위트룸 등으로 타입이 나뉜다. 그 밖에 싱가포르 인기 뷔페 레스토랑으로 꼽히는 스트레이츠 키친(Straits Kitchen)이 있다.

**MAP** p.10-F
**찾아가기** MRT 오차드(Orchard) 역 A번 출구에서 Scotts Rd. 따라 도보 3분 **주소** 10 Scotts Rd.
**전화** 6738-1234
**WIFI** 호텔 전 구역 무료
**체크인 / 체크아웃** 14:00 / 12:00
**예산** $$$$
**홈페이지** www.singapore.grand.hyatt.com

## 만다린 오리엔탈 * Mandarin Oriental

### 창밖으로 한눈에 펼쳐지는 마리나 베이

세심하고 배려 깊은 서비스, 만족스러운 조식, 전망이 훌륭한 수영장 등 두루 만족스러운 호텔. 마리나 스퀘어 쇼핑센터와 연결되며 MRT 시티 홀 역과도 가까워 접근성이 좋다. 별 감흥 없어 보이는 외관과 달리 실내는 웅장하고 절제된 화려함이 묻어나는 고급스러운 분위기다. 객실은 시티 뷰와 오션 뷰로 나뉘는데, 호텔 주변으로 싱가포르 플라이어, 마리나 베이 샌즈 등이 가까이 있어 창밖 풍경이 근사하다. 여유 공간이 꽤 있는 편이라 짐이 많은 투숙객들에게 유리하다. 부대시설로 모턴스 더 스테이크하우스(Morton's, The Steakhouse)와 액시스 바 & 라운지(Axis Bar & Lounge, p.141) 등이 있다.

**MAP** p.7-G
**찾아가기** MRT 에스플러네이드(Esplanade) 역 B번 출구에서 Raffles Blvd. 따라 도보 5분
**주소** 5 Raffles Ave.
**전화** 6338-0066
**WIFI** 유료
**체크인 / 체크아웃** 15:00 / 12:00
**예산** $$$$
**홈페이지** www.mandarinoriental.com/singapore

## 파크 호텔 클라크 키 * Park Hotel Clarke Quay

### 한적하고 편리한 시내 호텔

시내에 위치하지만 번화가에서 한 발짝 떨어져 있어 주변이 한적한 편이다. 뾰족한 첨탑을 얹은 하얀 건물은 오래된 건물과 현대적인 빌딩을 합쳐 놓은 느낌이다. 마리나 베이 주변의 럭셔리한 호텔에 비한다면 수수하게 느껴지기도 한다. 차분한 컬러의 객실은 크지 않지만 벽걸이 평면 TV, 데스크, 1인용 가죽 소파 등 기본 시설을 알차게 갖추고 있다. 클럽 룸, 그중에서도 크리스털 프리미어 룸은 2개의 면이 통유리 창으로 되어 있어 싱가포르의 화려한 마천루를 감상할 수 있다. 꽤 큰 규모의 야외 수영장과 깔끔한 레스토랑, 안락한 스파 등 다양한 부대시설을 갖추어 불편함 없이 머무르기에 좋다.

**MAP** p.8-A
**찾아가기** MRT 클라크 키(Clarke Quay) 역 B번 출구에서 Merchant Rd.와 Clemenceau Ave. 그리고 Unity St. 따라 도보 10분
**주소** 1 Unity St.
**전화** 6593-8888
**WIFI** 무료
**체크인 / 체크아웃** 15:00 / 12:00
**예산** $$$
**홈페이지** www.parkhotelgroup.com/clarkequay

## 마리나 베이 샌즈 * Marina Bay Sands

### 설명이 필요 없는 싱가포르의 상징

명실상부 싱가포르 최고의 인기 호텔이다. 하늘 높이 우뚝 솟은 타워 3채는 최상부의 거대한 배 모양의 조형물에 의해 연결된다. 독특한 외관 덕에 마리나 베이 샌즈는 공개되자마자 싱가포르의 랜드마크가 되었다. 타워 내에는 각종 부대시설이 갖추어져 있어 호텔 로비는 언제나 많은 사람들로 북적인다. 객실은 심플하고, 무난한 수준이며 깃털로 된 베개와 메모리폼 베개 중에서 선택할 수 있다. 자체적으로 멀티탭이 설치되어 있기 때문에 어댑터 없이도 우리나라 가전제품을 그대로 사용할 수 있다. 전망은 시티 뷰와 마리나 베이 뷰로 나뉘는데 시티 뷰 객실은 19층 이상에 위치해 싱가포르의 근사한 스카이라인을 감상할 수 있다. 사이언스 아트 뮤지엄, 루이 비통 매장, 가든스 바이 더 베이가 인접해 있다. 하지만 뭐니 뭐니 해도 투숙객들에게 가장 큰 매력은 싱가포르 최고의 수영장으로 꼽히는 인피니티 수영장을 이용할 수 있다는 점이다.

**MAP** p.9-G
**찾아가기** MRT 베이프런트(Bayfront) 역 C번 출구에서 바로 연결
**주소** 10 Bayfront Ave.
**전화** 6688-8868
**WIFI** 객실 내 무료
**체크인 / 체크아웃** 15:00 / 11:00
**예산** $$$$
**홈페이지** www.marinabaysands.com

## 래플스 싱가포르 * Raffles Singapore

### 찰리 채플린부터 이민호까지 머문 호텔

싱가포르에서 가장 오래된 호텔이다. 그렇다고 해서 시대에 뒤쳐진 호텔이라고 생각해서는 안 된다. 여전히 래플스 호텔은 현지인들의 자랑거리이며 여행자들에게 로망의 대상이다. 하얗게 반짝이는 고풍스러운 건축물과 세계 각국에서 공수해 온 오래된 가구들이 어우러져 다른 곳에서는 흉내 낼 수 없는 고유의 우아함을 뽐낸다. 객실은 모두 스위트를 표방하며 전담 버틀러가 24시간 대기하고 있는 것도 특징이다. 오래된 고급 별장을 연상시키는 객실에는 에어컨 바람을 꺼리는 투숙객을 위한 실링 팬, 빈티지한 화장대, 옷걸이, TV, 탁자와 소파 등을 갖추고 있다. 다만 욕조가 다른 호텔에 비해 작고, 온수와 냉수를 따로 조절해야 하는 수도꼭지는 불편하게 느껴질 수 있다. 쇼핑 아케이드(p.116)와 유명한 레스토랑, 카페, 바 등 부대시설도 알차게 들어서 있다. 그중에서도 칵테일 '싱가포르 슬링'의 오리지널을 맛볼 수 있는 롱 바(p.118)는 투숙객들뿐 아니라 싱가포르 여행자들에게 오랫동안 사랑받고 있는 곳이다.

**MAP** p.6-B
**찾아가기** MRT 시티 홀(City Hall) 역 B번 출구에서 North Bridge Rd. 따라 도보 4분 / MRT 에스플러네이드(Esplanade) 역 F번 출구에서 Beach Rd. 따라 도보 3분
**주소** 1 Beach Rd.
**전화** 6337-1886
**WIFI** 무료
**체크인 / 체크아웃** 14:00 / 12:00
**예산** $$$$$
**홈페이지** www.raffles.com/singapore

## 하드 록 호텔 * Hard Rock Hotel

### 전설적인 록 뮤지션을 테마로 한 호텔

리조트 월드 센토사에 자리하고 있으며, 페스티브 호텔, 호텔 마이클과 붙어 있어 많은 부대시설을 공유한다. 이름에서 눈치챌 수 있듯이 록 스피릿이 충만한 호텔로, 복도에는 전설적인 뮤지션들의 사진과 엘비스 프레슬리, 에미넴 등 동서고금을 막론한 유명 뮤지션들이 착용했던 실제 의상들이 전시되어 있다. 전설적인 뮤지션들을 테마로 한 객실은 화려하게 꾸며져 있다. 동남아의 해변을 재현한 야외 수영장도 인상적이다.

**MAP** p.16-F **찾아가기** 센토사 익스프레스 리조트 월드(Resort World) 역에서 도보 5분 **주소** 39 Artillery Ave. **전화** 6577-8899 **WIFI** 유료 **체크인 / 체크아웃** 15:00 / 12:00 **예산** $$$ **홈페이지** www.hardrockhotelsingapore.com

## 리츠칼턴 밀레니아 싱가포르 * The Ritz-Carlton, Millenia Singapore

### 열대 우림 속 호텔

시내 한가운데 열대 우림을 연상케 할 정도로 수많은 나무에 둘러싸인 외관이 인상적이다. 호텔 곳곳에 설치된 유명 아티스트의 현대 미술 작품과 인테리어가 리츠칼턴의 훌륭한 취향을 대변한다. 따뜻한 컬러로 단장한 객실은 요란하지도, 지루하지도 않다. 마리나 베이 샌즈와 싱가포르 플라이어가 지척에 있는 까닭에 객실 전망도 근사하다. 딜럭스 룸 중 마리나 베이 뷰 룸에는 '싱가포르에서 가장 섹시한' 욕조가 있는데, 욕조 바로 옆에 난 8각형 통유리 창으로 마리나 베이가 한눈에 들어온다.

**MAP** p.7-H **찾아가기** MRT 프롬나드(Promenade) 역 A번 출구에서 도보 2분 **주소** 7 Raffles Ave. **전화** 6337-8888 **WIFI** 무료 **체크인 / 체크아웃** 15:00 / 12:00 **예산** $$$$ **홈페이지** www.ritzcarlton.com

## 마리나 만다린 * Marina Mandarin

### 클래식한 멋과 숙련된 서비스

에스플러네이드, 선텍 시티 등 유명 몰과 가깝다. 사각형 건물의 다소 딱딱해 보이는 외관과 달리 호텔 내부는 화려하다. 전체적으로 부채꼴 모양인 내부는 곡선미를 살려 우아하고 클래식하다. 객실도 이러한 분위기의 연장선상에 있는데 발랄하고 경쾌한 컬러 대신 우아한 컬러를 택했고, 공간을 효율적으로 활용했다. 마리나 베이 샌즈 등 싱가포르를 대표하는 스카이라인을 조망할 수 있는 객실과 F1 경기를 가까이에서 볼 수 있는 객실은 언제나 인기 만점이다.

**MAP** p.7-G **찾아가기** MRT 에스플러네이드(Esplanade) 역 B번 출구에서 Raffles Blvd. 따라 도보 3분 **주소** 6 Raffles Blvd. **전화** 6845-1000 **WIFI** 무료 **체크인 / 체크아웃** 14:00 / 12:00 **예산** $$$ **홈페이지** www.meritushotels.com/marina-mandarin-singapore

## 스위소텔 더 스탬퍼드 * Swissôtel The Stamford

### 동남아시아에서 가장 높은 호텔

현재 동남아시아에서 가장 높은 호텔 중 하나로 손꼽힌다. 큰 규모의 컨벤션 센터를 보유하고 있으며 MRT 역과 인접해 단기 여행자나 비즈니스 여행자에게 인기 있다. 스위트룸에는 전용 발코니가 갖춰져 있어 싱가포르의 아름다운 스카이라인을 더욱 생생하게 감상할 수 있다. 클래식 하버 뷰 룸에서는 올드 타운과 마리나 베이를 동시에 볼 수 있다.

**MAP** p.6-B **찾아가기** MRT 시티 홀(City Hall) 역 A번 출구에서 도보 1분 **주소** 2 Stamford Rd. **전화** 6338-8585
**WIFI** 유료 **체크인 / 체크아웃** 14:00 / 12:00 **예산** $$$ **홈페이지** www.swissotel.com/hotels/singapore-stamford

## 페어몬트 싱가포르 * Fairmont Singapore

### 가격 대비 훌륭한 입지 조건

스위소텔 더 스탬퍼드와 같은 계열의 호텔. 스위소텔 더 스탬퍼드와 링크로 연결되어 있고 수영장, 컨벤션 센터, 스파, 피트니스 센터 등 공유하는 부대시설이 많다. 객실은 시티 뷰와 풀 뷰로 나뉘어 있으며, 싱가포르의 스카이라인을 조망할 수 있는 개인 발코니 시설을 갖춘 객실이 특히 인기다. 페어몬트 룸을 제외하고는 모든 객실에 네스프레소 캡슐 커피 머신이 구비되어 있다.

**MAP** p.6-B **찾아가기** MRT 시티 홀(City Hall) 역 A번 출구에서 도보 3분
**주소** 80 Bras Basah Rd. **전화** 6339-7777 **WIFI** 유료
**체크인 / 체크아웃** 14:00 / 12:00 **예산** $$$
**홈페이지** www.fairmont.com/singapore

## 세인트 레지스 싱가포르 * St. Regis Singapore

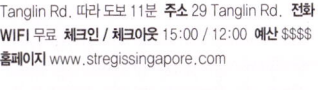

### 고급스럽고 프라이빗한 호텔

2018년 북미 정상회담 당시 김정은 북한 국무위원장이 묵었던 호텔로 더욱 유명해진 곳. 개별적인 상담이 가능한 로비의 1:1 프런트 데스크, 아낌없이 사용한 대리석과 최고급 마감재, 고풍스런 가구와 장식품, 근사한 작품이 걸려 있는 갤러리만 보더라도 이 호텔이 추구하는 서비스를 눈치챌 수 있다. 아쉬운 점은 야외 수영장이 있지만 주변이 빌딩 숲이라 특별한 풍경은 마주할 수 없다.

**MAP** p.10-E **찾아가기** MRT 오차드(Orchard) 역 E번 출구에서 Orchard Rd.와 Tanglin Rd. 따라 도보 11분 **주소** 29 Tanglin Rd. **전화** 6506-6888
**WIFI** 무료 **체크인 / 체크아웃** 15:00 / 12:00 **예산** $$$$
**홈페이지** www.stregissingapore.com

## 풀러턴 호텔 싱가포르 * The Fullerton Hotel Singapore

### 우아한 분위기의 역사적인 호텔

래플스 호텔과 더불어 싱가포르에서 '헤리티지 플레이스'라 불리는 역사 깊은 호텔이다. 과거 우체국으로 사용되었다가 호텔로 용도를 변경한 것이 독특하다. 소프트바닐라 컬러의 건물과 거대한 석조 기둥, 호텔 앞에 놓인 석조 다리가 어우러져 건물의 운치를 더한다. 가까이에 보트 키와 클라크 키가 있고 다리를 건너면 아시아 문명 박물관, 빅토리아 시어터 등이 있는 올드 타운과 이어진다. 최신식은 아니지만 투숙객들에게 익숙한 편의 시설을 제공한다. 객실 종류가 많고 각 객실마다 특색이 뚜렷한 편이다. 일부 객실에는 꽤 넓은 발코니가 제공되며 야외 수영장도 있다.

**MAP** p.6-F
**찾아가기** MRT 래플스 플레이스 (Raffles Place) 역 H번 출구에서 도보 3분
**주소** 1 Fullerton Square
**전화** 6733-8388
**WIFI** 객실 내 무료
**체크인 / 체크아웃** 14:00 / 12:00
**예산** $$$$
**홈페이지** www.fullertonhotel.com

## 굿우드 파크 호텔 * Goodwood Park Hotel

### 오차드 로드 끝에서 만난 아름다운 호텔

현대적인 빌딩들이 즐비한 오차드 로드에서 단연 눈에 띄는 건물이다. 1929년부터 호텔로 사용된 유서 깊은 건물은 고풍스럽고 이국적인 분위기 덕에 웨딩 촬영 장소로 애용되고 있다. 단층으로 된 꽤 넓은 객실에는 빈티지하고 아름다운 가구들이 배치되어 있는데 화려하진 않지만 정갈하고 우아하다. 야외 수영장을 갖추고 있으며, 애프터눈 티 카페와 유명 정치인들도 찾는다는 이름난 중국 레스토랑 민장(p.199)이 있다. 건물은 국가 기념물로 보호를 받고 있으며 1900년 독일인들의 사교 클럽으로 출발해 레스토랑, 카페 등을 거쳐 호텔로 개업했다고 한다. 제2차 세계대전 당시 일본군 고위 장교의 숙소로 사용되었으며 전후에는 전범 재판소 역할도 했다.

**MAP** p.10-B **찾아가기** MRT 오차드(Orchard) 역 A번 출구에서 Scotts Rd. 따라 도보 5분 **주소** 22 Scotts Rd. **전화** 6737-7411
**WIFI** 무료 **체크인 / 체크아웃** 14:00 / 12:00 **예산** $$$
**홈페이지** www.goodwoodparkhotel.com

## 샹그릴라 호텔 * Shangri-La Hotel

### 리조트 분위기를 찾는 가족 여행객을 위한 곳

쇼핑을 해야 하는 엄마와 물놀이를 즐겨야 하는 아이가 함께라면 샹그릴라 호텔을 추천한다. 객실은 가장 오래된 타워 윙, 야외 수영장과 가까운 가든 윙, 프리미엄 서비스를 지향하는 밸리 윙으로 나뉜다. 야자나무에 둘러싸인 야외 수영장이 특히 매력적인데 도심 한복판이라고는 믿기지 않을 만큼 자연 그대로의 모습이다. 아이들을 위한 키즈 풀과 자쿠지 시설도 있다. 오차드 로드와 호텔 간 무료 셔틀버스가 운행된다. 번화가에서 다소 떨어져 있지만, 오차드 로드와 호텔 간 무료 셔틀 버스를 운행한다. 2018년 북미 정상회담 당시 트럼프 미국 대통령이 묵었던 호텔이기도 하다.

**MAP** p.10-E
**찾아가기** MRT 오차드(Orchard) 역 E번 출구에서 Orchard Rd.와 Orange Grove Rd. 따라 도보 15분 **주소** 22 Orange Grove Rd.
**전화** 6737-3644
**WIFI** 객실 내 무료
**체크인 / 체크아웃** 14:00 / 12:00
**예산** $$$
**홈페이지** www.shangri-la.com

## 오아시아 호텔 싱가포르 * Oasia Hotel Singapore

### 합리적인 실속파 여행자들에게 적합

비교적 최근에 지어진 호텔이라 깨끗하고 쾌적하다. 뛰어난 시내 전망이나 다채로운 부대시설을 기대할 수는 없지만 MRT 노베나 역과 바로 연결되는 편리한 접근성, 작지만 지내는 데 전혀 불편함이 없는 효율적인 객실, 빌딩 숲 사이의 작은 야외 풀장 등 필요한 것만 쏙쏙 골라 놓은 실속 있는 호텔이다. 428실의 객실을 보유하고 있으며 아이팟 도킹 스테이션과 커피메이커가 구비되어 있다. 새로 지은 호텔 위주로 합리적인 가격의 호텔을 찾는다면 추천한다.

**MAP** p.3-G
**찾아가기** MRT 노베나(Novena) 역 A번 출구에서 도보 1분
**주소** 8 Sinaran Dr.
**전화** 6664-0333
**WIFI** 무료
**체크인 / 체크아웃** 14:00 / 12:00
**예산** $$

## 프레이저 스위트 싱가포르 * Fraser Suites Singapore

### 가족 단위 여행자들에게 추천하는 레지던스

5일 이상 한곳에서 머물 계획이거나 가족 단위 여행자 혹은 동행자가 많은 여행자들에게 적합한 아파트형 숙소. MRT 역에서 다소 떨어진 곳에 있지만 오차드 로드와 선텍 시티까지 수시로 운행되는 무료 셔틀버스가 있어 불편함은 없다. 다른 호텔에 비해 룸 면적이 넓은 편인데 객실마다 아이팟 도킹 스테이션과 DVD 플레이어가 구비되어 있고, 주방과 세탁실, 거실 등을 갖추고 있다. 아이들을 위한 키즈 클럽과 키즈 풀, 야외 수영장 등의 시설이 있다.

MAP p.4-F  찾아가기 MRT 티옹 바루(Tiong Bahru) 역 B번 출구에서 Delta Rd. 따라 도보 12분  주소 491A River Valley Rd.  전화 6737-5800  WIFI 무료  체크인 / 체크아웃 14:00 / 12:00  예산 $$$  홈페이지 http://singapore-suites.frasershospitality.com

## 호텔 포트 캐닝 * Hotel Fort Canning

### 공원 안에 자리 잡은 감각적인 감성의 호텔

연인과 오붓한 시간을 보내고 싶은 이들이라면 눈여겨봐야 할 곳이다. 포트 캐닝 파크 안에 자리한 호텔은 마치 비밀의 정원에 숨어 있는 느낌이 든다. 클래식한 분위기의 높지 않은 건물 안으로 들어가면 그레이, 블랙, 화이트가 조화를 이루는 감각적인 로비를 마주할 수 있다. 화려하지도 요란하지도 않은 근사한 가구들과 바닥재, 소품들은 세련되고 모던하다. 객실은 3개 층에 들어서 있는데, 1층 객실은 아름다운 정원과 바로 연결된다. 로비에는 쿠키와 커피, 과일이 구비되어 있어 간단한 다과를 곁들이며 잠시 쉬기에도 좋다. 베개를 선택할 수 있고, 미네랄워터로 채워진 2개의 로맨틱한 야외 수영장 등 디테일한 서비스 역시 돋보인다. 공원 안에 위치한 까닭에 도심의 화려한 야경을 보기에는 조금 힘들고, 접근이 불편하다는 게 흠이다.

MAP p.6-A  
찾아가기 MRT 도비 고트(Dhoby Ghaut) 역 B번 출구에서 파크 몰 4층 주차장을 통과해 포트 캐닝 공원 입구를 지나 도보 11분  
주소 11 Canning Walk  
전화 6559-6770  
WIFI 무료  
체크인 / 체크아웃 14:00 / 12:00  
예산 $$$  
홈페이지 www.hfcsingapore.com

## 실로소 비치 리조트 * Siloso Beach Resort

### 긴 수영장을 갖고 있는 친환경 리조트

센토사에는 가격이 비싼 숙박 시설이 많은데 숙박료가 부담스럽다면 실로소 비치 리조트를 추천한다. 친환경적인 조경을 제공하는 에코 리조트로, 비교적 저렴한 가격에 묵을 수 있다. 싱가포르에서 가장 긴 수영장을 갖고 있는 호텔로 명성이 높은데, 워터 파크에 온 것처럼 수영장의 규모가 커서 가족 여행자들에게 특히 인기다. 실로소 비치에 위치하고 있으며, 센토사 익스프레스 역과도 멀지 않아 접근이 편리하다. 객실은 무난한 편이지만 날씨와 울창한 숲의 영향인지 조금 습하게 느껴진다.

**MAP** p.16-F **찾아가기** 센토사 익스프레스 비치(Beach) 역에서 실로소 비치행 트램을 타고 Siloso Beach Resort 하차 **주소** 51 Imbiah Walk, Sentosa **전화** 6722-3333 **WIFI** 유료 **체크인 / 체크아웃** 15:00 / 12:00 **예산** $$ **홈페이지** www.silosobeachresort.com

## 카펠라 * Capella

### 연예인들도 즐겨 찾는 프라이빗 리조트

럭셔리하고 프라이빗한 센토사 6성급 호텔로, 연예인들의 비밀 데이트 장소로 이름난 곳이다. 마치 유럽의 어느 부호의 집에 초대받은 듯한 고급스러우면서도 우아한 분위기가 인상적이다. 100여 개의 객실을 지니고 있지만, 모든 객실이 하나의 리조트처럼 느껴진다. 객실 간 간격이 넓고 투숙객의 개인 공간이 충분히 확보되기 때문이다. 각 객실은 팔라완 비치로 이어진다. 2018년 북미 정상회담이 개최된, 우리나라 국민으로서도 역사적인 곳.

**MAP** p.17-K **찾아가기** 센토사 익스프레스 임비아(Imbiah) 역에서 Artillery Ave.와 The Knolls 따라 도보 10분 **주소** 1 The Knolls, Sentosa **전화** 6377-8888 **WIFI** 무료 **체크인 / 체크아웃** 15:00 / 12:00 **예산** $$$$ **홈페이지** www.capellahotels.com/singapore

## W 싱가포르 센토사 코브 * W Singapore Sentosa Cove

### 모던하고 감각적인 호텔

감각적인 디자인과 획기적인 시스템 그리고 유쾌한 서비스를 선보여 많은 마니아를 거느리고 있는 W 호텔의 센토사 지점이다. 최근 센토사에서 가장 핫한 지역으로 주목을 받고 있는 센토사 코브에 자리하고 있다. 모던함과 유니크한 요소를 절묘하게 풀어 놓은 디자인 덕에 로비와 호텔 주변을 구경하는 재미가 쏠쏠하다. 나무로 둘러싸인 24시간 오픈 수영장이 있고, 수영장 주변에는 선베드가 넉넉하게 구비되어 있다. 오차드 로드, 마리나 베이, 유니버설 스튜디오 등으로 무료 셔틀버스가 운행된다.

**MAP** p.17-L **찾아가기** 센토사 익스프레스 비치(Beach) 역에서 3번 버스를 타고 W Singapore 하차 **주소** 21 Ocean Way **전화** 6808-7288 **WIFI** 무료 **체크인 / 체크아웃** 15:00 / 12:00 **예산** $$$ **홈페이지** www.wsingaporesentosacove.com

# 부티크 호텔

## 스튜디오 M 호텔 * Studio M Hotel

### 콤팩트함의 정수를 보여 주는 호텔

세계적인 디자이너 피에로 리소니의 감각이 담긴 호텔이다. 피에로 리소니는 최근 우리나라에 오픈한 신라스테이의 디자인을 담당하기도 했다. 그녀의 강점은 좁은 공간을 콤팩트하고 효율적으로 다듬는 것이다. 스튜디오 M 역시 싱가포르의 특성상 좁은 객실의 답답함을 복층 구조와 감각적인 인테리어로 풀어냈다. 조식을 제공하는 야외 레스토랑과 그 주변에 조성된 작은 수영장, 휴게 공간이 인상적이다. 로버트슨 키 바로 옆에 있으며, 번화가와 연결하는 셔틀버스를 운행해 편리하다.

**MAP** p.8-A  **찾아가기** MRT 클라크 키(Clarke Quay) 역에서 싱가포르 강을 따라 도보 15분  **주소** 3 Nanson Rd.  **전화** 6808-8888  **WIFI** 무료  **체크인 / 체크아웃** 14:00 / 12:00  **예산** $$  **홈페이지** www.millenniumhotels.com.sg/studiomhotelsingapore

## 나우미 * Naumi

### 옥상 인피니티 풀에서 바라본 싱가포르 전경

가격 부담은 줄이고 서비스 만족도는 최상으로 제공한다는 콘셉트로 운영되는 스몰 럭셔리 호텔의 파트너라는 점에서 신뢰가 간다. 옥상으로 올라가면 규모는 작지만 전망이 훌륭한 인피니티 풀이 있다. 6층은 여성 전용층으로 여성 여행객들이 좀 더 편안하게 머물 수 있다. 투숙객들만 이용할 수 있는 루프트톱 바 역시 언제든 부담 없이 찾을 수 있다. 차이나타운에 중저가 부티크 호텔인 나우미 리오라(Naumi Liora)도 함께 운영 중이다.

**MAP** p.7-C  **찾아가기** MRT 에스플러네이드(Esplanade) 역 G번 출구에서 Beach Rd.와 Seah St. 따라 도보 4분  **주소** 41 Seah St.  **전화** 6403-6000  **WIFI** 무료  **체크인 / 체크아웃** 14:00 / 12:00  **예산** $$$  **홈페이지** www.naumihotel.com

## 퀸시 호텔 * Quincy Hotel

### 모든 식사가 제공되는 숙소

올 인클루시브 서비스 호텔이다. 올 인클루시브 서비스란 숙박하는 동안 투숙객에게 모든 식사 및 부가 서비스를 제공하는 것을 의미한다. 보통은 외부에 식사할 곳이 마땅치 않은 리조트에서 선보이지만, 물가가 비싼 싱가포르에서 꽤 유용한 서비스라 할 수 있다. 시내 전망의 각 객실에는 프리미엄 매트리스와 깃털 베개를 비치하며, 시내 전경을 감상할 수 있는 작은 규모의 실내 수영장도 갖추고 있다. 오차드 로드에서 걸어서 10분이면 닿을 수 있고 럭키 플라자, 다카시마야 백화점, 파라곤 등 유명 쇼핑 센터도 도보 8분 이내의 위치에 자리한다.

**MAP** p.10-B **찾아가기** MRT (Orchard) 역 C번 출구에서 Orchard Rd.와 Mount Elizabeth 따라 도보 10분 **주소** 22 Mount Elizabeth **전화** 6738-5888 **WIFI** 무료 **체크인 / 체크아웃** 14:00 / 12:00 **예산** $$$ **홈페이지** www.quincy.com.sg

## 왕즈 호텔 * Wangz Hotel

### 티옹 바루와 가까운 숙소

원형 건물이 멀리서도 눈에 띄는 왕즈 호텔은 티옹 바루와 MRT 우트럼 파크 역 사이에 위치한다. 번화가에서는 다소 떨어진 위치지만, 최근 티옹 바루와 우트럼 파크 역 주변에 주목받는 숍과 카페들이 많이 생기고 있는 것을 감안한다면 괜찮은 위치다. 클래식과 모던함이 절묘하게 조화를 이루는 6가지 타입의 객실 40여 실을 갖추고 있다. 호텔 주변의 무성한 나무 덕에 객실에서 바라보는 풍경이 꽤 훌륭하다. 옥상에 자리한 바 & 라운지는 저녁에 야경을 감상하며 맥주 한잔 마시기 좋다. 방문객들을 위한 티옹 바루 무료 투어 프로그램도 제공하고 있으니, 만약 이곳에서 투숙할 예정이라면 호텔 공식 홈페이지에 방문해 확인해 보자.

**MAP** p.4-J **찾아가기** MRT 우트럼 파크(Outram Park) 역 A번 출구에서 Outram Rd. 따라 도보 7분 **주소** 231 Outram Rd. **전화** 6595-1388 **WIFI** 무료 **체크인 / 체크아웃** 14:00 / 12:00 **예산** $$ **홈페이지** www.wangzhotel.com

## 스칼릿 ✱ The Scarlet

### 여성스러움과 로맨틱함으로 무장한 공간

싱가포르 최초로 럭셔리 부티크 호텔로 이름을 알린 곳이다. 차이나타운의 헤리티지 숍 하우스를 개조해 오픈한 이곳은 중세 유럽 스타일의 외관, 레이스와 빨간색 컬러를 과감하게 쓴 화려한 인테리어 때문에 간혹 호불호가 갈리기도 한다. 그러나 먹을 것 많고 볼 것 많은 차이나타운에 위치하고, 나이트라이프의 중심지로 꼽히는 클럽 스트리트가 근처에 있다는 지리적인 이점은 무시할 수 없다. 셀카 찍기 좋은 인테리어 덕에 여성 여행자들이 특히 많이 찾는 추세다. 루프톱 레스토랑과 따뜻한 물이 나오는 노천 욕조 시설이 만족도가 높다.

**MAP** p.12-F **찾아가기** MRT 차이나타운(Chinatown) 역 A번 출구에서 Pagoda St.와 South Bridge Rd., Erskin Rd. 따라 도보 6분 **주소** 33 Erskine Rd. **전화** 6511-3333 **WIFI** 무료 **체크인 / 체크아웃** 14:00 / 12:00 **예산** $$
**홈페이지** www.thescarlethotels.com

## 클랩스터 부티크 호텔 ✱ Klapstar Boutique Hotel

### 개성 있는 로비가 인상적인 호텔

한국 식당과 개성 있는 상점들이 하나 둘씩 생겨나고 있는 탄종 파가에 위치한다. 로비에 들어서면 커다란 은빛 구체로 된 리셉션이 먼저 눈에 띈다. 한쪽으로 사람이 드나들 수 있도록 입구가 나 있는 이 구체에 들어서면 마치 우주선에 탑승하는 듯한 느낌이다. 스탠더드 룸에 해당하는 이그제큐티브 룸과 오아시스 룸이 있고, 발코니가 있는 오아시스 스위트 룸, 프라이빗 수영장을 갖춘 클랩스스 스위트 룸이 준비되어 있다. 객실에 비치된 전화기는 싱가포르 내 무료 통화가 가능하다. 간단하게 식사를 해결하기 좋은 맥스웰 푸드 센터와 차이나타운까지 도보로 15분 정도 걸린다.

**MAP** p.12-J **찾아가기** MRT 탄종 파가(Tanjong Pagar) 역 A번 출구에서 Tras St.와 Hoe Chiang Rd. 따라 도보 7분 **주소** 15 Hoe Chiang Rd. **전화** 6521-9000 **WIFI** 무료 **체크인 / 체크아웃** 14:00 / 12:00 **예산** $$$
**홈페이지** www.klapstar.com

## 그 외 호텔과 호스텔

### 포 시즌스 호텔 싱가포르 * Four Seasons Hotel Singapore

**진귀한 예술품으로 치장된 최고급 호텔**

무려 1,500점에 달하는 예술 작품들을 만날 수 있는 세계적인 체인 호텔이다. 2개의 야외 수영장과 수많은 언론에서 극찬한 스파 프로그램을 갖추고 있다. 화려하면서도 아늑한 로비 곳곳에는 앤티크 가구와 소품들이 비치되어 있는데 우아하고 고풍스럽다. 객실에는 에트로에서 포 시즌스 싱가포르를 위해 특별히 만든 어메니티가 구비되어 있다. 럭셔리의 진수를 마주하고 싶다면 놓쳐서는 안 될 곳이다. 호텔 내 중국 레스토랑에서는 무제한 딤섬 코스를 제공한다.

**MAP** p.10-E  **찾아가기** MRT 오차드(Orchard) 역 E번 출구에서 Paterson Rd.와 Orchard Blvd. 따라 도보 5분  **주소** 190 Orchard Blvd.  **전화** 6734-1110  **WIFI** 객실 내 무료  **체크인 / 체크아웃** 15:00 / 12:00  **예산** $$$$  **홈페이지** www.fourseasons.com/singapore

### 호텔 마이클 * Hotel Michael

**세계적인 건축가의 손길이 닿은 곳**

포스트 모던 건축을 대표하는 건축가이자 디자이너 마이클 그레이브스의 이름을 딴 호텔답게 그의 창의적인 손길이 곳곳에 녹아들어 있다. 조엘 로부숑 레스토랑과 이탤리언 레스토랑 팔리오 등 센토사 인기 레스토랑도 이곳에 있다. 수영장이 조금 작은 편이므로 하드록 호텔의 야외 수영장을 이용할 것을 추천한다.

**MAP** p.17-G  **찾아가기** 센토사 익스프레스 리조트 월드(Resort World) 역에서 도보 3분  **주소** 8 Sentosa Gateway, Sentosa  **전화** 6577-8888  **WIFI** 유료  **체크인 / 체크아웃** 15:00 / 12:00  **예산** $$$  **홈페이지** www.rwsentosa.com

## 스위소텔 머천트 코트 싱가포르 * **Swissôtel Merchant Court Singapore**

### 가족 단위 여행객에게 인기

'도심 속 리조트'를 콘셉트로, 476실의 객실을 보유한 꽤 큰 규모의 5성급 호텔이다. MRT 클라크 키 역 가까이에 위치하고 있어 지리적인 조건도 괜찮고, 유흥 문화를 즐기기에도 좋다. 야외 수영장에는 미끄럼틀과 자쿠지가 준비되어 있어 가족 단위 여행객들에게도 인기다. 화려하거나 세련된 멋은 없지만 편안하게 머무를 수 있다.

**MAP** p.6-E **찾아가기** MRT 클라크 키(Clarke Quay) 역 B번 출구에서 도보 1분 **주소** 20 Merchant Rd. **전화** 6337-2288 **WIFI** 객실 내 무료 **체크인 / 체크아웃** 15:00 / 12:00 **예산** $$$ **홈페이지** www.swissotel.com/hotels/singapore-merchant-court

## 팬 퍼시픽 싱가포르 * **Pan Pacific Singapore**

### 리노베이션을 마친 대형 호텔

마리나 베이에 위치한 대형 호텔이다. 선텍 국제 컨벤션 센터와 선텍 시티, 밀레니아 워크 등 유명 쇼핑몰과도 연결되어 있고, 시내에 위치한 다른 호텔과 비교했을 때 가격도 합리적이어서 비즈니스 여행자들이 특히 만족하는 곳이다. 2012년 대대적인 리노베이션을 단행해 더욱 깔끔하고 깨끗한 시설로 여행자들을 맞이하고 있다. 야외 수영장과 식료품점 등 부대시설도 나무랄 데 없다. 팬 퍼시픽 오차드 지점도 있다.

**MAP** p.7-D **찾아가기** MRT 프롬나드(Promenade) 역 A번 출구에서 Raffles Blvd. 따라 도보 6분 **주소** 7 Raffles Blvd. **전화** 6336-8111 **WIFI** 무료 **체크인 / 체크아웃** 15:00 / 12:00 **예산** $$$ **홈페이지** www.panpacific.com

## 빌리지 호텔 창이 * **Village Hotel Changi**

### 공항에서 가까운 호텔

공항에서 가장 접근성이 좋은 호텔로 꼽힌다. 무성한 나무들로 둘러싸인 호텔은 조용하고 평화로우며 객실 창을 통해 바다와 푸른 정원을 마주할 수 있다. 귀국 전 여유롭게 동부 지역을 여행하고 싶다면 마지막 1박은 이곳에서 머무를 것을 추천한다. 매시간 공항과 연결하는 무료 셔틀버스를 운행하고 있으니 여러모로 편리하다.

**MAP** p.3-D **찾아가기** 창이 국제공항에서 택시로 15분, 요금은 S$13~14 **주소** 1 Netheravon Rd. **전화** 6379-7111 **WIFI** 객실 내 무료 **체크인 / 체크아웃** 14:00 / 12:00 **예산** $$$ **홈페이지** www.stayfareast.com/villagechangi

## 그랜드 파크 시티 홀 * **Grand Park City Hall**

### 무난한 수준의 서비스와 시설

큰 규모의 웅장한 외관이 눈길을 끄는 그랜드 파크 시티 홀은 MRT 시티 홀 역에서 도보 5분 거리에 있다. 유명 관광지와 각종 푸드코트, 쇼핑몰 등이 가까워 여행자들에게는 최적의 위치를 자랑한다. 룸 크기는 작은 편이고, 각 객실마다 욕조가 구비되어 있다. 무난한 수준의 서비스와 시설을 갖추고 있으며 가격 대비 괜찮은 숙소다. 야외 수영장도 있다.

**MAP** p.6-B **찾아가기** MRT 시티 홀(City Hall) 역 B번 출구에서 North Bridge Rd.와 Coleman St. 따라 도보 4분 **주소** 10 Coleman St. **전화** 6336-3456 **WIFI** 객실 내 무료 **체크인 / 체크아웃** 14:00 / 12:00 **예산** $$$ **홈페이지** www.parkhotelgroup.com/cityhall


## 아마라 싱가포르 * **Amara Singapore**

### 한식당이 있는 호텔

부모님을 모시고 떠난 여행이거나 해외여행 중 한국 음식을 꼭 먹어야 하는 이라면 MRT 탄종 파가 역 근처의 아마라 호텔을 눈여겨보자. 호텔 내에 8곳의 레스토랑이 있는데 그중 한식당 '향토골'이 있는 것이 이채롭다. 한국인들에게 익숙한 탐앤탐스와 스타벅스, 편의점도 지척이라 편리하다. 6층 규모로 크지 않지만 리조트풍의 수영장도 있다. 가격 대비 입지 조건이 좋고 룸 컨디션도 괜찮은 편이다.

**MAP** p.12-J **찾아가기** MRT 탄종 파가(Tanjong Pagar) 역 A번 출구에서 Tanjong Pagar Rd. 따라 도보 4분 **주소** 165 Tanjong Pagar Rd. **전화** 6879-2555 **WIFI** 무료 **체크인 / 체크아웃** 14:00 / 12:00 **예산** $$$ **홈페이지** http://singapore.amarahotels.com


## 콩코드 호텔 싱가포르 * **Concorde Hotel Singapore**

### 오차드 로드와 연결된 편리한 호텔

오차드 로드에 위치해 접근성이 좋은 편이며 주변에 MRT 서머싯 역과 도비 고트 역이 있다. 클래식하면서 정갈한 인테리어가 인상적인 호텔로 야외 수영장과 비즈니스 센터, 인터넷 스테이션 등을 갖추고 있다. 로비는 3층에 있다.

**MAP** p.11-H **찾아가기** MRT 서머싯(Somerset) 역 D번 출구에서 Somerset Rd.와 Oxley Rd. 따라 도보 6분 **주소** 100 Orchard Rd. **전화** 6733-8855 **WIFI** 객실 내 무료 **체크인 / 체크아웃** 14:00 / 12:00 **예산** $$ **홈페이지** http://singapore.concordehotelsresorts.com

## 파크 레지스 싱가포르 ★ **Park Regis Singapore**

### 합리적인 요금의 4성급 호텔

MRT 클라크 키 역과 가깝고 합리적인 요금의 4성급 호텔이다. 모던하고 깔끔한 객실은 크지 않지만, 딱 필요한 시설과 물품을 갖추고 있어 지내는 데 불편함이 없다. 객실에 비해 창이 큰 편이라 채광이 좋다. 객실과 욕실 일부는 커튼으로 분리되어 있다. 시설과 위치로 따진다면 매우 합리적인 호텔이라 할 수 있다.

**MAP** p.6-E  **찾아가기** MRT 클라크 키(Clarke Quay) 역 B번 출구 건너편으로 도보 3분  **주소** 23 Merchant Rd.  **전화** 6818-8888  **WIFI** 무료
**체크인 / 체크아웃** 15:00 / 12:00
**예산** $$  **홈페이지** www.parkregissingapore.com


## 페닌슐라 엑셀시오르 호텔 ★ **Peninsula Excelsior Hotel**

### 비즈니스 여행객들이 선호하는 호텔

MRT 시티 홀 역 주변에 자리한 합리적인 가격의 호텔이다. 효율적인 위치와 꽤 저렴한 요금의 객실이 있어 비즈니스 여행객들이 선호한다. 방은 크지 않은 편이며, 마리나 베이 샌즈와 싱가포르 플라이어 등이 보이는 마리나 베이 뷰의 객실이 인기다. 아쉬운 점은 통유리 창이 아니라는 것. 야외 수영장을 갖추고 있는데 한 면이 유리로 되어 있어 속이 훤히 보이는 것이 인상적이다.

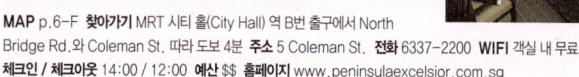

**MAP** p.6-F  **찾아가기** MRT 시티 홀(City Hall) 역 B번 출구에서 North Bridge Rd.와 Coleman St. 따라 도보 4분  **주소** 5 Coleman St.  **전화** 6337-2200  **WIFI** 객실 내 무료
**체크인 / 체크아웃** 14:00 / 12:00  **예산** $$  **홈페이지** www.peninsulaexcelsior.com.sg


## 호텔 젠 오차드게이트웨이 싱가포르 ★ **Hotel Jen Orchardgateway Singapore**

### 작지만 알차고 깨끗한 숙소

리모델링을 마친 후 2014년 9월에 오픈한 오차드 로드의 호텔이다. 우리에게는 아직 낯선 이름이지만 필리핀, 홍콩, 호주 등지에 지점을 두고 있는 브랜드다. 다른 특급 호텔에 비해 규모는 조금 작지만 필요한 것만 쏙쏙 골라 꾸며 놓은 객실이 단정하다. 옥상에 로맨틱한 수영장이 마련되어 있는데, 이곳에서 마리나 베이 마천루와 레이저 쇼를 구경할 수 있다.

**MAP** p.11-H  **찾아가기** MRT 서머싯(Somerset) 역 B번 출구에서 도보 1분
**주소** 277 Orchard Rd.  **전화** 6708-8888  **WIFI** 무료
**체크인 / 체크아웃** 14:00 / 12:00  **예산** $$  **홈페이지** www.hoteljen.com

## 호텔 레! * **Hotel Re!**

### 여성들이 좋아할 만한 부티크 호텔

호텔 이름 뒤에 붙은 느낌표처럼 통통 튀는 부티크 호텔로, 외관부터 객실까지 과감한 컬러를 사용한 것이 인상적이다. 모던하면서도 빈티지한 분위기의 호텔은 밝고 화사해 여성들이 좋아할 만한 스타일이다. 최근 재미있는 상점들이 생겨나고 있는 MRT 우트럼 파크 역 근처에 있는데 교통이 다소 불편한 것이 단점이지만 MRT 역까지 무료 셔틀버스를 운행하니 어느 정도 불편을 해소할 수 있다.

**MAP** p.12-A **찾아가기** MRT 우트럼 파크(Outram Park) 역 B번 출구에서 Outram Rd.와 Chin Swee Rd. 따라 도보 8분 **주소** 175A Chin Swee Rd. **전화** 6827-8288 **WIFI** 무료 **체크인 / 체크아웃** 15:00 / 12:00 **예산** $$ **홈페이지** www.hotelre.com.sg


## 쿼터스 호스텔 * **Quarters Hostel**

### 북유럽 감성의 아기자기한 숙소

깔끔한 호스텔로 북유럽 감성의 가구들과 귀여운 로고가 어우러져 경쾌하고 산뜻한 분위기의 숙소다. 공용으로 사용하는 로비와 부엌, 화장실이 있으며 에어컨 시설도 괜찮은 편이다. 침대와 사물함을 제외하면 비좁은 편이지만, 호스텔 치고는 무난하며 아침에 시리얼과 토스트가 제공된다. 클라크 키에 위치해 접근성도 좋고, 나이트라이프를 즐기기에도 좋다.

**MAP** p.8-B **찾아가기** MRT 래플스 플레이스(Raffles Place) 역 G번 출구에서 Chulia St.와 Circular Rd. 따라 도보 6분 **주소** 12 Circular Rd. **전화** 6438-5627 **WIFI** 무료 **체크인 / 체크아웃** 15:00 / 12:00 **예산** $ **홈페이지** www.stayquarters.com


## 호텔 이비스 싱가포르 노베나 * **Hotel ibis Singapore Novena**

### 실속파 여행자를 위한 비즈니스 호텔

실속형 호텔을 찾는다면 고려할 만하다. 세계적인 체인 호텔이니 서비스나 시설을 신뢰할 만한 3성급 비즈니스 호텔이다. 241실의 객실을 갖추고 있으며 비즈니스 호텔인 만큼 객실은 다른 호텔에 비해 좁다. 하지만 필요한 시설을 모두 갖추고 있어 지내는 데 큰 불편함은 없다. 조식은 베이커리와 시리얼 그리고 몇 개의 메인 디시를 제공한다.

**MAP** p.3-G **찾아가기** MRT 노베나(Novena) 역 A번 출구에서 Irrawaddy Rd. 따라 도보 9분 **주소** 6 Irrawaddy Rd. **전화** 6808-9888 **WIFI** 무료 **체크인 / 체크아웃** 14:00 / 12:00 **예산** $$ **홈페이지** www.accorhotels.com

## 헤리티지 호스텔 * Heritage Hostel

### 믿을 수 있는 한인 호스텔

깐깐하기로 이름난 싱가포르 정부로부터 유일하게 정식 허가를 받은 한인 호스텔이라 신뢰가 간다. 차이나타운 중심에 자리하고 있는데, 맥스웰 푸드 센터 바로 옆 숍 하우스에 걸린 '헤리티지 호스텔'이라는 한글 문구가 반갑다. 2인 룸, 가족 룸, 도미토리 룸 등이 준비되어 있다. 특이하게도 맥스웰 푸드 센터에서 무료로 조식을 제공하는데 메뉴는 요일별로 달라진다. 할인된 가격에 관광지 티켓도 판매하며, 투숙객이 아니더라도 구입이 가능하다.

MAP p.12-F 찾아가기 MRT 탄종 파가(Tanjong Pagar) 역 B번 출구에서 Maxwell Rd.와 South Bridge Rd. 따라 도보 4분 주소 293 South Bridge Rd. 전화 8618-9233, 070-7579-3464(한국) WIFI 무료 체크인 / 체크아웃 14:00 / 12:00 예산 $ 홈페이지 www.heritagehostel.net

## 캄 렝 호텔 * Kam Leng Hotel

### 오랜 역사가 녹아 있는 빈티지한 숙소

1927년부터 운영되고 있는 숙소. 지난 2012년 대대적인 리노베이션을 마쳤으나 향수를 불러일으키는 빈티지한 벽과 바닥은 여전하다. 70실의 객실을 보유하고 있으며 3가지 룸 타입이 있다. 가격이 저렴하고 리틀 인디아와 가까워 주머니가 가벼운 젊은 여행자들에게 인기다. 숙소 근처에 24시간 쇼핑몰 무스타파 센터 (p.261)가 있다.

MAP p.15-C 찾아가기 MRT 파러 파크(Farrer Park) 역 H번 출구에서 Serangoon Rd.와 Petain Rd., Jln Besar 따라 도보 10분
주소 383 Jalan Besar
전화 6239-9399 WIFI 무료
체크인 / 체크아웃 14:00 / 12:00 예산 $
홈페이지 www.kamleng.com

## 5 풋웨이 인 프로젝트 보트 키 * 5 Footway. Inn Project Boat Quay

### 문화와 감성을 전해 주는 숙소

단순하게 저렴한 숙소를 제공한다는 차원을 넘어 문화와 감성을 전달하는 호스텔 체인이다. 차이나타운과 부기스, 보트 키, 안 시앙에 지점이 있다. 주변으로 싱가포르 강과 보트 키 카페, 바가 이어지고, 밤에는 마리나 베이의 레이저 쇼도 구경할 수 있다. 강이 보이는 객실은 언제나 인기다.

MAP p.8-B 찾아가기 MRT 클라크 키(Clarke Quay) 역 F번 출구에서 싱가포르 강을 따라 도보 3분 주소 76 Boat Quay WIFI 무료 체크인 / 체크아웃 15:00 / 12:00 예산 $ 홈페이지 www.5footwayinn.com

## 하이브 * The Hive

### 깔끔하고 접근성 좋은 호스텔

리틀 인디아에 있는 깔끔하고 자유로운 분위기의 호스텔이다. 노란색 외관과 삐뚤빼뚤한 간판이 정겹고 사랑스럽다. MRT 역이 가까워 오가기에도 좋고, Wi-Fi와 세탁, 아침 식사 등이 무료로 제공되니 여러모로 반가운 곳이다. 스태프도 친절하고, 시스템과 호스텔 룰이 잘 갖춰져 있어 저렴한 비용으로 만족스러운 시간을 보낼 수 있다. 단, 혼성 도미토리도 있으니 예약할 때 주의할 것.

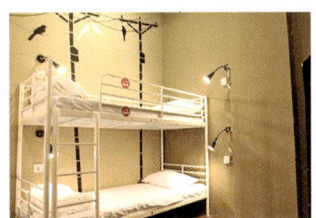

**MAP** p.15-C  **찾아가기** MRT 분 켕(Boon Keng) 역 C번 출구에서 Serangoon Rd. 따라 도보 5분  **주소** 624 Serangoon Rd.
**전화** 6341-5041  **WIFI** 무료  **체크인 / 체크아웃** 14:00 / 12:00  **예산** $  **홈페이지** www.thehivesg.com

## 럭 색 인 * Ruck Sack Inn

### 젊은 감각의 인기 호스텔 체인

최근 새로운 핫스폿으로 주목받고 있는 라벤더 스트리트에 지점을 두고 있는 유명 호스텔 체인이다. 객실은 이케아 스타일의 심플하면서도 실용적인 가구와 젊은 감각의 아기자기한 소품들로 꾸며져 있다. 특이한 점은 신발을 벗고 생활해야 한다는 것이다. 개인 로커가 제공되며 맥켄지(Mackenzie)에도 지점이 있다.

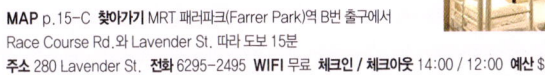

**MAP** p.15-C  **찾아가기** MRT 패러파크(Farrer Park)역 B번 출구에서 Race Course Rd.와 Lavender St. 따라 도보 15분
**주소** 280 Lavender St.  **전화** 6295-2495  **WIFI** 무료  **체크인 / 체크아웃** 14:00 / 12:00  **예산** $

## 애들러 럭셔리 호스텔 * Adler Luxury Hostel

### 럭셔리 부티크를 표방한 호스텔

2012년 차이나타운에 오픈한 호스텔로, 나름 럭셔리 부티크 호스텔을 표방한다. 호스텔에서는 보기 드물게 앤티크한 가구를 배치한 것은 물론 도미토리 룸의 침대 역시 남다르다. 각 침대마다 커튼이 달려 있어 개인 공간이 확보되어 다른 호스텔에 비해 덜 소란스럽다. 공간도 일반 호스텔에 비해 넓은 편이다.

**MAP** p.12-B  **찾아가기** MRT 차이나타운(Chinatown) 역 A번 출구에서 Pagoda St.와 South Bridge Rd. 따라 도보 5분
**주소** 259 South Bridge Rd.  **전화** 6226-0173  **WIFI** 무료
**체크인 / 체크아웃** 15:00 / 11:00  **예산** $  **홈페이지** www.adlerhostel.com

# Prepare to Travel

## 싱가포르 여행 준비

여권과 비자 · 394
여행자 보험 · 396
각종 증명서 · 397
항공권 예약 · 398
숙소의 선택 · 400
환전과 여행 경비 · 402
인천공항 가는 법 · 404
출국 수속 · 406
휴대폰으로 인터넷하기 · 409

# 여권과 비자
PASSPORT & VISA

2008년부터 보안성을 극대화하고 위·변조와 도용을 억제하기 위해 전자 여권을 도입했다. 비접촉식 IC 칩을 내장한 전자 여권에는 신원과 바이오 인식 정보가 저장된다. 바이오 인식 정보는 얼굴과 지문 등을 뜻한다.

### 여권 발급에 필요한 서류
1. 여권발급신청서
2. 여권용 사진 1매
3. 신분증
4. 여권 발급 수수료 : 복수 여권(5년 초과 10년 이내) 48면 5만 3000원, 24면 5만 원, 단수 여권 2만 원
5. 병역 의무 해당자는 병역 관계 서류(☎1588-9090, 홈페이지 www.mma.go.kr에서 확인)
6. 18세 미만 미성년자는 여권발급 동의서 및 동의자 인감증명서, 가족관계증명서(단, 미성년자 본인이 아닌 동의자 신청 시 여권발급동의서, 인감증명서 생략 가능)

## 차세대 전자 여권 도입

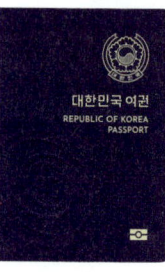

문체부와 외교부가 여권의 보안성을 강화하기 위해 폴리카보네이트 재질을 도입하기로 결정, 2020년부터 여권의 모습이 달라진다. 종류는 일반 여권(남색), 관용 여권(진회색), 외교관 여권(적색)으로 구분되며, 오른쪽 상단에는 나라 문장이, 왼쪽 하단에는 태극 문양이 새겨진다. 또한, 여권 번호 체계를 변경해 여권 번호 고갈 문제를 해소하고 주민등록번호가 노출되지 않도록 개편되어 보안성이 더욱 향상된다. 현행 여권은 유효 기간 만료까지 사용 가능하며, 여권 소지인이 희망하는 경우에는 유효 기간 만료 전이라도 차세대 여권으로 교체할 수 있다.

## 여권 신청

여권 발급 신청은 자신의 본적이나 거주지와 상관없이 가까운 발행 관청에서 신청할 수 있다. 서울 25개 구청과 광역시청, 지방도청의 여권과에서 접수를 받는다. 신분증을 소지하고 인근 지방자치단체를 직접 방문해야 하며, 대리 신청은 불가하다. 접수는 평일 오전 9시부터 오후 6시까지 가능하다. 그러나 직장인들을 위해 관청별로 특정일을 지정해 야간 업무를 보거나 토요일에 발급하기도 한다. 발급에는 보통 3~4일 정도 걸리지만, 성수기에는 10일까지 걸릴 수 있으니 여행을 가기로 마음먹었다면 바로 신청한다.

## 여권 종류

일반적으로 복수 여권과 단수 여권으로 나뉜다. 복수 여권은 특별한 사유가 없는 한 5년 내지 10년 동안 횟수에 제한 없이 외국에 나가는 것이 가능하다. 단수 여권은 단 한 번만 외국에 나갈 수 있으며 유효 기간은 1년이다. 만 18세 이상 30세 이하인 병역 미필자 등에게 발급한다.

## 여권 재발급

여권을 분실했거나 훼손한 경우, 사증(비자)란이 부족한 경우, 주민등록 기재 사항이나 영문 성명을 변경·정정할 경우는 재발급을 받아야 한다. 재발급 여권은 구 여권의 남은 유효 기간을 그대로 받으며 수수료는 2만 5,000원이다. 단, 남은 유효 기간이 1년 이하이거나 본인이 원하는 경우에는 신규 여권으로 발급받을 수도 있다.
외교부 여권과 홈페이지(www.passport.go.kr)에서 휴대전화 번호를 등록하면 여권 유효 기간 만료 6개월 전에 알림 서비스를 해준다.

## 여권 사진 촬영 시 주의할 점

크기는 가로 3.5cm, 세로 4.5cm이며, 6개월 이내에 촬영한 상반신 사진이어야 한다. 바탕색은 흰색이어야 하고, 포토샵으로 보정한 사진은 사용할 수 없다. 즉석 사진 또는 개인이 촬영한 디지털 사진 역시 부적합하다. 연한 색상의 옷을 착용할 경우 배경과 구분되면 괜찮다. 해외에서 생길 수 있는 마찰의 소지를 줄이기 위해서라도 본인의 실제 모습과 가장 닮은 사진을 준비한다.

## 여권 발급 문의

여권 발급과 해외 안전 여행에 관한 정보를 얻을 수 있고 여권 관련 민원 서식을 다운로드할 수도 있다.
**외교부 여권과** www.passport.go.kr

### ■ 싱가포르 여행 중 여권 분실 시

싱가포르에서 여권을 분실했다면 그 즉시 경찰서에 가서 사고 경위를 이야기한 후 도난·분실증명서를 작성해야 한다. 다음 주싱가포르 대한민국 대사관(p.75)에 가서 여권 재발급 수속을 밟아야 한다. 분실증명서와 재발급 비용, 여권용 증명 사진 등을 챙겨 가면 재발행 사유서를 작성하고 여권을 재발급 받을 수 있다. 만일의 경우를 대비해 여행 전 여권 사본을 준비해두고 여권 번호를 적어두는 것이 좋다.

## 영사 콜센터

해외에서 사건, 사고 또는 긴급한 상황에 처한 우리 국민들에게 외교부가 도움을 주기 위해 연중무휴 24시간 상담 서비스를 제공한다.
**국내 이용 시** ☎ 02-3210-0404
**해외 이용 시**(무료 연결, 유선 전화 이용)
국가별 접속 번호 233-2582를 누른 후 ARS 서비스 5번
**휴대폰 자동 로밍일 경우**
현지 입국과 동시에 자동 수신되는 영사 콜센터 안내 문자에서 통화 버튼을 누르면 연결된다(접속료 부과).

## 비자

싱가포르의 경우 체류 기간이 6개월 이내라면 비자 없이도 입국 가능하다. 만일 6개월 이상 머물 예정이라면 주한 싱가포르대사관을 통해 비자를 발급받아야 한다.

---

### 여권 재발급에 필요한 서류

1. 여권발급신청서
2. 여권용 사진 1매
3. 현재 소지하고 있는 여권(분실 재발급, 여권 판독 불가 시 신분증)
4. 가족 관계 기록 사항에 관한 증명서
5. 여권 재발급 사유서
6. 병역 의무 해당자는 병역 관계 서류
7. 여권분실신고서(분실 재발급 시)

### ■ 주한 싱가포르대사관
EMBASSY OF THE REPUBLIC OF SINGAPORE

**찾아가기** 지하철 5호선 광화문역 5번 출구에서 도보 5분
**주소** 서울시 중구 세종대로 136 서울파이낸스센터
**전화** 02-774-2464
**운영** 월~금요일 10:00~16:00

# 여행자 보험

TRAVEL INSURANCE

여행자 보험은 여행 중 발생할 수 있는 항공기 사고, 납치, 천재지변 등의 큰 사건은 물론 도난, 교통사고 등 개인적인 일까지 여행 중 일어날 수 있는 갖가지 사건, 사고에 대한 손해를 보상한다.

### ■ 여행자 보험 일반 보상 금액

**사망 및 후유 장애** 5000만~3억 원
**상해 의료비** 500만~5000만 원
**질병으로 인한 사망**
1000만~2000만 원
**질병 의료비** 500만~5000만 원
**휴대품 손해 도난 물품**
1개당 최대 20만 원(총 5개까지)

### 가입은 어디서

보험설계사, 보험사 영업점, 대리점을 통해 가입할 수 있다. 각 보험 회사의 온라인 사이트에서도 가입할 수 있다. 미리 보험을 준비하지 못했다면 비행기에 탑승하기 전 공항 내 보험 서비스 창구를 이용한다.

### 보험료

7일 이하의 단기 여행자는 최소 5000원부터 최고 3만 원 선. 여행 기간 3개월까지는 1회 단기 상품 가입이 가능하지만, 3개월 이상이라면 매달 납입하는 장기 상품에 가입해야 한다. 성별과 나이, 여행 기간에 따라 요금 차이가 있다.

미리 여행자 보험에 가입하지 못했다면 공항에서 출국장에 들어가기 전 가입하자.

## 여행자 보험 Q&A
### Question & Answer

**Q 여행 기간이 끝난 후에는 보상받을 수 없나?**
A 여행하는 동안 일어난 사고에 한하지만, 여행 중 발생한 질병으로 인해 보험 기간이 끝난 후 30일 이내에 사망할 경우 보상받기도 한다.

**Q 다른 보험과 중복 적용을 받을 수 있나?**
A 의료실비보험에 가입했다면 여행자 보험과 별도로 치료비의 40%까지 보상받을 수 있다. 단, 2009년 10월 이후 가입했다면 중복 적용이 안 된다. 단체 여행자 보험과 개별 여행자 보험에 동시에 가입했다면 보장 한도에 따라 각각 보험금을 받을 수 있다. 사망할 경우 가입한 모든 보험 회사에서 사망 보험금을 받을 수 있다.

**Q 보상을 받기 위해 필요한 서류는?**
A 현지 병원이 발급한 진단서와 치료비 영수증, 약제품 영수증, 처방전 등을 챙긴다. 도난 사고가 발생한 경우라면 현지 경찰이 발급한 도난 증명서(사고 증명서)가 필요하다. 여행 중 구입한 상품을 도난당했다면 물품 구입처와 가격이 적힌 영수증을 준비한다.

**Q 여행자 보험은 어느 나라에서든 적용되나?**
A 국가에서 지정한 여행 금지 지역과 여행 제한 지역은 보험 가입과 보상이 불가능하다. 여행을 떠나기 전 외교통상부 해외안전여행 사이트(www.0404.go.kr)에서 확인할 수 있다.

**Q 레저를 즐기다가 다치면 보상받을 수 있나?**
A 스쿠버다이빙, 번지점프, 자동차 및 오토바이 경주, 골프 등 스포츠나 레저 활동을 하다가 사고가 나면 보상받지 못한다.

## 각종 증명서

증명서마다 발급 비용이 들어가므로 효용을 따져 보고 발급받는다. 무턱대고 받아 놓기만 했다가 제대로 써 보지도 못한 채 유효기간을 넘길 수 있기 때문이다.

### 국제학생증

학생을 위한 특권이라 할 수 있는데 관광지 입장료, 교통비, 숙박비 등을 할인받을 수 있다. 환전 시 우대하는 은행도 있고, 현지에서 긴급 의료 서비스를 받을 수 있다. 국제학생증은 크게 ISIC와 ISEC로 나뉜다. 두 가지 모두 세계에서 공신력 있는 국제학생증으로 통하지만 발급 기관이 다르고, 혜택의 차이가 조금씩 있으니 참고한다.

■ 국제학생증

**발급처** ISIC, ISEC 사무실 및 제휴 대학교, 제휴 은행, 제휴 여행사

**비용** ISIC : 17,000원(1년), 34,000원(2년)
ISEC : 14,000원(1년), 20,000원(2년)

**유효기간** 발급받은 달로부터 13개월(ISIC), 1~2년(ISEC)

**전화** 02-733-9393(ISIC)
1688-5578(ISEC)

**홈페이지** www.isic.co.kr(ISIC)
www.isecard.co.kr(ISEC)

### 유스호스텔 회원증

저렴하고 즐거운 여행을 즐기는 배낭여행자에게 첫손으로 꼽히는 숙소는 뭐니 뭐니 해도 유스호스텔이다. 유스호스텔을 이용하기 위해서는 회원증이 필요하다. 회원증은 유럽, 호주, 미주 지역을 여행할 때는 특히 유용하다. 세계에서 유스호스텔이 가장 잘 발달한 곳이며, 세계유스호스텔연맹에 가입한 호스텔에서 회원에게 다양한 혜택을 제공하기 때문이다. 회원증이 있는 사람만 투숙 가능한 곳이 있고, 회원가와 비회원가가 따로 책정된 곳도 많다. 회원증은 센터 방문 시 즉시 발급 가능하며, 웹사이트 신청 시 2~3일 후 택배로 받을 수 있다.

■ 유스호스텔 회원증

**발급처** 한국유스호스텔연맹 홈페이지

**비용** 17,000원(이멤버십), 22,000원(1년), 34,000원(2년), 46,000원(3년), 58,000원(4년), 70,000원(5년), 210,000원(평생)

**전화** 02-725-3031

**홈페이지** www.youthhostel.or.kr

### 국제운전면허증

여행 방법이 점차 다양해지고 있다. 현지 대중교통을 이용하며 다니는 것도 의미 있지만, 미국이나 유럽 등에서 직접 운전하며 이동하는 일도 꽤 낭만적이다. 자동차 여행을 계획하고 있다면 국제운전면허증은 필수다.
싱가포르에서 운전할 일은 거의 없지만, 만약 필요한 사람은 다음과 같이 신청한다. 대한민국 운전면허증 지참자라면 가까운 운전면허시험장에 들러 즉시 발급받을 수 있고, 위임장을 구비하면 대리 신청도 가능하다. 단 대한민국 운전면허증과 여권을 함께 지참하지 않으면 무면허 운전으로 처벌받을 수 있으니 참고한다.

■ 국제운전면허증

**발급처** 운전면허시험장

**준비 서류** 여권(사본 가능), 운전면허증, 여권용 사진 1매(반명함판 사진 가능)

**비용** 8500원

**유효기간** 발급일로부터 1년

**전화** 1577-1120

# 항공권 예약
## AIR TICKET

항공권을 구입하는 일도 일종의 쇼핑이나 다름없다. 발품을 팔아야 마음에 쏙 드는 물건을 저렴하게 구입할 수 있듯, 부지런을 떨어야 보다 싼 항공권을 손에 거머쥘 수 있다. 항공권 가격을 결정하는 몇 가지 상식을 소개한다.

■ 싱가포르까지 비행시간
약 6시간 ~ 6시간 30분

비즈니스 클래스의 예

### 클래스

최근 항공사마다 특별한 전략을 내세우며 다양한 클래스를 내놓기도 하지만 보통 퍼스트, 비즈니스, 이코노미, 세 가지 등급을 기본으로 한다. 가장 저렴한 것은 당연히 이코노미 클래스. 이코노미 클래스도 여러 가지 조건에 따라 가격이 천차만별이다.

### 부가 조건

돌아오는 날짜 변경(리턴 변경) 가능 여부, 마일리지 적립 여부, 연령대, 유효기간, 경유 여부 등이 대표적인 부가 조건이다. 리턴 변경과 마일리지 적립이 불가능하고, 제한적으로 낮은 연령대에 판매하며, 유효기간이 짧고 어딘가를 경유하는 항공권이 가장 저렴하다고 생각하면 된다.
위와 같은 조건은 인터넷 구매 시 비고 항목이나 전화 상담을 통해 미리 확인한다.
무조건 제일 싼 항공권이 만사형통은 아니므로 마일리지 적립에 따른 이익과 돌아오는 날짜를 변경할 때 드는 수수료 등 비고 항목을 반드시 확인한다.

### 땡처리 항공권

땡처리 항공권은 출발 날짜가 임박한 티켓을 뜻하는데, 유효기간이 짧은 것이 대부분이고 조건도 까다롭다. 즉 예약 즉시 현금으로 입금해야 하거나 환불 및 날짜 변경이 절대 안 되며, 날짜가 임박한 상품이기 때문에 충분히 여행 준비를 할 시간적 여유가 없다는 단점이 있다. 그러나 그 어느 할인 항공권보다도 저렴한 요금에 구입할 수 있다는 것이 최대 장점이다.

TRAVEL TIP

### 할인 항공권이란?

보통 항공권 사이트 또는 여행사 사이트에서 구매하는 항공권은 할인 항공권이다(항공사 홈페이지에서 '할인 항공권' 섹션을 운영하기도 한다). 항공권 전문 판매 업체나 여행사에서는 항공사로부터 다량의 좌석을 정상가보다 저렴하게 확보한 후 왕복, 특정 조건을 적용해 보다 싼값에 내놓는다. 따라서 편도로 구매할 수 있는 일반 항공권은 보다 비싼 편이다.

# 저가 항공 이용법

최근 저가항공의 노선 수가 급격히 증가하고 있으며, 각종 프로모션을 통해 훨씬 저렴한 가격을 선보여 국내 여행객들에게 인기를 얻고 있다. 싱가포르로 취항 중인 저가항공은 에어아시아, 스쿠트 항공(Fly Scoot) 등이 있다. 하지만 경유편이기 때문에 짧은 주말여행일 때는 직항편을 이용하는 게 좋다. 저가 항공은 주머니가 가벼운 여행자들에게 열렬한 지지를 얻고 있지만, 요금이 저렴한 만큼 주의할 사항도 많다.

### ■ 목적지와 일정은 확실하게!
비용이 저렴한 대신 환불 또는 날짜 변경이 불가능한 경우가 종종 있다. 무조건 싸다고 구입하기보다는 꼼꼼히 살펴보고 여행 계획에 맞춰야 한다. 유류할증료의 포함 여부도 반드시 확인하도록 한다. 유류할증료 등의 세금이 항공권보다 훨씬 비쌀 수 있기 때문이다. 환불이 가능하더라도 그 수수료가 상당히 비쌀 수 있으니 주의한다.

### ■ 수시로 체크할 것!
항공권 가격이 무척 유동적이다. 좌석 수급 상황에 따라 편차가 큰 것은 물론 같은 날이라도 시간대에 따라 달라진다. 수시로 항공권 요금을 체크하면 보다 더 저렴하게 구입할 수 있다.

### ■ 조금 일찍 서두르자!
일반 항공권에 비해 체크인 절차가 다소 불편하다. 그러니 평소보다 30분 정도 일찍 공항에 도착하도록 한다. 사람들이 많이 몰리는 성수기에는 더욱 서두르는 것이 좋다.

### ■ 수하물은 최소한으로!
저가 항공사는 일반 항공사보다 초과하는 수하물에 대해 엄격한 규정을 적용한다. 무거운 짐 때문에 요금을 더 낼 수도 있다.

## 스톱오버

경유편을 이용하는 알뜰 여행자라면 스톱오버를 꼭 한번 고려해 보자. 스톱오버란 경유하는 도시에서 일정기간 체류가 가능한 제도로서 말 그대로 들렀다 갈 수 있는 프로그램이다. 스톱오버를 고려해야 할 항공사는 캐세이패시픽, 타이항공, 일본항공, 싱가포르 항공이다. 이 항공사들을 이용하면 각각 홍콩, 방콕, 도쿄 또는 오사카, 싱가포르 등 세계에서 쇼핑하기 좋은 도시에서 스톱오버가 가능하다. 특히 싱가포르는 비즈니스 출장자와 신혼 여행객들이 스톱오버로 많이 들르는 도시이다. 여행을 떠나는 길이나 마치고 돌아오는 길에 2~3일쯤 들러 쇼핑과 휴식을 즐기기 좋다. 단, 스톱오버는 항공권 구입 시 미리 신청해야 하며, 현지에서의 신청은 불가능하다. 또 항공권의 가격이나 옵션에 따라 스톱오버가 안 되거나 추가 요금이 많이 붙는 경우도 있으므로 항공권을 구입할 때 자세히 알아보고 선택하도록 하자.

## 숙소의 선택
ACCOMMODATION

여행을 떠나기 전 숙소를 예약하는 것이 좋다. 짧은 여행을 하는 트렁크족이라면 더더욱. 애써 찾아간 숙소에 빈 방이 없을 때의 난감함은 말로 다 못할 지경이다. 그런데 성수기엔 이런 난감한 일이 숱하게 발생한다.

■ 해외 호텔 예약 사이트

**호텔패스** www.hotelpass.com
한국 사람들에게 익숙한 페이지 구성과 정보

**아고다** www.agoda.co.kr
예약 단계에서 유용한 호텔 예약 사이트의 글로벌 강자

**트립어드바이저** www.tripadvisor.co.kr
세계 각국 여행자들의 호텔 리뷰와 생생한 정보가 강점

**익스피디아** www.expedia.co.kr
항공부터 숙박까지, 해외여행 시 필요한 예약을 한 번에

■ 비딩 사이트

**프라이스라인닷컴** www.priceline.com
꼼꼼하고 신중한 여행자들에게 정말 유용한 사이트

■ 소셜 네트워크 활용은 이곳에서

**윔두** www.wimdu.com
SNS로 세계의 숙소를 검색할 수 있는 사이트

**카우치 서핑** www.couchsurfing.com
세계 이용자들이 무료로 서로 잘 곳을 제공하는 커뮤니티

**에어비앤비** www.airbnb.co.kr
현지인의 숙소를 경험할 수 있는 숙소 공유 사이트

### 해외 호텔 예약 사이트 이용하기

우리나라에서 운영하는 해외 호텔 예약 사이트를 비롯해 여행사, 오픈마켓 등에서 예약이 가능하다.
최근에는 아고다, 익스피디아, 트립어드바이저 등 글로벌 호텔 예약 사이트에서 한국어 서비스를 제공하니 선택의 폭이 넓어진 셈. 각 사이트마다 제시하는 요금과 조건(공항 픽업, 조식 포함 여부)이 다를 수 있으니 이곳저곳을 비교해야 보다 저렴하게 이용할 수 있다.

아고다

### 호텔에 가격을 제시하는 비딩 사이트

최근 개별 여행을 떠나는 여행자 사이에서 크게 주목받고 있는 방법이다. 특히 잠자리가 중요한 허니무너들 사이에서 인기다. 이름에서 눈치챌 수 있듯 비딩 사이트는 역경매 방식으로 호텔을 예약할 수 있는 사이트다. 내가 원하는 지역과 원하는 등급의 호텔을 선택하고 가격을 제시하는 것. 그러다 보니 일반 호텔 요금보다 훨씬 저렴하게 예약할 수 있다. 비딩(입찰)은 한번 성사되면 환불이 되지 않으니 조건 등을 잘 알아본 후, 신중하게 신청해야 한다.

프라이스라인닷컴

### 호텔 예약도 소셜 네트워크 시대

세계 각국의 현지 호스트와 게스트가 서로 홈스테이 정보를 교환하고 예약하는 사이트도 있다. 얼마 전 한국에 론칭한 글로벌 여행 숙박 서비스 업체인 에어비앤비와 카우치 서핑(일부 한국어 지원)이 대표적이다. 전 세계 아파트, 고급 빌라, 단독주택, 별장, 성 등이 숙소로 등록되어 있다. 누구나 내 집을 외국인을 위한 게스트하우스로 등록할 수 있다는 점이 특징이다.

에어비앤비

홈페이지를 통해 숙소의 사진을 확인하고 다른 여행자들의 리뷰를 확인할 수 있다. 홈페이지 내 메시지 시스템을 통해 여행 전부터 호스트와 소통이 가능하다. 현지 문화를 좀 더 가까이 접하고 싶은 여행자라면 추천할 만하다.

## 기타 예약 방법

### ■ 여행사를 통한 예약

전 세계 체인을 둔 호텔이나 4성급 이상의 고급 호텔의 경우 대체로 여행사를 통한 예약이 가능하다. 인터넷에서 해외 호텔 예약을 대행하는 여행사 사이트도 있으므로 이를 통해 예약할 수

탑항공

도 있다. 장소를 선택한 다음 요금이나 호텔 위치 등의 조건을 검색할 수 있으며, 객실 예약 상황 확인과 예약도 모두 온라인으로 가능하다. 영어 및 한국어 사이트도 있다.

### ■ 호텔에 직접 예약

여행사에서 예약이 되지 않는 호텔에 숙박하고자 할 경우에는 직접 예약을 하는 수밖에 없다. 호텔에 따라서는 홈페이지를 개설하고 있으며, 직접 인터넷으로 예약하는

호텔 객실 내부

경우도 많다. 그 밖에는 직접 전화를 하거나 팩스로 예약을 해야 하는데 서류가 남는 팩스 쪽이 편리하고 확실하다.

리셉션은 호텔의 얼굴

### ■ 호텔 예약 시 알아둘 것

**1. 바우처**

바우처(Voucher)란 호텔의 예약과 숙박료 지불을 끝냈음을 뜻하는 호텔 예약 확정서다. 호텔 예약 대행사나 여행사에서 발급하는 서류인데, 이를 가지고 호텔에서 체크인하면 된다. 결제 후 보통 12시간 이내에 이메일로 바우처가 전달된다. 보통 현지어와 한국어로 되어 있어 알아보기 쉽고, 현지에서 지불하는 수고를 덜 수 있다.

**2. 레이트 체크인**

오후 6시 이후에 체크인하는 것을 레이트 체크인(Late Check-in)이라고 말한다. 투숙객이 미리 얘기하지 않고 오후 6시까지 체크인하지 않으면 원칙적으로 예약이 취소된 것으로 간주한다. 호텔 예약 시 레이트 체크인 여부를 미리 얘기하는 게 안전하다.

## 환전과 여행 경비

MONEY TALK

외국에 가면 신용카드를 취급하지 않는 작은 상점이나 식당이 많다. 안전을 위해서라도 신용카드는 호텔이나 면세점, 대형 쇼핑센터, 은행 ATM에서만 사용하자. 여행자 수표는 장기간 여행한다면 고려할 만하다.

## 환전

### ■ 현금 환전

싱가포르에서 한국 원화는 통용되지 않으므로 싱가포르 달러(S$)로 환전해 가는 것이 일반적이다. 싱가포르 달러는 대부분 시중 은행에서 보유하고 있다. 단 모든 은행이 싱가포르 달러를 보유하고 있는 것은 아니므로 미리 전화로 확인한 후 은행을 방문하도록 하자. 비상금으로 미화(US$)를 챙겨가는 것도 좋은 방법이다.

### ■ 사이버 환전

은행을 직접 방문할 시간이 없다면 인터넷이나 스마트폰 애플리케이션을 통해 환전할 것을 추천한다. 굳이 은행 업무 시간에 환전할 필요도 없고, 외와 수령 또한 출국하기 전 공항에서 할 수 있어 편리하다. 사이버 환전의 대중화가 본격화되면서 환율 우대 혜택 또한 은행 창구보다 좋은 편이다.

### ■ 환전 수수료 체크하기

시중 은행에서 환전할 때 환율 우대 혜택이 있는지 먼저 문의한다. 묻지 않으면 우대해 주지 않는 경우가 종종 있으므로 꼭 확인한다.

환율 우대를 높게 받고 싶다면 각 은행에서 운영하는 환전 관련 클럽에 가입한다. 대표적으로 외환은행 환전 클럽이 있다. 이곳에 가입하면 언제나 70% 안팎의 환율 우대를 받을 수 있다. 번거롭다면 주거래 은행에서 환전한다. 월급 통장을 갖고 있는 정도라면 50% 정도 환율 우대를 받을 수 있으며, 실적에 따라 할인율은 달라진다.

### ■ 얼마나 환전할까?

싱가포르 여행을 하면서 필요한 경비는 개인의 여행 스타일에 따라 차이가 있지만 보통 점심·저녁 식사와 교통비, 관광 명소의 입장료를 포함하여 하루 최고 S$60~100 정도로 생각하면 적당하다(숙박비 제외). 테마파크에 가거나 분위기 좋은 레스토랑이나 바에서 식사를 하는 경우 경비가 추가된다. 10일 미만의 여행 일정이라면 필요한 경비는 싱가포르 달러로 환전을 하고 신용카드를 적절하게 사용하는 것이 좋다.

## 신용카드

현금만 가져가는 것이 조금 불안하다면 신용카드를 준비하자. 보안상 문제점이나 약간의 수수료 부담이 있지만 가장 편리하고 보편적인 보조 결제수단으로 사용된

외국에서도 사용 가능한 신용카드인지 확인!

다. 게다가 신분증 역할까지 한다. 호텔, 렌터카, 단거리 항공권을 예약할 때 대부분 신용카드 제시를 요구한다. 현지에서 현금이 필요할 때 ATM을 통해 현금 서비스를 받을 수도 있다. 국제 카드 브랜드 중에선 가맹점이 많은 비자(Visa), 마스터(Master) 카드가 무난하다. 자신의 카드가 외국에서도 사용 가능한지도 반드시 확인하자. 또 외국은 카드 뒷면의 사인을 반드시 확인하므로 꼭 서명해 둔다.

■ 수수료 감안하기

신용카드로 결제한 금액과 청구 금액이 최고 3%까지 차이가 날 수 있다. 각종 수수료가 붙기 때문인데, 이런 수수료 부담을 덜어 주는 해외 선불 카드나 (국제 카드 수수료를 없앤) 국내 카드사의 해외 사용 특화 카드가 속속 출시되고 있다.

■ 신용카드 사용 시 환율 체크하기

환율 동향을 주시한다. 환율이 떨어지는 추세라면 신용카드를 꺼낼 찬스다. 신용카드 승인은 바로 되지만 신용카드 회사에 정산이 되어 넘어가는 것은 1~2일 후. 만일 환율이 계속 떨어지고 있다면 결제할 때 좀 더 싼 환율로 계산이 된다는 뜻이다.

■ 스키밍에 유의

신용카드 스키밍(Skimming)이 끊임없이 일어나고 있다. 스키밍은 신용카드 결제 단말기에 작은 칩을 부착해 타인의 신용카드 정보를 빼내는 것을 말한다. 위조 신용카드를 비롯한 신용카드 범죄의 원인이 된다.

# 현금카드로 인출

신용카드를 감당하기 어렵다면 해외 현금카드를 준비한다. 한국에서 발급한 해외 현금카드를 이용해 현지 ATM에서 현지 통화로 인출한다. 현금을 들고 다니는 것보다 안전하고, 신용카드보다 규모 있고 알뜰한 소비가 가능하다. 단, 신용카드처럼 준 신분증 기능은 하지 못한다. 외환은행, 씨티은행, KEB하나은행, 국민은행에서 발급하고 있으며 비자(VISA), 시러스(Cirrus), 플러스(Plus) 등의 금융기관 마크가 붙어 있다. 현지에서는 자신의 카드 금융기관 마크와 일치하는 ATM을 찾아 인출하면 된다.

국제 현금카드

■ 신용카드 수수료 계산하기

국제 카드 브랜드 수수료 1%
비자, 마스터에서 청구하는 수수료. JBC는 이 수수료를 받지 않는다. 단, 가맹점이 많지 않다.

국내 카드사의 환가료 0.2~0.75%
현지에서 카드를 결제하면 카드사는 가맹점에 외화로 비용을 미리 지불한다. 고객으로부터 돈을 받으려면 결제일까지 시간이 걸리므로 그 기간 동안 부여하는 이자 명목의 수수료다.

지불 통화 변경에 따른 환가 수수료 0.5% 내외
싱가포르 달러로 물건을 구매했다면, 이 금액이 국제 카드사를 통해 국내 카드사로 청구되는 과정에서 싱가포르 달러 → 달러 → 원화로 통화가 바뀌게 된다. 이때 기준 환율보다 높은 환율이 적용돼 금액이 조금씩 올라간다.

씨티은행 ATM은 한국어 서비스도 가능

■ 현금카드 수수료 계산하기

해외 이용 수수료
인출 금액의 1~2%
씨티은행 현금카드 소지자는 전 세계 씨티은행에서 출금할 때 이 수수료를 물지 않는다. 몇몇 은행은 출금 금액에 따라 수수료를 다르게 받는다.

해외 ATM 인출 수수료 US$2~3
이 항목 때문에 될 수 있으면 큰 액수를 한 번에 인출하는 것이 좋다.

## 인천공항 가는 법
TO THE AIRPORT

국제선을 타려면 늦어도 비행기 출발 2시간 전에는 공항에 도착해야 한다. 일부 지방 공항에서 출발하는 국제 항공편도 있지만, 대부분은 인천 국제공항에서 출발한다. 2018년 1월 18일 인천 국제공항 제2터미널이 생겼다. 제2터미널은 제1터미널보다 20분 정도 더 걸리므로, 제2터미널 이용객이라면 이동 시간을 감안해 조금 더 일찍 움직이자.

■ 인천공항 제2터미널을 이용하는 항공사(2019년 1월 기준)
- 대한항공
- 아에로멕시코
- 델타항공
- 에어프랑스
- KLM 네덜란드항공
- 알리탈리아
- 중화항공
- 가루다인도네시아
- 샤먼항공
- 체코항공
- 아에로플로트

### 가는 방법

2018년 1월부터 인천 국제공항이 제1터미널, 제2터미널로 나뉘어 운영되고 있다. 두 터미널이 멀찍이 떨어져 있는 데다 각각 취항 항공사가 다르므로, 출발 전 반드시 전자항공권(e-티켓)

2018년 개항한 인천 국제공항 제2터미널

을 통해 어느 터미널로 가야 하는지 확인해야 한다. 자칫 터미널을 잘못 찾을 경우 비행기를 놓치는 불운이 생길 수도 있다. 새로 개장한 제2터미널로 이전한 항공사는 대한항공, 아에로멕시코, 델타항공 등 스카이 팀 소속 11개 항공사이다. 기존의 제1터미널은 아시아나 항공, 기타 외국 항공사와 저가 항공사들이 취항한다.

터미널 간 이동은 5분 간격으로 운행되는 무료 순환버스를 타면 된다. 제1터미널 3층 중앙 8번 출구, 제2터미널 3층 중앙 4~5번 출구 사이에서 출발하며 15~18분 걸린다.

### ■ 리무진 버스

인천 국제공항으로 가는 가장 대표적인 교통수단이다. 서울, 수도권, 인천은 물론 경기도 북부와 충청남북도, 경상남북도, 전라남북도, 강원도에서 인천 국제공

항까지 한 번에 오는 노선이 있다. 서울 시내에서 출발하는 리무진 버스는 김포 공항과 주요 호텔을 경유해 인천 국제공항까지 오는데, 제1터미널까지 50분, 제2터미널까지 65분 정도 걸린다. 요금은 서울 및 수도권 기준으로 1만~1만 5,000원 정도다. 정류장, 시각표, 배차 간격, 요금 등은 인천 국제공항 홈페이지(www.airport.kr)나 공항리무진 홈페이지(www.airportlimousine.co.kr)을 참고한다.

### ■ 공항철도

서울역과 인천 국제공항을 연결하는 공항 철도는 리무진 버스 다음으로 대중적인 공항 교통수단이다. 공항 철도는 모든 역에 정차하는 일반 열차와 서울역에서 인천 국제공항까지 무정차로 운행하는 직통열차로 나뉜다. 일반 열차는 6~12분 간격에 58분이 걸리고, 요금은 서울역에서 출발할 경우 인천공항1터미널역까지 4,150원, 인천공항2터미널역까지 4,750원이다. 직통열차는 일반 열차와 달리 지정 좌석제로 승무원이 탑승해

안내 서비스를 제공한다. 30분~1시간 간격 운행에 43분 걸리고 요금은 9,000원이다.

### ■ 자가용
인천 국제공항에 가려면 공항 전용 고속도로인 인천 국제공항 고속도로를 이용해야 한다. 제2터미널을 이용할 경우는 표지판을 따라 신설 도로로 진입한다. 일단 진입한 뒤에는 공항과 영종도 외에는 다른 곳으로 가는 것이 불가능하다. 통행료는 경차 3,300원, 소형차 6,600원, 중형차 1만 1,300원, 대형차 1만 4,600원. 여객 터미널 출발층 진입로는 승용차와 버스 진입로가 서로 다르니 주의한다.

공항 철도 인천공항 1터미널역

### ■ 택시
당장 출발하지 않으면 비행기를 놓칠 경우 선택하는 최후의 교통수단이다. 가장 가깝다는 인천에서 이용하는 택시비는 2만5,000~3만 원이고, 서울 도심에서는 미터 요금만 4만~6만 원에 공항 고속도로 이용료까지 부담해야 한다. 만약 4명이 함께 탑승한다면 리무진 버스 요금과 비슷하니 택시를 이용하는 것도 괜찮다.

## 도심에서 여유롭게 수속하고 떠나자

### 도심공항터미널
도심에서 체크인, 출국 소속은 물론 수하물 위탁까지 미리 하고 공항으로 떠날 수 있어 편리한 서비스. 단, 터미널마다 이용 가능한 항공사(이용편에 따라 수속이 불가한 경우도 있다)가 다르기 때문에 출발 전에 미리 확인하고 가야 한다.

### 삼성동 코엑스와 광명역
서울 삼성동에 있는 한국 도심 공항 터미널과 2018년 오픈한 광명역 도심 공항 터미널에서 탑승 수속(체크인, 수하물 위탁), 사전 출국 심사를 할 수 있다. 다만 국내 취항 중인 일부 국내외 항공사만이 수속 가능하므로 미리 알아보고 가야 실수가 없다. 특히 광명역 도심공항터미널은 대한항공, 아시아나항공을 비롯해 국내 저가 항공사만 수속 가능하다. 출발 3시간 20분 전에 수속이 마감되며 인천국제공항까지는 공항 리무진버스로 1시간 30~50분 소요.
전화 02-551-0077~8
홈페이지 www.kcat.co.kr

### 서울역
서울역~인천 국제공항역 개통과 함께 공항철도 서울역에서 도심공항터미널 서비스를 실시한다. 대한항공, 아시아나항공, 제주항공 티웨이항공, 이스타항공의 체크인 카운터와 출국 심사대, 환전소 등이 들어서 탑승 수속과 수하물 탁송 서비스를 제공하며, 인천 국제공항 항공기 출발 3시간 전까지(대한항공은 3시간 20분 전까지) 탑승 수속을 마쳐야 한다. 서울역에서 인천 국제공항 제터미널까지는 직통 열차로 43분, 일반 열차로 58분 정도 소요된다. 서울역 도심 공항 터미널에 대한 내용은 공항 철도 홈페이지에서 알아볼 수 있다.
홈페이지 www.arex.or.kr

# 출국 수속
## DEPARTURE

주말이나 성수기는 출국 수속을 하는 데 더 많은 시간이 걸리므로 여유 있게 도착하는 것이 안전하다. 공항 면세점을 이용할 생각이라면 좀 더 서둘러야 한다.

### 01. 공항 도착

대한항공과 델타항공을 포함한 몇몇 스카이팀 항공사는 제2터미널, 아시아나항공과 기타 외국 항공사, 저가 항공사는 제1터미널을 이용한다.

### 07. 보딩 패스와 배기지 태그 받기

부치는 짐의 무게 제한은 15~23Kg으로 항공사별로 다르다!

### 06. 좌석 선택, 짐 부치기

보조 배터리는 부치는 짐에 넣을 수 없으므로 기내에 직접 가지고 타야 한다.

### 08. 출국장 들어가기

출국장으로 들어갈 때는 여권과 보딩 패스를 제시한다.

`Tip 1 참고`

DSLR, 노트북, 태블릿PC는 따로 빼서 통과시킨다.

### 09. 세관 신고 · 보안 검색

신고할 물건이 있으면 여행자 휴대 물품 반출 신고서를 작성한다. 엑스레이 검색대를 거친다. `Tip 2 참고`

**02. 카운터 확인**
전광판에서 해당 항공사의 카운터를 확인한다.

**03. 카운터 도착**
줄을 서서 차례를 기다린다.

**05. 여권과 e티켓 프린트를 제시**

**04. 체크인 시작**
부치는 짐이 없고 모바일 보딩패스가 있다면 바로 출국장으로 간다.

**10. 출국 심사**
직원에게 여권과 보딩 패스를 건넨다. 심사가 끝나면 돌려받는다. 자동 출입국 심사를 이용해도 좋다. `Tip 3 참고`

**11. 출발 게이트로 이동**
면세점 쇼핑을 한 후 출발 시각 30분 전까지 게이트 앞에 도착한다. `Tip 4 참고`

여행자보험 카운터

로밍 카운터

■ 전자담배는 절대 금물!
2018년 2월부터 싱가포르 내에서 전자담배 사용은 물론 소지하는 것도 전면 금지 되었다. 이를 어기면 벌금이 최대 S$2,000까지 나올 수 있으니 각별히 주의하도록 한다.

■ 면세 쇼핑을 했다면
시내 면세점이나 인터넷 면세점에서 쇼핑을 했다면, 출국 심사가 끝나자마자 면세품 인도장으로 갈 것. 성수기에는 인도장이 붐벼 물건을 찾는 데 꽤 시간이 걸린다. 물건을 찾을 인도장이 어디인지 미리 확인해 두자.

트램 타는 곳

### Tip 1  출국장으로 들어가기 전에 잠깐
환전, 여행자 보험 가입과 휴대전화 로밍을 아직 하지 않았다면 마지막 기회다. 인천 국제공항에는 은행, 여행자 보험 카운터와 휴대전화 로밍 센터가 있다. 출국장으로 들어가기 전에 해결하자. 에어사이드에 로밍 카운터가 있기는 하나 그곳에서는 로밍 서비스 신청을 받지 않는다.

### Tip 2  보안 검색 시 주의
기내에 휴대하는 모든 물건을 바구니에 넣어 검사대 레인 위에 올려놓는다. 주머니에 있는 것을 전부 꺼내 넣고, 액체 휴대품은 비닐 팩에 넣는다. 비닐 팩은 공항 내 편의점과 간이 서점에서 판매하므로 미리 준비하자. 노트북은 가방에서 꺼내 따로 통과시켜야 한다. 부츠나 모자를 착용한 경우 벗어서 문제가 없는지 확인해주어야 한다.

### Tip 3  자동 출입국 심사
자동 출입국 심사는 기기가 여권과 지문, 얼굴을 인식해 신원 확인을 하는 것으로 만 19세 이상 대한민국 여권 소지자라면 누구나 이용할 수 있다. 그러나 만 19세 미만이거나 이름 등의 인적 사항이 변경된 사람, 주민등록증 발급 후 30년이 지난 사람은 꼭 사전 등록을 해야 한다. 사전 등록 시 여권과 얼굴 사진을 제시해야 하며, 만 14세 이하는 가족관계증명서도 필요하다. 인천 국제공항 제1터미널은 3층 F 카운터 앞 등록 센터, 제2터미널은 2층 중앙의 정부 종합 행정 센터 쪽 등록 센터에서 하면 된다. 운영 시간은 양 터미널 모두 07:00~19:00이다.

홈페이지 www.ses.go.kr

### Tip 4  제1터미널의 101~132번 게이트로 가려면 트램을 타자!
탑승동에 위치한 101~132번 게이트로 가려면 입국 심사를 통과한 후 사진의 표지판을 따라 지하로 내려가, 트램을 타고 이동해야 한다. 트램은 자주 오고 이동 시간도 2분 정도로 짧지만, 사람이 붐빌 경우 트램을 놓치는 경우도 있으므로 20분 정도 먼저 출발해 게이트에 도착하는 것이 안심할 수 있다. 탑승동에도 다양한 면세점이 있다.

## 휴대폰으로 인터넷하기

INTERNET

신체의 일부분처럼 되어 버린 스마트폰. 여행 중이라고 해서 스마트폰을 손에서 떼놓기란 쉽지 않다. 통화나 메시지 외에도 지도 및 포털 사이트 검색, SNS 등 하고 싶은 것도 많고 해야 할 것도 많다. 하지만 외국에서도 한국에서처럼 자유롭게 인터넷을 쓰다 보면 엄청난 요금 폭탄을 맞게 되므로, 좀 더 알뜰하고 합리적인 방법을 찾아보자.

### 포켓 와이파이

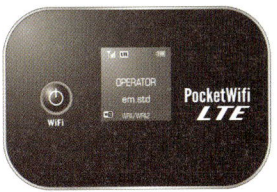

포켓 와이파이 단말기

포켓 와이파이는 해당 국가 이동통신사의 3G/4G LTE 신호를 Wi-Fi 신호로 바꿔주는 휴대용 단말기다. 현지 도착 후 전원을 켜고 ID와 비밀번호를 입력하면 데이터를 사용할 수 있다. 기기는 사전 예약 없이도 공항에서 대여 가능하나, 인터넷으로 예약하고 가는 편이 좋다. 한국 공항에서 직접 수령하거나 반납할 수 있으며, 일부 업체는 현지 공항에서 수령과 반납을 할 수 있고, 한국 내 택배 서비스를 제공하기도 한다.

포켓 와이파이는 기기 1대로 4~5명까지 접속할 수 있기 때문에 전화 외에 태블릿PC, 노트북 등 다양한 기기를 이용하거나 여러 명이 함께 사용할 때 합리적이다. 단, 단말기를 계속 충전해야 하고 요금이 대여일 수에 따라 계산되기 때문에 장기 체류할 경우엔 적합하지 않다. 데이터 사용 한도가 정해진 경우도 있다. 1일 요금은 시즌과 업체에 따라 다르나 3,000~7,000원 정도이다.

### 심 카드(유심 칩) Sim Card

심 카드

이동통신사 가입자의 전화번호 및 식별 정보를 담고 있는 심 카드는 휴대전화를 사용할 때 반드시 필요하다. 방법은 간단하다. 해당 국가의 통신사에서 판매하는 심 카드를 사서 사용하던 휴대전화에 교체하면 전화, 인터넷을 사용할 수 있다. 현지 통신사의 LTE급 데이터를 사용할 수 있고, 포켓 와이파이처럼 따로 단말기를 가지고 다닐 필요가 없기 때문에 편리하다.

하지만 심 카드를 교체하기 때문에 전화번호가 해당 국가의 전화번호로 바뀐다. 이 경우 국내에서 걸려오는 전화는 받을 수 없지만 어플을 활용하면 가능해진다. 태블릿 PC, 노트북 등 다른 기기에서 인터넷을 쓰려면 핫스폿을 해야 한다.

### 데이터 로밍 무제한 요금제

국내 이동통신사에서 제공하는 서비스로, 1일 9,000~1만 1,000원에 데이터를 무제한으로 쓸 수 있다. 한국에서 쓰던 전화번호를 그대로 사용하기 때문에 편리하고 포켓 와이파이 기기도 필요 없다. 다만 요금이 비싸고 1일 제공 데이터 양을 초과하면 속도가 느려지는 단점이 있다.

■ 정말 '데이터 무제한'일까?

여기서 소개하는 방법은 모두 '데이터 무제한'이라고 하지만 실제로 일정 데이터를 소진한 후에 3G로 변환되어 속도가 많이 느려지는 것이다. 하지만 과하게 사용하지만 않는다면 외국 여행에서 이용하기엔 충분할 것이다.

# 찾아보기 INDEX

## 관광

**알파벳**

| | |
|---|---|
| OCBC 스카이웨이 | 104 |
| sam at 8Q | 135 |
| S.E.A 아쿠아리움 | 292 |

**ㄱ·ㄴ·ㄷ**

| | |
|---|---|
| 가든 랩소디 | 103 |
| 가든스 바이 더 베이 | 100 |
| 고그린 세그웨이 | 302 |
| 굿 셰퍼드 성당 | 129 |
| 길먼 배럭스 | 348 |
| 나비 공원과 곤충 왕국 | 304 |
| 나이트 사파리 | 340 |
| 내셔널 갤러리 싱가포르 | 131 |
| 대통령 관저·이스타나 파크 | 191 |
| 덕스턴 힐 | 248 |
| 덕 투어 | 157 |
| 던롭 스트리트 | 266 |
| 뎀시 힐 | 210 |

**ㄹ·ㅁ**

| | |
|---|---|
| 라벤더 스트리트 | 277 |
| 래플스 랜딩 사이트 | 128 |
| 래플스 플레이스 | 124 |
| 래플스 호텔 & 아케이드 | 115 |
| 레고랜드 말레이시아 | 369 |
| 레드 닷 디자인 뮤지엄 | 232 |
| 레이스 코스 로드 | 262 |
| 레이크 오브 드림스 | 293 |
| 로롱 맘봉 거리 | 207 |
| 로버트슨 키 | 127 |
| 로체스터 파크 | 214 |
| 룽산시 사원 | 263 |
| 리버 사파리 | 338 |
| 리버 크루즈 | 157 |
| 리조트 월드 센토사 | 288 |
| 마담 투소 싱가포르 | 299 |
| 마리나 베이 샌즈 | 106 |
| 만다린 갤러리 | 176 |
| 말레이 헤리티지 센터 | 270 |
| 멀라이언 파크 | 121 |
| 메가집 어드벤처 파크 | 303 |
| 모하메드 술탄 로드 | 127 |
| 민트 장난감 박물관 | 134 |

**ㅂ**

| | |
|---|---|
| 바바 하우스 | 234 |
| 바탐 섬 | 361 |
| 버스 투어 | 157 |
| 버팔로 로드 | 262 |
| 부기스 역 | 274 |
| 보트 키 | 127 |
| 부소라 스트리트 | 270 |
| 부의 분수 | 155 |
| 불아사 용화원 | 233 |
| 비보 시티 | 311 |
| 빅토리아 시어터 & 빅토리아 콘서트홀 | 129 |
| 빈탄 섬 | 353 |

**ㅅ**

| | |
|---|---|
| 사우스비치 | 130 |
| 사이언스 센터 싱가포르 | 347 |
| 사카 무니 부다 가야 사원 | 263 |
| 샌즈 스카이파크 | 107 |
| 세랑군 로드 | 258 |
| 세인트 앤드류 성당 | 122 |
| 센토사 4D 어드벤처 랜드 | 304 |
| 센토사 멀라이언 | 301 |
| 센토사 코브 | 305 |
| 술탄 모스크 | 269 |
| 슈퍼트리 그로브 | 102 |
| 스리 마리아만 사원 | 225 |
| 스리 비라마칼리아만 사원 | 260 |
| 스리 스리니바사 페루말 사원 | 259 |
| 스카이라인 루지 | 300 |
| 스카이 파크 | 311 |
| 스펙트라 | 107 |
| 시티 스퀘어 몰 | 264 |

| | |
|---|---|
| 실로소 비치 | 297 |
| 싱가포르 국립 박물관 | 133 |
| 싱가포르 동물원 | 334 |
| 싱가포르 비지터 센터 | 200 |
| 싱가포르 시티 갤러리 | 234 |
| 싱가포르 식물원 | 190 |
| 싱가포르 아트 뮤지엄 | 132 |
| 싱가포르 우표 박물관 | 135 |
| 싱가포르 플라이어 | 121 |

## ㅇ

| | |
|---|---|
| 아이플라이 싱가포르 | 300 |
| 아랍 스트리트 | 269 |
| 아르메니아 교회 | 124 |
| 아시아 문명 박물관 | 134 |
| 아이온 스카이 | 167 |
| 아츠 하우스 | 128 |
| 아트사이언스 뮤지엄 | 108 |
| 안 시앙 로드 | 228 |
| 안 시앙 힐 파크 | 229 |
| 압둘 가푸르 모스크 | 267 |
| 앤더슨교 | 123 |
| 어드벤처 코브 워터파크 | 305 |
| 어스킨 로드 | 228 |
| 에메랄드 힐 | 192 |
| 에버턴 파크 | 246 |
| 에스플러네이드 | 119 |
| 오차드 센트럴 | 184 |
| 오페라 갤러리 | 167 |
| 윙스 오브 타임 | 302 |
| 유니버설 스튜디오 싱가포르 | 289 |
| 이미지 오브 싱가포르 라이브 | 301 |
| 이스트 코스트 파크 | 322 |
| 인피니티 수영장 | 108 |

## ㅈ · ㅊ · ㅋ

| | |
|---|---|
| 잘란 메라 사가 | 208 |
| 전쟁 기념 공원 | 130 |
| 조호르바루 | 367 |
| 주롱 새 공원 | 344 |
| 중앙소방서 · 시빌 디펜스 헤리티지 갤러리 | 135 |
| 지맥스 리버스 번지 & | |
| 지엑스파이브 익스트림 스윙 | 126 |
| 차이나타운 헤리티지 센터 | 225 |
| 차임스 | 120 |
| 창이 뮤지엄 | 323 |
| 창이 비치 파크 | 323 |
| 창이 포인트 페리 터미널 | 329 |
| 카베나교 | 123 |
| 카지노(리조트 월드 센토사) | 294 |
| 카지노(마리나 베이 샌즈) | 109 |
| 카통 앤티크 하우스 | 320 |
| 카통 전통 지구 | 321 |
| 캄퐁 글램 | 268 |
| 캄퐁 바루 | 246 |
| 키사이드 아일 | 305 |

## ㅌ · ㅍ · ㅎ

| | |
|---|---|
| 크레인 댄스 | 293 |
| 클라우드 포레스트 | 101 |
| 클라크 키 | 125 |
| 클럽 스트리트 | 228 |
| 타이거 스카이 타워 | 303 |
| 탄종 비치 | 298 |
| 탄종 파가 | 248 |
| 테카 센터 | 264 |
| 트렝가누 스트리트 | 226 |
| 티안혹켕 사원 | 233 |
| 티옹 바루 | 244 |
| 파고다 스트리트 | 224 |
| 파라곤 | 180 |
| 파시르 리스 파크 | 322 |
| 팔라완 비치 | 298 |
| 퍼비스 스트리트 | 152 |
| 페스티브 워크 | 293 |
| 페이버 피크 | 310 |
| 포럼 더 쇼핑몰 | 187 |
| 포트 실로소 | 297 |
| 포트 캐닝 파크 | 124 |
| 풀라우 우빈 | 329 |
| 풀러턴 호텔 싱가포르 | 123 |
| 프라나칸 뮤지엄 | 133 |
| 프라나칸 플레이스 | 191 |
| 플라워 돔 | 102 |

| | |
|---|---:|
| 플래닛 | 104 |
| 하버프런트 | 309 |
| 하지 레인 | 276 |
| 헬릭스교 | 109 |
| 홀랜드 빌리지 | 206 |

## 레스토랑

**숫자 · 알파벳**

| | |
|---|---:|
| 328 카통 락사 | 326 |
| 63셀시우스 | 143 |
| APA 로작 | 139 |

**ㄱ · ㄴ · ㄷ · ㄹ**

| | |
|---|---:|
| 가렛 | 198 |
| 가리발디 | 152 |
| 군터스 | 153 |
| 나스린 | 272 |
| 남남 누들 바 | 145 |
| 노 사인보드 시푸드 레스토랑(비보 시티) | 313 |
| 뉴턴 푸드 센터 | 28 |
| 다누키 로 | 186 |
| 다 파올로 비스트로 바 | 215 |
| 다 파올로 피자 바 | 209 |
| 돈키치 | 175 |
| 동아 이팅 하우스 | 241 |
| 두리안 히스토리 | 240 |
| 단앤델루카 | 186 |
| 딘타이펑 | 182 |
| 라사푸라 마스터스 | 112 |
| 라우 파 삿 사테 스트리트 | 137 |
| 레드 하우스 | 142 |
| 레스프레소 | 194 |
| 레자미 | 199 |
| 로열 차이나 | 117 |
| 로즈 베란다 | 31 |

**ㅁ · ㅂ**

| | |
|---|---:|
| 마르가리타스 | 212 |
| 마블 비스트로 | 247 |
| 마칸수트라 글루턴스 베이 | 136 |
| 말레이시안 푸드 스트리트 | 296 |

| | |
|---|---:|
| 맥스웰 푸드 센터 | 235 |
| 머맨다 | 271 |
| 머스터드 | 265 |
| 머제스틱 레스토랑 | 239 |
| 메이헝유엔 디저트 | 237 |
| 메리브라운 | 306 |
| 무투스 커리 | 265 |
| 민장 | 199 |
| 바나나 리프 아폴로 | 265 |
| 베드록 바 & 그릴 | 198 |
| 브라스리 레 사뵈르 | 31 |
| 브레드 소사이어티 | 171 |
| 브루웍스 | 144 |
| 블루 진저 | 242 |

**ㅅ · ㅇ**

| | |
|---|---:|
| 사뵈르 | 153 |
| 사테 바이 더 베이 | 105 |
| 사프론 | 359 |
| 송파 바쿠테 | 140 |
| 스터디 | 242 |
| 스퍼즈 앤드 에이프런스 | 310 |
| 스프루스 | 195 |
| 시라즈 마제 | 200 |
| 심바시 소바 | 183 |
| 싱가포르 잼 잼 | 272 |
| 아이스크림 샌드위치 | 200 |
| 아즈미 레스토랑 | 260 |
| 아티장 블랑제리 코 | 327 |
| 애스턴스 스페셜리티 | 327 |
| 야쿤 카야 토스트(차이나타운) | 236 |
| 얌차 | 237 |
| 오리지널 신 | 209 |
| 오스테리아 모차 | 30 |
| 오시아 | 295 |
| 오픈 도어 폴리시 | 245 |
| 와인 커넥션 | 146 |
| 와일드 허니 | 179 |
| 와쿠 긴 | 114 |
| 왓 유 두 프라타 | 139 |
| 웨이브 하우스 센토사 | 308 |
| 이기스 | 193 |

| | |
|---|---|
| 이스트 코스트 시푸드 센터 | 324 |
| 임페리얼 트레저 슈퍼 페킹 덕 | 183 |
| 잉타이 팰리스 | 153 |

### ㅈ·ㅊ·ㅋ

| | |
|---|---|
| 잔 | 147 |
| 점보 시푸드 리버사이드 | 138 |
| 제이드 | 148 |
| 제이미스 이탤리언 | 30 |
| 제이미스 이탤리언(비보 시티) | 313 |
| 젠젠 포리지 | 235 |
| 존스 더 그로서 | 212 |
| 주힝 레스토랑 | 324 |
| 징후아 레스토랑 | 238 |
| 차이나타운 푸드 스트리트 | 240 |
| 차차차 | 207 |
| 채터박스 | 179 |
| 치훌리 라운지 | 31 |
| 친미친 제과점 | 326 |
| 친친 이팅 하우스 | 153 |
| 카페 이구아나 | 143 |
| 컷 | 113 |
| 켈롱 시푸드 레스토랑 | 360 |
| 키세키 | 30 |
| 킴추쿠에창 | 325 |
| 코스티스 | 308 |

### ㅌ·ㅍ·ㅎ

| | |
|---|---|
| 텅록 힌 | 295 |
| 트라피자 | 306 |
| 트루 블루 | 140 |
| 트리톱스 | 359 |
| 티안티안하이나니즈 치킨라이스 | 235 |
| 티옹 바루 마켓 푸드 센터 | 245 |
| 티옹 바루 베이커리 | 244 |
| 티플링 클럽 | 249 |
| 티핀 룸 | 117 |
| 팀호완 | 194 |
| 포크스 컬렉티브 | 230 |
| 포테이토 헤드 포크 | 241 |
| 폴렌 | 105 |
| 푸드 리퍼블릭(비보 시티) | 312 |
| 푸드 리퍼블릭(선텍 시티 몰) | 139 |
| 푸린 용 토푸 | 139 |
| 핀스 & 파인츠 | 248 |
| 하이디라오 핫 폿 | 144 |
| 하우스 | 213 |
| 화이트 래빗 | 213 |

## 카페·바

### 숫자·알파벳

| | |
|---|---|
| 28 홍콩 스트리트 | 142 |
| 40 핸즈 | 244 |
| KPO | 197 |
| P.S. 카페(뎀시 힐) | 211 |
| P.S. 카페(안 시앙 힐 파크) | 231 |
| TWG | 112 |

### ㄱ·ㄴ·ㄷ·ㄹ·ㅂ·ㅅ

| | |
|---|---|
| 그룹 세러피 카페 | 249 |
| 나일론 커피 로스터스 | 247 |
| 더치 콜로니 | 349 |
| 데일리 스쿱 | 209 |
| 라이브러리 | 242 |
| 랜턴 | 151 |
| 레벨 33 | 150 |
| 로랑 카페 & 초콜릿 바 | 146 |
| 롱 바 | 118 |
| 바덴 레스토랑 & 퍼브 | 208 |
| 바 스토리스 | 276 |
| 브루네티 | 195 |
| 블루재즈 카페 | 273 |
| 서니 힐스 | 118 |
| 세라비 | 114 |
| 스크리닝 룸 | 231 |
| 스타벅스(로체스터 파크) | 215 |
| 스트레인저스 리유니언 | 246 |

### ㅇ·ㅈ·ㅊ·ㅋ·ㅌ·ㅍ·ㅎ

| | |
|---|---|
| 아티스티크 티 라운지 | 178 |
| 액시스 바 & 라운지 | 141 |
| 앨리 바 | 196 |
| 오르고 | 151 |

| | |
|---|---|
| 오리올레 카페 + 바 | 196 |
| 왈라 왈라 | 207 |
| 원 앨티튜드 | 149 |
| 주크 | 150 |
| 체셍홧 하드웨어 | 277 |
| 코트야드 | 148 |
| 탄종 비치 클럽 | 307 |
| 티 챕터 | 239 |
| 폴 | 175 |
| 프렐룸 와인 비스트로 | 249 |
| 피카 | 273 |
| 하이랜더 커피 | 246 |
| 허니문 디저트 | 313 |
| 호스 마우스 | 189 |

## 쇼핑

### 숫자·알파벳

| | |
|---|---|
| 112 카통 | 328 |
| 313 앳 서머싯 | 201 |
| BCBG 막스 아즈리아 | 182 |
| EGG3 | 229 |
| H&M | 203 |
| T 갤러리아 DFS | 204 |
| Y-3 | 178 |

### ㄴ·ㄷ·ㄹ·ㅁ

| | |
|---|---|
| 나고야 힐 | 366 |
| 니안 시티 | 172 |
| 다이소 | 169 |
| 다카시마야 | 173 |
| 더 치즈 아크 | 349 |
| 도큐 핸즈 | 185 |
| 라뒤레 | 173 |
| 래플스 시티 쇼핑센터 | 154 |
| 래플스 호텔 기프트 숍 | 116 |
| 래플스 호텔 쇼핑 아케이드 | 116 |
| 럭셔리 패션 갤러리아 | 294 |
| 로에베 | 181 |
| 루마 베베 | 328 |
| 루이비통 아일랜드 메종 | 111 |
| 리앗 타워스 | 205 |

| | |
|---|---|
| 리틀 인디아 아케이드 | 261 |
| 림치관 | 243 |
| 마리나 스퀘어 | 156 |
| 메가 몰 | 366 |
| 무스타파 센터 | 261 |
| 밀레니아 워크 | 155 |

### ㅂ·ㅅ·ㅇ·ㅈ

| | |
|---|---|
| 버지 | 261 |
| 부기스 스트리트 | 275 |
| 부기스 정크션 | 275 |
| 부기스 플러스 | 275 |
| 북스 액추얼리 | 245 |
| 비첸향 | 227 |
| 사만다 타바사 | 169 |
| 상하이 탕 | 174 |
| 샐러드 숍 | 277 |
| 선텍 시티 몰 | 155 |
| 세포라(아이온 오차드) | 169 |
| 소셜 풋 | 185 |
| 쇼 하우스 | 205 |
| 숍스 앳 마리나 베이 샌즈 | 110 |
| 순 리 | 277 |
| 쓰모리 치사토 | 188 |
| 아베크롬비 & 피치 | 202 |
| 아이온 오차드 | 166 |
| 아토미 | 177 |
| 온 페더 | 174 |
| 위스마 아트리아 | 203 |
| 유안상 | 243 |
| 이케아 | 202 |
| 조호르 프리미엄 아웃렛 | 369 |
| 존스 더 그로서 | 212 |

### ㅋ·ㅌ·ㅍ·ㅎ

| | |
|---|---|
| 캐세이 | 205 |
| 캔디 엠파이어 | 312 |
| 코스 | 170 |
| 콴펜 | 170 |
| 클라크 키 센트럴 | 156 |
| 키즈 21 | 188 |
| 탁수 갤러리 | 208 |

| | |
|---|---|
| 탕린 몰 | 203 |
| 탕스 | 204 |
| 토이저러스 | 189 |
| 투티 키즈 | 188 |
| 틴틴 숍 | 227 |
| 파사르벨라 | 349 |
| 파크웨이 퍼레이드 | 328 |
| 페더 레드 | 174 |
| 펜할리곤스 | 168 |
| 펫 사파리 | 312 |
| 플라자 싱가푸라 | 205 |
| 플래닛 트래블러 | 181 |
| 한셀 | 177 |
| 휠록 플레이스 | 205 |

## 숙소

### 숫자 · 알파벳
| | |
|---|---|
| 5 풋웨이 인 프로젝트 보트 키 | 390 |
| W 싱가포르 센토사 코브 | 381 |

### ㄱ · ㄴ · ㄷ · ㄹ · ㅁ · ㅂ
| | |
|---|---|
| 굿우드 파크 호텔 | 378 |
| 그랜드 파크 시티 홀 | 387 |
| 그랜드 하얏트 싱가포르 | 372 |
| 나우미 | 382 |
| 니르와나 가든스 | 357 |
| 리츠칼턴 밀레니아 싱가포르 | 376 |
| 래플스 싱가포르 | 375 |
| 럭 색 인 | 391 |
| 마리나 만다린 | 376 |
| 마리나 베이 샌즈 | 374 |
| 만다린 오리엔탈 | 373 |
| 몬티고 리조트 농사 | 364 |
| 바탐 뷰 비치 리조트 | 364 |
| 반얀트리 빈탄 | 356 |
| 빌리지 호텔 창이 | 386 |

### ㅅ · ㅇ · ㅋ
| | |
|---|---|
| 샹그릴라 호텔 | 379 |
| 세인트 레지스 싱가포르 | 377 |
| 스위소텔 더 스템퍼드 | 377 |
| 스위소텔 머천드 코트 싱가포르 | 386 |
| 스칼릿 | 384 |
| 스튜디오 M 호텔 | 382 |
| 실로소 비치 리조트 | 381 |
| 아마라 싱가포르 | 387 |
| 앙사나 빈탄 | 358 |
| 애들러 럭셔리 호스텔 | 391 |
| 오아시아 호텔 싱가포르 | 379 |
| 왕즈 호텔 | 383 |
| 카펠라 | 381 |
| 캄 렝 호텔 | 390 |
| 콩코드 호텔 싱가포르 | 387 |
| 쿼터스 호스텔 | 389 |
| 퀸시 호텔 | 383 |
| 클랩스터 부티크 호텔 | 384 |

### ㅌ · ㅍ · ㅎ
| | |
|---|---|
| 투리 비치 리조트 | 365 |
| 파크 레지스 싱가포르 | 388 |
| 파크 호텔 클라크 키 | 373 |
| 팬 퍼시픽 싱가포르 | 386 |
| 페닌슐라 엑셀시오르 호텔 | 388 |
| 페어몬트 싱가포르 | 377 |
| 포 시즌스 호텔 싱가포르 | 385 |
| 풀러턴 호텔 싱가포르 | 378 |
| 프레이저 스위트 싱가포르 | 380 |
| 하드 록 호텔 | 376 |
| 하이브 | 391 |
| 헤리티지 호스텔 | 390 |
| 호텔 레! | 389 |
| 호텔 마이클 | 385 |
| 호텔 이비스 싱가포르 노베나 | 389 |
| 호텔 젠 오차드게이트웨이 싱가포르 | 388 |
| 호텔 포트 캐닝 | 380 |
| 홀리데이 리조트 인 바탐 | 365 |

**Just go 해외여행 가이드북 28**

# 싱가포르

2019년 5월 3일 개정4판 1쇄 인쇄
2019년 5월 13일 개정4판 1쇄 발행

지은이 | 윤희상
발행인 | 이원주
책임편집 | 정은영
마케팅 | 임슬기

발행처 | ㈜시공사
출판등록 | 1989년 5월 10일(제3-248호)

주소 | 서울시 서초구 사임당로 82(우편번호 06641)
전화 | 편집 (02)2046-2897 · 영업 (02)2046-2878
팩스 | 편집 (02)585-1755 · 영업 (02)588-0835
홈페이지 | www.sigongsa.com

ISBN 978-89-527-9905-0  14980
ISBN 978-89-527-4331-2(세트)

본서의 내용을 무단 복제하는 것은 저작권법에 의해 금지되어 있습니다.
파본이나 잘못된 책은 구입하신 서점에서 교환해 드립니다.
값은 뒤표지에 있습니다.